Steuererlasse

Anweisung zum Einordnen

69. Ergänzungslieferung Oktober 2021

(Anschluss an die 68. Ergänzungslieferung Mai 2021)

Herauszunehmen:	Zahl der Blätter	Einzufügen:	Zahl der Blätter
Titelblatt–Vorwort	3	Titelblatt–Vorwort	3
Inhalt I 1–Inhalt III 28	42	Inhalt I 1–Inhalt III 30	43
1 § 4/1 1–4	2	**1 § 4/1** 1–6	3
1 § 7b/1 1–4	2	**1 § 7b/1** 1–4	2
1 § 10/9 1/2	1	**1 § 10/9** 1/2	1
11–16	3	11–16	3
1 § 10/11 1/2	1	**1 § 10/11** 1/2	1
11/12	1	11/12	1
39–42	2	39–42	2
1 § 15/6 1/2	1	**1 § 15/6** 1–4	2
1 § 18/4 1–6	3	**1 § 18/4** 1–6	3
1 § 20/1 1–12	6	**1 § 20/1** 1–12	6
1 § 35a/1 1–38	19	**1 § 35a/1** 1–38	19
1 § 51a/1 1–14	7	**1 § 51a/1** 1–12	6
20 § 3/8 1–44	22	**20 § 3/8** 1–44	22
20 § 9/1 1/2	1	**20 § 9/1** 1/2	1
20 § 9/3 1–**§ 9/4** 1	1	**20 § 9/3** 1–**§ 9/4** 1	1
20 § 41a/1 1–4	2	**20 § 41a/1** 1–4	2
20 § 41b/1 1/2	1	**20 § 41b/1** 1/2	1
100 § 8/1 1/2	1	**100 § 8/1** 1–4	2
120/1 1/2	1	**120/1** 1/2	1
81–84	2	81–84a	3
93–98	3	93–98a	6
283–292	5	283–294	6
200 § 14/1 1–**§ 14/2** 4	4	**200 § 14/1** 1–**§ 14/2** 4	4
		Vor **250 § 5/1** 1 *einzufügen:*	
		250/1 1–18	9
250 § 5/1 1/2	1	**250 § 5/1** 1/2	1
Übertrag:	137	Übertrag:	154

Herauszunehmen:	Zahl der Blätter	Einzufügen:	Zahl der Blätter
Übertrag:	137	Übertrag:	154
		Hinter **500 § 1/4** 4 *einzufügen:*	
		500 § **1/5** 1–§ **1/6** 6	4
		Hinter **500 § 14/4** 8 *einzufügen:*	
		500 § **14c/1** 1/2	1
Ersatzlos herauszunehmen:			
500 § **15/21** 1/2	1		
500 § **16/7** 1–6	3	**500** § **16/7** 1–6	3
		Hinter **500 § 26/1** 2 *einzufügen:*	
		500 § **134/1** 1–§ **134/2** 2	5
725 § **1/1** 1–22	11	**725** § **1/1** 1–30	15
Ersatzlos herauszunehmen:			
725 § **1/5** 1–60	30		
725 § **1/8** 1–10	5		
725 § **1/10** 1–6	3		
800 § **39/1** 1–4	2	**800** § **39/1** 1–4	2
800 § **93a/3** 1–14	7	**800** § **93a/3** 1–16	8
		Hinter **800 § 109/1** 4 *einzufügen:*	
		800 § **109/2** 1–4	2
800 § **165/1** 5–8	2	**800** § **165/1** 5–8	2
800 § **233a/1** 1–4	2	**800** § **233a/1** 1–6	3
Insgesamt herauszunehmen:	203	Insgesamt einzufügen:	199

STEUERERLASSE

Einkommensteuer,
Lohnsteuer, Vermögensbildung, Körperschaftsteuer,
Investmentsteuer, Umwandlungssteuer, Bewertung, Erbschaftsteuer,
Grundsteuer, Gewerbesteuer, Umsatzsteuer, Grunderwerbsteuer,
Außensteuer, Investitionszulagen, Abgabenordnung,
Finanzgerichtsordnung, Finanzverwaltung

Textsammlung
wichtiger Erlasse zum gesamten Steuerrecht
mit Hinweisen und Verweisungen

Stand: 30.10.2021
(69. Ergänzungslieferung)

C.H.BECK

Dieses Titelblatt stammt aus der 69. Ergänzungslieferung Oktober 2021,
ISBN 978 3 406 78720 1
die an die 68. Ergänzungslieferung Mai 2021 anschließt.

Redaktioneller Hinweis
Die Angaben zum Stand der Sammlung auf dem Titelblatt beziehen sich auf das Verkündungsdatum der maßgeblichen Veröffentlichungsblätter.
Verbesserungsvorschläge und Fehlerhinweise sind jederzeit willkommen.

Verlag C. H. Beck oHG
Wilhelmstraße 9, 80801 München
Fax: (0 89) 3 81 89-3 98 · Internet: www.beck.de
E-Mail: bestellung@beck.de

www.beck.de

ISBN 978 3 406 46066 1 ergänzt bis 978 3 406 78720 1

Wilhelmstraße 9, 80801 München
Druck: Druckerei C. H. Beck Nördlingen
(Adresse wie Verlag)

CO_2 neutral
chbeck.de/nachhaltig

Gedruckt auf säurefreiem, alterungsbeständigem Papier
(hergestellt aus chlorfrei gebleichtem Zellstoff)

Geleitwort

zur 69. Ergänzungslieferung Oktober 2021

Die Schwerpunkte der Lieferung liegen im **Einkommensteuerrecht, Lohnsteuerrecht, Erbschaftsteuerrecht, Außensteuerrecht** und dem **Verfahrensrecht.**

Hervorzuheben sind insbesondere folgende neue bzw. aktualisierte Verwaltungsanweisungen:

- Schrb. betr. Anerkennung von Aufwendungen für die Bewirtung von Personen aus geschäftlichem Anlass in einem Bewirtungsbetrieb als Betriebsausgaben (Nr. **1** § 4/1)
- Schrb. betr. steuerliche Behandlung von „Cum/Cum-Transaktionen" (Nr. **1** § 20/1)
- GLE betr. elektronisches Verfahren zum Kirchensteuerabzug bei Kapitalerträgen (Nr. **1** § 51a/1)
- Schrb. betr. steuerliche Förderung der betrieblichen Altersversorgung (Nr. **20** § 3/8)
- GLE betr. Anwendung der geänderten Vorschriften des ErbStG für Erwerbe mit einer Steuerentstehung nach dem 28.12.2020 (Nr. **250/1**)
- Schrb. betr. Billigkeitsmaßnahmen im Zusammenhang mit der Flutkatastrophe vom Juli 2021 (Nr. **500** § 1/5)
- Verwaltungsgrundsätze Verrechnungspreise (Nr. **725** § 1/1)
- Schrb. betr. Anwendungsfragen zur Verlängerung der Steuererklärungsfristen und der zinsfreien Karenzzeiten durch das Gesetz vom 25.6.2021 (Nr. **800** § 109/2)

München, im Oktober 2021 VERLAG C. H. BECK

Vorwort

Die vorliegende Sammlung „Steuererlasse" enthält die in der Praxis äußerst wichtigen Verlautbarungen der Finanzverwaltung.

Die Allgemeinen Verwaltungsvorschriften, BMF-Schreiben, Ländererlasse und OFD-Verfügungen sind den einzelnen Steuerarten zugeordnet. Der Aufbau der Sammlung entspricht dabei der Gliederung der Textsammlungen „Steuergesetze", die Einzelverwaltungsanweisungen tragen also die Ordnungsnummer desjenigen Gesetzes, zu dem sie ergangen sind. Zusätzlich erleichtern es zahlreiche Querverweise und ausführliche Inhaltsverzeichnisse, die gesuchte Verwaltungsanweisung auf einen Griff zu finden. Selbstverständlich ist eine Vollständigkeit im Sinne „aller" Verwaltungsanweisungen nicht erreichbar. In erster Linie will die Auswahl dem Praktiker die relevanten und aktuellen Schreiben zu einer Gesetzesregelung an die Hand geben.

Mit dieser Textausgabe sowie den Sammlungen der „Steuergesetze", „Zölle und Verbrauchsteuern", „Doppelbesteuerungsabkommen", „Steuerrichtlinien" und „Umsatzsteuer" erhält der Fachmann eine umfassende Sammlung aller relevanten steuerrechtlichen Materialien.

Kein Werk ist vollkommen, schon gar nicht im kaum überschaubaren Steuerrecht. Wir möchten Sie daher herzlich bitten, uns Ihre Anregungen und Ihre Kritik weiterhin zukommen zu lassen.

München, im Oktober 2021 VERLAG C. H. BECK

Inhaltsverzeichnis I (systematisch)

Einkommensteuer

Lohnsteuer

Vermögensbildung

Körperschaftsteuer

Investmentsteuer

Umwandlungssteuer

Bewertung

Erbschaftsteuer

Grundsteuer

Gewerbesteuer

Außensteuer

Investitionszulagen

Abgabenordnung

Finanzverwaltung

Inhaltsverzeichnis II (alphabetisch)

Inhalt II alphabetisch

Inhalt II alphabetisch

Inhalt II alphabetisch

Inhalt II alphabetisch

Inhaltsverzeichnis III (chronologisch)

Die mit ⋆ gekennzeichneten Datumsangaben beziehen sich auf den Bearbeitungsstand der jeweiligen Verwaltungsanweisung.

Inhalt III chronologisch

Inhalt III chronologisch

1 § 4/1. Schreiben betr. steuerliche Anerkennung von Aufwendungen für die Bewirtung von Personen aus geschäftlichem Anlass in einem Bewirtungsbetrieb als Betriebsausgaben

Vom 30. Juni 2021
BMF IV C 6 - S 2145/19/10003 :003; DOK 2021/0748446
(BStBl. I S. 908)

Bezug: BMF-Schreiben vom 21. November 1994 (BStBl. I S. 855)

Unter Bezugnahme auf das Ergebnis der Erörterungen mit den obersten Finanzbehörden der Länder gilt zur steuerlichen Anerkennung des Betriebsausgabenabzugs von Aufwendungen für die Bewirtung i.S.d. § 4 Abs. 5 Satz 1 Nr. 2 EStG i.V.m. R 4.10 Abs. 5 bis 9 EStR Folgendes:

Der Abzug von angemessenen Bewirtungsaufwendungen als Betriebsausgaben 1
erfordert nach § 4 Abs. 5 Satz 1 Nr. 2 Satz 2 EStG vom Steuerpflichtigen einen schriftlichen Nachweis über Ort, Tag, Teilnehmer und Anlass der Bewirtung sowie die Höhe der Aufwendungen. Die zum Nachweis von Bewirtungsaufwendungen erforderlichen schriftlichen Angaben müssen zeitnah gemacht werden (vgl. BFH vom 25. März 1988 III R 96/85, BStBl. II S. 655). Hierfür wird regelmäßig ein formloses Dokument (sog. Bewirtungsbeleg als Eigenbeleg) erstellt. Dieser Eigenbeleg ist vom Steuerpflichtigen zu unterschreiben (vgl. BFH vom 15. Januar 1998 IV R 81/96, BStBl. II S. 263). Bei Bewirtung in einem Bewirtungsbetrieb ist zum Nachweis die Rechnung über die Bewirtung beizufügen; dabei genügen auf dem Eigenbeleg Angaben zum Anlass und zu den Teilnehmern der Bewirtung (§ 4 Abs. 5 Satz 1 Nr. 2 Satz 3 EStG, R 4.10 Abs. 8 Satz 2 EStR). Die Rechnung muss, soweit im Folgenden nichts Anderes geregelt ist, nach R 4.10 Abs. 8 Satz 8 EStR den Anforderungen des § 14 UStG genügen. Sie muss maschinell erstellt und elektronisch aufgezeichnet sein. Bei Rechnungen mit einem Gesamtbetrag bis zu 250 Euro (Kleinbetragsrechnungen) müssen mindestens die Anforderungen des § 33 UStDV erfüllt sein.

1. Inhalt der Bewirtungsrechnung

1.1. Name und Anschrift des leistenden Unternehmers (Bewirtungsbetrieb)

Die Rechnung muss den vollständigen Namen und die vollständige Anschrift 2
des leistenden Unternehmers (Bewirtungsbetrieb) enthalten. Dies gilt auch bei Kleinbetragsrechnungen (§ 33 UStDV). Den Anforderungen ist genügt, wenn sich auf Grund der in der Rechnung aufgenommenen Bezeichnungen der Name und die Anschrift eindeutig feststellen lassen (§ 31 Abs. 2 UStDV).

1.2. Steuernummer oder Umsatzsteuer-Identifikationsnummer

Die Rechnung muss die dem leistenden Unternehmer (Bewirtungsbetrieb) 3
vom Finanzamt erteilte Steuernummer oder die ihm vom Bundeszentralamt für Steuern erteilte Umsatzsteuer-Identifikationsnummer enthalten. Dies gilt nicht bei Kleinbetragsrechnungen.

1.3. Ausstellungsdatum

4 Die Rechnung muss das Ausstellungsdatum enthalten. Dies gilt auch bei Kleinbetragsrechnungen.

1.4. Rechnungsnummer

5 Die Rechnung muss eine fortlaufende Nummer enthalten, die zur Identifizierung der Rechnung vom Rechnungsaussteller einmalig vergeben worden ist. Dies gilt nicht bei Kleinbetragsrechnungen. Verpflichtende Angaben nach § 6 Kassensicherungsverordnung (KassenSichV), wie z.B. die Angabe einer Transaktionsnummer, bleiben unberührt.

1.5. Leistungsbeschreibung

6 Die Rechnung muss zu der Bewirtungsleistung die Menge und die Art (handelsübliche Bezeichnung) der gelieferten Gegenstände oder den Umfang und die Art der sonstigen Leistung enthalten. Dies gilt auch für Kleinbetragsrechnungen. Buchstaben, Zahlen oder Symbole, wie sie für umsatzsteuerliche Zwecke ausreichen (§ 31 Abs. 3 UStDV), genügen für den Betriebsausgabenabzug nicht. Bewirtungsleistungen sind im Einzelnen zu bezeichnen; die Angabe „Speisen und Getränke“ und die Angabe der für die Bewirtung in Rechnung gestellten Gesamtsumme reichen nicht. Bezeichnungen wie z.B. „Menü 1“, „Tagesgericht 2“ oder „Lunch-Buffet“ und aus sich selbst heraus verständliche Abkürzungen sind jedoch nicht zu beanstanden.

1.6. Leistungszeitpunkt (Tag der Bewirtung)

7 Für den Betriebsausgabenabzug von Bewirtungsaufwendungen muss der Leistungszeitpunkt (Tag der Bewirtung) angegeben werden. Dies gilt auch bei Kleinbetragsrechnungen. Ein Verweis auf das Ausstellungsdatum (siehe Rdnr. 4) z.B. in der Form „Leistungsdatum entspricht Rechnungsdatum“ ist ausreichend. Handschriftliche Ergänzungen oder Datumsstempel reichen nicht aus.

1.7. Rechnungsbetrag

8 Die Rechnung muss den Preis für die Bewirtungsleistungen enthalten. Ein ggf. vom bewirtenden Steuerpflichtigen zusätzlich gewährtes Trinkgeld kann durch die maschinell erstellte und elektronisch aufgezeichnete Rechnung zusätzlich ausgewiesen werden. Wird das Trinkgeld in der Rechnung nicht ausgewiesen, gelten für den Nachweis von Trinkgeldzahlungen die allgemeinen Regelungen über die Feststellungslast, die beim bewirtenden Steuerpflichtigen liegt. Der Nachweis kann z.B. dadurch geführt werden, dass das Trinkgeld vom Empfänger des Trinkgeldes auf der Rechnung quittiert wird.

1.8. Name des Bewirtenden

9 Nach R 4.10 Abs. 8 Satz 4 EStR muss die Rechnung auch den Namen des bewirtenden Steuerpflichtigen enthalten; dies gilt nicht, wenn der Gesamtbetrag der Rechnung 250 Euro nicht übersteigt. Es bestehen jedoch bei einem Rechnungsbetrag über 250 Euro keine Bedenken, wenn der leistende Unternehmer (Bewirtungsbetrieb) den Namen des bewirtenden Steuerpflichtigen handschriftlich auf der Rechnung vermerkt.

2. Erstellung der Bewirtungsrechnung

10 Verwendet der Bewirtungsbetrieb ein elektronisches Aufzeichnungssystem mit Kassenfunktion i.S.d. § 146a Abs. 1 AO i.V.m. § 1 KassenSichV, werden für den Betriebsausgabenabzug von Aufwendungen für eine Bewirtung von Per-

sonen aus geschäftlichem Anlass nur maschinell erstellte, elektronisch aufgezeichnete und mit Hilfe einer zertifizierten technischen Sicherheitseinrichtung (TSE) abgesicherte Rechnungen anerkannt. Der Bewirtungsbetrieb ist in diesen Fällen nach § 146a Abs. 2 AO verpflichtet, mit dem elektronischen Aufzeichnungssystem mit Kassenfunktion Belege über die Geschäftsvorfälle zu erstellen. Der zu erstellende Beleg, der die Angaben gemäß § 6 KassenSichV enthält, stellt bei einem Rechnungsbetrag bis 250 Euro eine ordnungsgemäße Rechnung i.S.d. § 14 UStG i.V.m. § 33 UStDV dar. Rechnungen in anderer Form, z.B. handschriftlich erstellte oder nur maschinell erstellte, erfüllen die Nachweisvoraussetzungen des Satzes 1 nicht; die darin ausgewiesenen Bewirtungsaufwendungen sind vollständig vom Betriebsausgabenabzug ausgeschlossen.

Der bewirtende Steuerpflichtige kann im Allgemeinen darauf vertrauen, dass die ihm erteilte Rechnung vom Bewirtungsbetrieb maschinell ordnungsgemäß erstellt und aufgezeichnet worden ist, wenn der von dem elektronischen Aufzeichnungssystem mit Kassenfunktion ausgestellte Beleg mit einer Transaktionsnummer, der Seriennummer des elektronischen Aufzeichnungssystems oder der Seriennummer des Sicherheitsmoduls versehen wurde. Diese Angaben können auch in Form eines QR-Codes dargestellt werden. 11

Fällt die zertifizierte technische Sicherheitseinrichtung (TSE) aus, darf nach AEAO zu § 146a Nr. 7.2 und 7.3 das elektronische Aufzeichnungssystem weiterbetrieben werden, wenn der Ausfall auf dem Beleg z.B. durch eine fehlende Transaktionsnummer oder durch eine sonstige eindeutige Kennzeichnung ersichtlich ist. Für entsprechend ausgestellte Belege über Bewirtungsaufwendungen ist der Betriebsausgabenabzug grundsätzlich zulässig. 12

Werden Bewirtungsleistungen zu einem späteren Zeitpunkt als dem Tag der Bewirtung in Rechnung gestellt und unbar bezahlt (z.B. bei der Bewirtung eines größeren Personenkreises im Rahmen einer geschlossenen Veranstaltung) oder sind in dem bewirtenden Betrieb ausschließlich unbare Zahlungen möglich, ist die Vorlage eines Belegs eines elektronischen Aufzeichnungssystems mit Kassenfunktion, der die Angaben nach § 6 KassenSichV beinhaltet, nicht zwingend erforderlich. In diesem Fall ist der Rechnung der Zahlungsbeleg über die unbare Zahlung beizufügen. 13

Werden für Gäste eines Unternehmens Verzehrgutscheine ausgegeben, gegen deren Vorlage die Besucher auf Rechnung des Unternehmens in einem Bewirtungsbetrieb bewirtet werden, reicht für den Betriebsausgabenabzug die Vorlage der Abrechnung über die Verzehrgutscheine aus. 14

3. Digitale oder digitalisierte Bewirtungsrechnungen und -belege

Für die vollständige elektronische Abbildung der Nachweisvoraussetzungen gilt Folgendes: 15

Der Eigenbeleg wird vom Steuerpflichtigen digital erstellt oder digitalisiert (digitaler oder digitalisierter Eigenbeleg). Die erforderliche Autorisierung ist durch den Steuerpflichtigen durch eine elektronische Unterschrift oder eine elektronische Genehmigung der entsprechenden Angaben zu gewährleisten; die Angaben dürfen im Nachhinein nicht undokumentiert geändert werden können.

Die Rechnung über die Bewirtung in einem Bewirtungsbetrieb kann dem Steuerpflichtigen bereits in digitaler Form übermittelt werden (digitale Bewir- 16 tungsrechnung). Eine Bewirtungsrechnung in Papierform kann vom Steuerpflichtigen digitalisiert werden (digitalisierte Bewirtungsrechnung).

17 Ein digitaler oder digitalisierter Eigenbeleg muss digital mit der Bewirtungsrechnung zusammengefügt oder durch einen Gegenseitigkeitshinweis auf Eigenbeleg und Bewirtungsrechnung verbunden werden. Eine elektronische Verknüpfung (z.B. eindeutiger Index, Barcode) ist zulässig. Die geforderten Angaben können auch in digitaler Form auf der digitalen oder digitalisierten Bewirtungsrechnung angebracht werden.

18 Die Nachweiserfordernisse des § 4 Abs. 5 Satz 1 Nr. 2 Satz 2 und 3 EStG sind als erfüllt anzusehen, wenn

- der Steuerpflichtige zeitnah einen elektronischen Eigenbeleg mit den gesetzlich erforderlichen Angaben erstellt oder die gesetzlich erforderlichen Angaben zeitnah auf der digitalen oder digitalisierten Bewirtungsrechnung elektronisch ergänzt,
- der Zeitpunkt der Erstellung oder Ergänzung im Dokument elektronisch aufgezeichnet wird,
- das erstellte Dokument oder die Ergänzung der Bewirtungsrechnung vom Steuerpflichtigen digital signiert oder genehmigt wird,
- der Zeitpunkt der Signierung oder Genehmigung elektronisch aufgezeichnet wird,
- das erstellte Dokument – in Fällen des § 4 Abs. 5 Satz 1 Nr. 2 Satz 3 EStG zusammen mit der digitalen oder digitalisierten Bewirtungsrechnung (z.B. durch einen gegenseitigen Verweis) – oder die ergänzte Bewirtungsrechnung elektronisch aufbewahrt wird und
- bei den genannten Vorgängen die Grundsätze zur ordnungsmäßigen Führung und Aufbewahrung von Büchern, Aufzeichnungen und Unterlagen in elektronischer Form sowie zum Datenzugriff (GoBD) des BMF-Schreibens vom 28. November 2019 (BStBl. I S. 1269, insbesondere Rzn. 36 ff., 45 ff., 58 ff., 107 ff., 125 ff., 130 ff., 136 ff. und 156 ff.)[1] erfüllt und die jeweils angewandten Verfahren in der Verfahrensdokumentation beschrieben (Rz. 151 ff. der GoBD) werden.

4. Bewirtungen im Ausland

19 § 4 Abs. 5 Satz 1 Nr. 2 EStG unterscheidet nicht, ob die Bewirtung im Inland oder im Ausland stattgefunden hat. Die dort genannten Anforderungen gelten daher auch bei Auslandsbewirtungen. Die Anforderungen der R 4.10 Abs. 5 bis 9 EStR sind grundsätzlich auch bei Bewirtungen im Ausland zu erfüllen. Wird jedoch glaubhaft gemacht, dass eine detaillierte, maschinell erstellte und elektronisch aufgezeichnete Rechnung nicht zu erhalten war, genügt in Ausnahmefällen die ausländische Rechnung, auch wenn sie diesen Anforderungen nicht voll entspricht. Liegt im Ausnahmefall nur eine handschriftlich erstellte ausländische Rechnung vor, hat der Steuerpflichtige glaubhaft zu machen, dass im jeweiligen ausländischen Staat keine Verpflichtung zur Erstellung maschineller Belege besteht.

---

[1] **Nr. 800** § 146/1.

5. Anwendungsregelung

Dieses Schreiben ersetzt das BMF-Schreiben vom 21. November 1994 (BStBl. I S. 855) und ist in allen offenen Fällen mit der Maßgabe anzuwenden, dass die im jeweiligen Veranlagungszeitraum maßgeblichen Betragsgrenzen des § 33 UStDV zu beachten sind. Für bis zum 31. Dezember 2022 ausgestellte Belege über Bewirtungsaufwendungen ist der Betriebsausgabenabzug unabhängig von den nach der KassenSichV geforderten Angaben zulässig. Führen die Regelungen in diesem Schreiben über die nach der KassenSichV geforderten Angaben hinaus im Vergleich zu den Regelungen im Schreiben vom 21. November 1994 (BStBl. I S. 855) zu erhöhten Anforderungen an die Nachweisführung, sind diese verpflichtend erst für Bewirtungsaufwendungen vorauszusetzen, die nach dem 1. Juli 2021 anfallen. 20

1 § 7b/1. Anwendungsschreiben zur Sonderabschreibung für die Anschaffung oder Herstellung neuer Mietwohnungen nach § 7 b Einkommensteuergesetz (EStG)

Vom 7. Juli 2020

BMF IV C 3 - S 2197/19/10009 :008; DOK 2020/0578401

(BStBl. I S. 623)

Geändert durch BMF v. 21.9.2021 (BStBl. I S. 1805)

1 Anlage[1]

Mit Art. 1 Nr. 2 des Gesetzes zur steuerlichen Förderung des Mietwohnungsneubaus vom 4. August 2019 (BGBl. I S. 1122)[2] wurde mit § 7 b Einkommensteuergesetz (EStG) eine neue Sonderabschreibung für die Anschaffung oder Herstellung neuer Mietwohnungen eingeführt. Mit Art. 1 Nr. 27 Buchst. e des Gesetzes zur weiteren steuerlichen Förderung der Elektromobilität und zur Änderung weiterer steuerlicher Vorschriften vom 12. Dezember 2019 (BGBl. I S. 2451)[3] wurden der Anwendungsbereich des § 7 b EStG auf den Veranlagungszeitraum 2018 erweitert (§ 52 Abs. 15 a Satz 1 EStG) und der Abzug als Werbungskosten ermöglicht (§ 9 Abs. 1 Satz 3 Nr. 7 EStG).

Inhaltsübersicht

[1] Hier nicht abgedruckt.
[2] **Amtl. Anm.:** BStBl. I S. 1306.
[3] **Amtl. Anm.:** BStBl. 2020 I S. 17.

Unter Bezugnahme auf das Ergebnis der Erörterungen mit den obersten Finanzbehörden der Länder gelten für die Anwendung des § 7 b EStG die folgenden Grundsätze:

I. Einkommensteuerrechtliche Voraussetzungen der Inanspruchnahme der Sonderabschreibung nach § 7 b EStG

1. Anspruchsvoraussetzungen

1.1. Persönliche Voraussetzungen

1 Zur Inanspruchnahme der Sonderabschreibung nach § 7 b EStG sind alle beschränkt und unbeschränkt Steuerpflichtigen i. S. d. EStG und des KStG berechtigt, die auch die beihilferechtlichen Voraussetzungen erfüllen (vgl. II. Beihilferechtliche Voraussetzungen der Inanspruchnahme der Sonderabschreibung nach § 7 b EStG).

2 Bei Mitunternehmerschaften oder Gemeinschaften ist nach § 7 a Abs. 7 Satz 1 EStG der einzelne Beteiligte anspruchsberechtigt. Das Wahlrecht zur Inanspruchnahme der Sonderabschreibung nach § 7 b EStG darf nach § 7 a Abs. 7 Satz 2 EStG sowohl dem Grunde als auch der Höhe nach nur einheitlich ausgeübt werden.

1.2. Sachliche Voraussetzungen

3 Die Sonderabschreibung nach § 7 b EStG kann in Anspruch genommen werden für eine neue Mietwohnung (vgl. 4. Förderobjekt), die im entsprechenden Förderzeitraum (vgl. 3. Förderzeitraum) angeschafft oder hergestellt wird – unter Erfüllung der Nutzungsvoraussetzung (vgl. 5. Nutzungsvoraussetzung) und Einhaltung der Baukostenobergrenze (vgl. 7. Baukostenobergrenze).

4 Beschränkt Steuerpflichtige, die im Inland eine neue Mietwohnung herstellen oder anschaffen und mit den aus deren entgeltlichen Überlassung erzielten Einkünften im Inland steuerpflichtig sind, können die Sonderabschreibung nach § 7 b EStG bei Vorliegen der übrigen Voraussetzungen in Anspruch nehmen.

Wird eine neue Mietwohnung bis zum Ende des Jahres der Fertigstellung angeschafft, kann die Sonderabschreibung nach § 7 b EStG nur vom Erwerber in Anspruch genommen werden (§ 7 b Abs. 1 Satz 3 EStG). Veräußert der Erwerber die neue Mietwohnung noch bis zum Ende des Jahres der Fertigstellung weiter, kann nur der Zweit- bzw. Letzterwerber die Sonderabschreibung nach § 7 b EStG in Anspruch nehmen. 5

2. Fördergebiet

Die Regelung gilt für jede neue Mietwohnung im Inland. 6

§ 7 b EStG findet auch Anwendung, wenn die neue Mietwohnung in einem anderen Mitgliedstaat der Europäischen Union oder einem Staat belegen ist, der aufgrund vertraglicher Verpflichtung Amtshilfe entsprechend dem EU-Amtshilfegesetz in einem Umfang leistet, der für die Überprüfung der Voraussetzungen dieser Vorschrift erforderlich ist. Soweit es sich um einen Drittstaat handelt, ist anhand der jeweiligen vertraglichen Vereinbarungen mit diesem Staat zu prüfen, ob die entsprechenden Voraussetzungen vorliegen. Anhaltspunkte hierfür ergeben sich aus der Anlage 1 (Anwendungsbereich des EUAHiG sowie der DBA und der TIEA) zum „Merkblatt zur zwischenstaatlichen Amtshilfe durch Informationsaustausch in Steuersachen" (BMF-Schreiben vom 29. Mai 2019, BStBl. I S. 480). Für die dort unter „A. Staaten mit großem Informationsaustausch" aufgeführten Staaten ist davon auszugehen, dass die Voraussetzungen erfüllt sind. 7

3. Förderzeitraum

Förderzeitraum ist der Zeitraum, für den die Förderung nach § 7 b EStG dem Grunde nach in Betracht kommt. 8

3.1. Zeitpunkt des Bauantrags/der Bauanzeige

Die Sonderabschreibung nach § 7 b EStG kann nur in Anspruch genommen werden, wenn der Bauantrag oder – wenn eine Baugenehmigung nicht erforderlich ist – die Bauanzeige nach dem 31. August 2018 und vor dem 1. Januar 2022 gestellt bzw. getätigt worden ist. Für Mietwohnungen, die nach den baurechtlichen Vorschriften ohne Bauantrag bzw. Bauanzeige errichtet werden können, kann hinsichltich des in Satz 1 genannten Zeitraums auf den Zeitpunkt des Beginns der Bauausführung abgestellt werden. 9[1)]

Wurde der Bauantrag vor dem 1. September 2018 gestellt oder die Bauanzeige vor diesem Zeitpunkt getätigt, mit der tatsächlichen Bautätigkeit aber erst nach diesem Stichtag begonnen, ist die Inanspruchnahme der Sonderabschreibung nach § 7 b EStG nicht zulässig, da die Regelung nicht auf den Beginn der Bautätigkeit, sondern auf den Zeitpunkt der Bauantragstellung bzw. der Tätigung der Bauanzeige abstellt. 10

Ein Bauantrag bzw. eine Bauanzeige wird mittels des von der nach Landesrecht zuständigen Behörde veröffentlichten Vordrucks gestellt bzw. getätigt, mit dem die landesrechtlich vorgesehene Baugenehmigung für die beabsichtigte Herstellung der Mietwohnung angestrebt wird. 11

Für die Bestimmung des Zeitpunkts der Stellung des Bauantrags bzw. der Tätigung der Bauanzeige ist regelmäßig das Datum des Eingangsstempels der nach Landesrecht zuständigen Behörde maßgebend. Dieses Datum gilt auch dann als entscheidender Zeitpunkt, wenn die Bauplanung nach dem Eingang 12

[1)] Rz. 9 geänd. durch BMF v. 21.9.2021, BStBl. I S. 1805.

des Bauantrags bzw. der Bauanzeige geändert wird, ohne dass ein neuer Bauantrag bzw. eine neue Bauanzeige erforderlich ist.

13 Ist ein Bauantrag abgelehnt bzw. eine angezeigte Bauausführung untersagt worden und die Baugenehmigung erst aufgrund eines unter neuen Bedingungen gestellten Bauantrags erteilt bzw. der Bau erst aufgrund einer veränderten Bauanzeige begonnen worden, ist der maßgebliche Zeitpunkt des Bauantrags bzw. der Bauanzeige der Eingang des unter neuen Bedingungen gestellten Bauantrags bzw. der neuen Bauanzeige bei der zuständigen Behörde. Dies gilt auch, wenn sich die Bauplanung des Steuerpflichtigen so grundlegend ändert, dass ein neuer Bauantrag gestellt bzw. eine neue Bauanzeige getätigt werden muss. Wird ein Bauantrag bzw. eine Bauanzeige allerdings annulliert und anschließend derselbe Bauantrag bzw. dieselbe Bauanzeige unverändert erneut gestellt bzw. getätigt, bleibt der Zeitpunkt des ursprünglich gestellten Bauantrags bzw. der bisherigen Bauanzeige maßgeblich.

14 Im Fall der Anschaffung einer neuen Mietwohnung ist der Zeitpunkt der Stellung des Bauantrags bzw. der Tätigung der Bauanzeige des Steuerpflichtigen, der die Wohnung hergestellt hat, maßgebend. Nicht entscheidend ist das Datum des Kaufvertrags.

15 Für Mietwohnungen, die entgegen den baurechtlichen Vorschriften ohne Baugenehmigung errichtet wurden, kann die Sonderabschreibung nach § 7 b EStG nicht in Anspruch genommen werden.

3.2. Begrenzung des Förderzeitraums

16 Die Sonderabschreibung nach § 7 b EStG kann nach § 52 Abs. 15 a EStG letztmals im Veranlagungszeitraum 2026 bzw. in dem letzten vor dem 1. Januar 2027 endenden Wirtschaftsjahr in Anspruch genommen werden. Ab dem Veranlagungszeitraum 2027 bzw. für nach dem 31. Dezember 2026 endende Wirtschaftsjahre kann die Sonderabschreibung nach § 7 b EStG auch dann nicht mehr in Anspruch genommen werden, wenn der vorgesehene Begünstigungszeitraum (Rz. 65) noch nicht abgelaufen ist.

17 Bei der Bestimmung und Einhaltung des Förderzeitraums kommt es – anders als beim Begünstigungszeitraum (Rz. 65) – nicht auf den Anschaffungs- oder Herstellungszeitpunkt der begünstigten Baumaßnahme an. Das Jahr der Fertigstellung der Baumaßnahme ist damit für die Einhaltung des Förderzeitraums der Sonderabschreibung nach § 7 b EStG nicht entscheidend. Die Sonderabschreibung nach § 7 b EStG kann auch dann in Anspruch genommen werden, wenn die neue Mietwohnung, für die der Bauantrag gestellt wurde oder die Bauanzeige erfolgt ist, erst nach dem 31. Dezember 2021 fertigge-

1 § 10/9. Schreiben betr. einkommensteuerrechtliche Behandlung von Vorsorgeaufwendungen und Altersbezügen

Vom 19. August 2013

BMF IV C 3 - S 2221/12/10010:004; IV C 5 - S 2345/08/0001; DOK 2013/0760735

(BStBl. I S. 1087)

Geändert durch BMF v. 10. 1. 2014 (BStBl. I S. 70), BMF v. 10. 4. 2015 (BStBl. I S. 256), BMF v. 1. 6. 2015 (BStBl. I S. 475), BMF v. 4. 7. 2016 (BStBl. I S. 645), BMF v. 19. 12. 2016 (BStBl. I S. 1433), BMF v. 24. 5. 2017 (BStBl. I S. 820) und BMF v. 28. 9. 2021 (BStBl. I S. 1831)

1 Anlage

Zum Sonderausgabenabzug für Beiträge nach § 10 Abs. 1 und zur Besteuerung von Versorgungsbezügen nach § 19 Abs. 2 sowie von Einkünften nach § 22 Nr. 1 Satz 3 Buchst. a des Einkommensteuergesetzes (EStG) gilt im Einvernehmen mit den obersten Finanzbehörden der Länder Folgendes:

Inhaltsübersicht

[1] Teil A aufgeh. und ersetzt durch BMF v. 24. 5. 2017, BStBl. I S. 820 (Nr. **1** § 10/11).

lung aus der landwirtschaftlichen Alterskasse und den berufsständischen Versorgungseinrichtungen. Es ist zu prüfen, ob § 34 Abs. 1 EStG Anwendung findet. Die Tarifermäßigung ist grundsätzlich auch auf Nachzahlungen von Renten i. S. d. § 22 Nr. 1 EStG anwendbar, soweit diese nicht auf den laufenden VZ entfallen (R 34.4 Abs. 1 EStR 2012).

Ist wegen rückwirkender Zubilligung einer Rente der Anspruch auf eine bisher gewährte Sozialleistung (z. B. auf Krankengeld, Arbeitslosengeld oder Sozialhilfe) ganz oder teilweise weggefallen und steht dem Leistenden deswegen gegenüber dem Rentenversicherungsträger (z. B. nach § 103 des Zehnten Buches Sozialgesetzbuch) ein Erstattungsanspruch zu, sind die bisher gezahlten Sozialleistungen in Höhe dieses Erstattungsanspruchs als Rentenzahlungen anzusehen. Die Rente ist dem Leistungsempfänger insoweit im Zeitpunkt der Zahlung dieser Sozialleistungen zugeflossen. Die Besteuerungsgrundsätze des § 22 Nr. 1 Satz 3 Buchst. a EStG gelten hierbei entsprechend. Sofern die Sozialleistungen dem Progressionsvorbehalt nach § 32 b EStG unterlegen haben, ist dieser rückgängig zu machen, soweit die Beträge zu einer Rente umgewidmet werden (R 32 b Abs. 4 EStR). **192**

Bei den übrigen Leibrenten erfolgt die Besteuerung auch weiterhin mit dem Ertragsanteil (§ 22 Nr. 1 Satz 3 Buchst. a Doppelbuchst. bb EStG ggf. i. V. m. § 55 Abs. 2 EStDV; vgl. Rz. 236 und 237), es sei denn, es handelt sich um nach dem 31. Dezember 2004 abgeschlossene Rentenversicherungen, bei denen keine lebenslange Rentenzahlung vereinbart und erbracht wird. In diesen Fällen wird die Besteuerung im Wege der Ermittlung des Unterschiedsbetrags nach § 20 Abs. 1 Nr. 6 EStG vorgenommen. Die Regelungen in § 22 Nr. 5 EStG bleiben unberührt (vgl. insoweit auch BMF-Schreiben vom 24. Juli 2013, BStBl. I S. 1022[1]). **193**

Für Leibrenten und andere Leistungen i. S. v. § 22 Nr. 1 Satz 3 Buchst. a EStG sind nach § 22 a EStG Rentenbezugsmitteilungen zu übermitteln. Einzelheiten hierzu sind durch BMF-Schreiben vom 7. Dezember 2011, BStBl. I S. 1223[2], geregelt. **194**

II. Leibrenten und andere Leistungen i. S. d. § 22 Nr. 1 Satz 3 Buchst. a Doppelbuchst. aa EStG

1. Leistungen aus den gesetzlichen Rentenversicherungen, aus der landwirtschaftlichen Alterskasse und aus den berufsständischen Versorgungseinrichtungen

§ 22 Nr. 1 Satz 3 Buchst. a Doppelbuchst. aa EStG erfasst alle Leistungen unabhängig davon, ob sie als Rente oder Teilrente (z. B. Altersrente, Erwerbsminderungsrente, Hinterbliebenenrente als Witwen- oder Witwerrente, Waisenrente oder Erziehungsrente) oder als einmalige Leistung (z. B. Sterbegeld oder Abfindung von Kleinbetragsrenten) ausgezahlt werden. **195**

a) Besonderheiten bei Leibrenten und anderen Leistungen aus den gesetzlichen Rentenversicherungen

Zu den Leistungen i. S. d. § 22 Nr. 1 Satz 3 Buchst. a Doppelbuchst. aa EStG gehören auch Zusatzleistungen und andere Leistungen. Dazu zählen nicht Zinsen auf Rentennachzahlungen. Diese gehören gemäß § 20 Abs. 1 Nr. 7 **196**[3]

[1] Nr. **1** § 79/1.
[2] Nr. **1** § 22 a/1.
[3] Rz. 196 neu gef. mW ab VZ 2016 durch BMF v. 4. 7. 2016, BStBl. I S. 645.

EStG zu den Einkünften aus Kapitalvermögen (BFH vom 9. Juni 2015 VIII R 18/12, BStBl. 2016 II S. 523).

197[1] § 22 Nr. 1 Satz 3 Buchst. a Doppelbuchst. aa EStG gilt nicht für steuerfreie Einnahmen wie z. B.

– Leistungen aus der gesetzlichen Unfallversicherung wie z. B. Berufsunfähigkeits- oder Erwerbsminderungsrenten der Berufsgenossenschaft (§ 3 Nr. 1 Buchst. a EStG),
– Sachleistungen und Kinderzuschüsse (§ 3 Nr. 1 Buchst. b EStG),
– Übergangsgelder nach dem SGB VI (§ 3 Nr. 1 Buchst. c EStG),
– die Erstattung von freiwilligen Beiträgen im Zusammenhang mit Nachzahlungen von Beiträgen in besonderen Fällen (§§ 204, 205 und 207 des SGB VI) sowie die Erstattung der vom Versicherten zu Unrecht geleisteten Beiträge nach § 26 SGB IV (§ 3 Nr. 3 Buchst. b EStG),
– Ausgleichszahlungen nach § 86 Bundesversorgungsgesetz (§ 3 Nr. 6 EStG),
– Renten, die als Entschädigungsleistungen aufgrund gesetzlicher Vorschriften – insbesondere des Bundesentschädigungsgesetzes – zur Wiedergutmachung nationalsozialistischen Unrechts gewährt werden (§ 3 Nr. 8 EStG),
– Renten wegen Alters und wegen verminderter Erwerbsfähigkeit aus der gesetzlichen Rentenversicherung, die an Verfolgte i. S. d. § 1 des Bundesentschädigungsgesetzes gezahlt werden, wenn rentenrechtliche Zeiten aufgrund der Verfolgung in der Rente enthalten sind. Renten wegen Todes aus der gesetzlichen Rentenversicherung, wenn der verstorbene Versicherte Verfolgter i. S. d. § 1 des Bundesentschädigungsgesetzes war und wenn rentenrechtliche Zeiten aufgrund der Verfolgung in dieser Rente enthalten sind (§ 3 Nr. 8 a EStG),
– Zuschüsse zur freiwilligen oder privaten Krankenversicherung (§ 3 Nr. 14 EStG),
– die aufgrund eines Abkommens mit einer zwischen- oder überstaatlichen Einrichtung zur Begründung von Anrechten auf Altersversorgung übertragenen Werte bei einer zwischen- oder überstaatlichen Einrichtung (§ 3 Nr. 55 e EStG),
– Leistungen nach den §§ 294 bis 299 SGB VI für Kindererziehung an Mütter der Geburtsjahrgänge vor 1921 (§ 3 Nr. 67 EStG); aus Billigkeitsgründen gehören dazu auch Leistungen nach § 294 a Satz 2 SGB VI für Kindererziehung an Mütter der Geburtsjahrgänge vor 1927, die am 18. Mai 1990 ihren gewöhnlichen Aufenthalt im Beitrittsgebiet und am 31. Dezember 1991 keinen eigenen Anspruch auf Rente aus eigener Versicherung hatten.

198 Renten i. S. d. § 9 Anspruchs- und Anwartschaftsüberführungsgesetz – AAÜG – werden zwar von der Deutschen Rentenversicherung Bund ausgezahlt, es handelt sich jedoch nicht um Leistungen aus der gesetzlichen Rentenversicherung. Die Besteuerung erfolgt nach § 22 Nr. 1 Satz 3 Buchst. a Doppelbuchst. bb EStG ggf. i. V. m. § 55 Abs. 2 EStDV, soweit die Rente nicht nach § 3 Nr. 6 EStG steuerfrei ist.

199[2] Die Ruhegehälter, die ehemaligen Bediensteten in internationalen Organisationen gezahlt werden, unterliegen der Besteuerung nach § 22 Nr. 1 Satz 3

[1] Rz. 197 neu gef. durch BMF v. 28. 9. 2021, BStBl. I S. 1831.
[2] Rz. 199 geänd. mW ab VZ 2017 durch BMF v. 19. 12. 2016, BStBl. I S. 1433.

Buchst. a Doppelbuchst. aa EStG, sofern es sich bei dem Alterssicherungssystem der jeweiligen Organisation um ein System handelt, das mit der inländischen gesetzlichen Rentenversicherung vergleichbar ist. Hierzu gehören z. B.:

– Bank für Internationalen Zahlungsausgleich (BIZ),
– Europäische Investitionsbank (EIB),
– Europäische Organisation für astronomische Forschung in der südlichen Hemisphäre (ESO),
– Europäische Organisation für Kernforschung (CERN),
– Europäisches Laboratorium für Molekularbiologie (EMBL),
– Vereinte Nationen (VN).

b) Besonderheiten bei Leibrenten und anderen Leistungen aus der landwirtschaftlichen Alterskasse

Die Renten wegen Alters, wegen Erwerbsminderung und wegen Todes nach dem Gesetz über die Alterssicherung der Landwirte – ALG – gehören zu den Leistungen i. S. d. § 22 Nr. 1 Satz 3 Buchst. a Doppelbuchst. aa EStG. **200**

Steuerfrei sind z. B. Sachleistungen nach dem ALG (§ 3 Nr. 1 Buchst. b EStG), Geldleistungen nach den §§ 10, 36 bis 39 ALG (§ 3 Nr. 1 Buchst. c EStG) sowie Beitragserstattungen nach den §§ 75 und 117 ALG (§ 3 Nr. 3 Buchst. b EStG). **201**

c) Besonderheiten bei Leibrenten und anderen Leistungen aus den berufsständischen Versorgungseinrichtungen

Leistungen aus berufsständischen Versorgungseinrichtungen werden nach § 22 Nr. 1 Satz 3 Buchst. a Doppelbuchst. aa EStG besteuert, unabhängig davon, ob die Beiträge als Sonderausgaben nach § 10 Abs. 1 Nr. 2 Satz 1 Buchst. a EStG berücksichtigt wurden. Die Besteuerung erfolgt auch dann nach § 22 Nr. 1 Satz 3 Buchst. a Doppelbuchst. aa EStG, wenn die berufsständische Versorgungseinrichtung keine den gesetzlichen Rentenversicherungen vergleichbaren Leistungen erbringt. **202**

Unselbständige Bestandteile der Rente (z. B. Kinderzuschüsse) werden zusammen mit der Rente nach § 22 Nr. 1 Satz 3 Buchst. a Doppelbuchst. aa EStG besteuert (vgl. *BFH vom 13. August 2011, BStBl. 2012 II S. 312*[1]). **203**

Einmalige Leistungen (z. B. Kapitalauszahlungen, Sterbegeld, Abfindung von Kleinbetragsrenten) unterliegen ebenfalls der Besteuerung nach § 22 Nr. 1 Satz 3 Buchst. a Doppelbuchst. aa EStG. Das gilt auch für Kapitalzahlungen, bei denen die erworbenen Anwartschaften auf Beiträgen beruhen, die vor dem 1. Januar 2005 erbracht worden sind. Es ist zu prüfen, ob unter Berücksichtigung der vom BFH aufgestellten Grundsätze (BFH-Urteile vom 23. Oktober 2013 X R 33/10 und X R 3/12, BStBl. 2014 II S. 58) § 34 Abs. 1 EStG Anwendung findet. **204**[2]

Gemäß § 3 Nr. 3 Buchst. c EStG sind die Leistungen aus berufsständischen Versorgungseinrichtungen, die den Leistungen nach § 3 Nr. 3 Buchst. a und b EStG entsprechen, steuerfrei. Hierbei kommt es darauf an, dass die Leistungen als solche vergleichbar sind und sich ihrer Art nach entsprechen **205**[3]

---

[1] Muss wohl richtig lauten: BFH vom 31. August 2011, BStBl. 2012 II S. 312.
[2] Rz. 204 neu gef. mWv 1. 1. 2014 durch BMF v. 10. 1. 2014, BStBl. I S. 70.
[3] Rz. 205 neu gef. durch BMF v. 28. 9. 2021, BStBl. I S. 1831.

(„Wesensgleichheit“, vgl. BFH vom 10. Oktober 2017, BStBl. 2021 II S. 746). Es ist nicht erforderlich, dass sie auf der Grundlage identischer Voraussetzungen erbracht werden. Sind diese – entsprechend Rz. 202 bis 204 steuerbaren – Leistungen gemäß § 3 Nr. 3 Buchst. c EStG steuerfrei, erfolgt keine Korrektur des Sonderausgabenabzugs der korrespondierenden Beiträge.

Eine Steuerfreiheit liegt z. B. in folgenden Fällen vor:

- Witwen- und Witwerrentenabfindungen bei der ersten Wiederheirat (§ 3 Nr. 3 Buchst. c EStG i.V.m. § 3 Nr. 3 Buchst. a EStG).
- Beitragserstattungen (§ 3 Nr. 3 Buchst. c EStG i.V.m. § 3 Nr. 3 Buchst. b EStG) im Falle der Beendigung der Mitgliedschaft in der berufsständischen Versorgungseinrichtung, wenn höchstens die Beiträge abzüglich des steuerfreien Arbeitgeberanteils bzw. -zuschusses (§ 3 Nr. 62 EStG) nominal erstattet werden. Dies gilt auch für Beitragserstattungen, die nach Begründung einer erneuten Versicherungspflicht in einer berufsständischen Versorgungseinrichtung aufgrund der Beendigung dieser Mitgliedschaft geleistet werden.

  Werden bis zu 60 % der für den Versicherten geleisteten Beiträge erstattet, kann die Erstattung aus Vereinfachungsgründen insgesamt als steuerfreie Beitragserstattung behandelt werden. Werden mehr als 60 % der für den Versicherten geleisteten Beiträge erstattet, ist die Beitragserstattung bei Vorlage eines Nachweises in dem Umfang steuerfrei, in dem sie auf eigenen Beiträgen des Versicherten beruht.

  Basiert die Beitragserstattung ganz oder teilweise auf freiwilligen Beiträgen des Versicherten, ist dies unschädlich.

2. Leibrenten und andere Leistungen aus Rentenversicherungen i. S. d. § 10 Abs. 1 Nr. 2 Satz 1 Buchst. b EStG

206 Leistungen aus Rentenversicherungen i. S. d. § 10 Abs. 1 Nr. 2 Satz 1 Buchst. b EStG (vgl. *Rz. 8 ff.*[1]) unterliegen der nachgelagerten Besteuerung gem. § 22 Nr. 1 Satz 3 Buchst. a Doppelbuchst. aa EStG.

207 Für Renten aus Rentenversicherungen, die nicht den Voraussetzungen des § 10 Abs. 1 Nr. 2 Satz 1 Buchst. b EStG entsprechen – insbesondere für Renten aus Verträgen i. S. d. § 10 Abs. 1 Nr. 3 a EStG –, bleibt es bei der Ertragsanteilsbesteuerung (vgl. insoweit Rz. 212 ff.), es sei denn, es handelt sich um nach dem 31. Dezember 2004 abgeschlossene Rentenversicherungen, bei denen keine lebenslange Rentenzahlung vereinbart und erbracht wird. Dann erfolgt die Besteuerung nach § 20 Abs. 1 Nr. 6 EStG im Wege der Ermittlung des Unterschiedsbetrags. Die Regelungen in § 22 Nr. 5 EStG bleiben unberührt (vgl. BMF-Schreiben vom 24. Juli 2013, BStBl. I S. 1022[2]).

208 Wird ein Rentenversicherungsvertrag mit Versicherungsbeginn nach dem 31. Dezember 2004, der die Voraussetzungen des § 10 Abs. 1 Nr. 2 Satz 1 Buchst. b EStG nicht erfüllt, in einen zertifizierten Basisrentenvertrag umgewandelt, führt dies zur Beendigung des bestehenden Vertrags – mit den entsprechenden steuerlichen Konsequenzen – und zum Abschluss eines neuen Basisrentenvertrags im Zeitpunkt der Umstellung. Die Beiträge einschließlich des aus dem Altvertrag übertragenen Kapitals können im Rahmen des Sonderausgabenabzugs nach § 10 Abs. 1 Nr. 2 Satz 1 Buchst. b EStG berück-

---

[1] Siehe nunmehr BMF v. 24. 5. 2017, BStBl. I S. 820, Rz. 10 ff. (Nr. **1** § 10/11).
[2] Nr. **1** § 79/1.

sichtigt werden. Die sich aus dem Basisrentenvertrag ergebenden Leistungen unterliegen insgesamt der Besteuerung nach § 22 Nr. 1 Satz 3 Buchst. a Doppelbuchst. aa EStG.

Wird ein Kapitallebensversicherungsvertrag in einen zertifizierten Basisrentenvertrag umgewandelt, führt auch dies zur Beendigung des bestehenden Vertrags – mit den entsprechenden steuerlichen Konsequenzen – und zum Abschluss eines neuen Basisrentenvertrags im Zeitpunkt der Umstellung. Die Beiträge einschließlich des aus dem Altvertrag übertragenen Kapitals können im Rahmen des Sonderausgabenabzugs nach § 10 Abs. 1 Nr. 2 Satz 1 Buchst. b EStG berücksichtigt werden. Die sich aus dem Basisrentenvertrag ergebenden Leistungen unterliegen insgesamt der Besteuerung nach § 22 Nr. 1 Satz 3 Buchst. a Doppelbuchst. aa EStG. **209**

Wird entgegen der ursprünglichen vertraglichen Vereinbarung (vgl. *Rz. 9 und 14*[1]) ein zertifizierter Basisrentenvertrag in einen Vertrag umgewandelt, der die Voraussetzungen des § 10 Abs. 1 Nr. 2 Satz 1 Buchst. b EStG nicht erfüllt, ist steuerlich von einem neuen Vertrag auszugehen. Wird dabei die auf den „alten" Vertrag entfallende Versicherungsleistung ganz oder teilweise auf den „neuen" Vertrag angerechnet, fließt die angerechnete Versicherungsleistung dem Versicherungsnehmer zu und unterliegt im Zeitpunkt der Umwandlung des Vertrags der Besteuerung nach § 22 Nr. 1 Satz 3 Buchst. a Doppelbuchst. aa EStG. Ist die Umwandlung als Missbrauch von rechtlichen Gestaltungsmöglichkeiten (§ 42 AO) anzusehen, z. B. Umwandlung innerhalb kurzer Zeit nach Vertragsabschluss ohne erkennbaren sachlichen Grund, ist für die vor der Umwandlung geleisteten Beiträge der Sonderausgabenabzug nach § 10 Abs. 1 Nr. 2 Satz 1 Buchst. b EStG zu versagen oder rückgängig zu machen. **210**

Werden Ansprüche des Leistungsempfängers aus einem Versicherungsvertrag mit Versicherungsbeginn nach dem 31. Dezember 2004, der die Voraussetzungen des § 10 Abs. 1 Nr. 2 Satz 1 Buchst. b EStG erfüllt, unmittelbar auf einen anderen Vertrag des Leistungsempfängers bei einem anderen Unternehmen übertragen, gilt die Versicherungsleistung nicht als dem Leistungsempfänger zugeflossen, wenn der neue Vertrag nach § 5 a AltZertG zertifiziert ist. Sie unterliegt daher im Zeitpunkt der Übertragung nicht der Besteuerung (§ 3 Nr. 55 d EStG). **211**

III. Leibrenten und andere Leistungen i. S. d. § 22 Nr. 1 Satz 3 Buchst. a Doppelbuchst. bb EStG

Der Anwendungsbereich des § 22 Nr. 1 Satz 3 Buchst. a Doppelbuchst. bb EStG umfasst diejenigen Leibrenten und anderen Leistungen, die nicht bereits unter Doppelbuchst. aa der Vorschrift (vgl. Rz. 195 ff.) oder § 22 Nr. 5 EStG einzuordnen sind, wie Renten aus **212**

- Rentenversicherungen, die nicht den Voraussetzungen des § 10 Abs. 1 Nr. 2 Satz 1 Buchst. b EStG entsprechen, weil sie z. B. eine Teilkapitalisierung oder Einmalkapitalauszahlung (Kapitalwahlrecht) oder einen Rentenbeginn vor Vollendung des 62. Lebensjahres vorsehen (bei vor dem 1. Januar 2012 abgeschlossenen Verträgen ist regelmäßig die Vollendung des 60. Lebensjahres maßgebend) oder die Laufzeit der Versicherung vor dem 1. Januar 2005 begonnen hat, oder
- Verträgen i. S. d. § 10 Abs. 1 Nr. 3 a EStG.

---

[1] Siehe nunmehr BMF v. 24. 5. 2017, BStBl. I S. 820, Rz. 11 bis 15 (Nr. **1** § 10/11).

Bei nach dem 31. Dezember 2004 abgeschlossenen Rentenversicherungen muss eine lebenslange Rentenzahlung vereinbart und erbracht werden.

213 Werden neben einer Grundrente Überschussbeteiligungen in Form einer Bonusrente gezahlt, so ist der gesamte Auszahlungsbetrag mit einem einheitlichen Ertragsanteil der Besteuerung zu unterwerfen. Mit der Überschussbeteiligung in Form einer Bonusrente wird kein neues Rentenrecht begründet (R 22.4 Abs. 1 Satz 2 EStR; BFH vom 22. August 2012, BStBl. 2013 II S. 158). In der Mitteilung nach § 22 a EStG (bei Leistungen i. S. d. § 22 Nr. 5 Satz 2 Buchst. a EStG in der Mitteilung nach § 22 Nr. 5 Satz 7 EStG) ist der Betrag von Grund- und Bonusrente in einer Summe auszuweisen.

1 § 10/11. Schreiben betr. einkommensteuerrechtliche Behandlung von Vorsorgeaufwendungen

Vom 24. Mai 2017

BMF IV C 3 - S 2221/16/10001 :004; DOK 2017/0392623

(BStBl. I S. 820)

Geändert durch BMF v. 6. 11. 2017 (BStBl. I S. 1455) und BMF v. 28. 9. 2021 (BStBl. I S. 1833)

Zum Sonderausgabenabzug für Beiträge nach § 10 Abs. 1 Nr. 2, 3 und 3 a Einkommensteuergesetz (EStG) gilt im Einvernehmen mit den obersten Finanzbehörden der Länder Folgendes:

Inhaltsübersicht

[1] **Amtl. Anm.:** Der Begriff „Lebenspartner" bezeichnet in diesem BMF-Schreiben Lebenspartner einer eingetragenen Lebenspartnerschaft.

Behinderung nicht in der Lage ist, unter den üblichen Bedingungen des allgemeinen Arbeitsmarktes voll erwerbstätig zu sein. Dabei ist von einer teilweisen Erwerbsminderung auszugehen, wenn der VN nicht imstande ist, mindestens sechs Stunden täglich erwerbstätig zu sein. Eine volle Erwerbsminderung liegt dagegen vor, wenn er hierzu nicht mindestens drei Stunden täglich in der Lage ist. Für die Beurteilung, ob eine Beschäftigung unter den üblichen Bedingungen des allgemeinen Arbeitsmarktes möglich und zumutbar ist, kommt es ausschließlich auf die gesundheitlichen Einschränkungen des Versicherten an. Die allgemeine Arbeitsmarktlage ist nicht zu beachten.

Neben der Absicherung gegen den Eintritt der verminderten Erwerbsfähigkeit 47 darf ein Basisrentenvertrag-Erwerbsminderung zusätzlich auch die Absicherung gegen den Eintritt der Berufsunfähigkeit enthalten. Es handelt sich in diesen Fällen weiterhin um einen einheitlichen Vertrag. Die verschiedenen Vertragskomponenten können versicherungsrechtlich sowohl der Haupt- als auch der Zusatzversicherung zugeordnet werden. Tritt der Versicherungsfall (Erwerbsminderung oder ggf. Berufsunfähigkeit) im versicherten Zeitraum, spätestens bis zur Vollendung des 67. Lebensjahres ein, hat der Anbieter eine lebenslange gleichbleibende oder steigende Leibrente vorzusehen.

Eine zeitliche Befristung der Erwerbsminderungs- oder Berufsunfähigkeitsrente 48 ist nur dann nicht zu beanstanden, wenn die Erwerbsminderung oder Berufsunfähigkeit bis zur Vollendung des 67. Lebensjahres weggefallen ist. Der Wegfall ist medizinisch zu begründen. Ein medizinisch begründeter Wegfall der Berufsunfähigkeit kann – wenn dies vereinbart wurde – auch dann vorliegen, wenn der VN eine andere Tätigkeit ausübt oder ausüben kann, die zu übernehmen er aufgrund seiner Ausbildung und Fähigkeiten in der Lage ist und die seiner bisherigen Lebensstellung entspricht.

Sofern der Steuerpflichtige bei Eintritt des Versicherungsfalls das 55. Lebensjahr 49 vollendet hat, darf die zugesagte Rente in ihrer Höhe vom Alter des Steuerpflichtigen bei Eintritt des Versicherungsfalls abhängig gemacht werden. Es muss allerdings auch bei Eintritt des Versicherungsfalls zwischen dem 55. und 67. Lebensjahr eine gleichbleibende oder steigende lebenslange Leibrente (> 0 €) gezahlt werden (vgl. aber Rz. 33 f.).

Für die Absicherung gegen den Eintritt der Berufsunfähigkeit sind die allgemei- 50 nen versicherungsvertraglichen Grundsätze zu beachten. Daneben müssen für die Absicherung gegen den Eintritt der verminderten Erwerbsfähigkeit folgende Regelungen nach § 2 Abs. 1 a AltZertG im Vertrag vorgesehen werden:

– Leistungsumfang: 51
  Sieht der Vertrag sowohl eine Absicherung des Eintritts der vollen als auch teilweisen Erwerbsminderung vor, hat der Anbieter bei Eintritt der teilweisen Erwerbsminderung mindestens die Hälfte der versicherten Leistung zu gewähren.
– Leistungsbeginn: 52
  Die Leistung ist spätestens ab Beginn des Kalendermonats zu gewähren, der dem Kalendermonat folgt, in dem die teilweise oder volle Erwerbsminderung eingetreten ist. Dies gilt, wenn die Leistung bis zum Ende des 36. Kalendermonats nach Ablauf des Monats des Eintritts der teilweisen oder vollen Erwerbsminderung beantragt wird. Wird der Antrag zu einem späteren Zeitpunkt gestellt, hat der Anbieter spätestens ab Beginn des Kalendermonats zu leisten, der 36 Monate vor dem Monat der Beantragung liegt, frühestens jedoch ab Vertragsbeginn.

53 – Beitragsstundung:
Die Beiträge (Beitragsanteile) zur Absicherung des Risikos „verminderte Erwerbsfähigkeit" sind auf Antrag des Steuerpflichtigen ab dem Zeitpunkt der Rentenantragstellung wegen teilweiser oder voller Erwerbsminderung bis zur endgültigen Entscheidung über die Leistungspflicht zinslos und ohne andere Auflagen zu stunden.

54 – Kündigungs- und Abänderungsverzicht:
Verletzt der Steuerpflichtige (Vertragspartner) schuldlos seine Pflicht, ihm bekannte erhebliche Gefahrumstände anzuzeigen, die für den Versicherer hinsichtlich der Entscheidung zum Abschluss des Vertrags entscheidend sein können, hat der Anbieter auf sein Kündigungsrecht nach § 19 Abs. 3 Satz 2 Versicherungsvertragsgesetz (VVG) und das Abänderungsrecht nach § 19 Abs. 4 VVG zu verzichten.

55 – Begrenzung der medizinischen Mitwirkungspflicht des Steuerpflichtigen:
Die Verpflichtung des Steuerpflichtigen zur medizinischen Mitwirkung muss nicht nur auf medizinisch indizierte, sondern auch auf zumutbare ärztliche Untersuchungs- und Behandlungsleistungen begrenzt sein. Dies gilt sowohl zur als auch nach der Feststellung der teilweisen oder vollen Erwerbsminderung.

1.3. Steuerfreie Zuschüsse und Beitragsrückerstattungen

56 Steuerfreie Beitragszuschüsse und Beitragsrückerstattungen mindern den Sonderausgabenabzug für Altersvorsorgeaufwendungen, z. B. bei

– steuerfrei gezahlten Zuschüssen zum Beitrag nach § 32 des Gesetzes über die Alterssicherung der Landwirte (§ 3 Nr. 17 EStG),

– steuerfreien Zuschüssen und geleisteten Erstattungen von Behörden i. S. d. § 6 Abs. 1 AO und anderen öffentlichen Stellen (z. B. vom Jugendamt; § 23 Abs. 2 Satz 1 Nr. 3 des Achten Buches Sozialgesetzbuch – SGB VIII – i. V. m. § 3 Nr. 9 EStG).

56a[1)] Leistungen, die nach § 22 Nr. 1 Satz 3 Buchst. a Doppelbuchst. aa EStG steuerbare Einkünfte darstellen, mindern die als Sonderausgaben abzugsfähigen Altersvorsorgeaufwendungen nicht (vgl. BFH vom 7. Juli 2020, BStBl. 2021 II S. 750). § 10 Abs. 4b EStG ist in diesen Fällen nicht anzuwenden.

57[2)] Auch bei Rückzahlung von zu Unrecht geleisteten Beiträgen infolge einer rückwirkenden Vertragsänderung oder aufgrund einer Erstattung nach § 26 SGB IV mindern diese als Beitragsrückerstattung die im Jahr des Zuflusses geleisteten Rentenversicherungsbeiträge und sind nach § 10 Abs. 4 b Satz 4 EStG zu melden. Für unterjährige Beitragsrückerstattungen, die Beiträge desselben VZ betreffen, ist in der Beitragsbescheinigung der saldierte Wert anzugeben.

57 a[3)] Abweichend von Rz. 57 kann es bei Basisrenten nicht zu einer Beitragsrückerstattung kommen, da eine Kapitalisierung nicht zulässig ist (vgl. Rz. 33). Soweit zu Unrecht geleistete bzw. zivilrechtlich nicht geschuldete Beträge (z. B. bei einem Widerruf des Vertrages) zurückgezahlt werden, hat die mitteilungspflichtige Stelle eine Datensatzstornierung bzw. -korrektur der betreffenden Jahre vorzunehmen.

[1)] Rz. 56 a eingef. durch BMF v. 28. 9. 2021, BStBl. I S. 1833.
[2)] Rz. 57 ist erstmals für VZ 2017 anzuwenden; vgl. Rz. 211.
[3)] Rz. 57 a eingef. durch BMF v. 6. 11. 2017, BStBl. I S. 1455.

wenn die Ausgaben kurze Zeit vor oder nach dem Jahreswechsel fällig werden (vgl. H 11 EStH „Allgemeines", Rz. 153 ff.).

Beispiel 1: 196

Der am 1. Januar 01 fällige Beitrag für den Monat Dezember 00 wird am 10. Januar 01 geleistet. Grundsätzlich wäre der Beitrag im Kalenderjahr 01 (Zahlung im Jahr 01) anzusetzen. Da die laufenden Beitragszahlungen aber regelmäßig wiederkehrend sind und die hier aufgeführte Zahlung innerhalb des Zeitraums vom 22. Dezember bis 10. Januar fällig war und geleistet wurde, ist sie abweichend vom Jahr der Zahlung (01) dem Jahr der wirtschaftlichen Zugehörigkeit 00 zuzuordnen.

Beispiel 2: 197

Der am 15. Januar 01 fällige Beitrag für den Monat Dezember 00 wird am 5. Januar 01 geleistet. Da die Fälligkeit des Dezemberbeitrags außerhalb des sog. „10-Tageszeitraums" liegt, ist die Zahlung vom 5. Januar 01 steuerlich dem Jahr 01 zuzuordnen.

Bei Erstellung der Datensätze haben die mitteilungspflichtigen Stellen für die 198
zeitliche Zuordnung § 11 EStG zu beachten (vgl. in diesem Zusammenhang auch H 11 EStH).

5. Zusammenhang mit steuerfreien Einnahmen

Voraussetzung für die Berücksichtigung von Vorsorgeaufwendungen i. S. d. 199
§ 10 EStG ist, dass sie nicht in unmittelbarem wirtschaftlichen Zusammenhang mit steuerfreien Einnahmen stehen[1]. Dieser Zusammenhang ist z. B. in folgenden Fällen gegeben:

- Gesetzliche Arbeitnehmeranteile, die auf steuerfreien Arbeitslohn entfallen (z. B. nach dem Auslandstätigkeitserlass, aufgrund eines DBA oder aufgrund des zusätzlichen Höchstbetrags von *1800 €*[2] nach § 3 Nr. 63 Satz 3 EStG),
- Aufwendungen aus Mitteln, die nach ihrer Zweckbestimmung zur Leistung der Vorsorgeaufwendungen dienen:
  - Steuerfreie Zuschüsse zur Krankenversicherung der Rentner, z. B. nach § 106 SGB VI,
  - steuerfreie Beträge, die Land- und Forstwirte nach dem Gesetz über die Alterssicherung der Landwirte zur Entlastung von Vorsorgeaufwendungen i. S. d. § 10 Abs. 1 Nr. 2 Satz 1 Buchst. a EStG erhalten,
- Krankenversicherungsbeiträge, soweit sie auf steuerfrei ausgezahlte Erträge einer Kapitalleistung aus der betrieblichen Altersversorgung entfallen. Ausgenommen sind Beitragsanteile, soweit sie auf die Rückzahlung der eingezahlten Beiträge in die betriebliche Altersversorgung entfallen. Die Kapitalauszahlung unterliegt insgesamt nicht der Besteuerung, wenn diese nach Ablauf von 12 Jahren seit Vertragsabschluss eines vor dem 1. Januar 2005 abgeschlossenen Versicherungsvertrags erfolgt und der Vertrag die weiteren Voraussetzungen des § 10 Abs. 1 Nr. 2 EStG in der am 31. Dezember 2004 geltenden Fassung erfüllt (§ 52 Abs. 28 Satz 5 EStG).

Beiträge in unmittelbarem wirtschaftlichen Zusammenhang mit steuerfreiem Arbeitslohn sind nicht als Sonderausgaben abziehbar (BFH vom 18. April 2012, BStBl. II S. 721). Dies gilt nicht, wenn der Arbeitslohn nicht zum Zufluss von Arbeitslohn führt, jedoch beitragspflichtig ist (z. B. Umwandlung zugunsten einer Direktzusage oberhalb von 4 % der Beitragsbemessungsgrenze

---

[1] **Red. Anm.:** Zur Unionsrechtswidrigkeit des § 10 Abs. 2 Satz 1 Nr. 2 EStG idF der Bek. v. 8.10.2009 (BGBl. I S. 3366, ber. S. 3862), zuletzt geänd. durch G v. 20.8.2021 (BGBl. I S. 3932) vgl. BMF v. 11. 12. 2017, BStBl. I S. 1624 (Nr. **1** § 10/16).

[2] **Red. Anm.:** Ab 2018: 4 % des RV-BBG-Wertes.

in der allgemeinen RV[1]). Die Hinzurechnung des nach § 3 Nr. 62 EStG steuerfreien Arbeitgeberanteils zur gesetzlichen RV oder eines gleichgestellten steuerfreien Zuschusses des Arbeitgebers nach § 10 Abs. 1 Nr. 2 Satz 2 EStG und die Verminderung um denselben nach § 10 Abs. 3 Satz 5 EStG bleiben hiervon unberührt; dies gilt nicht, soweit der steuerfreie Arbeitgeberanteil auf steuerfreien Arbeitslohn entfällt.

200 Die von einem Rentner gezahlten Kranken- und Pflegeversicherungsbeiträge sind – trotz der nur anteiligen steuerlichen Erfassung der Rente im Rahmen der Kohortenbesteuerung – ungekürzt bei den Sonderausgaben zu berücksichtigen.

201 **Beispiel 1:**

Der alleinstehende 57-jährige Steuerpflichtige ist arbeitslos und bezieht Arbeitslosengeld i. H. v. 1150 € monatlich. Da der Steuerpflichtige freiwillig in der gesetzlichen RV und privat kranken- und pflegeversichert ist, übernimmt die Bundesagentur für Arbeit während des Bezugs des Arbeitslosengelds seine freiwillig an die gesetzliche RV gezahlten Beiträge i. H. v. 130 € und seine Beiträge zur privaten Kranken- und Pflegeversicherung i. H. v. 270 €.

Die von der Bundesagentur für Arbeit übernommenen freiwilligen Beiträge zur gesetzlichen RV sowie die Beiträge zur privaten Kranken- und Pflegeversicherung stehen mit dem nach § 3 Nr. 2 EStG steuerfreien Arbeitslosengeld in einem unmittelbaren wirtschaftlichen Zusammenhang. Daher sind diese Beiträge nicht als Sonderausgaben nach § 10 Abs. 1 Nr. 2, 3 und 3 a EStG zu berücksichtigen.

202 **Beispiel 2:**

Der Steuerpflichtige erhält im Jahr 2016 nach Ablauf von 22 Jahren eine Kapitalauszahlung aus einer pauschal besteuerten Direktversicherung i. H. v. 50 000 €. Die pauschal besteuerten Beiträge betragen 40 000 €. Zur Berechnung der Kranken- und Pflegeversicherungsbeiträge wird die Kapitalleistung auf 120 Monate verteilt. Es ergibt sich eine jährliche Bemessungsgrundlage von 5000 € (416,67 € × 12 Monate). Die Kranken- und Pflegeversicherungsbeiträge betragen hierfür für das Jahr 2016 902,50 € (Krankenversicherung: 14,6 % zzgl. – angenommen – 1,1 % und Pflegeversicherung 2,35 % = 18,05 % von 5000 €).

Die Kranken- und Pflegeversicherungsbeiträge sind i. H. v. 722 € jährlich als Sonderausgaben abziehbar (entspricht dem Verhältnis der eingezahlten Beiträge zur Kapitalleistung = 4/5 von 902,50 €, 1/5 beruht auf „steuerfreien“ Erträgen).

6. Erstattungsüberhänge

203[2] Übersteigen die vom Steuerpflichtigen erhaltenen Erstattungen zzgl. steuerfreier Zuschüsse die im VZ geleisteten Aufwendungen i. S. d. § 10 Abs. 1 Nr. 2 bis 3 a EStG, sind – soweit § 10 Abs. 4b EStG anzuwenden ist (siehe Rz. 56a) – die Aufwendungen mit null anzusetzen. Für den insoweit entstandenen Erstattungsüberhang ist entsprechend § 10 Abs. 4b Satz 2 und 3 EStG zu verfahren (gültig ab VZ 2012). Ein Erstattungsüberhang, der sich bei den Aufwendungen nach § 10 Abs. 1 Nr. 2 und 3a EStG ergibt, ist in den VZ der Zahlung zurückzutragen (§ 175 Abs. 1 Satz 1 Nr. 2 AO).

204[3] **Beispiel:**

A ist nichtselbständig tätig und privat krankenversichert. Folgende Beiträge hat A im Jahr 01 entrichtet:

–	Krankenversicherung		1500 €
	davon für Basisabsicherung	1200 €	
	davon für Wahlleistungen	300 €	
–	Pflege-Pflichtversicherung		300 €

[1] **Red. Anm.:** RV-BBG 2018: 78 000 €; 2019: 80 400 €; 2020: 82 800 €; 2021: 85 200 €.
[2] Rz. 203 neu gef. durch BMF v. 28. 9. 2021, BStBl. I S. 1833.
[3] Rz. 204 geänd. durch BMF v. 28. 9. 2021, BStBl. I S. 1833.

– gesetzliche RV (Erstattung von zu Unrecht geleisteten Beiträgen nach § 26 SGB IV, siehe Rz. 57) 500 €
– Kirchensteuer 200 €

Für das Vorjahr 00 erhält er folgende Beitragsrückerstattungen:

– Krankenversicherung 2000 €
  davon für Basisabsicherung 1600 €
– gesetzliche RV (Erstattung von zu Unrecht geleisteten Beiträgen nach § 26 SGB IV, siehe Rz. 57) 500 €
– Kirchensteuer 1500 €

Die im VZ erhaltenen Erstattungen sind mit den geleisteten Zahlungen wie folgt zu verrechnen:

<table>
<tr><th></th><th>Zahlungen im VZ 01</th><th>Erstattungen im VZ 01</th><th>Erstattungs- bzw. Zahlungsüberhang</th><th>Verrechnung innerhalb der Nummern (§ 10 Abs. 4 b Satz 2 EStG)</th><th>Hinzurechnung des Erstattungsüberhangs zum Gesamtbetrag der Einkünfte (§ 10 Abs. 4 b Satz 3 EStG)</th></tr>
<tr><td>Rentenversicherung § 10 Abs. 1 Nr. 2 Satz 1 Buchst. a EStG</td><td>800 €</td><td>500 €</td><td>+300 €</td><td>–</td><td>–</td></tr>
<tr><td>Krankenversicherung § 10 Abs. 1 Nr. 3 Satz 1 Buchst. a EStG</td><td>1200 €</td><td>1600 €</td><td>–400 €</td><td rowspan="2">–400 €
+300 €
= –100 €</td><td rowspan="2">100 €</td></tr>
<tr><td>Gesetzliche Pflegeversicherung § 10 Abs. 1 Nr. 3 Satz 1 Buchst. b EStG</td><td>300 €</td><td>0 €</td><td>+300 €</td></tr>
<tr><td>Krankenversicherung § 10 Abs. 1 Nr. 3 a EStG</td><td>300 €</td><td>400 €</td><td>–100 €</td><td>Keine Verrechnung</td><td>Keine Hinzurechnung</td></tr>
<tr><td>Kirchensteuer § 10 Abs. 1 Nr. 4 EStG</td><td>200</td><td>1500 €</td><td>–1300 €</td><td>Keine Verrechnung</td><td>1300 €</td></tr>
</table>

Gem. § 10 Abs. 4 b Satz 2 EStG ist ein Erstattungsüberhang bei den Sonderausgaben nach § 10 Abs. 1 Nr. 2 bis 3 a EStG im Rahmen der jeweiligen Nummer zu verrechnen. Daher ist der Erstattungsüberhang aus den Krankenversicherungsbeiträgen zur Absicherung von Basisleistungen mit den Beiträgen zur gesetzlichen Pflegeversicherung zu verrechnen. Eine Verrechnung des Erstattungsüberhangs aus den Krankenversicherungsbeiträgen für die Absicherung von Wahlleistungen ist mangels anderer Beiträge nach § 10 Abs. 1 Nr. 3 a EStG nicht möglich. Für die Kirchensteuer sieht § 10 Abs. 4 b Satz 2 EStG keine Verrechnungsmöglichkeit mit Sonderausgaben nach § 10 Abs. 1 Nr. 2 bis 3 a EStG vor (BFH vom 21. Juli 2009, BStBl. 2010 II S. 38).

Nach § 10 Abs. 4 b Satz 3 EStG ist ein sich aus § 10 Abs. 1 Nr. 3 und 4 EStG ergebender Erstattungsüberhang dem Gesamtbetrag der Einkünfte (§ 2 Abs. 3 EStG) hinzuzurechnen. Deshalb sind die Erstattungsüberhänge aus den Krankenversicherungsbeiträgen zur Absicherung von Basisleistungen und aus der Kirchensteuer dem Gesamtbetrag der Einkünfte hinzuzurechnen. Der Erstattungsüberhang aus den Krankenversicherungsbeiträgen für die Absicherung von Wahlleistungen nach § 10 Abs. 1 Nr. 3 a EStG ist dagegen mit den entsprechenden Beiträgen im VZ 00 zu verrechnen. Der Bescheid für den VZ 00 ist diesbezüglich nach § 175 Abs. 1 Satz 1 Nr. 2 AO zu ändern.

7. Globalbeiträge

Anders als bei der inländischen gesetzlichen Sozialversicherung gibt es einige 205
ausländische Sozialversicherungen, in denen – bezogen auf die Beitragsleis-

tung – nicht nach den verschiedenen Sozialversicherungszweigen unterschieden und ein einheitlicher Sozialversicherungsbeitrag (Globalbeitrag) erhoben wird. Mit dem Globalbeitrag werden Leistungen u. a. bei Arbeitslosigkeit, Krankheit, Mutterschutz, Invalidität, Alter und Tod finanziert. Wie die vom Steuerpflichtigen geleisteten Globalbeiträge zur Ermittlung der steuerlich berücksichtigungsfähigen Vorsorgeaufwendungen (u. a. Beiträge an einen ausländischen gesetzlichen Rentenversicherungsträger) aufzuteilen sind, wird für jeden VZ durch gesondertes BMF-Schreiben bekannt gegeben:

- für den VZ 2011 und früher:
  BMF-Schreiben vom 5. Juli 2011, BStBl. I S. 711,
- für den VZ 2012 und teilweise auch für den VZ 2011:
  BMF-Schreiben vom 26. Januar 2012, BStBl. I S. 169,
- für den VZ 2013:
  BMF-Schreiben vom 29. Oktober 2012, BStBl. I S. 1013,
- für den VZ 2014:
  BMF-Schreiben vom 8. Oktober 2013, BStBl. I S. 1266,
- für den VZ 2015:
  BMF-Schreiben vom 3. Dezember 2014, BStBl. I S. 1606,
- für den VZ 2016:
  BMF-Schreiben vom 28. August 2015, BStBl. I S. 632,
- für den VZ 2017[1]:
  BMF-Schreiben vom 22. August 2016, BStBl. I S. 804[2].

8. Änderungsnorm

206 Ein Steuerbescheid ist nach § 10 Abs. 2 a Satz 8 EStG zu ändern, soweit Daten bis einschließlich VZ 2016 betroffen sind. Ab VZ 2017 enthält § 175 b AO die im Grundsatz bislang in § 10 Abs. 2 a Satz 8 EStG verortete Änderungsvorschrift, welche für alle Fälle gilt, in denen sich die Datenübermittlung nach § 93 c Abs. 1 AO richtet.

IV. Günstigerprüfung nach § 10 Abs. 4 a EStG[3]

207 Die Regelungen zum Abzug von Vorsorgeaufwendungen nach § 10 Abs. 1 Nr. 2, 3 und 3 a EStG sind in bestimmten Fällen ungünstiger als nach der für das Kalenderjahr 2004 geltenden Fassung des § 10 Abs. 3 EStG. Zur Vermeidung einer Schlechterstellung wird in diesen Fällen der höhere Betrag berücksichtigt. Die Überprüfung erfolgt von Amts wegen. Einbezogen in die Überprüfung werden nur Vorsorgeaufwendungen, die nach dem ab 2005 geltenden Recht abziehbar sind. Hierzu gehört nicht der nach § 10 Abs. 1 Nr. 2 Satz 2 EStG hinzuzurechnende Betrag (steuerfreier Arbeitgeberanteil zur ge-

---

[1] **Red. Anm.:** Für den VZ **2018:** BMF v. 9. 10. 2017, BStBl. I S. 1326, für den VZ **2019:** BMF v. 17. 9. 2018, BStBl. I S. 1326, für den VZ **2020:** BMF v. 15. 10. 2019, BStBl. I S. 985 (Nr. **1** § 10/14), für den VZ **2021:** BMF v. 13. 11. 2020, BStBl. I S. 1215 (Nr. **1** § 10/15).

[2] **Red. Anm.:** Fälschlich im BStBl.: S. 805.

[3] **Red. Anm.:** Die Günstigerprüfung galt nur bis 2019 und ist ab VZ 2020 obsolet.

1 § 15/6. Schreiben betr. Gewinnerzielungsabsicht bei kleinen Photovoltaikanlagen und vergleichbaren Blockheizkraftwerken

Vom 29. Oktober 2021
BMF IV C 6 - S 2240/19/10006 :006; DOK 2021/1117804
(BStBl. I S. 2202)

Bezug: BMF-Schreiben vom 2. Juni 2021 (BStBl. I S. 722)

Nach Erörterung mit den obersten Finanzbehörden der Länder gelten zur ertragsteuerlichen Behandlung kleiner Photovoltaikanlagen und vergleichbarer Blockheizkraftwerke (BHKW) die nachfolgenden Regelungen. Diese dienen der Vereinfachung des Verwaltungsverfahrens, da bei Inanspruchnahme der Vereinfachungsregelung aufwändige und streitanfällige Ergebnisprognosen für die Beurteilung der Gewinnerzielungsabsicht weder erstellt noch geprüft werden müssen.

I. Betrieb kleiner Photovoltaikanlagen und vergleichbarer BHKW

Betreibt eine steuerpflichtige Person oder eine Mitunternehmerschaft ausschließlich eine oder mehrere Photovoltaikanlagen mit einer installierten Gesamtleistung (Summe der installierten Leistung aller Photovoltaikanlagen einer steuerpflichtigen Person/einer Mitunternehmerschaft) von bis zu 10,0 kW/kWp (maßgeblich ist die installierte Leistung i.S.d. § 3 Nr. 31 EEG 2021) und/oder ein oder mehrere BHKW mit einer installierten elektrischen Gesamtleistung von bis zu 2,5 kW ist auf schriftlichen Antrag der steuerpflichtigen Person aus Vereinfachungsgründen ohne weitere Prüfung in allen offenen Veranlagungszeiträumen zu unterstellen, dass diese ohne Gewinnerzielungsabsicht betrieben werden und es sich daher um eine steuerlich unbeachtliche Liebhaberei handelt, wenn die in den nachfolgenden Randnummern genannten Voraussetzungen erfüllt sind. Bei Mitunternehmerschaften ist der Antrag durch den Vertreter/den Empfangsbevollmächtigten oder alle Mitunternehmer gemeinsam zu stellen. 1

Alle Photovoltaikanlagen/BHKW, die von einer antragstellenden Person betrieben werden, bilden dabei einen einzigen Betrieb, so dass die jeweiligen Leistungen für die Ermittlung der 10,0 kW/kWp-Grenze zu addieren sind. Das gilt sowohl für Anlagen, die sich auf demselben Grundstück befinden als auch für Anlagen auf verschiedenen Grundstücken. Dabei ist unerheblich, ob die Anlagen technisch voneinander getrennt sind. Auch solche Anlagen sind einzubeziehen, die die übrigen Voraussetzungen der Vereinfachungsregelung nicht erfüllen (z.B. Anlagen, deren Strom einem Mieter des Antragstellers zur Verfügung gestellt wird). 2

Beispiel 1:

A betreibt seit dem 1. Januar 2020 auf

a) ihrem zu eigenen Wohnzwecken genutzten Einfamilienhaus
b) ihrem zu eigenen Wohnzwecken genutzten Zweifamilienhaus (zweite Wohnung ist vermietet)
c) dem Dach eines Mehrfamilienhauses, in dem sich eine zu eigenen Wohnzwecken genutzte Wohnung befindet,

eine Photovoltaikanlage mit einer Leistung von 8,0 kW/kWp.

Der Strom wird neben der Einspeisung in das öffentliche Stromnetz nur von A für private Wohnzwecke genutzt.

Lösung:

In den Fällen a) bis c) kann auf Antrag die Vereinfachungsregelung in Anspruch genommen werden, mit der Folge, dass Liebhaberei unterstellt wird und die Abgabe einer Anlage EÜR nicht erforderlich ist.

Beispiel 2:

A betreibt seit dem 1. Januar 2020 auf ihrem zu eigenen Wohnzwecken genutzten Einfamilienhaus und auf ihrem Ferienhaus, das nicht vermietet wird, je eine Photovoltaikanlage mit einer Leistung von jeweils

a) 4 kW/kWp

b) 6 kW/kWp.

Lösung:

In Fall a) kann A auf Antrag die Vereinfachungsregelung in Anspruch nehmen, mit der Folge, dass Liebhaberei unterstellt wird und die Abgabe einer Anlage EÜR nicht erforderlich ist.

In Fall b) kann A die Vereinfachungsregelung nicht in Anspruch nehmen, auch nicht für nur eine der beiden Anlagen.

3 Die Photovoltaikanlage(n)/das oder die BHKW wurde(n) nach dem 31. Dezember 2003 oder vor mehr als 20 Jahren in Betrieb genommen.

Beispiel 3:

A betreibt zwei Photovoltaikanlagen (zusammen 9 kW/kWp). Photovoltaikanlage 1 wurde am 1. Oktober 2003 und Photovoltaikanlage 2 wurde am 1. Juni 2020 in Betrieb genommen.

Lösung:

Ein Antrag kann erst ab Veranlagungszeitraum 2024 gestellt werden (vgl. Rn. 9).

4 Eine Photovoltaikanlage mit einer installierten Leistung von über 10,0 kW/kWp, deren maximale Werkleistungseinspeisung aufgrund der Regelung § 6 Abs. 2 Nr. 2 EEG 2012 bzw. § 9 Abs. 2 Nr. 2 EEG 2021 auf 70 Prozent der installierten Leistung begrenzt ist und damit eine tatsächliche Leistung von bis zu 10,0 kW/kWp erbringt, ist keine Photovoltaikanlage i.S.d. Rn. 1.

5 Der von der Photovoltaikanlage/dem BHKW erzeugte Strom wird neben der Einspeisung in das öffentliche Stromnetz ausschließlich in den zu eigenen Wohnzwecken genutzten Räumen verbraucht. Die unentgeltliche Überlassung zu Wohnzwecken steht der Nutzung zu eigenen Wohnzwecken gleich. Der Verbrauch des erzeugten Stroms in einem häuslichen Arbeitszimmer ist unschädlich. Der (teilweise) Verbrauch des durch die Photovoltaikanlage/das BHKW erzeugten Stroms durch einen Mieter oder zu anderweitigen eigenen oder fremden betrieblichen Zwecken muss technisch ausgeschlossen sein. Dies gilt nicht, wenn die Mieteinnahmen 520 Euro im Veranlagungszeitraum nicht überschreiten (vgl. R 21.2 Abs. 1 Satz 2 EStR). Wird die Photovoltaikanlage/das BHKW von einer Mitunternehmerschaft betrieben, reicht es aus, wenn der erzeugte Strom in das öffentliche Stromnetz eingespeist und daneben von mindestens einem Mitunternehmer privat zu eigenen Wohnzwecken genutzt wird.

Beispiel 4:

A betreibt auf dem Dach ihres zu eigenen Wohnzwecken genutzten Einfamilienhauses eine Photovoltaikanlage mit 9 kW/kWp.

Ein Raum wird als häusliches Arbeitszimmer im Rahmen der nichtselbständigen Tätigkeit genutzt. Daneben vermietet A gelegentlich über eine Internetplattform das Gästezimmer an Touristen. Die Mieteinnahmen hieraus betragen:

a) 400 €/Jahr

b) 600 €/Jahr.

Lösung:

Nur im Fall a) kann auf Antrag die Vereinfachungsregelung in Anspruch genommen werden, mit der Folge, dass Liebhaberei unterstellt wird und die Abgabe einer Anlage EÜR nicht erforderlich ist.

Beispiel 5:

A betreibt auf dem Dach ihres zu eigenen Wohnzwecken genutzten Einfamilienhauses eine Photovoltaikanlage mit 9 kW/kWp.

Zwei Räume nutzt A im Rahmen ihrer selbständigen Tätigkeit als Physiotherapiepraxis.

a) Für die Physiotherapiepraxis besteht ein technisch getrennter eigener Stromanschluss. Der Strom aus der Photovoltaikanlage wird neben der Einspeisung in das öffentliche Stromnetz ausschließlich in den zu Wohnzwecken genutzten Räumen verbraucht.

b) Für die Physiotherapiepraxis besteht lediglich ein eigener Stromzähler.

Lösung:

Nur im Fall a) kann auf Antrag die Vereinfachungsregelung in Anspruch genommen werden, mit der Folge, dass Liebhaberei unterstellt wird und die Abgabe einer Anlage EÜR nicht erforderlich ist.

Beispiel 6:

Die Eheleute A und B betreiben auf dem Dach ihres Einfamilienhauses eine Photovoltaikanlage mit 9 kW/kWp. Die Eheleute leben getrennt. A nutzt das Haus zu eigenen Wohnzwecken. B wohnt nicht im Einfamilienhaus.

Lösung:

Die Eheleute können einen Antrag auf Anwendung der Vereinfachungsregelung stellen, auch wenn kein Verbrauch des Stroms durch B stattfindet.

II. Wirkung des Antrags

1. Inbetriebnahme nach dem 31. Dezember 2003

Der Antrag, der beim örtlich zuständigen Finanzamt zu stellen ist, wirkt in allen offenen Veranlagungszeiträumen und auch für die Folgejahre. In diesen Fällen ist eine Anlage EÜR für den Betrieb der Photovoltaikanlage/des BHKW für alle offenen Veranlagungszeiträume nicht mehr abzugeben. 6

Veranlagte Gewinne und Verluste aus zurückliegenden Veranlagungszeiträumen, die verfahrensrechtlich einer Änderung noch zugänglich sind (z.B. bei unter dem Vorbehalt der Nachprüfung oder vorläufig durchgeführten Veranlagungen), sind nicht mehr zu berücksichtigen. Die Inanspruchnahme der Vereinfachungsregelung ist kein Fall des § 7g Abs. 4 EStG, da insoweit keine schädliche Verwendung der Investition vorliegt. 7

Bei Neuanlagen, die nach dem 31. Dezember 2021 in Betrieb genommen werden, ist der Antrag bis zum Ablauf des Veranlagungszeitraums zu stellen, der auf das Jahr der Inbetriebnahme folgt. Bei Altanlagen (Inbetriebnahme vor dem 31. Dezember 2021) ist der Antrag bis zum 31. Dezember 2022 zu stellen. 8

2. Ausgeförderte Anlagen

Bei Photovoltaikanlagen/BHKW i.S.v. Rn. 1 und 2, die vor dem 1. Januar 2004 in Betrieb genommen wurden, und die nach dem Auslaufen der Förderung in die Einspeisevergütung i.S.d. § 21 Abs. 1 Nr. 3 EEG 2021 eintreten (sog. ausgeförderte Anlagen), können frühestens nach 20 Jahren Betriebsdauer zur Liebhaberei übergehen. Der Antrag wirkt in diesen Fällen abweichend von Rn. 6 erst für den Veranlagungszeitraum, der auf den Veranlagungszeitraum folgt, in dem letztmalig die garantierte Einspeisevergütung gewährt wurde, und für alle Folgejahre. Die stillen Reserven im Zeitpunkt des Übergangs zur Liebhaberei sind mit 0 Euro zu bewerten. In diesen Fällen ist eine Anlage EÜR für den Betrieb der Photovoltaikanlage/des BHKW ab dem Veranlagungszeitraum, 9 der auf den Veranlagungszeitraum folgt, in dem letztmalig die garantierte Einspeisevergütung gewährt wurde, nicht mehr abzugeben.

10 Bei ausgeförderten Anlagen i.S.d. Rn. 9 ist der Antrag bis zum Ablauf des Veranlagungszeitraums zu stellen, der auf den Veranlagungszeitraum folgt, in dem letztmalig die erhöhte garantierte Einspeisevergütung gewährt wurde.

3. Nutzungsänderungen, Überschreitung der Leistungsgrenze

11 Für Veranlagungszeiträume, in denen die Voraussetzungen der Rn. 1 und 2 nicht ganzjährig vorliegen (z.B. bei Nutzungsänderung, Vergrößerung der Anlage(n) über eine Gesamtleistung von 10,0 kW/kWp), ist die Vereinfachungsregelung unabhängig von der Erklärung der steuerpflichtigen Person/der Mitunternehmerschaft nicht anzuwenden. Sie hat den Wegfall der Voraussetzungen der Rn. 1 und 2 dem zuständigen Finanzamt schriftlich mitzuteilen. Es ist eine Anlage EÜR abzugeben.

III. Nachweis Gewinnerzielungsabsicht durch die steuerpflichtige Person

12 Unabhängig von den Regelungen dieses Schreibens bleibt es der steuerpflichtigen Person unbenommen, eine Gewinnerzielungsabsicht nach Maßgabe von H 15.3 EStH nachzuweisen. Macht die steuerpflichtige Person von der Vereinfachungsregelung dieses Schreibens keinen Gebrauch, ist die Gewinnerzielungsabsicht nach den allgemeinen Grundsätzen (vgl. H 15.3 EStH) zu prüfen. In diesem Fall gelten die allgemeinen Regelungen in allen noch offenen und künftigen Veranlagungszeiträumen, d.h. die in Rn. 1 ff beschriebene Vereinfachungsregelung kann nicht in Anspruch genommen werden.

IV. Anwendungsregelung

13 Dieses Schreiben tritt an die Stelle des BMF-Schreibens vom 2. Juni 2021 IV C 6 – S 2240/19/10006:003, DOK 2021/0627224, BStBl. I S. 722, das hiermit aufgehoben wird.

1 § 18/4. Schreiben betr. einkommensteuerrechtliche Behandlung der Geldleistungen für Kinder in Vollzeitpflege und anderen Betreuungsverhältnissen (nach den §§ 32 bis 35 sowie 42 und 42a SGB VIII)

Vom 31. August 2021

BMF IV C 3 - S 2342/20/10001 :003; DOK 2021/0917789

(BStBl. I S. 1802)

Im Einvernehmen mit den obersten Finanzbehörden der Länder gilt für Kinder in Vollzeitpflege (§ 33 SGB VIII), für die Erziehung in einer Tagesgruppe (§ 32 SGB VIII), für die Heimerziehung/Erziehung in sonstiger betreuter Wohnform (§ 34 SGB VIII), für die intensive sozialpädagogische Einzelbetreuung (§ 35 SGB VIII) nach § 39 SGB VIII vereinnahmte Gelder zum Unterhalt des Kindes oder des Jugendlichen, sowie für vereinnahmte Gelder für die Unterbringung und Betreuung bei Inobhutnahme von Kindern und Jugendlichen (§§ 42, 42a SGB VIII) Folgendes:

A. Vollzeitpflege (§ 33 SGB VIII)

Die Vollzeitpflege nach § 33 SGB VIII dient dazu, einem Kind zeitlich befristet oder dauerhaft im Haushalt der Pflegeeltern ein neues Zuhause zu bieten. Zwischen Pflegeeltern und Kind soll ein dem Eltern-Kind-Verhältnis ähnliches Band entstehen. Formen der Vollzeitpflege sind die Dauerpflege, die Kurzzeitpflege, die Bereitschaftspflege, die Wochenpflege, die Sonderpflege sowie die Familienpflege für besonders beeinträchtigte Kinder und Jugendliche. Auch die Betreuung von Kindern und Jugendlichen im Privathaushalt ausgebildeter Erzieher stellt eine Vollzeitpflege nach § 33 SGB VIII dar (BFH vom 5. November 2014 VIII R 29/11, BStBl. 2017 II S. 432).

Im Rahmen der Vollzeitpflege wird Pflegegeld ausgezahlt, welches die materiellen Aufwendungen und die Kosten der Erziehung abdeckt. Zusätzlich werden anlassbezogene Beihilfen und Zuschüsse geleistet. Sowohl das Pflegegeld als auch die anlassbezogenen Beihilfen und Zuschüsse aus öffentlichen Mitteln sind steuerfreie Beihilfen i.S.d. § 3 Nr. 11 EStG, die die Erziehung unmittelbar fördern, sofern eine Erwerbstätigkeit nicht vorliegt. Werden mehr als sechs Kinder gleichzeitig im Haushalt aufgenommen, wird eine Erwerbstätigkeit vermutet. Bei einer Betreuung von bis zu sechs Kindern ist ohne weitere Prüfung davon auszugehen, dass die Pflege nicht erwerbsmäßig betrieben wird. Weder die besondere Qualifikation noch ein in diesem Kontext für eine Familienpflege für besonders beeinträchtigte Kinder gezahltes bedarfsabhängiges erhöhtes Pflegegeld schließen die Annahme einer Beihilfe zur Förderung der Erziehung i.S.v. § 3 Nr. 11 EStG aus.

Die Bestandteile der Vergütungen an Bereitschaftspflegepersonen, die unabhängig von der tatsächlichen Aufnahme von Kindern geleistet werden, fördern nicht unmittelbar die Erziehung. Für den Fall, dass sog. Platzhaltekosten und Bereitschaftsgelder gezahlt werden, sind diese – mit Ausnahme der Erstattungen zur Unfallversicherung und Altersvorsorge – insoweit steuerpflichtig.

B. Erziehung in einer Tagesgruppe (§ 32 SGB VIII)

Die Hilfe zur Erziehung in einer Tagesgruppe soll die Entwicklung des Kindes oder Jugendlichen durch soziales Lernen in der Gruppe, Begleitung der schulischen Förderung und Elternarbeit unterstützen und dadurch den Verbleib des Kindes oder des Jugendlichen in seiner Familie sichern. Die Ausgestaltung der Hilfe zur Erziehung in einer Tagesgruppe findet in der Regel in institutionalisiertem Rahmen nach § 32 Satz 1 SGB VIII statt. Die Betreuung wird von beim Träger angestellten Fachkräften erwerbsmäßig geleistet. Diese Tagesgruppen als Teil einer Einrichtung unterliegen dem Erlaubnisvorbehalt (§ 45 SGB VIII). Die Einnahmen hieraus sind nicht nach § 3 Nr. 11 EStG steuerfrei.

§ 32 Satz 2 SGB VIII ermöglicht die Hilfe zur Erziehung in einer Tagesgruppe auch in geeigneten Formen der Familienpflege. Diese Form der spezialisierten Tagespflege nach § 32 Satz 2 SGB VIII erfordert, dass die betreuende Person bestimmte pädagogische Voraussetzungen erfüllt. Sie unterscheidet sich daher von der Kindertagespflege nach § 23 SGB VIII. Die Hilfe nach § 32 Satz 2 SGB VIII bietet über die typische Betreuungs- und Erziehungsform einer Kindertagespflege hinaus vor allem älteren Kindern mit Leistungs- und Verhaltensproblemen Hilfestellung. Wird eine solche Hilfe gewährt, so wird auch der notwendige Unterhalt des Kindes oder Jugendlichen außerhalb des Elternhauses sichergestellt. Er umfasst die Kosten für den Sachaufwand sowie für die Pflege und Erziehung des Kindes oder Jugendlichen. Bei diesen Geldleistungen der Jugendämter handelt es sich um Beihilfen, die unmittelbar die Erziehung fördern und aus öffentlichen Mitteln geleistet werden. Sie sind daher bei der Pflegeperson als steuerfreie Einnahme i.S.d. § 3 Nr. 11 EStG zu behandeln.

C. Heimerziehung/Erziehung in sonstiger betreuter Wohnform (§ 34 SGB VIII)

Hilfe zur Erziehung in einer Einrichtung über Tag und Nacht (Heimerziehung) oder in einer sonstigen betreuten Wohnform soll Kinder und Jugendliche durch eine Verbindung von Alltagserleben mit pädagogischen und therapeutischen Angeboten in ihrer Entwicklung fördern. Das langfristige Ziel dieser Form der Pflege ist – entsprechend dem Alter und Entwicklungsstand des Kindes oder des Jugendlichen sowie den Möglichkeiten der Verbesserung der Erziehungsbedingungen in der Herkunftsfamilie –, eine Rückkehr in diese Familie zu erreichen oder – falls dies nicht möglich ist – die Erziehung in einer anderen Familie vorzubereiten oder durch eine auf längere Zeit angelegte Lebensform auf ein selbständiges Leben vorzubereiten. Zur Heimerziehung und sonstigen betreuten Wohnform können u.a. heilpädagogische oder therapeutische Heime, Kinderdörfer, Kinderhäuser zählen.

Die sozialrechtliche Einordnung entfaltet für die Anwendung des § 3 Nr. 11 EStG, welche sich an den tatsächlichen Verhältnissen orientiert, keine Tatbestandswirkung. Ob es sich um eine Betreuung in einer Vollzeitpflegestelle nach § 33 SGB VIII oder in einem Heim oder in einer sonstigen betreuten Wohnform nach § 34 SGB VIII handelt, bestimmt sich daher allein nach den tatsächlichen Verhältnissen der konkreten Unterbringung. Sonstige betreute Wohnformen i.S.d. § 34 SGB VIII sind nur dann gegeben, wenn sie als Einrichtung einen institutionalisierten Rahmen für die stationäre Betreuung über Tag und Nacht bieten; lediglich angemietete Wohnungen oder die bloße Überlassung von Wohnraum wie z.B. eines Zimmers im Haushalt der Betreuungsperson genügen nicht. Unter „Einrichtung“ ist eine auf eine gewisse

Dauer angelegte Verbindung von sächlichen und persönlichen Mitteln zu einem bestimmten Zweck unter der Verantwortung des Trägers zu verstehen. Privathaushalte der Betreuungspersonen sind daher in der Regel keine Einrichtungen i.S.d. § 34 SGB VIII (BFH vom 5. November 2014 VIII R 29/11, BStBl. 2017 II S. 432). Ausnahmen können im Einzelfall z.B. sog. familienangelehnte Wohngruppen darstellen, insbesondere dann, wenn neben den Pflegeeltern pädagogisch ausgebildete Fachkräfte beschäftigt werden.

Die Erziehung in sonstiger betreuter Wohnform i.S.d. § 34 SGB VIII wird anders als bei den meisten Pflegefamilien i.S.d. § 33 SGB VIII grundsätzlich durch besonders qualifizierte Fachkräfte übernommen, sodass diese Form der Erziehungshilfe in diesen Einrichtungen regelmäßig erwerbsmäßig ausgeübt wird und eine berufliche Tätigkeit der Betreuungsperson darstellt. Die hierfür gezahlten Gelder sind wegen ihres entgeltlichen Charakters keine Beihilfen i.S.d. § 3 Nr. 11 EStG und deshalb steuerpflichtig. Einnahmen einer Betreuungsperson gemäß § 34 SGB VIII für die Pflege, Betreuung, Unterkunft und Verpflegung eines behinderten oder von Behinderung bedrohten Menschen nach § 2 Abs. 1 SGB IX sind auch nicht nach § 3 Nr. 10 EStG steuerfrei.

Werden der Betreuungsperson Leistungen für die Bestreitung der Sach- und Unterhaltsaufwendungen des Kindes gezahlt, gilt Folgendes:

Ist die Betreuungsperson freiberuflich (§ 18 Abs. 1 Nr. 1 EStG) tätig, stellen die Zahlungen für die Bestreitung der Sach- und Unterhaltsaufwendungen des Kindes Betriebseinnahmen dar.

Grundsätzlich sind nur die tatsächlich angefallenen und auch nachgewiesenen Sach- und Unterhaltsaufwendungen für das Kind als Betriebsausgaben abziehbar. Aus Vereinfachungsgründen ist es jedoch nicht zu beanstanden, wenn statt der tatsächlich angefallenen und nachgewiesenen Betriebsausgaben ein Betriebsausgabenabzug für Sach- und Unterhaltskosten des Kindes in Höhe der hierfür erhaltenen kinderbezogenen Leistungen geltend gemacht wird. Der Betriebsausgabenabzug für anderweitige, im Zusammenhang mit der Kindesbetreuung entstandene Kosten, die keine Sach- und Unterhaltsaufwendungen für das Kind darstellen, bleibt unberührt.

D. Intensive sozialpädagogische Einzelbetreuung (§ 35 SGB VIII)

Intensive sozialpädagogische Einzelbetreuung soll Jugendlichen gewährt werden, die einer intensiven Unterstützung zur sozialen Integration und zu einer eigenverantwortlichen Lebensführung bedürfen. Die Hilfe ist in der Regel auf längere Zeit angelegt und soll den individuellen Bedürfnissen des Jugendlichen Rechnung tragen. Adressaten dieser Form der Hilfe sind besonders belastete oder gefährdete Jugendliche, die Gewalt erlebt haben, Kontakt mit dem Drogen- und Prostituiertenmilieu haben und z.T. ohne feste Unterkunft oder Arbeit sind bzw. bereits häufig strafrechtlich in Erscheinung getreten sind. Der Jugendliche wird bei der Bewältigung persönlicher Krisen, der Gewinnung neuer Perspektiven sowie bei der Alltagsbewältigung in Schule, Ausbildung oder Arbeit durch eine Einzelperson intensiv begleitet.

Erfolgt die Betreuung eines Kindes bzw. Jugendlichen im Haushalt der Betreuungsperson, dann ist unabhängig von der sozialrechtlichen Qualifikation des Betreuungsverhältnisses als intensive sozialpädagogische Einzelbetreuung i.S.d. § 35 SGB VIII die steuerliche Beurteilung der hierfür gezahlten Pflegegelder ausschließlich nach Inhalt und Durchführung des individuellen Pflegeverhältnisses vorzunehmen. Maßgeblich ist, ob das Kind bzw. der Jugendliche zeitlich unbefristet Teil des Haushalts der Betreuungsperson sein soll und eine umfassende Betreuung erhält, die mit der eines leiblichen Kindes vergleichbar ist.

Leistungen, die aus öffentlichen Mitteln der Jugendhilfe für eine intensive sozialpädagogische Einzelbetreuung verhaltensauffälliger Kinder bzw. Jugendlicher erbracht werden, sind gemäß § 3 Nr. 11 EStG als steuerfreie Bezüge zu behandeln, wenn jeweils nur ein Kind bzw. ein Jugendlicher zeitlich unbefristet in den Haushalt des Betreuers aufgenommen und dort umfassend betreut wird.

Für die steuerliche Beurteilung nicht maßgebend ist der Umstand, dass die besondere Situation der Kinder bzw. Jugendlichen hohe Anforderungen an die persönliche und fachliche Qualifikation der Pflegeperson stellt und dementsprechend dessen pädagogisches Konzept Bestandteil des Betreuungsverhältnisses ist. Ebenso ist nicht allein deswegen von einer steuerpflichtigen Vergütung auszugehen, wenn der Betrag des bedarfsabhängig gezahlten Pflegegelds die Regelsätze für die Vollzeitpflege von Kindern und Jugendlichen übersteigt, solange mit der Zahlung kein vollständiger Ersatz des sachlichen und zeitlichen Aufwands der Pflegeeltern beabsichtigt ist. Der Steuerfreiheit widerspricht es schließlich auch nicht, wenn der Betreuer und die das Pflegegeld zahlende Stelle einen jederzeit kündbaren, privatrechtlichen Pflegevertrag abgeschlossen haben. Aus der jederzeitigen Kündigungsmöglichkeit kann dabei nicht ohne Weiteres gefolgert werden, dass das Betreuungsverhältnis nur kurzfristig bestehen soll (BFH vom 14. Juli 2020 VIII R 27/18, BStBl. 2021 II S. 672).

Die Annahme einer steuerpflichtigen erwerbsmäßigen Betreuung ist dagegen gerechtfertigt, wenn die Umstände des Pflegeverhältnisses für den Vergütungscharakter der gezahlten Gelder sprechen. Besonders ins Gewicht fallen dabei die Anzahl der durch die Pflegeperson betreuten Kinder bzw. Jugendlichen, sowie die Absicht einer nur kurzfristigen Betreuung.

E. Leistungen des Jugendamtes über einen zwischengeschalteten Träger der freien Jugendhilfe

Werden die nach den vorstehenden Grundsätzen als steuerfreie Beihilfe gemäß § 3 Nr. 11 EStG zu beurteilenden Leistungen nach § 39 SGB VIII an Betreuungspersonen über einen zwischengeschalteten Träger der freien Jugendhilfe geleistet, steht dies der Einstufung als steuerfreie Beihilfen nach § 3 Nr. 11 EStG grundsätzlich nicht entgegen. Voraussetzung ist, dass der Finanzbedarf für die zur Betreuung erforderlichen Leistungen in den Haushaltsplänen des Trägers des zuständigen Jugendamts festgestellt wird und die Verwendung der Mittel der Rechnungskontrolle durch die Jugendhilfebehörde unterliegt. Gegenstand der notwendigen öffentlichen Rechnungskontrolle ist die Frage, ob die für ein bestimmtes Kind bewilligten Jugendhilfemittel an die vom freien Träger vertraglich zur Betreuung verpflichtete Pflegeperson tatsächlich abfließen. Es genügt für die erforderliche Kontrolle der zweckgerichteten Mittelverausgabung, wenn diese Feststellung der öffentlichen Hand anhand ggf. vom freien Träger vorzulegender Unterlagen möglich ist (BFH vom 25. März 2021 VIII R 37/19, BStBl. II S. 685).

Der Steuerfreiheit der Beihilfe i.S.d. § 3 Nr. 11 EStG steht es grundsätzlich auch nicht entgegen, wenn vom freien Träger von dem bewilligten Tagessatz ein Eigenanteil einbehalten und nur ein (Rest-)Betrag für die Betreuung (für Honorar, Sachkostenersatz und weiterzuleitendes Taschen- und Bekleidungsgeld) an die Pflegepersonen weitergeleitet wird.

Pflegegelder eines freien Trägers der Jugendhilfe, die ab dem 1. Januar 2022 geleistet werden, werden jedoch nur dann als nach den haushaltsrechtlichen Vorschriften verausgabt und der gesetzlich geregelten Kontrolle der Mittelverwendung genügend anerkannt, wenn anhand geeigneter Unterlagen (z.B. durch schriftliche Bestätigung des freien Trägers oder des beteiligten Jugendamts) dokumentiert ist, dass die nachstehenden Vorgaben kumulativ erfüllt sind (BFH vom 25. März 2021 VIII R 37/19, BStBl. II S. 685):

– das zuständige Jugendamt weiß, ob und in welcher Höhe der freie Träger einen Eigenanteil einbehält, und billigt dies;
– dem zuständigen Jugendamt steht gegen den freien Träger ein gesetzlicher oder vertraglicher Anspruch zu, aufgrund dessen es eine Rechnungslegung über die Mittelverwendung und die Vorlage geeigneter Nachweise verlangen kann.

Für Pflegegelder eines freien Trägers der Jugendhilfe, die bis zum 31. Dezember 2021 geleistet wurden, kann unterstellt werden, dass die o.g. Kriterien erfüllt sind.

F. Erstattungen zur Unfallversicherung und Altersvorsorge

Die Leistungen des Jugendamtes umfassen nach § 39 Abs. 4 SGB VIII auch die Erstattung nachgewiesener Aufwendungen für Beiträge zu einer Unfallversicherung sowie die hälftige Erstattung nachgewiesener Aufwendungen zu einer angemessenen Alterssicherung der Pflegeperson. Diese Teilbeträge sind nach § 3 Nr. 9 EStG steuerfrei. Das gilt auch dann, wenn die Geldleistungen an sich steuerpflichtig sind.

G. Inobhutnahme von Kindern und Jugendlichen (§§ 42, 42a SGB VIII)

Nach § 42 SGB VIII nimmt das Jugendamt unter bestimmten Voraussetzungen ein Kind oder einen Jugendlichen in seine Obhut und bringt das Kind oder den Jugendlichen bei einer geeigneten Person, in einer geeigneten Einrichtung oder in einer sonstigen Wohnform vorläufig unter. Nach § 42a SGB VIII erfolgt eine vorläufige Inobhutnahme von ausländischen Kindern und Jugendlichen nach unbegleiteter Einreise. In den Fällen der Sätze 1 und 2 gelten für die Unterbringung und Betreuung die vorstehenden Ausführungen entsprechend.

H. Betreuungspersonen, die als Arbeitnehmer tätig sind

Soweit die Betreuungsperson als Arbeitnehmer(in) tätig ist, kann nach § 3 Nr. 11 Satz 3 EStG keine Steuerbefreiung gewährt werden. Auch die Zahlung einer Sach- und Unterhaltskostenpauschale je Monat und Kind gehört grundsätzlich zu den Einkünften aus nichtselbständiger Arbeit. Sie kann jedoch aus Vereinfachungsgründen als steuerfreier Auslagenersatz nach § 3 Nr. 50 EStG behandelt werden, wenn sie den bei Vollzeitpflege nach § 33 SGB VIII gezahlten Sätzen entspricht. Die Pauschale gehört in diesem Fall nicht zum steuerpflichtigen Arbeitslohn. Gleiches trifft auf einmalige Beihilfen zu, die auf Einzelantrag unter Beifügung eines Nachweises erstattet werden. Korrespondierend dazu dürfen nach § 3c Abs. 1 EStG die damit abgegoltenen Aufwendungen nicht als Werbungskosten geltend gemacht werden.

Dieses Schreiben ersetzt das BMF-Schreiben vom 22. Oktober 2018 (BStBl. I S. 1109). Es ist in allen noch offenen Fällen anzuwenden.

1 § 20/1. Schreiben betr. steuerliche Behandlung von „Cum/Cum-Transaktionen“

Vom 9. Juli 2021

BMF IV C 1 - S 2252/19/10035 :014; DOK 2021/0726914

(BStBl. I S. 995)

Bezug: Neufassung des BMF-Schreibens vom 17. Juli 2017 (BStBl. I S. 986)

Inhaltsverzeichnis

Nach Erörterung mit den obersten Finanzbehörden der Länder gelten für die steuerliche Behandlung von Cum/Cum-Transaktionen die folgenden Grundsätze:

I. Begriffsbestimmung

1. Cum/Cum-Transaktion

Der Begriff Cum/Cum-Transaktion steht im Wortsinn für eine Aktientransaktion, bei der das schuldrechtliche Verpflichtungsgeschäft „mit Dividendenberechtigung“ vereinbart wird und die anschließende Lieferung der Aktien (dingliches Verfügungsgeschäft) ebenfalls „mit Dividendenberechtigung“ erfolgt. Lieferung mit Dividendenberechtigung meint, dass dem Erwerber das zivilrechtliche Eigentum an den Aktien noch vor oder spätestens am Dividendenstichtag (= Tag der Hauptversammlung der ausschüttenden Gesellschaft) verschafft wird. **1**

2. Cum/Cum-Gestaltungen

2 Cum/Cum-Gestaltungen sind in der Regel dadurch gekennzeichnet, dass unmittelbar vor dem Dividendenstichtag inländische Aktien zur Vermeidung einer Definitivbelastung mit Kapitalertragsteuer (KapSt), insbesondere bei Steuerausländern, durch Cum/Cum-Transaktionen auf einen anrechnungsberechtigten Steuerinländer übertragen werden (vgl. Rz. 8-10).

3. Strukturierte Wertpapierleihe

3 Sogenannte strukturierte Wertpapierleihegeschäfte sind in der Regel dadurch gekennzeichnet, dass die Aktien an einen Entleiher verliehen werden, bei dem die Dividendenerträge nach § 8b Abs. 1 Körperschaftsteuergesetz (KStG) von der Steuer befreit sein sollen. Insgesamt handelt es sich bei der strukturierten Wertpapierleihe – anders als bei Cum/Cum-Gestaltungen – um eine Gestaltung, bei der beim Entleiher künstlich ein Betriebsausgabenüberhang geschaffen werden soll.

4 Dieser Betriebsausgabenüberhang entsteht für den Entleiher durch die an den Verleiher zu entrichtenden Entgelte (u.a. Dividendenkompensationszahlung und Wertpapierleihegebühr), denen infolge der Steuerbefreiung für Dividenden nach § 8b Abs. 1 KStG kein steuerpflichtiger Ertrag in Form der Dividende gegenübersteht. Bei Cum/Cum-Gestaltungen wird dagegen die Vermeidung der Definitivbelastung mit KapSt, insbesondere durch Steuerausländer, angestrebt. Anders als bei Cum/Cum-Gestaltungen werden bei strukturierten Wertpapierleihegeschäften auch ausländische Aktien (ohne inländische KapSt-Belastung) übertragen. Cum/Cum-Gestaltungen und strukturierte Wertpapierleihegeschäfte können kombiniert auftreten.

5 Für die wirtschaftliche Zurechnung von Wertpapieren im Rahmen der strukturierten Wertpapierleihe gelten die Ausführungen im BMF-Schreiben zur wirtschaftlichen Zurechnung bei Wertpapiergeschäften vom 9. Juli 2021 (BStBl. I S. 1002)[1)].

II. Materiell-rechtliche Ausgangssituation

1. Steuerausländer beim Bezug inländischer Dividenden

6 Wenn ein Steuerausländer Dividenden aus Deutschland bezieht, ist – ebenso wie beim Steuerinländer – KapSt in Höhe von 25 % einzubehalten. Aufgrund der Abkommen zur Vermeidung der Doppelbesteuerung (DBA) wird die für Steuerausländer einbehaltene KapSt in vielen Fällen teilweise erstattet. In der Regel verbleibt eine Definitivsteuerbelastung des Steuerausländers in Höhe von 15 %, da Deutschland als Quellenstaat ein begrenztes Quellensteuerrecht eingeräumt wird (vgl. Art. 10 Abs. 2 Buchst. b OECD-Musterabkommen).

7 **Beispiel 1 (aus Vereinfachungsgründen ohne Solidaritätszuschlag):**
Ein Steuerausländer hält Aktien einer inländischen Aktiengesellschaft. Im Rahmen der Ausschüttung erhält er eine Bruttodividende von 10.000 €. Dies ergibt folgenden Nettoertrag:

Bruttodividende		10.000 €
./.	KapSt	./. 2.500 €
+	Erstattung aufgrund DBA-Regelung	+ 1.000 €
Nettoertrag		8.500 €

[1)] Nr. 800 § 39/1.

In Höhe von 1.500 € hat der Steuerausländer keinen Erstattungsanspruch. Die Dividende ist in Deutschland endgültig mit 15 % KapSt belastet.

2. Cum/Cum-Gestaltungen bei Steuerausländern

Cum/Cum-Gestaltungen sind dadurch gekennzeichnet, dass ein Steuerausländer die Definitivbelastung mit KapSt auf Dividendenausschüttungen vermeidet, indem er seine inländischen Aktien vor dem Dividendenstichtag auf eine inländische KapSt-anrechnungsberechtigte Person (z.B. inländische Bank) überträgt und nach der Ausschüttung der Dividende wieder zurückübertragen bekommt. Die Übertragung der Aktien kann z.B. durch ein Wertpapierleihegeschäft (= die inländische KapSt-anrechnungsberechtigte Person leiht sich die Aktien über den Dividendenstichtag vom Steuerausländer), durch ein Kassageschäft (= die inländische KapSt-anrechnungsberechtigte Person kauft vor dem Dividendenstichtag die Aktien vom Steuerausländer und veräußert sie nach dem Dividendenstichtag zurück) oder durch ein Wertpapierpensionsgeschäft (Repo-Geschäfte) erfolgen. 8

Cum/Cum-Gestaltungen sind in der Regel wirtschaftlich so ausgestaltet, dass bei der inländischen KapSt-anrechnungsberechtigten Person ein prozentualer Anteil der Bruttodividende verbleibt. 9

Im Ergebnis soll durch diese Gestaltungen die beim Steuerausländer steuerpflichtige Dividende in eine nicht steuerpflichtige Kompensationszahlung aus dem Wertpapierleihegeschäft bzw. in einen nicht steuerpflichtigen Veräußerungsgewinn aus dem Kassageschäft umgewandelt werden. Die einzelnen Transaktionen unterscheiden sich in der Dauer ihres Bestehens (Leihezeitraum) und in der Rendite. 10

III. Grundsätze der materiell-rechtlichen Beurteilung von Cum/Cum-Gestaltungen

Nach § 39 Abs. 1 AO sind Wirtschaftsgüter grundsätzlich dem (zivilrechtlichen) Eigentümer zuzurechnen. Abweichend von diesem Grundsatz ist das Wirtschaftsgut gemäß § 39 Abs. 2 Nr. 1 AO nicht dem zivilrechtlichen Eigentümer zuzuordnen, wenn ein anderer als der zivilrechtliche Eigentümer die tatsächliche Sachherrschaft über die Aktien ausübt. 11

Bei Cum/Cum-Gestaltungen geht zwar das zivilrechtliche Eigentum an den Aktien mit der Einbuchung der Wertpapiere in das Depot des Entleihers bzw. Erwerbers (sachenrechtliches Erfüllungsgeschäft) vor dem Dividendenstichtag auf den Entleiher bzw. Erwerber über. Die anlässlich der Transaktion abgeschlossenen Verträge und die Art ihres Vollzugs bewirken aber, dass das wirtschaftliche Eigentum nicht auf den zivilrechtlichen Eigentümer der Aktien übergeht. Bei Cum/Cum-Gestaltungen erfolgt kein endgültiger Übergang der Chancen und Risiken, die mit dem Eigentum an den Wertpapieren üblicherweise verbunden sind. Der Empfänger der Aktien überträgt die Aktien nach der Dividendenausschüttung an seinen Vertragspartner zurück und trägt bis zur Rückübertragung der Aktien keine Kursrisiken, da er entweder 12

– die Aktien über eine Wertpapierleihe vom Veräußerer übertragen bekommt,
– der Verkaufspreis im Falle der Rückveräußerung als Bestandteil der Gestaltung bereits feststeht oder
– die Aktien während der Haltedauer im Rahmen des Gesamtkonzepts gegen Kursschwankungen gesichert werden.

13 Die Übertragung der Wertpapiere an den Empfänger ist nicht darauf angelegt, diesem die Erträge aus den übertragenen Wertpapieren in einem wirtschaftlichen Sinne zukommen zu lassen oder ihm die Möglichkeit zu eröffnen, aus den Geschäften einen Liquiditätsvorteil zu erzielen. Der Empfänger der Aktien wird vielmehr aufgrund der anlässlich der Übertragung der Aktien abgeschlossenen Rechtsgeschäfte gegen die Risiken abgeschirmt, die mit dem Halten der Aktien verbunden sind. Bei Cum/Cum-Gestaltungen erhält der Empfänger einen Anteil an der während seines zivilrechtlichen Eigentums ausgeschütteten Dividende als Entgelt für seine Mitwirkung an der Durchführung der Gestaltung (vgl. Rz. 9). Dieser Anteil kann direkt aus einer prozentualen Beteiligung an der Dividendenzahlung berechnet sein, die der Empfänger der Aktien vor Weiterleitung der Dividende an seinen Vertragspartner einbehält. Möglich ist auch die Erzielung eines Vorteils aus Rechtsgeschäften mit dem Veräußerer, die anlässlich der Übertragung der Aktien abgeschlossen werden. Diese Vorteile können insbesondere

- aus „Provisionszahlungen" oder „Gebühren", die vom Veräußerer an den Erwerber der Aktien geleistet werden, oder
- aus Zinserträgen der mit der Wertpapierübertragung in Zusammenhang stehenden Darlehensgeschäften resultieren.

14 Kann der Empfänger der Aktien während der Dauer der Cum/Cum-Gestaltung seine Rendite durch die Weiterverwendung der Aktien über den erhaltenen Anteil an der Cum/Cum-Gestaltung hinaus verbessern, schließt dies nicht die vom zivilrechtlichen Eigentum abweichende wirtschaftliche Zuordnung beim Veräußerer aus. Die Aktien werden nach Beendigung der Cum/Cum-Gestaltung wieder zurückübertragen. Außerdem erhält der Erwerber, wirtschaftlich betrachtet, nicht den während der Haltedauer aus den gehaltenen Aktien maßgebend erzielbaren Ertrag in Höhe der Dividendenzahlung.

15 Die nur kurzfristige Haltedauer der Aktien um den Dividendenstichtag ist ein Indiz für das Vorliegen einer Cum/Cum-Gestaltung, da Cum/Cum-Gestaltungen darauf angelegt sind, kurzfristig Aktien auf einen Empfänger zu übertragen, um die Belastung der Dividendenzahlung mit KapSt zu vermeiden bzw. zu reduzieren. Dieses Ziel kann aber auch bei Haltedauern erreicht werden, die sich über einen längeren Zeitraum erstrecken und nicht nur wenige Tage um den Dividendenstichtag betragen.

16 Bei Cum/Cum-Gestaltungen ist neben der Frage der Zurechnung des wirtschaftlichen Eigentums, die vorrangig nach § 39 AO zu prüfen ist, bezüglich der sonstigen steuerlichen Folgen zu prüfen, ob ein Missbrauch von rechtlichen Gestaltungsmöglichkeiten (Gestaltungsmissbrauch) i.S.d. § 42 Abs. 2 AO vorliegt. Bei Cum/Cum-Gestaltungen besteht der eigentliche Zweck in der Vermeidung der Definitivbelastung mit Kapitalertragsteuer auf Dividendenausschüttungen (vgl. Rz. 2 und 8-10). Die Umgehung der Definitivbelastung ist missbräuchlich und führt zu einem gesetzlich nicht vorgesehenen Steuervorteil. Als Rechtsfolge ist der vorliegende Sachverhalt so zu beurteilen, als ob eine angemessene rechtliche Gestaltung gewählt worden wäre. Der Besteuerung ist ein fiktiver den wirtschaftlichen Vorgängen angemessener Sachverhalt zugrunde zu legen und nicht der tatsächlich realisierte Sachverhalt. Dabei sind insbesondere diejenigen steuerlichen Folgen zugrunde zu legen, die mit der konkret gewählten Gestaltung umgangen werden sollten. In diesem Fall wären Dividendeneinkünfte dem wirtschaftlichen Eigentümer der Aktien zugerechnet worden. Die Kapitalertragsteuer wäre für Rechnung des steuerlichen Anteils-

eigners einbehalten worden und nicht für Rechnung des Empfängers der Aktien. Dem Empfänger der Aktien ist die Geltendmachung der mit der Gestaltung zusammenhängenden Aufwendungen, insbesondere aus der Nichtanrechnung bzw. Rückforderung der Kapitalertragsteuer, zu versagen.

Ergibt die Prüfung des § 39 AO, dass der Empfänger der Aktien auf Grundlage der Prüfung des § 39 AO das wirtschaftliche Eigentum erlangt hat, sind die weiteren steuerlichen Folgen ebenfalls auf Grundlage des § 42 AO zu prüfen. 17

Rechtsfolge

Der Empfänger der Aktien aus einer Cum/Cum-Gestaltung ist nicht der steuerliche Anteilseigner nach § 20 Abs. 5 EStG. Er ist nicht zur Anrechnung oder Erstattung der auf die Dividendenzahlung abgeführten KapSt befugt. Die auf die Dividendenzahlung abgeführte KapSt ist nicht auf die Steuerschuld des Empfängers der Aktien anzurechnen oder an den Empfänger zu erstatten. Wurde bei der Dividendenzahlung kein KapSt-Abzug vorgenommen oder die einbehaltene KapSt erstattet, ist die KapSt nachzuzahlen. 18

IV. Beispielhafte und nicht abschließende Aufzählung von Fallgestaltungen bei Cum/Cum-Gestaltungen und ihre steuerlichen Folgen

1. Cum/Cum-Gestaltungen auf Grundlage einer Wertpapierleihe (Grundfall)

Im Rahmen von Cum/Cum-Gestaltungen auf Grundlage einer Wertpapierleihe verleihen nicht bzw. nicht voll KapSt-anrechnungsberechtigte Aktionäre (Verleiher der Aktien) ihre Aktien für einen kurzen Zeitraum über den Dividendenstichtag an einen voll KapSt-anrechnungsberechtigten inländischen Empfänger (Entleiher der Aktien). Als ein kurzer Zeitraum über den Dividendenstichtag gilt in jedem Fall eine Haltedauer von weniger als 45 Tagen. Der Entleiher der Aktien vereinnahmt die Dividende ohne Abzug von KapSt bzw. macht die einbehaltene KapSt im Wege der Anrechnung oder Erstattung geltend. Die aus der Wertpapierleihe vom Entleiher der Aktien an den Verleiher der Aktien geschuldete Kompensationszahlung ist regelmäßig niedriger als die (Brutto-) Dividendenzahlung. 19

Beispiel 2 (aus Vereinfachungsgründen ohne Solidaritätszuschlag): 20

		Ergebnis
Der Entleiher der Aktien erhält die Nettodividende i.H.v.		+ 750 €
+	Steuergutschrift in Höhe der KapSt von	+ 250 €
./.	leistet eine Kompensationszahlung an den Verleiher der Aktien i.H.v. 90 % der Bruttodividende	./. 900 €
./.	zahlt ein Darlehensentgelt in Höhe von 4,25 % p. a. des Aktienwertes (Kurs: 72,40 € × 100 Stück = 7.240 € × 4,25 %/360 Tage × 14 Tage)	./. 12 €
Gewinn		88 €

Der Steuerausländer erhält die Kompensationszahlung von	900 €
und ein Darlehnsentgelt von	12 €
Insgesamt	912 €
Ohne Gestaltung blieben dem Verleiher 85 % der Bruttodividende	850 €.

Der ausländische Verleiher der Aktien erzielt einen Gewinn von 912 €, der im Inland nicht der Besteuerung unterliegt.

Rechtsfolge nach Anwendung der Grundsätze zu III.:

Die KapSt ist beim Entleiher nicht anrechenbar.

Änderung des Ergebnisses:	
bisheriger Gewinn des Entleihers	88 €
Rückforderung KapSt vom Entleiher:	./. 250 €
Verlust	./. 162 €
Außerbilanzielle Korrektur des sich aus der Nichtanrechnung der KapSt ergebenden bilanziellen Verlustes	+ 162 €
Steuerliches Ergebnis	0 €

2. Cum/Cum-Gestaltungen auf Grundlage eines steuerinduzierten Kassageschäftes

21 Im Rahmen von Cum/Cum-Gestaltungen auf Grundlage eines Kassageschäftes verkauft ein nicht bzw. nicht voll KapSt-anrechnungsberechtigter Aktionär Aktien mit Dividendenanspruch kurz vor dem Dividendenstichtag an einen voll KapSt-anrechnungsberechtigten Käufer im Inland mit dem Ziel der kurzfristigen Rückübertragung nach dem Dividendenstichtag. Der inländische Käufer vereinnahmt die Dividende ohne Abzug von KapSt oder macht die einbehaltene KapSt im Wege der Anrechnung oder Erstattung geltend. Ist bei Erwerb der Aktien der Preis für die Rückübertragung an den Veräußerer zwischen den Parteien nicht festgelegt, werden bei steuerinduzierten Cum/Cum-Transaktionen zur Absicherung von Marktrisiken regelmäßig zeitgleich mit dem Kauf der Aktien Absicherungsgeschäfte vereinbart, insbesondere über Future- und Swapgeschäfte. Die positive Marge für den inländischen KapSt-anrechnungsberechtigten Käufer entsteht dann dadurch, dass die Preise der Wertpapierkäufe und die Entgelte der Sicherungsgeschäfte entsprechend vereinbart werden.

22 Für diese Gestaltung eignen sich als inländische Beteiligte insbesondere Kredit- und Finanzdienstleistungsinstitute, Lebens- und Krankenversicherungsunternehmen sowie andere Kapitalgesellschaften, bei denen § 8b Abs. 7 oder 8 KStG Anwendung findet.

23 **Beispiel 3 (aus Vereinfachungsgründen ohne Solidaritätszuschlag):**

Der nicht bzw. nicht voll KapSt-anrechnungsberechtigte Aktionär verkauft seine Aktien zu einem Preis von 10.000 € zwei Tage vor dem Dividendenstichtag an eine inländische Bank. Die Bank erhält die Dividende von 1.000 € abzüglich 250 € KapSt. Der Kurs der Aktie beträgt nach der Dividendenausschüttung 9.000 € (sog. Dividendenabschlag). Die inländische Bank verkauft die Aktien unmittelbar nach dem Dividendenstichtag zu dem vorab festgelegten Preis von 9.030 € zurück an den Steuerausländer. Da der Preis für den Verkauf der Aktien vorab festgelegt wurde, wurden Kursdifferenzen nicht durch Absicherungsgeschäfte ausgeglichen.

	Ergebnis
Anschaffung der Aktien durch inländische Bank	./. 10.000 €
+ Nettodividende i.H.v.	+ 750 €
+ Steuergutschrift in Höhe der KapSt von	+ 250 €
+ verkaufte Aktien	+ 9.030 €
Gewinn	30 €

Der Steuerausländer erhält einen Verkaufspreis von	10.000 €
und zahlt beim Rückkauf	./. 9.030 €
In Deutschland nicht zu versteuernder Ertrag i.H.v.	970 €

Rechtsfolge nach Anwendung der Grundsätze zu III.:

Die KapSt ist bei der inländischen Bank nicht anrechenbar.

Änderung des Ergebnisses:

bisheriger Gewinn der inländischen Bank	30 €
Rückforderung der KapSt von der inländischen Bank	./. 250 €
Verlust	./. 220 €
Außerbilanzielle Korrektur des sich aus der Nichtanrechnung der KapSt ergebenden bilanziellen Verlustes	+ 220 €
Steuerliches Ergebnis	0 €

3. Weitergereichte Wertpapierleihe bei gleichzeitigem Rückgeschäft mit festverzinslichen Wertpapieren

In einem ersten Schritt werden Aktien mit Dividendenanspruch kurz vor dem Dividendenstichtag von einem nicht bzw. nicht voll KapSt-anrechnungsberechtigten Aktionär an eine inländische voll KapSt-anrechnungsberechtigte Bank A verliehen. Im zweiten Schritt werden diese Aktien von der Bank A an eine voll KapSt-anrechnungsberechtigte inländische Bank B verliehen. Diese Leihe erfolgt (formal) als Sicherung für eine gleichzeitige Leihe von festverzinslichen Wertpapieren von Bank B an Bank A mit einer Leihgebühr über dem Marktniveau. Während der Leihe der festverzinslichen Wertpapiere fließen Bank A keine Zinsen zu. Entliehene Aktien werden nach dem Dividendenstichtag an die Bank A zurückübertragen. Teilweise werden die Aktien auch durch andere Aktien mit bevorstehendem Dividendenstichtag ersetzt. 24

Im wirtschaftlichen Ergebnis wird die Bank B damit so gestellt, als hätte sie die Cum/Cum-Transaktion unmittelbar mit dem Aktionär (Ausland) durchgeführt und daraus eine Marge von z.B. 1,5 % der Bruttodividende erzielt; bei der Bank A können z.B. 0,5 % verbleiben. Dabei trägt die Bank B kein Kursrisiko. Sie überträgt nach Ablauf des Leihezeitraumes die Aktien an die Bank A unabhängig von der Kursentwicklung und erhält ihr ursprüngliches Portfolio an festverzinslichen Wertpapieren wieder vollumfänglich zurück. 25

Beispiel 4 (aus Vereinfachungsgründen ohne Solidaritätszuschlag): 26

		Ergebnis
Die Bank B erhält die Nettodividende		+ 750 €
+	Steuergutschrift in Höhe der KapSt von	+ 250 €
./.	leistet an Bank A eine Kompensationszahlung i.H.v. 100 % der Bruttodividende	./. 1.000 €
+	erhält für ihre festverzinslichen Wertpapiere von Bank A eine über dem Marktniveau liegende Leihgebühr von	15 €
Gewinn		15 €

Die Bank A erhält die Kompensationszahlung von Bank B i.H.v. 100 % der Bruttodividende		1.000 €
./.	leistet an Bank B für die festverzinslichen Wertpapiere eine über dem Marktniveau liegende Leihgebühr von	./. 15 €
./.	leistet an den Aktionär (Ausland) für die entliehenen Aktien eine Kompensationszahlung von	./. 980 €
Gewinn		5 €

Der Aktionär (Ausland) erhält von Bank A eine Kompensationszahlung i.H.v. 98 % der Bruttodividende	980 €
Rechtsfolge nach Anwendung der Grundsätze zu III.:	
Die KapSt ist bei der Bank B nicht anrechenbar.	
Änderung des Ergebnisses:	
bisheriger Gewinn der Bank B	15 €
Rückforderung der KapSt von der inländischen Bank B	./. 250 €
Verlust	./. 235 €
Außerbilanzielle Korrektur des sich aus der Nichtanrechnung der KapSt ergebenden bilanziellen Verlustes	+ 235 €
Steuerliches Ergebnis	0 €

4. Cum/Cum-Gestaltungen auf der Grundlage von Wertpapierpensionsgeschäften (Repo-Geschäften)

27 Zwischen einer A-Bank mit Sitz im Ausland und einer inländischen B-Bank werden Wertpapierpensionsgeschäfte (Repo-Geschäfte) über deutsche Aktien mit Dividendenbezugsrecht geschlossen.

28 Die B-Bank erwirbt Aktien von der A-Bank vor dem Dividendenstichtag zum vereinbarten Preis. Die B-Bank erhält die Gewinnausschüttung und macht die Anrechnung der KapSt geltend. Die Nettodividende wird von der B-Bank an die A-Bank unmittelbar nach Erhalt, die einbehaltene KapSt nach der Erstattung bzw. Anrechnung durch das Finanzamt als Ausgleichszahlung weitergeleitet. Die B-Bank erhält eine Vergütung sowie einen Zinsertrag, der sich nach dem vereinbarten (marktüblichen) Zinssatz, dem jeweiligen Preis der Aktie und der individuellen Haltedauer bemisst. Die Bank veräußert die Aktien wenige Tage nach dem Dividendenstichtag zum ursprünglichen Preis an die A-Bank zurück.

29 **Beispiel 5 (aus Vereinfachungsgründen ohne Solidaritätszuschlag):**

		Ergebnis
Auswirkungen bei der B-Bank:		
Kaufpreiszahlung an die A-Bank für die Aktien		./. 10.000 €
+	Nettodividende	+ 750 €
+	Steuergutschrift in Höhe der KapSt von	+ 250 €
./.	Nettodividende an die A-Bank	./. 750 €
./.	angerechnete KapSt an die A-Bank	./. 250 €
+	„Verkaufspreis" der Aktien (hier 10.000 €)	+ 10.000 €
+	Vergütung (hier 3,5 % von 1.000 €)	+ 35 €
+	Zinsertrag (marktüblich hier 1,2 % × 10.000/360 × 12 Tage)	+ 4 €
Gewinn bei der B-Bank		39 €

Auswirkungen bei der A-Bank:		
Veräußerungserlös für die Aktien		+ 10.000 €
+	Ausgleichszahlung in Höhe der Bruttodividende	+ 1.000 €
./.	Vergütung und Zinsen	./. 39 €
./.	Zahlung Veräußerungspreis bei Rückerwerb	./. 10.000 €
In Deutschland nicht zu versteuernder Ertrag i.H.v.		+ 961 €

Rechtsfolge nach Anwendung der Grundsätze zu III.:

Die KapSt ist bei der inländischen Person (B-Bank) nicht anrechenbar.

Änderung des Ergebnisses:

bisheriger Gewinn der B-Bank	39 €
Rückforderung der KapSt von der B-Bank	./. 250 €
Verlust	./. 211 €
Außerbilanzielle Korrektur des sich aus der Nichtanrechnung der KapSt ergebenden bilanziellen Verlustes	+ 211 €
Steuerliches Ergebnis	0 €

5. Cum/Cum-Gestaltungen mit Investmentfonds

Ein inländischer Investmentfonds ist bis einschließlich 31. Dezember 2017 (bis zum Inkrafttreten der im Rahmen des Investmentsteuerreformgesetzes vom 19. Juli 2016 (BGBl. I S. 1730)[1] umgesetzten Neufassung des Investmentsteuergesetzes (InvStG) am 1. Januar 2018) von der Körperschaftsteuer und Gewerbesteuer gemäß § 11 Abs. 1 Satz 2 und 3 InvStG 2004 befreit. Die von den Kapitalerträgen des inländischen Investmentfonds einbehaltene und abgeführte KapSt wird dem Investmentfonds unter Einschaltung der Verwahrstelle nach § 11 Abs. 2 Satz 1 InvStG 2004 erstattet. Der Fonds erhält die Dividende ungekürzt, wenn er eine Bescheinigung i.S.d. § 11 Abs. 2 Satz 4 InvStG 2004 vorlegt. 30

5.1. Cum/Cum-Gestaltungen im Zusammenhang mit Kassageschäften auf Fondsebene

Im Rahmen der Kassa-Variante kauft der Investmentfonds Aktien inländischer Emittenten von ausländischen Banken bzw. Brokern und sichert Kursrisiken ab. Nach Eingang der Dividenden werden die Aktien wiederverkauft und die Sicherungsgeschäfte durch entsprechende Gegengeschäfte glattgestellt. 31

5.2. Cum/Cum-Gestaltungen im Zusammenhang mit Wertpapierleihegeschäften mit Aktien als Sicherheiten auf Fondsebene

Ein inländischer Investmentfonds verleiht festverzinsliche Wertpapiere an einen ausländischen Fonds. Als „Wertausgleich" wird (formal) als Sicherheit ein nachgeschaltetes Wertpapierleihegeschäft mit inländischen Aktien geschlossen. Die KapSt wird gemäß § 11 Abs. 2 InvStG 2004 an den inländischen Investmentfonds erstattet und über die Kompensationszahlungen größtenteils an den ausländischen Fonds weitergereicht. Wenige Monate später wird der inländische Investmentfonds aufgelöst. 32

Rechtsfolge nach Anwendung der Grundsätze zu III.: 33

Rückforderung beim inländischen Investmentfonds

Die an den inländischen Investmentfonds erstattete KapSt ist zurückzufordern. Im Fall der aufgrund einer Bescheinigung nach § 11 Abs. 2 Satz 4 InvStG 2004 unterlassenen Abführung der KapSt ist dieser Betrag von dem inländischen Investmentfonds nachzufordern.

Haftungsinanspruchnahme der Depotbank 34

Es ist eine Haftungsinanspruchnahme der Depotbanken gemäß § 11 Abs. 2 Satz 3 InvStG 2004, § 44 Abs. 5, § 45a Abs. 7 EStG zu prüfen. Dabei ist

[1] **Amtl. Anm.:** BStBl. I S. 731.

insbesondere zu berücksichtigen, dass Depotbanken regelmäßig eine eigene Buchführung für den Fonds erstellen, diese mit der Buchführung des Fonds abstimmen und bestehende Unstimmigkeiten ausräumen. Dadurch besitzen Depotbanken regelmäßig die Kenntnis über die Vertragsabschlüsse und einzelne Geschäftsvorgänge des Fonds und können so Cum/Cum-Gestaltungen erkennen.

6. Cum/Cum-Gestaltungen im Zusammenhang mit Kassageschäften und Erteilung einer Bescheinigung nach § 44a Abs. 5 EStG (sog. Dauerüberzahler)

35 Eine inländische GmbH erwirbt von einem nicht bzw. nicht voll KapSt-anrechnungsberechtigten Steuerausländer Aktien deutscher Kapitalgesellschaften im Rahmen eines Over the counter-Geschäfts (OTC-Geschäfts = außerbörsliches Geschäft) kurz vor dem Dividendenstichtag und veräußert diese unmittelbar nach der Dividendenausschüttung wieder an den Steuerausländer zurück. Kurschancen und -risiken werden (z.B. durch den Abschluss von Future-Geschäften) ausgeschlossen.

36 Der GmbH wurde auf Antrag eine Bescheinigung nach § 44a Abs. 5 EStG (Dauerüberzahler als Holdinggesellschaft) erteilt. Ein Steuerabzug für die Dividendenzahlungen wurde dementsprechend nicht vorgenommen. Die Depotbank schreibt die Dividenden gemäß § 44a Abs. 10 EStG ohne Steuerabzug auf dem Konto der GmbH gut. Die Sicherungsgeschäfte wurden jeweils so austariert, dass sich Gewinne und Verluste aus den Sicherungsgeschäften beinahe vollkommen mit den Gewinnen und Verlusten aus den Aktientransaktionen sowie den erhaltenen Dividenden ausgleichen.

37 Durch entsprechende Preisvereinbarungen bei den OTC-Aktiengeschäften wurden bewusst Preise unter oder über dem Börsenkurs vereinbart, sodass am Ende eine Rendite in Höhe von bis zu 3 % der Bruttodividende bei der GmbH verbleibt.

38 **Beispiel 6:**
Der nicht bzw. nicht voll KapSt-anrechnungsberechtigte Steuerausländer verkauft seine inländischen Aktien zu einem Preis von 10.000 € zwei Tage vor dem Dividendenstichtag an die B-GmbH. Die B-GmbH erhält die Bruttodividende i.H.v. 1.000 €, weil für die B-GmbH aufgrund einer Bescheinigung nach § 44a Abs. 5 EStG von der inländischen Depotbank (Bank A) keine KapSt einbehalten wurde (§ 44a Abs. 10 EStG). Der Kurs der Aktie beträgt nach der Dividendenausschüttung 9.000 €. Die B-GmbH verkauft nach dem Dividendenstichtag die inländischen Aktien zum aktuellen Kurswert von 9.000 € zurück an den Steuerausländer. Zur Vermeidung von Verlusten aus Kursdifferenzen werden Absicherungsgeschäfte getätigt. Hierzu erfolgen der Verkauf und die spätere Glattstellung von gegenläufigen Futures auf den Wert der inländischen Aktien als Basiswert. Der Verkaufspreis des Futures wird hierbei mit einem geringen Preiszuschlag angesetzt, wodurch bei der B-GmbH im Zeitpunkt der Glattstellung eine geringe Rendite verbleibt. Zum Zeitpunkt des Future-Verkaufs erfolgt kein Abfluss/Zufluss. Bei Glattstellung wird das Ergebnis aus dem Future-Geschäft ausgewiesen (im Beispielsfall + 30 €). Zur Erzielung der Rendite wurde ein verminderter Dividendenabschlag in der Preisbestimmung des Futures einbezogen.

	Ergebnis
Anschaffung der Aktien durch die B-GmbH	./. 10.000 €
+ Bruttodividende	+ 1.000 €
+ Steuergutschrift i.H.v.	+ 0 €
+ Erträge Future-Geschäft	+ 30 €
+ Verkaufserlös bei Rückveräußerung der Aktien	+ 9.000 €
Gewinn bei der B-GmbH	30 €

Der Steuerausländer erhält einen Verkaufspreis von		+ 10.000 €
./.	Aufwendung Future-Geschäft	./. 30 €
+	Kaufpreis bei Rückerwerb der Aktien	./. 9.000 €
Gewinn beim Steuerausländer		970 €
In Deutschland nicht zu versteuernder Mehrertrag i.H.v.		+ 970 €

Rechtsfolge nach den Grundsätzen zu III.:

Rückforderung der Kapitalertragsteuer

Die Kapitalertragsteuer ist beim Steuerausländer nachzufordern. Die der B-GmbH nach § 44a Abs. 5 EStG erteilte Bescheinigung ist zurückzufordern. Da sie die Bescheinigung durch Angaben zur Geschäftstätigkeit erwirkt hat, die in wesentlicher Beziehung unrichtig oder unvollständig waren, kann eine Rücknahme gemäß § 130 Abs. 2 Nr. 3 AO erfolgen. Bei der Depotbank ist eine Nachforderung der Kapitalertragsteuer zu prüfen. Dies betrifft insbesondere Fallgestaltungen, in denen die Depotbank Cum/Cum-Gestaltungen unter Verwendung einer Dauerüberzahlerbescheinigung als Anlagemodell angeboten hat oder die Abwicklung der Transaktionen koordiniert hat. Die Inanspruchnahme weiterer Haftungsschuldner ist zu prüfen.

V. Berichtigung von Erklärungen nach § 153 AO

Bei Vorliegen von Cum/Cum-Sachverhalten besteht dann eine Anzeige- und Berichtigungspflicht nach § 153 AO, wenn der Steuerpflichtige nachträglich vor Ablauf der Festsetzungsfrist erkennt, dass er diese Sachverhalte in seiner Steuererklärung objektiv unrichtig oder unvollständig erklärt hat und es dadurch zu einer Verkürzung von Steuern kommen kann oder bereits gekommen ist (vgl. Nrn. 1 bis 3 des AEAO zu § 153). 39

VI. Anwendungsregelung

Dieses BMF-Schreiben ersetzt das BMF-Schreiben vom 17. Juli 2017 (BStBl. I S. 986) und ist in allen noch offenen Fällen anzuwenden. 40

[illegible]

V. Berichtigung von Erklärungen nach § 153 AO

[illegible]

VI. Anwendungsregelung

Dieses BMF-Schreiben ersetzt das BMF-Schreiben vom [illegible] und ist in allen noch offenen Fällen anzuwenden.

1 § 35a/1. Schreiben betr. Steuerermäßigung bei Aufwendungen für haushaltsnahe Beschäftigungsverhältnisse und für die Inanspruchnahme haushaltsnaher Dienstleistungen (§ 35 a EStG); Überarbeitung des BMF-Schreibens vom 10. Januar 2014 (BStBl. I S. 75)

Vom 9. November 2016

BMF IV C 8 - S 2296-b/07/10003 :008; DOK 2016/1021450

(BStBl. I S. 1213)

Geändert durch BMF v. 1.9.2021 (BStBl. I S. 1494)

2 Anlagen[1)]

Unter Bezugnahme auf das Ergebnis der Erörterungen mit den obersten Finanzbehörden der Länder gilt für die Anwendung des § 35 a EStG Folgendes:

I. Haushalt

1. Allgemeines

Das haushaltsnahe Beschäftigungsverhältnis, die haushaltsnahe Dienstleistung 1
oder die Handwerkerleistung müssen in einem inländischen oder in einem anderen in der Europäischen Union oder im Europäischen Wirtschaftsraum liegenden Haushalt des Steuerpflichtigen ausgeübt oder erbracht werden. Unter einem Haushalt i. S. d. § 35 a EStG ist die Wirtschaftsführung mehrerer zusammenlebender Personen oder einer einzelnen Person in einer Wohnung oder in einem Haus einschließlich des dazu gehörenden Grund und Bodens zu verstehen. Zum Haushalt gehört auch das Bewirtschaften von Zubehörräumen und Außenanlagen. Maßgeblich ist, dass der Steuerpflichtige den ggf. gemeinschaftlichen Besitz über diesen Bereich ausübt und für Dritte dieser Bereich nach der Verkehrsanschauung als der Ort, an dem der Steuerpflichtige seinen Haushalt betreibt, anzusehen ist. Dabei können auch mehrere, räumlich voneinander getrennte Orte dem Haushalt des Steuerpflichtigen zuzuordnen sein. Dies gilt insbesondere für eine vom Steuerpflichtigen tatsächlich zu eigenen Wohnzwecken genutzte Zweit-, Wochenend- oder Ferienwohnung, für eine Wohnung, die dieser einem bei ihm zu berücksichtigenden Kind (§ 32 EStG) zur unentgeltlichen Nutzung überlässt, sowie eine tatsächlich zu eigenen Wohnzwecken genutzte geerbte Wohnung. Die Steuerermäßigung wird – auch bei Vorhandensein mehrerer Wohnungen – insgesamt nur einmal bis zu den jeweiligen Höchstbeträgen gewährt (BFH-Urteil vom 29. Juli 2010, BStBl. 2014 II S. 151).

2. Räumlicher Zusammenhang

Der räumliche Bereich, in dem sich der Haushalt entfaltet, wird regelmäßig 2[2)]
durch die Grundstücksgrenzen abgesteckt. Ausnahmsweise können auch Leistungen, die jenseits der Grundstücksgrenzen auf fremdem, beispielsweise öf-

[1)] Hier nur Anlage 1 abgedruckt.

[2)] Rdnr. 2 Abs. 2 hinzugef. durch BMF v. 1.9.2021, BStBl. I S. 1494.

fentlichem Grund erbracht werden, begünstigt sein. Es muss sich dabei allerdings um Leistungen handeln, die in unmittelbarem räumlichem Zusammenhang zum Haushalt durchgeführt werden und diesem dienen (BFH-Urteile vom 20. März 2014, BStBl. II S. 880 und S. 882). Ein solcher unmittelbarer räumlicher Zusammenhang liegt nur vor, wenn beide Grundstücke eine gemeinsame Grenze haben oder dieser durch eine Grunddienstbarkeit vermittelt wird.

Für Handwerkerleistungen der öffentlichen Hand, die nicht nur einzelnen Haushalten, sondern allen an den Maßnahmen der öffentlichen Hand beteiligten Haushalten zugutekommen, ist eine Begünstigung nach § 35a EStG ausgeschlossen (z.B. Ausbau des allgemeinen Versorgungsnetzes oder Erschließung einer Straße). Insoweit fehlt es an einem räumlich-funktionalen Zusammenhang der Handwerkerleistungen mit dem Haushalt des einzelnen Grundstückseigentümers (BFH-Urteil vom 21. Februar 2018, BStBl II S. 641).

3. Wohnungswechsel, Umzug

3 Der Begriff „im Haushalt“ ist nicht in jedem Fall mit „tatsächlichem Bewohnen“ gleichzusetzen. Beabsichtigt der Steuerpflichtige umzuziehen und hat er für diesen Zweck bereits eine Wohnung oder ein Haus gemietet oder gekauft, gehört auch diese Wohnung oder dieses Haus zu seinem Haushalt, wenn er tatsächlich dorthin umzieht. Hat der Steuerpflichtige seinen Haushalt durch Umzug in eine andere Wohnung oder ein anderes Haus verlegt, gelten Maßnahmen zur Beseitigung der durch die bisherige Haushaltsführung veranlassten Abnutzung (z. B. Renovierungsarbeiten eines ausziehenden Mieters) noch als im Haushalt erbracht. Voraussetzung ist, dass die Maßnahmen in einem engen zeitlichen Zusammenhang zu dem Umzug stehen. Für die Frage, ab wann oder bis wann es sich um einen Haushalt des Steuerpflichtigen handelt, kommt es grundsätzlich auf das wirtschaftliche Eigentum an. Bei einem Mietverhältnis ist der im Mietvertrag vereinbarte Beginn des Mietverhältnisses oder bei Beendigung der Zeitpunkt, auf den die Kündigung erfolgt, und bei einem Kauf der Übergang von Nutzen und Lasten entscheidend. Ein früherer oder späterer Zeitpunkt für den Ein- oder Auszug ist durch geeignete Unterlagen (z. B. Meldebestätigung der Gemeinde, Bestätigung des Vermieters) nachzuweisen. In Zweifelsfällen kann auf das in der Regel anzufertigende Übergabe-/Übernahmeprotokoll abgestellt werden.

4. Wohnen in einem Alten(wohn)heim, einem Pflegeheim oder einem Wohnstift

4 Eine Inanspruchnahme der Steuerermäßigung nach § 35 a Abs. 1 bis 3 EStG ist auch möglich, wenn sich der eigenständige und abgeschlossene Haushalt in einem Heim, wie z. B. einem Altenheim, einem Altenwohnheim, einem Pflegeheim oder einem Wohnstift befindet. Ein Haushalt in einem Heim ist gegeben, wenn die Räumlichkeiten des Steuerpflichtigen nach ihrer Ausstattung für eine Haushaltsführung geeignet sind (Bad, Küche, Wohn- und Schlafbereich), individuell genutzt werden können (Abschließbarkeit) und eine eigene Wirtschaftsführung des Steuerpflichtigen nachgewiesen oder glaubhaft gemacht wird.

II. Haushaltsnahe Beschäftigungsverhältnisse oder Dienstleistungen

1. Haushaltsnahe Beschäftigungsverhältnisse

Der Begriff des haushaltsnahen Beschäftigungsverhältnisses ist gesetzlich nicht definiert. Im Rahmen eines solchen Beschäftigungsverhältnisses werden Tätigkeiten ausgeübt, die einen engen Bezug zum Haushalt haben. Zu diesen Tätigkeiten gehören u. a. die Zubereitung von Mahlzeiten im Haushalt, die Reinigung der Wohnung des Steuerpflichtigen, die Gartenpflege und die Pflege, Versorgung und Betreuung von Kindern sowie von kranken, alten oder pflegebedürftigen Personen. Die Erteilung von Unterricht (z. B. Sprachunterricht), die Vermittlung besonderer Fähigkeiten sowie sportliche und andere Freizeitbetätigungen fallen nicht darunter. 5

2. Geringfügige Beschäftigung i. S. d. § 8 a SGB IV

Die Steuerermäßigung nach § 35 a Abs. 1 EStG kann der Steuerpflichtige nur beanspruchen, wenn es sich bei dem haushaltsnahen Beschäftigungsverhältnis um eine geringfügige Beschäftigung i. S. d. § 8 a SGB IV handelt. Es handelt sich nur dann um ein geringfügiges Beschäftigungsverhältnis im Sinne dieser Vorschrift, wenn der Steuerpflichtige am Haushaltsscheckverfahren teilnimmt und die geringfügige Beschäftigung in seinem inländischen oder in einem anderen Mitgliedstaat der Europäischen Union oder im Europäischen Wirtschaftsraum liegenden Haushalt ausgeübt wird. 6

Wohnungseigentümergemeinschaften und Vermieter können im Rahmen ihrer Vermietertätigkeit nicht am Haushaltsscheckverfahren teilnehmen. Die von ihnen eingegangenen geringfügigen Beschäftigungsverhältnisse sind nicht nach § 35 a Abs. 1 EStG begünstigt. Sie fallen unter die haushaltsnahen Dienstleistungen. Zur Berücksichtigung der Aufwendungen s. Rdnr. 11. 7

3. Beschäftigungsverhältnisse in nicht inländischen Haushalten

Bei einem nicht inländischen Haushalt, der in einem Staat liegt, der der Europäischen Union oder dem Europäischen Wirtschaftsraum angehört, setzt die Inanspruchnahme der Steuerermäßigung nach § 35 a Abs. 1 EStG voraus, dass das monatliche Arbeitsentgelt 450 Euro nicht übersteigt, die Sozialversicherungsbeiträge ausschließlich von dem Arbeitgeber zu entrichten sind und von ihm auch entrichtet werden. Bei anderen haushaltsnahen Beschäftigungsverhältnissen ist für die Gewährung einer Steuerermäßigung nach § 35 a Abs. 2 Satz 1 Alternative 1 EStG Voraussetzung, dass aufgrund des Beschäftigungsverhältnisses Arbeitgeber- und Arbeitnehmerbeiträge an die Sozialversicherung in dem jeweiligen Staat der Europäischen Union oder des Europäischen Wirtschaftsraums entrichtet werden. 8

4. Beschäftigungsverhältnisse zwischen Ehegatten, Partnern einer Lebenspartnerschaft bzw. einer nicht ehelichen Lebensgemeinschaft oder zwischen nahen Angehörigen

Da familienrechtliche Verpflichtungen grundsätzlich nicht Gegenstand eines steuerlich anzuerkennenden Vertrags sein können, sind entsprechende Vereinbarungen zwischen in einem Haushalt zusammenlebenden Ehegatten (§§ 1360, 1356 Abs. 1 BGB) oder zwischen Eltern und in deren Haushalt lebenden Kindern (§ 1619 BGB) nicht begünstigt. Entsprechendes gilt für die Partner einer Lebenspartnerschaft. Auch bei in einem Haushalt zusammenlebenden Partnern einer nicht ehelichen Lebensgemeinschaft oder einer Lebenspartnerschaft, die nicht unter das Lebenspartnerschaftsgesetz fällt, kann regelmäßig 9 nicht von einem begünstigten Beschäftigungsverhältnis ausgegangen werden, weil jeder Partner auch seinen eigenen Haushalt führt und es deshalb an dem für Beschäftigungsverhältnisse typischen Über- und Unterordnungsverhältnis fehlt. Ein steuerlich nicht begünstigtes Vertragsverhältnis liegt darüber hinaus auch dann vor, wenn der Vertragspartner eine zwischengeschaltete Person (z. B. GmbH) ist und die Arbeiten im Namen dieser zwischengeschalteten Person von einer im Haushalt lebenden Person ausgeführt werden. Zur haushaltsbezogenen Inanspruchnahme der Steuerermäßigung vgl. Rdnrn. 53 bis 55.

10 Haushaltsnahe Beschäftigungsverhältnisse mit Angehörigen, die nicht im Haushalt des Steuerpflichtigen leben (z. B. mit Kindern, die in einem eigenen Haushalt leben), können steuerlich nur anerkannt werden, wenn die Verträge zivilrechtlich wirksam zustande gekommen sind, inhaltlich dem zwischen Fremden Üblichen entsprechen und tatsächlich auch so durchgeführt werden.

5. Haushaltsnahe Dienstleistungen

Grundsatz

11 Unter haushaltsnahen Dienstleistungen i. S. d. § 35 a Abs. 2 Satz 1 Alternative 2 EStG werden Leistungen verstanden, die eine hinreichende Nähe zur Haushaltsführung aufweisen oder damit im Zusammenhang stehen (BFH-Urteil vom 20. März 2014, BStBl. II S. 880). Das sind Tätigkeiten, die gewöhnlich Mitglieder des privaten Haushalts erledigen und für die fremde Dritte beschäftigt werden oder für die eine Dienstleistungsagentur oder ein selbstständiger Dienstleister in Anspruch genommen wird. Zu den haushaltsnahen Dienstleistungen gehören auch geringfügige Beschäftigungsverhältnisse, die durch Wohnungseigentümergemeinschaften und Vermieter im Rahmen ihrer Vermietertätigkeit eingegangen werden. Keine haushaltsnahen Dienstleistungen sind solche, die zwar im Haushalt des Steuerpflichtigen ausgeübt werden, jedoch keinen Bezug zur Hauswirtschaft haben (BFH-Urteil vom 1. Februar 2007, BStBl. II S. 760). Ebenfalls nicht zu den haushaltsnahen Dienstleistungen gehören die handwerklichen Leistungen i. S. d. § 35 a Abs. 3 EStG. Keine begünstigte haushaltsnahe Dienstleistung ist die als eigenständige Leistung vergütete Bereitschaft auf Erbringung einer Leistung im Bedarfsfall. Etwas anderes gilt nur dann, wenn der Bereitschaftsdienst Nebenleistung einer ansonsten begünstigten Hauptleistung oder im Fall eines Hausnotrufsystems innerhalb des sog. „Betreuten Wohnens" in einer Seniorenwohneinrichtung ist; s. auch Rdnrn. 17 und 28. Eine beispielhafte Aufzählung begünstigter und nicht begünstigter haushaltsnaher Dienstleistungen enthält Anlage 1.

Personenbezogene Dienstleistungen

12 Personenbezogene Dienstleistungen (z. B. Frisör- oder Kosmetikerleistungen) sind keine haushaltsnahen Dienstleistungen, selbst wenn sie im Haushalt des Steuerpflichtigen erbracht werden. Diese Leistungen können jedoch zu den Pflege- und Betreuungsleistungen i. S. d. Rdnr. 13 gehören, wenn sie im Leistungskatalog der Pflegeversicherung aufgeführt sind.

Pflege- und Betreuungsleistungen

13 Die Feststellung und der Nachweis einer Pflegebedürftigkeit oder der Bezug von Leistungen der Pflegeversicherung sowie eine Unterscheidung nach Pfle*gestufen bzw.* Pflegegraden sind nicht erforderlich. Es reicht aus, wenn Dienstleistungen zur Grundpflege, d. h. zur unmittelbaren Pflege am Menschen (Körperpflege, Ernährung und Mobilität) oder zur Betreuung in Anspruch genommen werden. Die Steuerermäßigung steht neben der pflegebedürftigen Person auch anderen Personen zu, wenn diese für Pflege- oder Betreuungsleistungen aufkommen, die in ihrem inländischen oder in einem anderen Mitgliedstaat der Europäischen Union oder im Europäischen Wirtschaftsraum liegenden Haushalt bzw. im Haushalt der gepflegten oder betreuten Person durchgeführt werden. Die Steuerermäßigung ist haushaltsbezogen. Werden z. B. zwei pflegebedürftige Personen in einem Haushalt gepflegt, kann die Steuerermäßigung nur einmal in Anspruch genommen werden.

Aufwendungen für Dienstleistungen, die mit denen einer Hilfe im Haushalt vergleichbar sind (§ 35 a Abs. 2 Satz 2 EStG)

Voraussetzung für die Gewährung einer Steuerermäßigung für Aufwendungen, die mit denen einer Hilfe im Haushalt vergleichbar sind, ist, dass das Heim oder der Ort der dauernden Pflege in der Europäischen Union oder dem Europäischen Wirtschaftsraum liegt (§ 35 a Abs. 4 Satz 2 EStG). Das Vorhandensein eines eigenen Haushalts im Heim oder am Ort der dauernden Pflege ist nicht erforderlich. Zum Wohnen in einem eigenständigen und abgeschlossenen Haushalt in einem Alten(wohn)heim, einem Pflegeheim oder einem Wohnstift vgl. Rdnrn. 4, 17 und 28. 14

Begünstigt sind Aufwendungen, die einem Steuerpflichtigen wegen der Unterbringung in einem Heim oder zur dauernden Pflege erwachsen, soweit darin – die allgemeinen Unterbringungskosten übersteigende – Aufwendungen für Dienstleistungen enthalten sind, die mit denen einer Hilfe im Haushalt vergleichbar sind (§ 35 a Abs. 2 Satz 2 EStG). In Frage kommen die (anteiligen) Aufwendungen für 15

- die Reinigung des Zimmers oder des Appartements,
- die Reinigung der Gemeinschaftsflächen,
- das Zubereiten der Mahlzeiten in dem Heim oder an dem Ort der dauernden Pflege,
- das Servieren der Mahlzeiten in dem Heim oder an dem Ort der dauernden Pflege,
- den Wäscheservice, soweit er in dem Heim oder an dem Ort der dauernden Pflege erfolgt.

Nicht begünstigt sind 16

- Mietzahlungen, wie z. B. die allgemeinen Aufwendungen für die Unterbringung in einem Alten(wohn)heim, einem Pflegeheim oder einem Wohnstift,
- die Aufwendungen für den Hausmeister, den Gärtner sowie sämtliche Handwerkerleistungen.

Nicht mit einer Hilfe im Haushalt vergleichbar sind Pflege- und Betreuungsleistungen (s. Rdnr. 13).

Wohnen in einem Alten(wohn)heim, einem Pflegeheim oder einem Wohnstift

Zu den begünstigten haushaltsnahen Dienstleistungen bei einer Heimunterbringung gehören neben den in dem eigenständigen und abgeschlossenen Haushalt des Steuerpflichtigen durchgeführten und individuell abgerechneten Leistungen (z. B. Reinigung des Appartements, Pflege- oder Handwerkerleistungen im Appartement) u. a. die Hausmeisterarbeiten, die Gartenpflege sowie kleinere Reparaturarbeiten, die Dienstleistungen des Haus- und Etagenper- 17 sonals sowie die Reinigung der Gemeinschaftsflächen, wie Flure, Treppenhäuser und Gemeinschaftsräume (BFH-Urteil vom 29. Januar 2009, BStBl. 2010 II S. 166). Aufwendungen für die Zubereitung von Mahlzeiten in der hauseigenen Küche eines Alten(wohn)heims, Pflegeheims oder Wohnstifts und das Servieren der Speisen in dem zur Gemeinschaftsfläche rechnenden Speisesaal sind ebenfalls als haushaltsnahe Dienstleistungen begünstigt. Die Tätigkeit von Haus- und Etagenpersonal, dessen Aufgabe neben der Betreuung des Bewohners noch zusätzlich in der Begleitung des Steuerpflichtigen, dem Empfang von Besuchern und der Erledigung kleiner Botengänge besteht, ist grundsätzlich den haushaltsnahen Dienstleistungen zuzurechnen. Zur Anspruchsberechtigung im Einzelnen s. Rdnr. 28.

6. Beschäftigungsverhältnisse und Dienstleistungen außerhalb des Haushalts des Steuerpflichtigen

18 Beschäftigungsverhältnisse oder Dienstleistungen, die ausschließlich Tätigkeiten zum Gegenstand haben, die außerhalb des Haushalts des Steuerpflichtigen ausgeübt oder erbracht werden, sind nicht begünstigt. Die Begleitung von Kindern, kranken, alten oder pflegebedürftigen Personen bei Einkäufen und Arztbesuchen sowie kleine Botengänge usw. sind nur dann begünstigt, wenn sie zu den Nebenpflichten der Haushaltshilfe, des Pflegenden oder Betreuenden im Haushalt gehören. Pflege- und Betreuungsleistungen sind auch begünstigt, wenn die Pflege und Betreuung im Haushalt der gepflegten oder betreuten Person durchgeführt wird. In diesem Fall ist Voraussetzung, dass der Haushalt der gepflegten oder betreuten Person im Inland, in einem anderen Mitgliedstaat der Europäischen Union oder im Europäischen Wirtschaftsraum liegt (§ 35 a Abs. 4 EStG).

III. Inanspruchnahme von Handwerkerleistungen

1. Begünstigte Handwerkerleistung

19 § 35 a Abs. 3 EStG gilt für alle handwerklichen Tätigkeiten für Renovierungs-, Erhaltungs- und Modernisierungsmaßnahmen, die in einem inländischen, in der Europäischen Union oder dem Europäischen Wirtschaftsraum liegenden Haushalt des Steuerpflichtigen erbracht werden, unabhängig davon, ob es sich um regelmäßig vorzunehmende Renovierungsarbeiten oder kleine Ausbesserungsarbeiten handelt, die gewöhnlich durch Mitglieder des privaten Haushalts erledigt werden, oder um Erhaltungs- und Modernisierungsmaßnahmen, die im Regelfall nur von Fachkräften durchgeführt werden. Ob es sich bei den Aufwendungen für die einzelne Maßnahme ertragsteuerrechtlich um Erhaltungs- oder Herstellungsaufwand handelt, ist nicht ausschlaggebend. Die sachliche Begrenzung der begünstigten Maßnahme ist vielmehr aus dem Tatbestandsmerkmal „im Haushalt“ zu bestimmen (BFH-Urteil vom 6. November 2014, BStBl. 2015 II S. 481). Maßnahmen im Zusammenhang mit neuer Wohn- bzw. Nutzflächenschaffung in einem vorhandenen Haushalt sind begünstigt (BFH-Urteil vom 13. Juli 2011, BStBl. 2012 II S. 232), vgl. auch Rdnr. 21. Eine – nachhaltige – Erhöhung des Gebrauchswerts der Immobilie ist kein Kriterium und führt nicht zum Ausschluss der Gewährung der Steuerermäßigung.

20 Die Erhebung des unter Umständen mangelfreien Istzustands, z. B. die Prüfung der ordnungsgemäßen Funktion einer Anlage, ist ebenso eine Handwerkerleistung wie die Beseitigung eines bereits eingetretenen Schadens oder Maßnahmen zur vorbeugenden Schadensabwehr. Das gilt auch dann, wenn der Handwerker über den ordnungsgemäßen Istzustand eines Gewerkes oder einer Anlage eine Bescheinigung „für amtliche Zwecke" erstellt. Es ist nicht erforderlich, dass eine etwaige Reparatur- oder Instandhaltungsmaßnahme zeitlich unmittelbar nachfolgt. Sie kann auch durch einen anderen Handwerksbetrieb durchgeführt werden (BFH-Urteil vom 6. November 2014, BStBl. 2015 II S. 481). Handelt es sich dagegen bei der gutachterlichen Tätigkeit weder um eine Handwerkerleistung noch um eine haushaltsnahe Dienstleistung, kommt die Steuerermäßigung nach § 35 a EStG nicht in Betracht. Weder zu den haushaltsnahen Dienstleistungen noch zu den Handwerkerleistungen gehören beispielsweise

- Tätigkeiten, die der Wertermittlung dienen,
- die Erstellung eines Energiepasses,
- Tätigkeiten im Zusammenhang mit einer Finanzierung (z. B. zur Erlangung einer KfW-Förderung).

2. Nicht begünstigte Handwerkerleistungen

Handwerkliche Tätigkeiten im Rahmen einer Neubaumaßnahme sind nicht begünstigt. Als Neubaumaßnahmen gelten alle Maßnahmen, die im Zusammenhang mit der Errichtung eines Haushalts bis zu dessen Fertigstellung (vgl. H 7.4 „Fertigstellung" EStH) anfallen. Rdnr. 3 ist für Dienstleistungen im Zusammenhang mit dem Bezug der Wohnung anwendbar. Eine beispielhafte Aufzählung begünstigter und nicht begünstigter handwerklicher Tätigkeiten enthält Anlage 1. **21**

3. Beauftragtes Unternehmen und Maßnahmen der öffentlichen Hand

Das beauftragte Unternehmen muss nicht in die Handwerksrolle eingetragen sein. Auch Kleinunternehmer i. S. d. § 19 Abs. 1 UStG oder die öffentliche Hand können steuerbegünstigte Handwerkerleistungen erbringen (BFH-Urteil vom 6. November 2014, BStBl. 2015 II S. 481). *Maßnahmen, die von der öffentlichen Hand oder einem von ihr beauftragten Dritten auf gesetzlicher Grundlage erbracht und mit dem Hauseigentümer nach öffentlich-rechtlichen Kriterien abgerechnet werden, sind jedoch nicht im Rahmen des § 35 a EStG begünstigt.*[1] **22**

4. Öffentlich geförderte Maßnahmen

Unter einer Maßnahme i. S. d. § 35 a Abs. 3 Satz 2 EStG ist die (Einzel-) Maßnahme zu verstehen, für die eine öffentliche Förderung in der Form eines zinsverbilligten Darlehens oder steuerfreier Zuschüsse in Anspruch genommen wird. Wird für diese Maßnahme die öffentliche Förderung bewilligt, schließt dies die Möglichkeit der Inanspruchnahme einer Steuerermäßigung nach § 35 a Abs. 3 EStG auch für den Teil der mit dieser Maßnahme verbundenen Aufwendungen aus, die sich – z. B. weil sie den Förderhöchstbetrag übersteigen – im Rahmen der öffentlichen Förderung nicht auswirken. Eine Aufteilung der Aufwendungen für eine öffentlich geförderte (Einzel-)Maßnahme mit dem Ziel, für einen Teil der Aufwendungen die Steuerermäßigung nach § 35 a Abs. 3 EStG in Anspruch zu nehmen, ist nicht möglich. **23**

Werden im Rahmen von Renovierungs-, Erhaltungs- und Modernisierungsmaßnahmen mehrere (Einzel-)Maßnahmen durchgeführt, von denen einzelne öffentlich gefördert werden, ist die Inanspruchnahme der Steuerermäßigung **24**

[1] Rdnr. 22 Satz 3 gestrichen durch BMF v. 1.9.2021, BStBl. I S. 1494.

für (Einzel-)Maßnahmen, die nicht unter diese öffentliche Förderung fallen, möglich.

Beispiel 1:
Der Eigentümer E saniert sein Einfamilienhaus. Er lässt von einer Heizungsfirma eine neue energieeffiziente Heizungsanlage einbauen und beantragt dafür öffentliche Fördergelder mit der Folge, dass die Inanspruchnahme der Steuerermäßigung nach § 35 a EStG für diese Maßnahme ausgeschlossen ist. Gleichzeitig lässt er an den Außenwänden eine Wärmedämmung anbringen. Hierfür beantragt er keine öffentliche Förderung, sondern macht für die darauf entfallenden Arbeitskosten die ihm für diese Maßnahme auch zu gewährende Steuerermäßigung nach § 35 a Abs. 3 EStG geltend.

IV. Anspruchsberechtigte

1. Arbeitgeber, Auftraggeber, Grundsatz

25 Der Steuerpflichtige kann die Steuerermäßigung nach § 35 a EStG grundsätzlich nur in Anspruch nehmen, wenn er entweder Arbeitgeber des haushaltsnahen Beschäftigungsverhältnisses oder Auftraggeber der haushaltsnahen Dienstleistung oder Handwerkerleistung ist.

2. Wohnungseigentümergemeinschaften

26 Besteht ein Beschäftigungsverhältnis zu einer Wohnungseigentümergemeinschaft (z. B. bei Reinigung und Pflege von Gemeinschaftsräumen) oder ist eine Wohnungseigentümergemeinschaft Auftraggeber der haushaltsnahen Dienstleistung bzw. der handwerklichen Leistung, kommt für den einzelnen Wohnungseigentümer eine Steuerermäßigung in Betracht, wenn in der Jahresabrechnung

- die im Kalenderjahr unbar gezahlten Beträge nach den begünstigten haushaltsnahen Beschäftigungsverhältnissen, Dienstleistungen und Handwerkerleistungen jeweils gesondert aufgeführt sind (zur Berücksichtigung von geringfügigen Beschäftigungsverhältnissen s. Rdnr. 11),
- der Anteil der steuerbegünstigten Kosten ausgewiesen ist (Arbeits- und Fahrtkosten, s. auch Rdnr. 39) und
- der Anteil des jeweiligen Wohnungseigentümers individuell errechnet wurde.

Hat die Wohnungseigentümergemeinschaft zur Wahrnehmung ihrer Aufgaben und Interessen einen Verwalter bestellt und ergeben sich die Angaben nicht aus der Jahresabrechnung, ist der Nachweis durch eine Bescheinigung des Verwalters über den Anteil des jeweiligen Wohnungseigentümers zu führen. Ein Muster für eine derartige Bescheinigung ist als Anlage 2[1] beigefügt. Das Datum über die Beschlussfassung der Jahresabrechnung kann formlos bescheinigt oder auf der Bescheinigung vermerkt werden.

3. Mieter/unentgeltliche Nutzer

27 Auch der Mieter einer Wohnung kann die Steuerermäßigung nach § 35 a EStG beanspruchen, wenn die von ihm zu zahlenden Nebenkosten Beträge umfassen, die für ein haushaltsnahes Beschäftigungsverhältnis, für haushaltsnahe Dienstleistungen oder für handwerkliche Tätigkeiten geschuldet werden und sein Anteil an den vom Vermieter unbar gezahlten Aufwendungen entweder aus der Jahresabrechnung hervorgeht oder durch eine Bescheinigung (vgl. Rdnr. 26 und Anlage 2[1]) des Vermieters oder seines Verwalters nachgewiesen wird. Das

[1] Hier nicht abgedruckt.

gilt auch für den Fall der unentgeltlichen Überlassung einer Wohnung, wenn der Nutzende die entsprechenden Aufwendungen getragen hat.

4. Wohnen in einem Alten(wohn)heim, einem Pflegeheim oder einem Wohnstift

Für Bewohner eines Altenheims, eines Altenwohnheims, eines Pflegeheims 28
oder eines Wohnstiftes (vgl. Rdnr. 4) gilt nach Abschluss eines sog. Heimvertrages Folgendes: Aufwendungen für Dienstleistungen, die innerhalb des Appartements erbracht werden, wie z. B. die Reinigung des Appartements oder die Pflege und Betreuung des Heimbewohners, sind begünstigt. Aufwendungen für Dienstleistungen, die außerhalb des Appartements erbracht werden, sind im Rahmen der Rdnrn. 4, 14, 15 und 17 begünstigt. Das gilt jeweils auch für die von dem Heimbetreiber pauschal erhobenen Kosten, sofern die damit abgegoltene Dienstleistung gegenüber dem einzelnen Heimbewohner nachweislich tatsächlich erbracht worden ist. Darüber hinausgehende Dienstleistungen fallen grundsätzlich nicht unter die Steuerermäßigungsregelung des § 35 a EStG, es sei denn, es wird nachgewiesen, dass die jeweilige haushaltsnahe Dienstleistung im Bedarfsfall von dem Heimbewohner abgerufen worden ist. Das gilt sowohl für Dienstleistungen des Heimbetreibers selbst, ggf. mittels eigenen Personals, als auch für Dienstleistungen eines externen Anbieters. Rdnrn. 26 und 27 gelten sinngemäß. Aufwendungen für die Möglichkeit, bei Bedarf bestimmte Pflege- oder Betreuungsleistungen in Anspruch zu nehmen, sind begünstigt. Aufwendungen für Pflegekostenergänzungsregelungen oder Beiträge an Einrichtungen (z. B. Solidarkassen), durch welche der Heimbewohner ähnlich einer Versicherung Ansprüche erwirbt, in vertraglich definierten Sachverhalten (z. B. bei Eintritt der Pflegebedürftigkeit) eine Kostenfreistellung oder eine Kostenerstattung zu erhalten, sind nicht begünstigt.

5. Arbeitgeber-Pool

Schließen sich mehrere Steuerpflichtige als Arbeitgeber für ein haushaltsnahes 29
Beschäftigungsverhältnis zusammen (sog. Arbeitgeber-Pool), kann jeder Steuerpflichtige die Steuerermäßigung für seinen Anteil an den Aufwendungen in Anspruch nehmen, wenn für die an dem Arbeitgeber-Pool Beteiligten eine Abrechnung über die im jeweiligen Haushalt ausgeführten Arbeiten vorliegt. Wird der Gesamtbetrag der Aufwendungen für das Beschäftigungsverhältnis durch ein Pool-Mitglied überwiesen, gelten die Regelungen für Wohnungseigentümer und Mieter (vgl. Rdnrn. 26 und 27) entsprechend.

6. Erben

Gehört zum Haushalt des Steuerpflichtigen eine zu eigenen Wohnzwecken 30
genutzte geerbte Wohnung (s. Rdnr. 1), kann er für Leistungen, die in dieser Wohnung durchgeführt wurden, bei Vorliegen der sonstigen Voraussetzungen die Steuerermäßigung nach § 35 a EStG in Anspruch nehmen. Das gilt auch, wenn die Leistungen für diese Wohnung noch vom Erblasser in Anspruch genommen und die Rechnungsbeträge vom Erben überwiesen worden sind.

Beispiel 2:

Ein Steuerpflichtiger erbt Anfang des Jahres 2015 eine Wohnung von seinem verstorbenen Vater (Erblasser). Er zieht umgehend in die Wohnung ein und nutzt sie zu eigenen Wohnzwecken. Der Vater hatte Ende 2014 das Bad von einem Handwerksbetrieb sanieren lassen und hierfür eine Rechnung erhalten. Der Steuerpflichtige begleicht die Rechnung in Höhe von 5000 € (darin enthaltene Arbeits- und Fahrtkosten in Höhe von 2000 €) im Jahr 2015 durch Banküberweisung. Der Steuerpflichtige kann für die begünstigten Handwerkerleistungen (Arbeits- und Fahrtkosten) die Steuerermäßigung nach § 35 a Abs. 3 EStG in Anspruch nehmen (20 % von 2000 € = 400 €).

V. Begünstigte Aufwendungen

1. Ausschluss der Steuerermäßigung bei Betriebsausgaben oder Werbungskosten

31 Die Steuerermäßigung für Aufwendungen ist ausgeschlossen, soweit diese Betriebsausgaben oder Werbungskosten darstellen. Gemischte Aufwendungen (z. B. für eine Reinigungskraft, die auch das beruflich genutzte Arbeitszimmer reinigt) sind unter Berücksichtigung des zeitlichen Anteils der zu Betriebsausgaben oder Werbungskosten führenden Tätigkeiten an der Gesamtarbeitszeit sachgerecht aufzuteilen.

2. Ausschluss der Steuerermäßigung bei Berücksichtigung der Aufwendungen als Sonderausgaben oder außergewöhnliche Belastungen; Aufwendungen für Kinderbetreuung

Sonderausgaben, außergewöhnliche Belastungen

32 Eine Steuerermäßigung nach § 35 a EStG kommt nur in Betracht, soweit die Aufwendungen nicht vorrangig als Sonderausgaben (z. B. Erhaltungsmaßnahmen nach § 10 f EStG oder Kinderbetreuungskosten – vgl. Rdnr. 34) oder als außergewöhnliche Belastungen berücksichtigt worden sind. Für den Teil der Aufwendungen, der durch den Ansatz der zumutbaren Belastung nach § 33 Abs. 3 EStG oder wegen der Gegenrechnung von Pflegegeld oder Pflegetagegeld nicht als außergewöhnliche Belastung berücksichtigt wird, kann der Steuerpflichtige die Steuerermäßigung nach § 35 a EStG in Anspruch nehmen. Werden im Rahmen des § 33 EStG Aufwendungen geltend gemacht, die dem Grunde nach sowohl bei § 33 EStG als auch bei § 35 a EStG berücksichtigt werden können, ist davon auszugehen, dass die zumutbare Belastung vorrangig auf die nach § 35 a EStG begünstigten Aufwendungen entfällt.

Behinderten-Pauschbetrag

33 Nimmt die pflegebedürftige Person einen Behinderten-Pauschbetrag nach § 33 b Abs. 1 Satz 1 i. V. m. Abs. 3 Satz 2 oder 3 EStG in Anspruch, schließt dies eine Berücksichtigung dieser Pflegeaufwendungen nach § 35 a EStG bei ihr aus (BFH-Urteil vom 5. Juni 2014, BStBl. II S. 970). Das gilt nicht, wenn der einem Kind zustehende Behinderten-Pauschbetrag nach § 33 b Abs. 5 EStG auf den Steuerpflichtigen übertragen wird (BFH-Urteil vom 11. Februar 2010, BStBl. II S. 621) und dieser für Pflege- und Betreuungsaufwendungen des Kindes aufkommt (vgl. Rdnr. 13).

Kinderbetreuungskosten

34 Fallen Kinderbetreuungskosten dem Grunde nach unter die Regelung des § 10 Abs. 1 Nr. 5 EStG, kommt ein Abzug nach § 35 a EStG nicht in Betracht (§ 35 a Abs. 5 Satz 1 EStG). Dies gilt sowohl für den Betrag, der zwei Drittel der Aufwendungen für Dienstleistungen übersteigt, als auch für alle Aufwendungen, die den Höchstbetrag von 4000 Euro je Kind übersteigen.

Au-pair

35 Bei Aufnahme eines Au-pairs in eine Familie fallen in der Regel neben den Aufwendungen für die Betreuung der Kinder auch Aufwendungen für leichte Hausarbeiten an, die im Einzelnen in der Rechnung oder im Au-pair-Vertrag aufzuführen sind. Wird der Umfang der einzelnen Leistungen nicht nachgewiesen, kann ein Anteil von 50 % der Gesamtaufwendungen im Rahmen der Steuerermäßigung für haushaltsnahe Dienstleistungen nach § 35 a Abs. 2 Satz 1

EStG berücksichtigt werden, wenn die übrigen Voraussetzungen des § 35 a EStG (insbesondere die Zahlung auf ein Konto des Au-pairs) vorliegen (vgl. auch Rdnrn. 5, 7 des BMF-Schreibens vom 14. März 2012, BStBl. I S. 307).

3. Umfang der begünstigten Aufwendungen

Arbeitsentgelt

36 Zu den begünstigten Aufwendungen des Steuerpflichtigen nach § 35 a Abs. 1 und 2 Alternative 1 EStG gehört der Bruttoarbeitslohn oder das Arbeitsentgelt (bei Anwendung des Haushaltsscheckverfahrens und geringfügiger Beschäftigung i. S. d. § 8 a SGB IV) sowie die vom Steuerpflichtigen getragenen Sozialversicherungsbeiträge, die Lohnsteuer ggf. zuzüglich Solidaritätszuschlag und Kirchensteuer, die Umlagen nach dem Aufwendungsausgleichsgesetz (U 1 und U 2) und die Unfallversicherungsbeiträge, die an den Gemeindeunfallversicherungsverband abzuführen sind.

Nachweis des Arbeitsentgelts

37 Als Nachweis dient bei geringfügigen Beschäftigungsverhältnissen (s. Rdnr. 6), für die das Haushaltsscheckverfahren Anwendung findet, die dem Arbeitgeber von der Einzugsstelle (Minijob-Zentrale) zum Jahresende erteilte Bescheinigung nach § 28 h Abs. 4 SGB IV. Diese enthält den Zeitraum, für den Beiträge zur Rentenversicherung gezahlt wurden, die Höhe des Arbeitsentgelts sowie die vom Arbeitgeber getragenen Gesamtsozialversicherungsbeiträge und Umlagen. Zusätzlich wird in der Bescheinigung die Höhe der einbehaltenen Pauschsteuer beziffert. Die Leistung des Arbeitslohns ist mit sämtlichen Zahlungsmitteln möglich und für die Gewährung der Steuerermäßigung nach § 35 a Abs. 1 EStG nicht schädlich.

38 Bei sozialversicherungspflichtigen haushaltsnahen Beschäftigungsverhältnissen, für die das allgemeine Beitrags- und Meldeverfahren zur Sozialversicherung gilt und bei denen die Lohnsteuer pauschal oder nach Maßgabe der persönlichen Lohnsteuerabzugsmerkmale erhoben wird, sowie bei geringfügigen Beschäftigungsverhältnissen ohne Haushaltsscheckverfahren gelten für die Steuerermäßigung die allgemeinen Nachweisregeln (Rdnrn. 49 ff.).

Arbeitskosten, Materialkosten

39 Begünstigt sind generell nur die Arbeitskosten für Leistungen, die im Haushalt des Steuerpflichtigen erbracht worden sind (Rdnrn. 1 bis 4). Arbeitskosten sind die Aufwendungen für die Inanspruchnahme der haushaltsnahen Tätigkeit selbst, für Pflege- und Betreuungsleistungen bzw. für Handwerkerleistungen einschließlich der in Rechnung gestellten Maschinen- und Fahrtkosten. Arbeitskosten für Leistungen, die außerhalb des Haushalts des Steuerpflichtigen erbracht wurden, sind in der Rechnung entsprechend zu kennzeichnen. Materialkosten oder sonstige im Zusammenhang mit der Dienstleistung, den Pflege- und Betreuungsleistungen bzw. den Handwerkerleistungen gelieferte Waren bleiben mit Ausnahme von Verbrauchsmitteln außer Ansatz.

Aufteilung

40 Der Anteil der Arbeitskosten muss grundsätzlich anhand der Angaben in der Rechnung gesondert ermittelt werden können. Auch eine prozentuale Aufteilung des Rechnungsbetrages in Arbeitskosten und Materialkosten durch den Rechnungsaussteller ist zulässig. Eine Schätzung des Anteils der Arbeitskosten durch den Steuerpflichtigen ist nicht zulässig und kann auch nicht auf die Entscheidung des BFH vom 20. März 2014 (BStBl. II S. 882) gestützt werden.

Bei Wartungsverträgen ist es nicht zu beanstanden, wenn der Anteil der Arbeitskosten, der sich auch pauschal aus einer Mischkalkulation ergeben kann, aus einer Anlage zur Rechnung hervorgeht. Leistungen, die sowohl im als auch außerhalb des räumlichen Bereichs des Haushalts (Rdnr. 2) durchgeführt werden, sind entsprechend aufzuteilen. Zur Aufteilung der Aufwendungen bei Wohnungseigentümergemeinschaften genügt eine Jahresbescheinigung des Grundstücksverwalters. Entsprechendes gilt für die Nebenkostenabrechnung der Mieter. Abschlagszahlungen können nur dann berücksichtigt werden, wenn hierfür eine entsprechende Aufteilung vorgenommen worden ist und eine Rechnung vorliegt, welche die Voraussetzungen des § 35 a EStG erfüllt (vgl. Rdnr. 49). Ein gesonderter Ausweis der auf die Arbeitskosten entfallenden Mehrwertsteuer ist nicht erforderlich.

Versicherungsleistungen

41 Aufwendungen für haushaltsnahe Dienstleistungen oder Handwerkerleistungen, die im Zusammenhang mit Versicherungsschadensfällen entstehen, können nur berücksichtigt werden, soweit sie nicht von der Versicherung erstattet werden. Dabei sind nicht nur erhaltene, sondern auch in späteren Veranlagungszeiträumen zu erwartende Versicherungsleistungen zu berücksichtigen. Das gilt auch für Versicherungsleistungen, die zur medizinischen Rehabilitation erbracht werden, wie z. B. für Haushaltshilfen nach § 10 Abs. 2 Satz 2, § 36 Abs. 1 Satz 2, § 37 Abs. 1 Satz 2, § 39 Abs. 1 Satz 2 des Gesetzes über die Alterssicherung der Landwirte, § 10 des Zweiten Gesetzes über die Krankenversicherung der Landwirte, § 38 Abs. 4 Satz 1 Alternative 2 SGB V, § 54 Abs. 2, § 55 SGB VII, § 54 SGB IX. In solchen Fällen ist nur die Selbstbeteiligung nach § 35 a EStG begünstigt.

42 Empfangene Leistungen der Pflegeversicherung des Steuerpflichtigen sowie die Leistungen im Rahmen des Persönlichen Budgets i. S. d. § 17 SGB IX sind anzurechnen, soweit sie ausschließlich und zweckgebunden für Pflege- und Betreuungsleistungen sowie für haushaltsnahe Dienstleistungen i. S. d. § 35 a Abs. 2 i. V. m. Abs. 5 EStG, die keine Handwerkerleistungen i. S. d. § 35 a Abs. 3 EStG sind, gewährt werden. Danach sind Pflegesachleistungen nach § 36 SGB XI und der Kostenersatz für zusätzliche Betreuungsleistungen nach § 45 b SGB XI auf die entstandenen Aufwendungen anzurechnen. Leistungen der Pflegeversicherung i. S. d. § 37 SGB XI (sog. Pflegegeld) sind dagegen nicht anzurechnen, weil sie nicht zweckgebunden für professionelle Pflegedienste bestimmt sind, die die Voraussetzungen des § 35 a Abs. 5 EStG erfüllen (Ausstellung einer Rechnung, Überweisung auf ein Konto des Empfängers).

Beispiel 3:

Ein pflegebedürftiger Steuerpflichtiger der Pflegestufe II mit dauerhafter erheblicher Einschränkung seiner Alltagskompetenz erhält im Veranlagungszeitraum 2015 in seinem eigenen Haushalt Pflegesachleistungen in der Form einer häuslichen Pflegehilfe sowie zusätzliche Betreuung. Er nimmt dafür einen professionellen Pflegedienst in Anspruch. Die monatlichen Aufwendungen betragen 1500 €. Die Pflegeversicherung übernimmt die Aufwendungen in Höhe von monatlich 1144 € (§ 36 Abs. 3 Nr. 2 Buchst. d SGB XI). Darüber hinaus erhält der Steuerpflichtige einen zusätzlichen Kostenersatz nach § 45 b SGB XI in Höhe von monatlich 104 €.

Es handelt sich um die Inanspruchnahme von Pflege- und Betreuungsleistungen i. S. d. § 35 a Abs. 2 Satz 2 EStG, für die der Steuerpflichtige eine Steuerermäßigung in Anspruch nehmen kann. Die Beträge nach § 36 SGB XI sowie der Kostenersatz nach § 45 b SGB XI sind anzurechnen.

Die Steuerermäßigung für die Pflege- und Betreuungsleistungen wird für den Veranlagungszeitraum 2015 wie folgt berechnet:

1500 € × 12 Monate	18 000 €
– (1144 € + 104 €) × 12 Monate	– 14 976 €
verbleibende Eigenleistung	3024 €

Davon 20 % = 604,80 €. Der Steuerpflichtige kann 605 € als Steuerermäßigung in Anspruch nehmen.

Beispiel 4:

Eine pflegebedürftige Steuerpflichtige der Pflegestufe I beantragt anstelle der häuslichen Pflegehilfe (§ 36 SGB XI) ein Pflegegeld nach § 37 SGB XI. Im Veranlagungszeitraum 2015 erhält sie monatlich 244 €. Die Steuerpflichtige nimmt zur Deckung ihres häuslichen Pflege- und Betreuungsbedarfs zusätzlich einzelne Pflegeeinsätze eines professionellen Pflegedienstes in Anspruch. Die Aufwendungen dafür betragen jährlich 2400 €.

Es handelt sich um die Inanspruchnahme von Pflege- und Betreuungsleistungen i. S. d. § 35 a Abs. 2 Satz 2 EStG, für die die Steuerpflichtige eine Steuerermäßigung in Anspruch nehmen kann. Das Pflegegeld ist nicht anzurechnen.

Die Steuerermäßigung für die Pflege- und Betreuungsleistungen wird für den Veranlagungszeitraum 2015 wie folgt berechnet:

20 % von 2400 € = 480 €. Die Steuerpflichtige kann 480 € als Steuerermäßigung in Anspruch nehmen.

Beispiel 5:

Ein pflegebedürftiger Steuerpflichtiger der Pflegestufe II nimmt im Veranlagungszeitraum 2015 die ihm nach § 36 Abs. 3 Nr. 2 Buchst. d SGB XI zustehende Sachleistung nur zur Hälfte in Anspruch (572 €/Monat). Er erhält daneben ein anteiliges Pflegegeld (§ 38 SGB XI i. V. m. § 37 SGB XI) in Höhe von monatlich 229 €. Die durch die Pflegeversicherung im Wege der Sachleistung zur Verfügung gestellten regelmäßigen professionellen Pflegeeinsätze werden durch den Steuerpflichtigen durch gelegentliche zusätzliche Beauftragungen eines Pflegedienstes ergänzt. Die Aufwendungen hierfür betragen jährlich 2400 €; hierfür werden keine Pflegesachleistungen gewährt. Die weiteren Pflege- und Betreuungsdienstleistungen erfolgen durch Freunde des Steuerpflichtigen, von denen eine Person im Rahmen einer geringfügigen Beschäftigung i. S. d. § 8 a SGB IV zu einem Monatslohn einschließlich der pauschalen Abgaben in Höhe von 420 € beschäftigt wird. Einen Teil des Pflegegeldes leitet der Steuerpflichtige an die anderen Hilfspersonen weiter.

Die Inanspruchnahme des Pflegedienstes ist nach § 35 a Abs. 2 Satz 2 EStG begünstigt. Das Pflegegeld nach § 37 SGB XI ist nicht anzurechnen. Das geringfügige Beschäftigungsverhältnis fällt unter § 35 a Abs. 1 EStG.

Die Steuerermäßigung für das geringfügige Beschäftigungsverhältnis wird für den Veranlagungszeitraum 2015 wie folgt berechnet:

420 € × 12 Monate	5040 €

Davon 20 % = 1008 €. Der Steuerpflichtige kann 510 € (= Höchstbetrag) als Steuerermäßigung in Anspruch nehmen.

Die Steuerermäßigung für die zusätzlich zu den Sachleistungen der Pflegeversicherung selbst finanzierten externen Pflegeeinsätze wird für den Veranlagungszeitraum 2015 wie folgt berechnet:

20 % von 2400 € = 480 €. Der Steuerpflichtige kann (510 € + 480 € =) 990 € als Steuerermäßigung in Anspruch nehmen.

Wird die Steuerermäßigung für Pflege- und Betreuungsaufwendungen von einem Angehörigen oder einer anderen Person geltend gemacht, ist Rdnr. 42 entsprechend anzuwenden, wenn das Pflegegeld an diese Person weitergeleitet wird. 43

Beispiel 6:

Eine pflegebedürftige Person der Pflegestufe II nimmt im Veranlagungszeitraum 2015 in ihrem eigenen Haushalt einen professionellen Pflegedienst in Anspruch. Die monatlichen Gesamtaufwendungen hierfür betragen 1800 €. Durch die Pflegeversicherung werden Pflegesachleistungen nach § 36 Abs. 3 Nr. 2 d SGB XI in Höhe von 1144 € monatlich übernommen. Die darüber hinausgehenden Aufwendungen trägt der Sohn in Höhe von monatlich 656 €.

Es handelt sich um die Inanspruchnahme von Pflege- und Betreuungsleistungen i. S. d. § 35 a Abs. 2 Satz 2 EStG, für die der Sohn eine Steuerermäßigung in Anspruch nehmen kann. Die Beträge nach § 36 SGB XI sind anzurechnen.

Die Steuerermäßigung für die Pflege- und Betreuungsleistungen wird für den Veranlagungszeitraum 2015 wie folgt berechnet:

Steuerpflichtiger:

1800 € × 12 Monate	21 600 €
– 1144 € × 12 Monate	13 728 €
Eigenleistung des Sohnes	7872 €

Davon 20 % = 1574,40 €. Der Sohn kann 1575 € als Steuermäßigung in Anspruch nehmen.

Beispiel 7:

Ein pflegebedürftiger Steuerpflichtiger der Pflegestufe II (Schwerbehindertenausweis mit Merkzeichen „H") beantragt anstelle der häuslichen Pflegehilfe (§ 36 SGB XI) ein Pflegegeld nach § 37 SGB XI. Im Veranlagungszeitraum 2015 erhält er monatlich 458 €. Der Steuerpflichtige wird grundsätzlich von seiner Tochter betreut und gepflegt. Er reicht das Pflegegeld an die Tochter weiter. Zu ihrer Unterstützung beauftragt die Tochter gelegentlich zusätzlich einen professionellen Pflegedienst. Die Aufwendungen hierfür haben 2015 insgesamt 2400 € betragen. Diese Kosten hat die Tochter getragen.

Bei der Beauftragung des Pflegedienstes handelt es sich um die Inanspruchnahme von Pflege- und Betreuungsleistungen i. S. d. § 35 a Abs. 2 Satz 2 EStG, für die die Tochter eine Steuerermäßigung in Anspruch nehmen kann. Die an sie weitergeleiteten Beträge nach § 37 SGB XI sind nicht anzurechnen.

Die Steuerermäßigung für die Pflege- und Betreuungsleistungen wird bei der Tochter für den Veranlagungszeitraum 2015 wie folgt berechnet:

20 % von 2400 € = 480 €. Die Tochter kann 480 € als Steuerermäßigungsbetrag in Anspruch nehmen.

Den Pflege-Pauschbetrag nach § 33 b Abs. 6 Satz 1 EStG kann die Tochter nicht in Anspruch nehmen, da sie, durch Weiterleitung des Pflegegeldes durch den Vater an sie, Einnahmen i. S. d. § 33 b Abs. 6 Satz 1 und 2 EStG erhält und sie das Pflegegeld nicht nur treuhänderisch für den Vater verwaltet, um daraus Aufwendungen des Pflegebedürftigen zu bestreiten (vgl. H 33 b „Pflege-Pauschbetrag" EStH).

Beispiel 8:

Ein pflegebedürftiges Ehepaar lebt mit seiner Tochter in einem Haushalt. Der Vater hat Pflegestufe II, die Mutter Pflegestufe I. Der Vater wird täglich durch einen professionellen Pflegedienst gepflegt und betreut. Die Aufwendungen wurden 2015 von der Pflegeversicherung als Pflegesachleistung in Höhe von monatlich 1144 € übernommen (§ 36 Abs. 3 Nr. 2 Buchst. d SGB XI). Die Mutter hat 2015 Pflegegeld nach § 37 SGB XI in Höhe von monatlich 244 € bezogen. Bei ihrer Pflege hilft die Tochter. Sie erhält als Anerkennung das Pflegegeld von der Mutter.

Die monatlichen Aufwendungen für den Pflegedienst des Vaters betragen nach Abzug der Leistungen der Pflegeversicherung 440 €. Zu ihrer Unterstützung beauftragt die Tochter gelegentlich zusätzlich einen Pflegedienst für die Mutter. Die Aufwendungen hierfür haben 2015 insgesamt 1800 € betragen. Diese Kosten hat die Tochter getragen.

Es handelt sich um die Inanspruchnahme von Pflege- und Betreuungsleistungen i. S. d. § 35 a Abs. 2 Satz 2 EStG, für die die Eltern und die Tochter eine Steuerermäßigung in Anspruch nehmen können. Die Beträge nach § 37 SGB XI sind nicht anzurechnen.

Die Steuerermäßigung für die Pflege- und Betreuungsleistungen wird für den Veranlagungszeitraum 2015 wie folgt berechnet:

Eltern: Eigenleistung 440 € × 12 Monate	5280 €

Davon 20 % = 1056 €. Die Eltern können 1056 € als Steuerermäßigungsbetrag in Anspruch nehmen.

Tochter: Eigenleistung	1800 €

Davon 20 % = 360 €. Die Tochter kann 360 € als Steuerermäßigung in Anspruch nehmen.

Zahlungszeitpunkt

44 Für die Inanspruchnahme der Steuerermäßigung ist auf den Veranlagungszeitraum der Zahlung abzustellen (§ 11 Abs. 2 EStG). Bei regelmäßig wiederkehrenden Ausgaben (z. B. nachträgliche monatliche Zahlung oder monatliche Vorauszahlung einer Pflegeleistung), die innerhalb eines Zeitraums von bis zu zehn Tagen nach Beendigung bzw. vor Beginn eines Kalenderjahres fällig und

geleistet worden sind, werden die Ausgaben dem Kalenderjahr zugerechnet, zu dem sie wirtschaftlich gehören. Bei geringfügigen Beschäftigungsverhältnissen gehören die Abgaben für das in den Monaten Juli bis Dezember erzielte Arbeitsentgelt, die erst am 31. Januar des Folgejahres fällig werden, noch zu den begünstigten Aufwendungen des Vorjahres.

Dienst- oder Werkswohnung

Für vom Arbeitnehmer bewohnte Dienst- oder Werkswohnungen gilt Folgendes: Lässt der Arbeitgeber haushaltsnahe Dienstleistungen oder Handwerkerleistungen von einem (fremden) Dritten durchführen und trägt er hierfür die Aufwendungen, kann der Arbeitnehmer die Steuerermäßigung nach § 35 a EStG nur in Anspruch nehmen, wenn er die Aufwendungen – neben dem Mietwert der Wohnung – als Arbeitslohn (Sachbezug) versteuert und der Arbeitgeber eine Bescheinigung erteilt hat, aus der eine Aufteilung der Aufwendungen nach haushaltsnahen Dienstleistungen und Handwerkerleistungen, jeweils unterteilt nach Arbeitskosten und Materialkosten, hervorgeht. Zusätzlich muss aus der Bescheinigung hervorgehen, dass die Leistungen durch (fremde) Dritte ausgeführt worden sind und zu welchem Wert sie zusätzlich zum Mietwert der Wohnung als Arbeitslohn versteuert worden sind. Die Steuerermäßigung kann nicht in Anspruch genommen werden, wenn die haushaltsnahen Dienstleistungen oder Handwerkerleistungen durch eigenes Personal des Arbeitgebers durchgeführt worden sind. Auch pauschale Zahlungen des Mieters einer Dienstwohnung an den Vermieter für die Durchführung von Schönheitsreparaturen sind nicht begünstigt, wenn die Zahlungen unabhängig davon erfolgen, ob und ggf. in welcher Höhe der Vermieter tatsächlich Reparaturen an der Wohnung des Mieters in Auftrag gibt (BFH-Urteil vom 5. Juli 2012, BStBl. 2013 II S. 14). 45

Altenteilerwohnung

Für empfangene Sachleistungen, die ein Altenteiler als wiederkehrende Bezüge versteuert, kann er die Steuerermäßigung für Handwerkerleistungen im Haushalt in Anspruch nehmen, soweit sie auf seinen Haushalt entfallen und in der Person des die Sachleistungen erbringenden Altenteilsverpflichteten alle Voraussetzungen für die Gewährung der Steuerermäßigung vorliegen. 46

Wohnungseigentümer und Mieter

Bei Wohnungseigentümern und Mietern ist erforderlich, dass die auf den einzelnen Wohnungseigentümer und Mieter entfallenden Aufwendungen für haushaltsnahe Beschäftigungsverhältnisse und Dienstleistungen sowie für Handwerkerleistungen entweder in der Jahresabrechnung gesondert aufgeführt oder durch eine Bescheinigung des Verwalters oder Vermieters nachgewiesen sind. Aufwendungen für regelmäßig wiederkehrende Dienstleistungen (wie z. B. Reinigung des Treppenhauses, Gartenpflege, Hausmeister) werden grundsätzlich anhand der geleisteten Vorauszahlungen im Jahr der Vorauszahlungen berücksichtigt, einmalige Aufwendungen (wie z. B. Handwerkerrechnungen) dagegen erst im Jahr der Genehmigung der Jahresabrechnung. Soweit einmalige Aufwendungen durch eine Entnahme aus der Instandhaltungsrücklage finanziert werden, können die Aufwendungen erst im Jahr des Abflusses aus der Instandhaltungsrücklage oder im Jahr der Genehmigung der Jahresabrechnung, die den Abfluss aus der Instandhaltungsrücklage beinhaltet, berücksichtigt werden. Wird eine Jahresabrechnung von einer Verwaltungsgesellschaft mit abweichendem Wirtschaftsjahr erstellt, gilt nichts anderes. Es ist aber auch nicht zu 47 beanstanden, wenn Wohnungseigentümer die gesamten Aufwendungen erst in dem Jahr geltend machen, in dem die Jahresabrechnung im Rahmen der Eigentümerversammlung genehmigt worden ist. Für die zeitliche Berücksichtigung von Nebenkosten bei Mietern gelten die vorstehenden Ausführungen entsprechend.

48 Die Entscheidung, die Steuerermäßigung hinsichtlich der Aufwendungen für die regelmäßig wiederkehrenden Dienstleistungen im Jahr der Vorauszahlung und für die einmaligen Aufwendungen im Jahr der Beschlussfassung oder für die gesamten Aufwendungen die Steuerermäßigung erst im Jahr der Beschlussfassung in Anspruch zu nehmen, hat jeder einzelne Eigentümer bzw. Mieter im Rahmen seiner Einkommensteuererklärung zu treffen. Zur Bescheinigung des Datums über die Beschlussfassung s. Rdnr. 26 und Anlage 2[1)]. Hat sich der Wohnungseigentümer bei einer Abrechnung mit einem abweichenden Wirtschaftsjahr dafür entschieden, die gesamten Aufwendungen erst in dem Jahr geltend zu machen, in dem die Jahresabrechnung im Rahmen der Eigentümerversammlung genehmigt worden ist, hat das zur Folge, dass hinsichtlich der regelmäßig wiederkehrenden Dienstleistungen die Aufwendungen des abweichenden Wirtschaftsjahres maßgebend sind. Eine davon abweichende andere zeitanteilige Aufteilung der Aufwendungen ist nicht möglich. Auch für den Fall, dass die Beschlussfassungen über die Jahresabrechnungen für zwei Kalenderjahre in einem Kalenderjahr getroffen werden, kann die Entscheidung für alle in einem Jahr genehmigten Abrechnungen, die Steuerermäßigung im Jahr der Vorauszahlung oder in dem der Beschlussfassung in Anspruch zu nehmen, nur einheitlich getroffen werden.

4. Nachweis

49 Die Steuerermäßigung ist davon abhängig, dass der Steuerpflichtige für die Aufwendungen eine Rechnung erhalten hat und die Zahlung auf das Konto des Erbringers der haushaltsnahen Dienstleistung, der Handwerkerleistung oder der Pflege- oder Betreuungsleistung erfolgt ist (§ 35 a Abs. 5 Satz 3 EStG). Dies gilt auch für Abschlagszahlungen (vgl. Rdnr. 40). Bei Wohnungseigentümern und Mietern müssen die sich aus Rdnr. 47 ergebenden Nachweise vorhanden sein. Es ist ausreichend, wenn der Steuerpflichtige die Nachweise auf Verlangen des Finanzamtes vorlegen kann.

Zahlungsarten

50 Die Zahlung auf das Konto des Erbringers der Leistung erfolgt in der Regel durch Überweisung. Beträge, für deren Begleichung ein Dauerauftrag eingerichtet worden ist, die durch eine Einzugsermächtigung oder im SEPA-Lastschriftverfahren abgebucht oder im Wege des Online-Bankings überwiesen wurden, können i. V. m. dem Kontoauszug, der die Abbuchung ausweist, anerkannt werden. Das gilt auch bei Übergabe eines Verrechnungsschecks oder der Teilnahme am Electronic-Cash-Verfahren oder am elektronischen Lastschriftverfahren. Barzahlungen, Baranzahlungen oder Barteilzahlungen können nicht anerkannt werden (BFH-Urteil vom 20. November 2008, BStBl. 2009 II S. 307). Das gilt selbst dann, wenn die Barzahlung von dem Erbringer der haushaltsnahen Dienstleistung, der Pflege- und Betreuungsleistung oder der Handwerkerleistung tatsächlich ordnungsgemäß verbucht worden ist und der Steuerpflichtige einen Nachweis über die ordnungsgemäße Verbuchung erhal-

1) Hier nicht abgedruckt.

ten hat oder wenn eine Barzahlung durch eine später veranlasste Zahlung auf das Konto des Erbringers der Leistung ersetzt wird.

Konto eines Dritten

Die Inanspruchnahme der Steuerermäßigung durch den Steuerpflichtigen ist auch möglich, wenn die Aufwendungen für die haushaltsnahe Dienstleistung, Pflege- oder Betreuungsleistung oder die Handwerkerleistung, für die der Steuerpflichtige eine Rechnung erhalten hat, von dem Konto eines Dritten bezahlt worden sind. **51**

Vermittlung von Dienst- und Handwerkerleistungen (insbesondere Online-Portale)

Dienst- und Handwerkerleistungen werden auch über Vermittlungsportale angeboten. Diese treten dabei regelmäßig als Vermittler für die ausführenden Leistungskräfte, wie z. B. Reinigungskräfte oder Handwerker auf. Die Leistungskräfte stehen zu den Portalen nicht in einem abhängigen Arbeitsverhältnis. Die Leistungskräfte sind eigenverantwortlich, also gewerblich tätig. Es bestehen keine Bedenken, eine Rechnung, die das Portal im Auftrag der jeweiligen Leistungskraft erstellt, als Nachweis nach § 35 a Abs. 5 Satz 3 EStG anzuerkennen, wenn die nachfolgenden Voraussetzungen erfüllt sind. Aus der Rechnung müssen sich der Erbringer und der Empfänger der Leistung, ihre Art, der Zeitpunkt der Erbringung und der Inhalt der Leistung sowie die dafür vom Empfänger der Leistung jeweils geschuldeten Entgelte, ggf. aufgeteilt nach Arbeitszeit und Material, ergeben (BFH-Urteil vom 29. Januar 2009, BStBl. 2010 II S. 166). Der Erbringer oder die Erbringerin der Leistung ist mindestens mit Name, Anschrift und Steuernummer zu bezeichnen. Erfolgt die – unbare – Bezahlung der Rechnung nach Maßgabe der Rdnr. 50 an den Betreiber des Portals, steht dies einer Anerkennung der Zahlung gemäß § 35 a Abs. 5 Satz 3 EStG nicht entgegen. **52**

VI. Haushaltsbezogene Inanspruchnahme der Höchstbeträge

1. Ganzjährig ein gemeinsamer Haushalt

Die Höchstbeträge nach § 35 a EStG können nur haushaltsbezogen in Anspruch genommen werden (§ 35 a Abs. 5 Satz 4 EStG). Leben z. B. zwei Alleinstehende im gesamten Veranlagungszeitraum in einem Haushalt, kann jeder seine tatsächlichen Aufwendungen grundsätzlich nur bis zur Höhe des hälftigen Abzugshöchstbetrages geltend machen. Das gilt auch, wenn beide Arbeitgeber im Rahmen eines haushaltsnahen Beschäftigungsverhältnisses oder Auftraggeber haushaltsnaher Dienstleistungen, von Pflege- und Betreuungsleistungen oder von Handwerkerleistungen sind. Eine andere Aufteilung des Höchstbetrages ist zulässig, wenn beide Steuerpflichtige einvernehmlich eine andere Aufteilung wählen und dies gegenüber dem Finanzamt anzeigen. **53**

Beispiel 9:

Das Ehepaar A und B beschäftigt eine Haushaltshilfe im Rahmen einer geringfügigen Beschäftigung i. S. d. § 8 a SGB IV. Die Aufwendungen im Veranlagungszeitraum 2015 betragen einschließlich Abgaben 2800 €. Darüber hinaus sind Aufwendungen für die Inanspruchnahme von Handwerkerleistungen in Höhe von 4500 € (Arbeitskosten einschließlich Fahrtkosten) angefallen. Das Ehepaar wird zusammenveranlagt.

Die Steuerermäßigung nach § 35 a EStG wird für den Veranlagungszeitraum 2015 wie folgt berechnet:

20 % von 2800 € (§ 35 a Abs. 1 EStG) = 560 €, höchstens	510 €
20 % von 4500 € (§ 35 a Abs. 3 EStG)	900 €
Steuerermäßigung 2015	1410 €

Für die Steuerermäßigung ist es unerheblich, welcher Ehegatte die Aufwendungen bezahlt hat.

Beispiel 10:
C und D sind allein stehend und leben im gesamten Veranlagungszeitraum 2015 in einem gemeinsamen Haushalt. Sie beschäftigen eine Haushaltshilfe im Rahmen einer geringfügigen Beschäftigung i. S. d. § 8 a SGB IV. Dabei tritt D gegenüber der Minijob-Zentrale als Arbeitgeberin auf. Sie bezahlt den Lohn der Haushaltshilfe, und von ihrem Konto werden die Abgaben durch die Minijob-Zentrale abgebucht. Die Aufwendungen im Veranlagungszeitraum 2015 betragen einschließlich Abgaben 2500 €.
Darüber hinaus sind Aufwendungen für die Inanspruchnahme von Handwerkerleistungen wie folgt angefallen:

Schornsteinfegerkosten	180 €
Tapezieren und Streichen der Wohnräume (Arbeitskosten einschließlich Fahrtkosten)	2400 €
Reparatur der Waschmaschine vor Ort (Arbeitskosten einschließlich Fahrtkosten)	500 €
	3080 €

Das Tapezieren und Streichen der Wohnräume haben C und D je zur Hälfte bezahlt. Beide sind gegenüber dem Handwerksbetrieb als Auftraggeber aufgetreten.
Die Schornsteinfegerkosten hat C, die Waschmaschinenreparatur hat D bezahlt.
Die Steuerermäßigung nach § 35 a EStG wird für den Veranlagungszeitraum 2015 für die jeweilige Einzelveranlagung wie folgt berechnet:

C:	20 % von (1/2 von 2400 € =) 1200 € (§ 35 a Abs. 3 EStG)	240 €
	20 % von 180 € (§ 35 a Abs. 3 EStG)	36 €
	Steuerermäßigung 2015 für C	276 €
D:	20 % von 2500 € (§ 35 a Abs. 1 EStG)	500 €
	20 % von (1/2 von 2400 € =) 1200 € (§ 35 a Abs. 3 EStG)	240 €
	20 % von 500 € (§ 35 a Abs. 3 EStG)	100 €
	Steuerermäßigung 2015 für D	840 €

C und D zeigen die abweichende Aufteilung gegenüber dem Finanzamt an.

Beispiel 11:
E und F sind allein stehend und leben im gesamten Veranlagungszeitraum 2015 in einem gemeinsamen Haushalt in einem Haus, das der F gehört. Von Juni bis September wird das Haus aufwendig renoviert. Für den Austausch der Fenster und Türen, das Tapezieren und Streichen der Wände, die Renovierung des Badezimmers und das Austauschen der Küche bezahlen sie an die Handwerker insgesamt 30 000 €. Auf Arbeitskosten einschließlich Fahrtkosten entfallen davon 10 000 €. E und F treten gegenüber den Handwerkern gemeinsam als Auftraggeber auf.

a) E und F teilen sich die Aufwendungen hälftig.
Die Steuerermäßigung nach § 35 a EStG wird für den Veranlagungszeitraum 2015 für die jeweilige Einzelveranlagung wie folgt berechnet:

E:	20 % von (1/2 von 10 000 € =) 5000 € (§ 35 a Abs. 3 EStG) = 1000 €, höchstens 1/2 von 1200 € =	600 €
F:	Die Steuerermäßigung für F wird ebenso berechnet	600 €

Damit beträgt der haushaltsbezogene in Anspruch genommene Höchstbetrag für die Steuerermäßigung für Handwerkerleistungen 1200 €.

b) E bezahlt 80 %, F bezahlt 20 % der Aufwendungen.
Die Steuerermäßigung nach § 35 a EStG wird für den Veranlagungszeitraum 2015 für die jeweilige Einzelveranlagung grundsätzlich wie folgt berechnet:

E: 20 % von (80 % von 10 000 € =) 8000 € (§ 35 a Abs. 3 EStG) = 1600 €, höchstens 1/2 von 1200 € = 600 €

F: 20 % von (20 % von 10 000 € =) 2000 € (§ 35 a Abs. 3 EStG) 400 €

E und F wählen eine andere Aufteilung des Höchstbetrages, und zwar nach dem Verhältnis, wie sie die Aufwendungen tatsächlich getragen haben. Sie zeigen dies auch gegenüber dem Finanzamt einvernehmlich an.

Die Steuerermäßigung nach § 35 a EStG wird für den Veranlagungszeitraum 2015 für die jeweilige Einzelveranlagung wie folgt berechnet:

E: 20 % von (80 % von 10 000 € =) 8000 € (§ 35 a Abs. 3 EStG) = 1600 €, höchstens 80 % von 1200 € = 960 €

F: 20 % von (20 % von 10 000 € =) 2000 € (§ 35 a Abs. 3 EStG) = 400 €, höchstens 20 % von 1200 € = 240 €

Damit beträgt der haushaltsbezogene in Anspruch genommene Höchstbetrag für die Steuerermäßigung für Handwerkerleistungen 1200 €.

c) F bezahlt als Hauseigentümerin die gesamten Aufwendungen.
Die Steuerermäßigung nach § 35 a EStG wird für den Veranlagungszeitraum 2015 für die Einzelveranlagung der F grundsätzlich wie folgt berechnet:

20 % von 10 000 € (§ 35 a Abs. 3 EStG) = 2000 €, höchstens 1/2 von 1200 € (= hälftiger Höchstbetrag) 600 €

E und F haben jedoch die Möglichkeit, eine andere Aufteilung des Höchstbetrags zu wählen, und zwar nach dem Verhältnis, wie sie die Aufwendungen tatsächlich getragen haben (also zu 100 % auf F und zu 0 % auf E). Sie zeigen dies auch gegenüber dem Finanzamt einvernehmlich an.

Die Steuerermäßigung nach § 35 a EStG wird für den Veranlagungszeitraum 2015 für die Einzelveranlagung der F nunmehr wie folgt berechnet:

20 % von 10 000 € (§ 35 a Abs. 3 EStG) = 2000 €, höchstens 1200 €

E hat keinen Anspruch auf die Steuerermäßigung, da er keine eigenen Aufwendungen getragen hat.

2. Unterjährige Begründung oder Beendigung eines gemeinsamen Haushalts

Begründen zwei bisher alleinstehende Steuerpflichtige mit eigenem Haushalt im Laufe des Veranlagungszeitraums einen gemeinsamen Haushalt oder wird der gemeinsame Haushalt zweier Steuerpflichtiger während des Veranlagungszeitraums aufgelöst und es werden wieder zwei getrennte Haushalte begründet, kann bei Vorliegen der übrigen Voraussetzungen jeder Steuerpflichtige die vollen Höchstbeträge in diesem Veranlagungszeitraum in Anspruch nehmen. Das gilt unabhängig davon, ob im Veranlagungszeitraum der Begründung oder Auflösung des Haushalts auch die Eheschließung bzw. die Begründung der Lebenspartnerschaft, die Trennung oder die Ehescheidung bzw. die Auflösung der Lebenspartnerschaft erfolgt. Grundsätzlich kann jeder Steuerpflichtige seine tatsächlichen Aufwendungen im Rahmen des Höchstbetrags geltend machen. Darauf, in welchem der beiden Haushalte in diesem Veranlagungszeitraum die Aufwendungen angefallen sind, kommt es nicht an. Für die Inanspruchnahme des vollen Höchstbetrages pro Steuerpflichtigen ist maßgebend, dass von dem jeweiligen Steuerpflichtigen zumindest für einen Teil des Veranlagungszeitraums ein alleiniger Haushalt unterhalten worden ist. 54

Beispiel 12:

G und H begründen im Laufe des Veranlagungszeitraums 2016 einen gemeinsamen Haushalt. Vorher hatten beide jeweils einen eigenen Haushalt. Im Laufe des Jahres sind die folgenden Aufwendungen i. S. d. § 35 a EStG angefallen:

Einzelhaushalt des G: Aufwendungen für Renovierungsarbeiten der alten Wohnung im zeitlichen Zusammenhang mit dem Umzug (vgl. Rdnr. 3) in Höhe von 12 000 €. Davon entfallen auf Arbeitskosten einschließlich Fahrtkosten 6000 €.

Einzelhaushalt der H: Aufwendungen für Renovierungsarbeiten der alten Wohnung im zeitlichen Zusammenhang mit dem Umzug (vgl. Rdnr. 3) in Höhe von 2500 €. Davon entfallen auf Arbeitskosten einschließlich Fahrtkosten 1000 €.

Gemeinsamer Haushalt: Handwerkerkosten (Arbeitskosten) für die Montage der neuen Möbel 500 €, für das Verlegen von Elektroanschlüssen 200 €, für den Einbau der neuen Küche 400 €. Für Wohnungsreinigungsarbeiten haben sie ein Dienstleistungsunternehmen beauftragt. Die Aufwendungen betragen (ohne Materialkosten) bis Jahresende 800 €. G und H treten gegenüber den jeweiligen Firmen gemeinsam als Auftraggeber auf. Die Kosten teilen sie sich zu gleichen Teilen.

a) Die Steuerermäßigung nach § 35 a EStG wird für den Veranlagungszeitraum 2016 für die jeweilige Einzelveranlagung wie folgt berechnet:

G:	20 % von 6000 € (§ 35 a Abs. 3 EStG)	1200 €
H:	20 % von (1/2 von 800 € =) 400 € (§ 35 a Abs. 2 EStG)	80 €
		1280 €

Durch die Handwerkerkosten für den Einzelhaushalt hat G seinen Höchstbetrag nach § 35 a Abs. 3 EStG ausgeschöpft. Die weiteren Handwerkerkosten in der neuen Wohnung bleiben bei ihm unberücksichtigt. Eine Übertragung des nicht ausgeschöpften Höchstbetrages von H ist nicht möglich.

H:	20 % von 1000 € (§ 35 a Abs. 3 EStG)	200 €
	20 % von (1/2 von 1100 € =) 550 € (§ 35 a Abs. 3 EStG)	110 €
	20 % von (1/2 von 800 € =) 400 € (§ 35 a Abs. 2 EStG)	80 €
		390 €

H kann die durch G nicht nutzbare Steuerermäßigung nicht geltend machen, da sie insoweit nicht die Aufwendungen getragen hat.

b) G und H heiraten im November 2016. Sie beantragen die Zusammenveranlagung. Die Steuerermäßigung nach § 35 a EStG wird für 2016 wie folgt berechnet:

20 % von 800 € (§ 35 a Abs. 2 EStG)	160 €
20 % von 6000 € – Einzelhaushalt des G (§ 35 a Abs. 3 EStG)	1200 €
20 % von 1000 € – Einzelhaushalt der H (§ 35 a Abs. 3 EStG)	200 €
20 % von 1100 € – gemeinsamer Haushalt (Höchstbetrag für Handwerkerkosten ist bei H noch nicht ausgeschöpft; darauf, wer von beiden die Aufwendungen tatsächlich getragen hat, kommt es nicht an)	220 €
	1780 €

55 Wird unmittelbar nach Auflösung eines gemeinsamen Haushalts ein gemeinsamer Haushalt mit einer anderen Person begründet, kann derjenige Steuerpflichtige, der ganzjährig in gemeinsamen Haushalten gelebt hat, seine tatsächlichen Aufwendungen nur bis zur Höhe des hälftigen Abzugshöchstbetrages geltend machen. Hat für die andere Person für einen Teil des Veranlagungszeitraums ein alleiniger Haushalt bestanden, ist die Regelung der Rdnr. 54 sinngemäß anzuwenden mit der Folge, dass diese Person den vollen Höchstbetrag beanspruchen kann. Auch in diesen Fällen gilt, dass jeder Steuerpflichtige nur seine tatsächlichen Aufwendungen im Rahmen seines Höchstbetrages geltend machen kann. Etwas anderes gilt nur dann, wenn Steuerpflichtige, die zumindest für einen Teil des Veranlagungszeitraums zusammen einen Haushalt unterhalten haben, einvernehmlich eine andere Aufteilung des Höchstbetrages wählen und dies gegenüber dem Finanzamt anzeigen. Dabei kann für einen Steuerpflichtigen maximal der volle Höchstbetrag berücksichtigt werden.

Beispiel 13:

K und L leben seit Jahren zusammen, sind aber nicht verheiratet. Im Laufe des Veranlagungszeitraums 2016 zieht K aus der gemeinsamen Wohnung aus und zieht in den Haushalt von M ein. Für den Haushalt von K und L sind die folgenden Aufwendungen angefallen:

Haushaltsnahe Dienstleistungen nach § 35 a Abs. 2 EStG in Höhe von 800 €, Aufwendungen für Renovierung und Erhaltung des Haushalts in Höhe von 8000 €. Es handelt sich jeweils um Arbeitskosten. K und L waren beide Auftraggeber und haben sich die Kosten geteilt.

Für den Haushalt von L sind nach dem Auszug von K die folgenden Aufwendungen angefallen:

Haushaltsnahes Beschäftigungsverhältnis nach § 35 a Abs. 1 EStG in Höhe von 700 €, Aufwendungen für Renovierung (Arbeitskosten) 900 €.

Für den Haushalt von M sind bis zum Einzug von K die folgenden Aufwendungen angefallen:

Reparaturkosten der Spülmaschine (Arbeitskosten und Fahrtkostenpauschale) in Höhe von 100 €, Schornsteinfegerkosten (Schornstein-Kehrarbeiten einschließlich Reparatur- und Wartungsaufwand) in Höhe von 120 €.

Für den Haushalt von K und M sind die folgenden Aufwendungen angefallen:

Haushaltsnahe Dienstleistungen nach § 35 a Abs. 2 EStG in Höhe von 1000 € (Arbeitskosten). Die Aufwendungen trägt nur M.

Die Steuerermäßigung nach § 35 a EStG wird für den Veranlagungszeitraum 2016 für die jeweilige Einzelveranlagung wie folgt berechnet:

K:	20 % von (1/2 von 800 € =) 400 € (§ 35 a Abs. 2 EStG)	80 €
	20 % von (1/2 von 8000 € =) 4000 € (§ 35 a Abs. 3 EStG) = 800 €, höchstens 1/2 von 1200 €	600 €
	Steuerermäßigung 2016 für K	680 €
	Durch die Handwerkerkosten für den Haushalt mit L hat K seinen Höchstbetrag nach § 35 a Abs. 3 EStG ausgeschöpft.	
L:	20 % von (1/2 von 800 € =) 400 € (§ 35 a Abs. 2 EStG)	80 €
	20 % von (1/2 von 8000 € =) 4000 € (§ 35 a Abs. 3 EStG)	800 €
	20 % von 900 € (§ 35 a Abs. 3 EStG)	180 €
	(Keine Begrenzung auf den hälftigen Höchstbetrag von 600 €, da L ab dem Auszug von K alleine einen eigenen Haushalt hat.)	
	20 % von 700 € (§ 35 a Abs. 1 EStG)	140 €
	Steuerermäßigung 2016 für L	1200 €
	L kann die Aufwendungen in Höhe von 1000 € für Handwerkerleistungen, die sich bei K nicht als Steuerermäßigung ausgewirkt haben, auch mit dessen Zustimmung nicht geltend machen, da L insoweit die Aufwendungen nicht getragen hat.	
M:	20 % von 220 € (§ 35 a Abs. 3 EStG)	44 €
	20 % von 1000 € (§ 35 a Abs. 2 EStG)	200 €
	Steuerermäßigung 2016 für M	244 €

Beispiel 14:

N und O leben seit Jahren zusammen, sind aber nicht verheiratet. Im Laufe des Veranlagungszeitraums 2016 zieht N aus der gemeinsamen Wohnung aus und zieht in den Haushalt von P.

Für den Haushalt von N und O sind die folgenden Aufwendungen angefallen:

Aufwendungen für Renovierung und Erhaltung des Haushalts in Höhe von 5000 €. Es handelt sich jeweils um Arbeitskosten. N und O waren beide Auftraggeber. Die Kosten wurden zu 80 % von N getragen, 20 % von O.

Für den Haushalt von O sind nach dem Auszug von N die folgenden Aufwendungen angefallen: Aufwendungen für Renovierung (Arbeitskosten) 3000 €.

a) Die Steuerermäßigung nach § 35 a EStG wird für den Veranlagungszeitraum 2016 für die *jeweilige Einzelveranlagung* wie folgt berechnet:

N:	20 % von (80 % von 5000 € =) 4000 € (§ 35 a Abs. 3 EStG) = 800 €, höchstens 1/2 von 1200 €	600 €
	Durch die Handwerkerkosten hat N seinen Höchstbetrag nach § 35 a Abs. 3 EStG ausgeschöpft.	
O:	20 % von (20 % von 5000 € =) 1000 € (§ 35 a Abs. 3 EStG)	200 €
	20 % von 3000 € (§ 35 a Abs. 3 EStG)	600 €
	Steuerermäßigung 2016 für O	800 €

(Keine Begrenzung auf den hälftigen Höchstbetrag, da O ab dem Auszug von N einen eigenen Haushalt hat. Allerdings beträgt der Höchstbetrag nach § 35 a Abs. 3 EStG für O insgesamt 1200 €, dieser ist nicht überschritten.)

O kann die durch N nicht nutzbare Steuerermäßigung nicht geltend machen, da sie für ihren Aufwendungsteil die Steuerermäßigung ausgeschöpft hat und darüber hinaus die Aufwendungen nicht getragen hat.

b) N und O wählen eine andere Aufteilung des Höchstbetrages, und zwar nach dem Verhältnis, wie sie die Aufwendungen tatsächlich getragen haben. Sie zeigen dies auch gegenüber dem Finanzamt einvernehmlich an.
Die Steuerermäßigung nach § 35 a EStG wird für den Veranlagungszeitraum 2016 für die jeweilige Einzelveranlagung wie folgt berechnet:

N:	20 % von (80 % von 5000 € =) 4000 €, höchstens von (80 % von 6000 € =) 4800 € (§ 35 a Abs. 3 EStG)	800 €
	N kann seine vollen Aufwendungen nach § 35 a Abs. 3 EStG geltend machen.	
O:	20 % von (20 % von 5000 € =) 1000 € (§ 35 a Abs. 3 EStG)	200 €
	20 % von 3000 € (§ 35 a Abs. 3 EStG)	600 €
		800 €

(Keine Begrenzung auf den hälftigen Höchstbetrag, da O ab dem Auszug von N einen eigenen Haushalt hat. Allerdings reduziert sich der Höchstbetrag nach § 35 a Abs. 3 EStG für O um den auf N übertragenen Anteil von (20 % von 1000 € =) 200 € auf (20 % von 5000 € =) 1000 €. Dieser ist nicht überschritten.)

VII. Anrechnungsüberhang

56 Entsteht bei einem Steuerpflichtigen infolge der Inanspruchnahme der Steuerermäßigung nach § 35 a EStG ein sog. Anrechnungsüberhang, kann der Steuerpflichtige weder die Festsetzung einer negativen Einkommensteuer in Höhe dieses Anrechnungsüberhangs noch die Feststellung einer rück- oder vortragsfähigen Steuerermäßigung beanspruchen (BFH-Urteil vom 29. Januar 2009, BStBl. II S. 411).

VIII. Anwendungsregelung

57 Dieses Schreiben ersetzt das BMF-Schreiben vom 10. Januar 2014 (BStBl. I S. 75) sowie das BMF-Schreiben vom 10. November 2015 (BStBl. I S. 876) und ist vorbehaltlich der Rdnr. 58 in allen noch offenen Fällen anzuwenden.

58 Rdnrn. 14 bis 16 sind in allen noch offenen Fällen ab dem Veranlagungszeitraum 2009 anzuwenden. Rdnrn. 23 und 24 sind in allen noch offenen Fällen ab dem Veranlagungszeitraum 2011 anzuwenden.

Anlage 1[1)]

Beispielhafte Aufzählung begünstigter und nicht begünstigter haushaltsnaher Dienstleistungen und Handwerkerleistungen (zu Rdnrn. 1, 2, 11, 19 bis 22)

Maßnahme	begünstigt	nicht begünstigt	Haushaltsnahe Dienstleistung	Handwerkerleistung
Abfallmanagement („Vorsortierung")	Kosten der Maßnahmen innerhalb des Haushalts	Kosten der Maßnahmen außerhalb des Haushalts	X	
Abflussrohrreinigung	X			X
Ablesedienste und Abrechnung bei Verbrauchszählern (Strom, Gas, Wasser, Heizung usw.)		X		
Abriss eines baufälligen Gebäudes mit anschließendem Neubau		X		
Abwasserentsorgung	Kosten der Maßnahmen (Wartung und Reinigung) innerhalb des Haushalts	Kosten der Maßnahmen außerhalb des Haushalts		X
Arbeiten				
1. am Dach	X			X
2. an Bodenbelägen	X			X
3. an der Fassade	X			X
4. an Garagen	X			X
5. an Innen- und Außenwänden	X			X
6. an Zu- und Ableitungen	X			X

1) Anlage 1 geändert durch BMF v. 1.9.2021, BStBl. I S. 1494.

Maßnahme	begünstigt	nicht begünstigt	Haushaltsnahe Dienstleistung	Handwerkerleistung
Architektenleistung		X		
Asbestsanierung	X			X
Aufstellen eines Baugerüstes	Arbeitskosten	Kosten der Miete und des Materials		X
Aufzugnotruf		X		
Außenanlagen, Errichtung von Außenanlagen, wie z. B. Wege, Zäune	Arbeitskosten der Maßnahmen innerhalb des Haushalts	– Kosten der Maßnahmen außerhalb des Haushalts oder – im Rahmen einer Neubaumaßnahme (Rdnr. 21) und – Materialkosten		X
Austausch oder Modernisierung 1. der Einbauküche 2. von Bodenbelägen (z. B. Teppichboden, Parkett, Fliesen) 3. von Fenstern, Treppen und Türen	 X, Rdnr. 39 X, Rdnr. 39 X, Rdnr. 39	– Kosten der Maßnahmen außerhalb des Haushalts und – Materialkosten		 X X X
Beprobung des Trinkwassers	X			X
Bereitschaft der Erbringung einer ansonsten begünstigten Leistung im Bedarfsfall	als Nebenleistung einer ansonsten begünstigten Hauptleistung	nur Bereitschaft	Abgrenzung im Einzelfall	Abgrenzung im Einzelfall

Maßnahme	begünstigt	nicht begünstigt	Haushaltsnahe Dienstleistung	Handwerkerleistung
Brandschadensanierung	soweit nicht Versicherungsleistung	soweit Versicherungsleistung		X
Carport, Terrassenüberdachung	Arbeitskosten	– Materialkosten sowie – Kosten der Errichtung im Rahmen einer Neubaumaßnahme (Rdnr. 21)		X
Chauffeur		X		
Dachgeschossausbau	Arbeitskosten	– Materialkosten sowie – Kosten der Errichtung im Rahmen einer Neubaumaßnahme (Rdnr. 21)		X
Dachrinnenreinigung	X			X
Datenverbindungen	s. Hausanschlüsse	s. Hausanschlüsse		X
Deichabgaben		X		
Dichtheitsprüfung von Abwasseranlagen	X			X
Elektroanlagen	Kosten der Wartung und der Reparatur			X
Energiepass		X, Rdnr. 20		
Entsorgungsleistung	als Nebenleistung (z. B. Bauschutt, Fliesenabfuhr bei Neuverfliesung eines Bades, Grünschnittabfuhr bei	als Hauptleistung	Abgrenzung im Einzelfall	Abgrenzung im Einzelfall

Maßnahme	begünstigt	nicht begünstigt	Haushaltsnahe Dienstleistung	Handwerkerleistung
	Gartenpflege)			
Erhaltungsmaßnahmen	Arbeitskosten der Maßnahmen innerhalb des Haushalts	– Kosten der Maßnahmen außerhalb des Haushalts sowie – Materialkosten		X
Erstellung oder Hilfe bei der Erstellung der Steuererklärung		X		
„Essen auf Rädern"		X		
Fäkalienabfuhr		X		
Fahrstuhlkosten	Kosten der Wartung und der Reparatur	Betriebskosten		X
Fertiggaragen	Arbeitskosten	– Kosten der Errichtung im Rahmen einer Neubaumaßnahme (Rdnr. 21) sowie – Materialkosten		X
Feuerlöscher	Kosten der Wartung			X
Feuerstättenschau – s. auch Schornsteinfeger	X			X
Finanzierungsgutachten		X, Rdnr. 20		
Fitnesstrainer		X		
Friseurleistungen	nur soweit sie zu den Pflege- und Betreuungsleistungen	alle anderen Friseurleistungen	X	

Maßnahme	begünstigt	nicht begünstigt	Haushaltsnahe Dienstleistung	Handwerkerleistung
	gehören, wenn sie im Leistungskatalog der Pflegeversicherung aufgeführt sind und der Behinderten-Pauschbetrag nicht geltend gemacht wird (Rdnrn. 12, 13, 32, 33)			
Fußbodenheizung	Kosten der Wartung, Spülung, Reparatur und des nachträglichen Einbaus	Materialkosten		X
Gärtner	Kosten der Maßnahmen innerhalb des Haushalts	Kosten der Maßnahmen außerhalb des Haushalts	Abgrenzung im Einzelfall	Abgrenzung im Einzelfall
Gartengestaltung	Arbeitskosten	– Kosten der erstmaligen Anlage im Rahmen einer Neubaumaßnahme (Rdnr. 21) sowie – Materialkosten		X
Gartenpflegearbeiten (z. B. Rasen mähen, Hecken schneiden)	Kosten der Maßnahmen innerhalb des Haushalts einschließlich Grünschnittentsorgung als	Kosten der Maßnahmen außerhalb des Haushalts	X	

Maßnahme	begünstigt	nicht begünstigt	Haushaltsnahe Dienstleistung	Handwerkerleistung
	Nebenleistung			
Gemeinschaftsmaschinen bei Mietern (z. B. Waschmaschine, Trockner)	Kosten der Reparatur und der Wartung	Miete		X
Gewerbeabfallentsorgung		X		
Grabpflege		X		
Graffitibeseitigung	X			X
Gutachtertätigkeiten	Abgrenzung im Einzelfall (Rdnr. 20)	Abgrenzung im Einzelfall (Rdnr. 20)		X
Hand- und Fußpflege	nur soweit sie zu den Pflege- und Betreuungsleistungen gehören, wenn sie im Leistungskatalog der Pflegeversicherung aufgeführt sind und der Behinderten-Pauschbetrag nicht geltend gemacht wird (Rdnrn. 12, 13, 32, 33)	alle anderen Kosten	X	
Hausanschlüsse an Ver- und Entsorgungsnetze (Rdnr. 22)	z. B. Arbeitskosten für den Anschluss an das Trink- und Abwassernetz, der stromführenden Leitungen im Haus oder für das	– Kosten der erstmaligen Anschlüsse im Rahmen einer Neubaumaßnahme (Rdnr. 21) und – die Kosten der Maßnah-		X

Maßnahme	begünstigt	nicht begünstigt	Haushaltsnahe Dienstleistung	Handwerkerleistung
	Ermöglichen der Nutzung des Fernsehens und des Internets sowie die Kosten der Weiterführung der Anschlüsse, jeweils innerhalb des Haushalts	men außerhalb des Haushalts sowie – Materialkosten		
Hausarbeiten, wie reinigen, Fenster putzen, bügeln usw. (Rdnr. 5)	X		X	
Haushaltsauflösung		X		
Hauslehrer		X		
Hausmeister, Hauswart	X		X	
Hausnotrufsystem	Kosten innerhalb des sog. „Betreuten Wohnens" im Rahmen einer Seniorenwohneinrichtung	Kosten für Hausnotrufsysteme außerhalb des sog. „Betreuten Wohnens" im Rahmen einer Seniorenwohneinrichtung	X	
Hausreinigung	X		X	
Hausschwammbeseitigung	X			X
Hausverwalterkosten oder -gebühren		X		
Heizkosten: 1. Verbrauch 2. Gerätemiete für Zähler		 X X		

Maßnahme	begünstigt	nicht begünstigt	Haushaltsnahe Dienstleistung	Handwerkerleistung
3. Garantiewartungsgebühren	X			X
4. Heizungswartung und Reparatur	X			X
5. Austausch der Zähler nach dem Eichgesetz	X			X
6. Schornsteinfeger	X			X
7. Kosten des Ablesedienstes		X		
8. Kosten der Abrechnung an sich		X		
Hilfe im Haushalt (Rdnrn. 14–16) – s. Hausarbeiten				
Insektenschutzgitter	Kosten der Montage und der Reparatur	Materialkosten		X
Kamin-Einbau	Arbeitskosten	– Kosten der Errichtung im Rahmen einer Neubaumaßnahme (Rdnr. 21) sowie – Materialkosten		X
Kaminkehrer – s. Schornsteinfeger				
Kellerausbau	Arbeitskosten	– Kosten der Errichtung im Rahmen einer Neubaumaßnah-		X

Maßnahme	begünstigt	nicht begünstigt	Haushaltsnahe Dienstleistung	Handwerkerleistung
		me (Rdnr. 21) sowie – Materialkosten		
Kellerschachtabdeckungen	Kosten der Montage und der Reparatur	Materialkosten		X
Kfz. – s. Reparatur		X		
Kinderbetreuungskosten	soweit sie nicht unter § 10 Abs. 1 Nr. 5 EStG fallen und für eine Leistung im Haushalt des Steuerpflichtigen anfallen	i. S. v. § 10 Abs. 1 Nr. 5 EStG (Rdnr. 34)	X	
Klavierstimmer	X			X
Kleidungs- und Wäschepflege und -reinigung	Kosten der Maßnahmen innerhalb des Haushalts	Kosten der Maßnahmen außerhalb des Haushalts (Rdnr. 39)	X	
Kontrollmaßnahmen des TÜV, z. B. für den Fahrstuhl oder den Treppenlift	X, Rdnr. 20			X
Kosmetikleistungen	nur soweit sie zu den Pflege- und Betreuungsleistungen gehören, wenn sie im Leistungskatalog der Pflegeversicherung auf-	alle anderen	X	

Maßnahme	begünstigt	nicht begünstigt	Haushaltsnahe Dienstleistung	Handwerkerleistung
	geführt sind (und der Behinderten-Pauschbetrag nicht geltend gemacht wird; s. Rdnrn. 12, 13, 32, 33)			
Laubentfernung	Kosten der Maßnahmen innerhalb des Haushalts	Kosten der Maßnahmen außerhalb des Haushalts	X	
Legionellenprüfung	X, Rdnr. 20			X
Leibwächter		X		
Makler		X		
Material und sonstige im Zusammenhang mit der Leistung gelieferte Waren einschließlich darauf entfallende Umsatzsteuer		z. B. Farbe, Fliesen, Pflastersteine, Mörtel, Sand, Tapeten, Teppichboden und andere Fußbodenbeläge, Waren, Stützstrümpfe usw. (Rdnr. 39)		
Mauerwerksanierung	X			X
Miete von Verbrauchszählern (Strom, Gas, Wasser, Heizung usw.)		X		
Modernisierungsmaßnahmen (z. B. Erneuerung des Badezimmers oder der Küche)	X, Rdnr. 39	– Kosten der Maßnahmen außerhalb des Haushalts sowie – Materialkosten		X
Montageleistungen im	X			X

Maßnahme	**begünstigt**	**nicht begünstigt**	**Haushaltsnahe Dienstleistung**	**Handwerkerleistung**
Haushalt, z. B. beim Erwerb neuer Möbel				
Müllabfuhr (Entsorgung steht im Vordergrund)		X		
Müllentsorgungsanlage (Müllschlucker)	Kosten der Wartung und der Reparatur			X
Müllschränke	Kosten der Anlieferung und der Aufstellung	Materialkosten		X
Nebenpflichten der Haushaltshilfe, wie kleine Botengänge oder Begleitung von Kindern, kranken, alten oder pflegebedürftigen Personen bei Einkäufen oder zum Arztbesuch	X		X	
Neubaumaßnahmen		Rdnr. 21		
Notbereitschaft/Notfalldienste	soweit es sich um eine nicht gesondert berechnete Nebenleistung z. B. im Rahmen eines Wartungsvertrages handelt	alle anderen reinen Bereitschaftsdienste	X	
Öffentlich-rechtlicher Erschließungsbeitrag		X		
Öffentlich-rechtlicher Stra-		X		

Maßnahme	begünstigt	nicht begünstigt	Haushaltsnahe Dienstleistung	Handwerkerleistung
ßenausbaubeitrag/-rückbaubeitrag				
Pflasterarbeiten	Kosten der Maßnahmen innerhalb des Haushalts	– Materialkosten sowie – alle Maßnahmen außerhalb des Haushalts		X
Pflegebett		X		
Pflege der Außenanlagen	innerhalb des Haushalts	Kosten der Maßnahmen außerhalb des Haushalts	X	
Pilzbekämpfung	X			X
Prüfdienste/Prüfleistung (z. B. bei Aufzügen)	X, Rdnr. 20			X
Rechtsberatung		X		
Reinigung des Haushalts	X		X	
Reparatur, Wartung und Pflege				
1. von Bodenbelägen (z. B. Teppichboden, Parkett, Fliesen)	X		Pflege	Reparatur und Wartung
2. von Fenstern und Türen (innen und außen)	X, Rdnr. 39		Pflege	Reparatur und Wartung
3. von Gegenständen im Haushalt des Steuerpflichtigen (z. B. Waschmaschine, Geschirrspüler, Herd, Fern-	soweit es sich um Gegenstände handelt, die in der Hausratversicherung mitversichert werden können (Rdnr. 39)	Kosten der Maßnahmen außerhalb des Haushalts	Pflege im Haushalt	Reparatur und Wartung im Haushalt

Maßnahme	begünstigt	nicht begünstigt	Haushaltsnahe Dienstleistung	Handwerkerleistung
seher, Personalcomputer und andere)				
4. von Heizungsanlagen, Elektro-, Gas- und Wasserinstallationen	Kosten der Maßnahmen innerhalb des Haushalts	Kosten der Maßnahmen außerhalb des Haushalts		X
5. von Kraftfahrzeugen (einschließlich TÜV-Gebühren)		X		
6. von Wandschränken	X			X
Schadensfeststellung, Ursachenfeststellung (z. B. bei Wasserschaden, Rohrbruch usw.)	X			X
Schadstoffsanierung	X			X
Schädlings- und Ungezieferbekämpfung	X		Abgrenzung im Einzelfall	Abgrenzung im Einzelfall
Schornsteinfeger	X			X
Sekretär; hierunter fallen auch Dienstleistungen in Form von Büroarbeiten (z. B. Ablageorganisation, Erledigung von Behördengängen, Stellen von Anträgen bei Versicherungen		X		

Maßnahme	begünstigt	nicht begünstigt	Haushaltsnahe Dienstleistung	Handwerkerleistung
und Banken usw.)				
Sperrmüllabfuhr		X		
Statiker		X		
Straßenreinigung				
– Fahrbahn		X		
– Gehweg	X		X	
Tagesmutter bei Betreuung im Haushalt des Steuerpflichtigen	soweit es sich bei den Aufwendungen nicht um Kinderbetreuungskosten (Rdnr. 34) handelt	Kinderbetreuungskosten (Rdnr. 34)	X	
Taubenabwehr	X		Abgrenzung im Einzelfall	Abgrenzung im Einzelfall
Technische Prüfdienste (z. B. bei Aufzügen)	X, Rdnr. 20			X
Terrassenüberdachung	Arbeitskosten	– Kosten der Errichtung im Rahmen einer Neubaumaßnahme (Rdnr. 21) sowie – Materialkosten		X
Tierbetreuungs- oder -pflegekosten	Kosten der Maßnahmen innerhalb des Haushalts (z. B. Fellpflege, Ausführen, Reinigungsarbeiten)	Kosten der Maßnahmen außerhalb des Haushalts, z. B. Tierpensionen	X	

Maßnahme	begünstigt	nicht begünstigt	Haushaltsnahe Dienstleistung	Handwerkerleistung
Trockeneisreinigung	X			X
Trockenlegung von Mauerwerk	Kosten der Maßnahmen innerhalb des Haushalts (Arbeiten mit Maschinen vor Ort)	Kosten, die durch die ausschließliche Maschinenanmietung entstehen		X
Überprüfung von Anlagen (z. B. Gebühr für den Schornsteinfeger oder für die Kontrolle von Blitzschutzanlagen)	X, Rdnr. 20			X
Umzäunung, Stützmauer o.ä.	Arbeitskosten für Maßnahmen innerhalb des Haushalts	– Kosten der Maßnahmen außerhalb des Haushalts oder – Kosten der Errichtung im Rahmen einer Neubaumaßnahme (Rdnr. 21) sowie – Materialkosten		X
Umzugsdienstleistungen	für Privatpersonen (Rdnrn. 3, 31)		Abgrenzung im Einzelfall	Abgrenzung im Einzelfall
Verarbeitung von Verbrauchsgütern im Haushalt des Steuerpflichtigen	X		X	
Verbrauchsmittel, wie z. B. Schmier-, Reinigungs- oder	X		als Nebenleistung (Rdnr. 39) –	als Nebenleistung (Rdnr. 39) –

Maßnahme	begünstigt	nicht begünstigt	Haushaltsnahe Dienstleistung	Handwerkerleistung
Spülmittel sowie Streugut			Abgrenzung im Einzelfall	Abgrenzung im Einzelfall
Verwaltergebühr		X		
Wachdienst	Kosten der Maßnahmen innerhalb des Haushalts	Kosten der Maßnahmen außerhalb des Haushalts	X	
Wärmedämmmaßnahmen	X			X
Wartung:				
1. Aufzug	X			X
2. Heizung und Öltankanlagen (einschließlich Tankreinigung)	X			X
3. Feuerlöscher	X			X
4. CO_2-Warngeräte	X			X
5. Pumpen	X			X
6. Abwasser-Rückstau-Sicherungen	X			X
Wasserschadensanierung	X	soweit Versicherungsleistung		X
Wasserversorgung	Kosten der Wartung und der Reparatur			X
Wertermittlung		X, Rdnr. 20		
Winterdienst				
– Fahrbahn		X		
– Gehweg	X		X	
Zubereitung von Mahlzeiten im Haushalt des Steuerpflichtigen	X		X	

1 § 51a/1. Gleich lautende Erlasse betr. elektronisches Verfahren zum Kirchensteuerabzug bei Kapitalerträgen (§ 51a Absatz 2b bis 2e und 6 EStG in Verbindung mit den Kirchensteuergesetzen der Länder)

Vom 19. Juli 2021
Oberste Finanzbehörden der Länder
(BStBl. I S. 1014)

Zum Einbehalt von Kirchensteuer auf Kapitalerträge gilt Folgendes:

Inhaltsübersicht

I. Allgemeines

Ist der Gläubiger der Kapitalerträge Mitglied einer steuererhebenden Religionsgemeinschaft, hat die zum Kapitalertragsteuerabzug verpflichtete Stelle (vgl. Rdnr. 14) auch die auf die Kapitalertragsteuer entfallende Kirchensteuer einzubehalten und abzuführen. Die Kirchensteuer ist anhand des elektronischen Kirchensteuerabzugsmerkmals (KiStAM) einzubehalten (§ 51a Abs. 2c EStG). Das KiStAM wird dem Kirchensteuerabzugsverpflichteten vom Bundeszentralamt für Steuern (BZSt) unentgeltlich als automatisiert abrufbares Merkmal bereitgestellt. 1

frei 2

Die Kirchensteuer ist gläubigerscharf abzuführen. Der Kirchensteuerabzugsverpflichtete hat die Kirchensteuer für diejenige Religionsgemeinschaft einzubehalten, der der Gläubiger der Kapitalerträge konkret angehört. Diese Zuordnung ist ausschließlich mit Hilfe des für den Kirchensteuerpflichtigen zutreffenden KiStAM möglich. 3

Der Kirchensteuerabzugsverpflichtete ist verpflichtet, für alle natürlichen Personen, für deren Rechnung er möglicherweise Kapitalertragsteuer einzubehalten hat, das KiStAM anzufordern (bei Kapitalerträgen aus Versicherungsverträgen vgl. Rdnr. 31). Im Fall der Regelabfrage ist einmal jährlich im Zeitraum 4 vom 1. September bis 31. Oktober abzufragen, ob eine Kirchensteuerpflicht zum Stichtag 31. August des Jahres besteht. Das Ergebnis dieser Abfrage hat der Kirchensteuerabzugsverpflichtete dem Kirchensteuerabzug des auf den Stichtag folgenden Kalenderjahres zu Grunde zu legen. Auf die konkreten individuellen kapitalertragsteuerlichen Verhältnisse zum Stichtag 31. August kommt es dabei nicht an. Das führt dazu, dass grundsätzlich in allen Fällen, in denen im Folgejahr auch nur potentiell Kapitalerträge zufließen können, im Vorfeld das KiStAM beim BZSt abzufragen ist (zu den Ausnahmen siehe Rdnr. 42 bis 46). Für nicht abgeführte Kirchensteuer haftet der Kirchensteuerabzugsverpflichtete nach § 51a Abs. 2c Satz 5 i.V.m. § 44 Abs. 5 EStG.

II. Bildung des KiStAM

1. KiStAM

5 Das KiStAM bildet für Angehörige von Religionsgemeinschaften, die Kirchensteuer bei Kapitalerträgen im Wege der staatlichen Verwaltung erheben, die konkrete kirchensteuerrechtliche Religionszugehörigkeit und den Kirchensteuersatz der jeweiligen steuererhebenden Religionsgemeinschaft ab. Es besteht aus zwei Komponenten, dem Kirchensteuersatz und dem Religionsschlüssel der betreffenden Religionsgemeinschaft. Juristische Personen und Personenzusammenschlüsse/-vereinigungen (wie beispielsweise Personengesellschaften) sind nicht kirchensteuerpflichtig; für sie wird kein KiStAM gebildet.

2. Nullwert

6 Hat der Gläubiger der Kapitalerträge dem Abruf des KiStAM widersprochen (Sperrvermerk, vgl. Rdnr. 48) oder gehört er keiner steuererhebenden Religionsgemeinschaft an, wird statt des KiStAM ein Nullwert an den Abrufenden zurückgeliefert. Der Nullwert ist wertfrei, d.h. es ist weder ein Rückschluss auf eine Religionszugehörigkeit oder eine Nichtreligionszugehörigkeit noch ein Rückschluss auf einen vorliegenden oder einen nichtvorliegenden Sperrvermerk möglich.

3. Bildung und Änderung des KiStAM

7 Die Bildung und Änderung des KiStAM erfolgt durch das BZSt (§ 51a Abs. 2c Satz 1 Nr. 1 EStG).

8 Das KiStAM wird durch folgende Daten gebildet:

1. die nach § 139b Abgabenordnung (AO) für die Vergabe der steuerlichen Identifikationsnummer (IdNr) gespeicherten Daten (z.B. Name, Geburtsdatum, Meldeanschrift);
2. Daten, die nach § 39e EStG zur Bildung der Lohnsteuerabzugsmerkmale gespeichert sind (rechtliche Zugehörigkeit zu einer steuererhebenden Religionsgemeinschaft);
3. Daten zur territorialen Ausdehnung der steuererhebenden Religionsgemeinschaft und der jeweilige Kirchensteuersatz der Religionsgemeinschaft.

Bei einer Änderung der Meldeanschrift, der rechtlichen Zugehörigkeit zu einer steuererhebenden Religionsgemeinschaft oder der territorialen Erweiterung der steuererhebenden Religionsgemeinschaft sowie bei Änderungen des jeweiligen Kirchensteuersatzes der Religionsgemeinschaft kann es zu einer Änderung des KiStAM kommen. Die Änderung wirkt sich im Rahmen einer nachfolgenden Regel- oder Anlassabfrage aus.

Beruht ein fehlerhaftes KiStAM auf unzutreffenden Daten der Meldebehörde und erkennt der Gläubiger der Kapitalerträge die Unrichtigkeit der Meldedaten, kann er bei der Meldebehörde eine Berichtigung der Daten veranlassen (vgl. § 12 Bundesmeldegesetz). Die Meldebehörde teilt dem BZSt diese Korrektur unverzüglich mit. Das BZSt korrigiert dann automatisch das KiStAM in seiner Datenbank (KiStAM-Datenbank) und hält das geänderte KiStAM für die nächste Regel- oder Anlassabfrage bereit. 9

Die Finanzverwaltung ist grundsätzlich an die melderechtlichen Daten gebunden. In begründeten Ausnahmefällen (z.B. Unklarheit oder Streitigkeit über die Zugehörigkeit zu einer steuererhebenden Religionsgemeinschaft) haben das Finanzamt nach Beteiligung der Religionsgemeinschaft, zu deren eigenen Angelegenheiten gem. Art. 140 des Grundgesetzes i.V.m. Art. 137 der Weimarer Reichsverfassung die Regelung des Mitgliedschaftsrechts gehört, bzw. in Bayern das Kirchensteueramt nach Maßgabe des jeweiligen Kirchensteuergesetzes rechtliche Prüfungen zu melderechtlichen Merkmalen vorzunehmen und bei abweichenden Feststellungen selbst eine Entscheidung über die zutreffende Besteuerung zu treffen. Trifft das Finanzamt (in Bayern: das Kirchensteueramt) in diesen Einzelfällen eine von den gespeicherten melderechtlichen Daten abweichende Entscheidung für die Besteuerung, setzt es sich mit der Meldebehörde in Verbindung, damit die Meldebehörde das zutreffende Merkmal im Melderegister einträgt. 10

Nach dem Tod des Gläubigers der Kapitalerträge wird für diesen anstelle des KiStAM ein Nullwert gebildet (vgl. Rdnr. 6). 11

4. KiStAM bei Ehegatten/Lebenspartnern

Das KiStAM wird für jeden Ehegatten/Lebenspartner getrennt gebildet. Auf den Familienstand kommt es nicht an. Auch eine Änderung des Familienstandes, wie Eheschließung, Scheidung, Begründung oder Auflösung einer Lebenspartnerschaft, führt daher nicht zu einer Änderung des KiStAM. 12

5. Verfahrensrecht

Sowohl die Bildung des KiStAM als auch dessen spätere Änderung ist keine gesonderte Feststellung von Besteuerungsgrundlagen i.S.d. § 179 Abs. 1 AO. 13

III. Durchführung des Kirchensteuerabzugs

1. Pflichten des Kirchensteuerabzugsverpflichteten

a) Kirchensteuerabzugsverpflichteter

Kirchensteuerabzugsverpflichteter ist jede Stelle, die verpflichtet ist, Kapitalertragsteuer für natürliche Personen einzubehalten und abzuführen. Dazu zählen insbesondere Banken, Kreditinstitute und Versicherungen sowie Kapitalgesellschaften, die Ausschüttungen an natürliche Personen als Gesellschafter leisten. 14

b) Informationspflicht über die Datenabfrage und das Widerspruchsrecht

Der Kirchensteuerabzugsverpflichtete hat den Gläubiger der Kapitalerträge bei Begründung der rechtlichen Verbindung auf die Datenabfrage und auf die Möglichkeit hinzuweisen, den erforderlichen Abruf des vom BZSt zum Abruf bereit gestellten KiStAM durch einen widerruflichen Sperrvermerk zu verhindern (§ 51a Abs. 2c Satz 1 Nr. 3 Satz 5 EStG). Der Hinweis hat in geeigneter Form (z.B. schriftlich) zu erfolgen. Es genügt, wenn der Hinweis in 15 den bei Begründung der rechtlichen Verbindung übermittelten allgemeinen Geschäftsbedingungen enthalten ist.

16 *frei*

c) Registrierung

17 Zum Abruf des KiStAM hat sich der Kirchensteuerabzugsverpflichtete beim BZSt zu registrieren. Der Kirchensteuerabzugsverpflichtete hat die für die Nutzung des elektronischen Verfahrens notwendige Zulassung entweder elektronisch (Vollzugang) oder in Papierform (eingeschränkter Verfahrenszugang) beim BZSt zu beantragen. Einzelheiten zur Nutzerregistrierung und -zulassung sowie für den Abruf der KiStAM sind im Internetauftritt des BZSt in der Rubrik „Kirchensteuer auf Abgeltungsteuer" veröffentlicht. Ein Kirchensteuerabzugsverpflichteter hat sich nur dann registrieren zu lassen und ein KiStAM abzurufen, wenn mindestens einer seiner Gläubiger der Kapitalerträge eine inländische natürliche Person ist (vgl. Rdnr. 42).

18 Jeder Kirchensteuerabzugsverpflichtete hat bei einer kapitalertragsteuerpflichtigen Auszahlung anhand des vom BZSt übermittelten KiStAM die Kirchensteuer einzubehalten. Die Abfrage des KiStAM erfolgt in der Regelabfrage (jeweils vom 1. September bis 31. Oktober zum Stichtag 31. August des Jahres) für das Folgejahr. Sofern bei einem Kirchensteuerabzugsverpflichteten eine Ausschüttung im Folgejahr unwahrscheinlich ist (vgl. Rdnr. 45 Satz 4), kann eine Registrierung bzw. Zulassung und Abfrage zunächst unterbleiben. Voraussetzung dafür ist aber, dass sich der Kirchensteuerabzugsverpflichtete in die Lage versetzt, im Fall einer steuerpflichtigen Ausschüttung die Abfrage – auch unterjährig – zeitnah nachzuholen. Will der Kirchensteuerabzugsverpflichtete daher aktuell keine Registrierung vornehmen, dann hat er bei allen potentiell kirchensteuerpflichtigen Gläubigern vorab das Einverständnis zu einer Anlassabfrage für den Fall einer Ausschüttung im Folgejahr einzuholen. Damit wird sichergestellt, dass die Prognose, dass eine Ausschüttung unterbleibt, im Folgejahr anlassbezogen korrigiert und der Kirchensteuerabzug vorgenommen werden kann. Für nicht abgeführte Kirchensteuer haftet der Kirchensteuerabzugsverpflichtete nach § 51a Abs. 2c Satz 5 i.V.m. § 44 Abs. 5 EStG.

d) Beauftragung von Dritten

19 Beauftragt der Kirchensteuerabzugsverpflichtete einen Dritten mit der Durchführung des Steuerabzugs vom Kapitalertrag, obliegt es dem Kirchensteuerabzugsverpflichteten, geeignete Regelungen mit seinem Dienstleister zu vereinbaren. Eine Abfrage von einem Dienstleister wird das BZSt jedoch nur dann beantworten, wenn der Kirchensteuerabzugsverpflichtete selbst zum Verfahren zugelassen ist.

e) Anfrage der IdNr des Gläubigers der Kapitalerträge (§ 51a Abs. 2c Satz 1 Nr. 2 EStG)

20 Die Kirchensteuerabzugsverpflichteten können das KiStAM des Gläubigers der Kapitalerträge nur unter Nutzung von dessen IdNr (§ 139b AO) erhalten. Sie dient der eindeutigen Identifizierung der angefragten Person im Besteuerungsverfahren.

21 Liegt dem Kirchensteuerabzugsverpflichteten die IdNr des Gläubigers der Kapitalerträge bereits vor (etwa, weil der Gläubiger der Kapitalerträge diese bereits mit dem Freistellungsauftrag mitgeteilt hat), so ist eine Anfrage der IdNr im automatisierten Verfahren nicht erforderlich. Nach § 51a Abs. 2c Satz 1 Nr. 2

Satz 1 erster Halbsatz EStG müssen die dem Kirchensteuerabzugsverpflichteten bekannten IdNrn genutzt werden.

22 Die IdNr hat der Kirchensteuerabzugsverpflichtete bereits bei der Begründung der rechtlichen Verbindung zu erfragen. Sofern die IdNr des Gläubigers der Kapitalerträge dem Kirchensteuerabzugsverpflichteten nicht bekannt ist oder die ihm vom Gläubiger der Kapitalerträge mitgeteilte IdNr unzutreffend ist, kann er sie beim BZSt elektronisch anfragen (§ 51a Abs. 2c Satz 1 Nr. 2 EStG). Der Kirchensteuerabzugsverpflichtete hat in seiner Anfrage die aktuelle Anschrift oder, sofern ihm die aktuelle Anschrift nicht bekannt ist, die letzte bekannte Anschrift zu verwenden. Alle notwendigen und zulässigen Inhalte sind der Datensatzbeschreibung für die Anfrage zu entnehmen. Der amtlich vorgeschriebene Datensatz ist im Internetauftritt des BZSt in der Rubrik „Kirchensteuer auf Abgeltungsteuer“ veröffentlicht. Die vom BZSt mitgeteilte IdNr ist vom Kirchensteuerabzugsverpflichteten zwingend zu verwenden.

23 Wenn die Anfrage nach einer IdNr beim BZSt zu keinem Ergebnis führt, sollte der Kirchensteuerabzugsverpflichtete den Gläubiger der Kapitalerträge nach der IdNr befragen. In der Abfrage beim Gläubiger der Kapitalerträge kann der Kirchensteuerabzugsverpflichtete darauf hinweisen, dass die IdNr im Einkommensteuerbescheid, auf einer Lohnsteuerbescheinigung oder einem aktuellen „Ausdruck“ des Finanzamts über die gespeicherten elektronischen Lohnsteuerabzugsmerkmale (ELStAM) zu finden ist.

24 Die Mitteilung der IdNr durch den Gläubiger der Kapitalerträge bedarf keiner besonderen Form. Der Kirchensteuerabzugsverpflichtete ist gesetzlich nicht verpflichtet, den Gläubiger der Kapitalerträge zu unterrichten, dass die von ihm mitgeteilte IdNr von der vom BZSt gemeldeten IdNr abweicht. Eine Information hierüber kann aber für den Gläubiger der Kapitalerträge hilfreich sein.

25 Wenn dem Kirchensteuerabzugsverpflichteten trotz automatisierter Anfrage der IdNr für Zwecke des Kirchensteuereinbehalts und eventueller Nachfrage beim Gläubiger der Kapitalerträge keine IdNr vorliegt, kann zunächst für diesen Gläubiger der Kapitalerträge keine auf die Kapitalertragsteuer entfallende Kirchensteuer einbehalten und abgeführt werden. Die Kirchensteuer ist bei Nichtermittelbarkeit der IdNr im Veranlagungsverfahren festzusetzen (§ 51a Abs. 2d EStG). Die IdNr kann dann erst ermittelt werden, wenn die vom Kirchensteuerabzugsverpflichteten an das BZSt übermittelte, möglicherweise veraltete Anschrift beim Kirchensteuerabzugsverpflichteten aktualisiert worden ist oder aber die Meldedaten korrigiert worden sind. Kirchensteuerabzugsverpflichtete müssen daher für diese Gläubiger im Vorfeld der nächsten Regel- oder Anlassabfrage erneut versuchen, die IdNr zu ermitteln. Kann die Id-Nr nicht ermittelt werden, sollte der Kirchensteuerabzugsverpflichtete dieses Ergebnis dokumentieren.

f) Regelabfrage

26 Der Kirchensteuerabzugsverpflichtete hat einmal jährlich im Zeitraum vom 1. September bis zum 31. Oktober beim BZSt das KiStAM des Gläubigers der Kapitalerträge zum Stichtag 31. August des Jahres abzufragen (§ 51a Abs. 2c Satz 1 Nr. 3 Satz 1 EStG – Regelabfrage). Nur so kann sichergestellt werden, dass stets das zum Stichtag (31. August des Abfragejahres) gebildete KiStAM im Folgejahr zur Anwendung kommt. Die Information, die der Kirchensteuerabzugsverpflichtete über die Regelabfrage vom BZSt erhält, ist grundsätzlich für das gesamte Folgejahr zu verwenden. Beispielsweise müssen die KiStAM

aus der Regelabfrage im Zeitraum 1. September 2021 bis 31. Oktober 2021 zum Stichtag 31. August 2021 für Zwecke der Abführung der Kirchensteuer, die im Kalenderjahr 2022 entsteht, genutzt werden. Dies gilt sowohl für den Fall, dass ein KiStAM übermittelt wird, als auch für den Fall, dass ein Nullwert übermittelt wird.

27 In die Regelabfrage sind grundsätzlich alle potentiellen Gläubiger von Kapitalerträgen mit einzubeziehen, mit denen der Kirchensteuerabzugsverpflichtete im Abfragezeitpunkt in einer rechtlichen Verbindung steht (zu Ausnahmen vgl. Rdnr. 42 bis 46).

28 Für die (isolierte) Abfrage des KiStAM hat der Kirchensteuerabzugsverpflichtete folgende Daten des Gläubigers der Kapitalerträge dem BZSt mitzuteilen (§ 51a Abs. 2c Satz 1 Nr. 3 Satz 1 EStG):

1. IdNr,

2. Geburtsdatum.

Für die kombinierte Abfrage des KiStAM und der IdNr hat der Kirchensteuerabzugsverpflichtete dem BZSt die im „Kommunikationshandbuch (Teil 2)" vorgegebenen Daten des Gläubigers der Kapitalerträge mitzuteilen (§ 51a Abs. 2c Satz 1 Nr. 3 Satz 1, Nr. 2 EStG i.V.m. § 139b Abs. 3 AO).

Das „Kommunikationshandbuch (Teil 2)" ist im Internetauftritt des BZSt in der Rubrik „Kirchensteuer auf Abgeltungsteuer" veröffentlicht.

29 Ein KiStAM wird vom BZSt nur übermittelt, wenn der Gläubiger der Kapitalerträge einer steuererhebenden Religionsgemeinschaft angehört und wenn bis zum Zeitpunkt der Abfrage kein Sperrvermerk für den Gläubiger der Kapitalerträge vom BZSt gesetzt wurde. Ein Sperrvermerk (vgl. Rdnr. 6 und 48) bewirkt, dass ein Kirchensteuerabzugsverpflichteter auf seine Abfrage beim BZSt keine Information zur Religionszugehörigkeit der angefragten Person erhält (sog. Nullwert-Übermittlung). Dennoch sind die Kirchensteuerabzugsverpflichteten gesetzlich angehalten, das Merkmal abzufragen. Die Abfragepflicht betrifft grundsätzlich auch Kirchensteuerabzugsverpflichtete, deren einziger Anteilsinhaber zugleich deren alleinvertretungsberechtigtes Organ ist (Ausnahme siehe Rdnr. 46). Das BZSt zeichnet die Abfragen auf und gibt Name und Anschrift aller abfragenden Kirchensteuerabzugsverpflichteten an das für die Gläubiger der Kapitalerträge jeweils zuständige Finanzamt weiter, wenn die abgefragte Person kirchensteuerpflichtig ist und einen Sperrvermerk hat eintragen lassen (vgl. Rdnr. 48). Dazu gehören auch die Anschrift der „eigenen" Kapitalgesellschaft und die IdNr des Gläubigers der Kapitalerträge.

30 Das KiStAM ist grundsätzlich so lange zu speichern, wie es für die Durchführung des Kapitalertragsteuerabzugs benötigt wird. Anschließend ist es nicht mehr operativ zu verwenden, sondern als sonstige Unterlage i.S.d. § 147 Abs. 1 Nr. 5 AO bis zum Ablauf der Aufbewahrungsfrist von sechs Jahren (§ 147 Abs. 3 Satz 1 AO) zu archivieren. Wird das KiStAM durch ein aktuelleres KiStAM aus einer Regel- oder Anlassabfrage ersetzt, sind die bisherigen Daten zu dem angefragten Gläubiger der Kapitalerträge zur rechtlichen Zugehörigkeit zu einer steuererhebenden Religionsgemeinschaft nicht mehr operativ zu verwenden, sondern bis zum Ablauf der Aufbewahrungsfrist zu archivieren.

g) Anlassabfrage

Versicherungsverträge

Bei Kapitalerträgen aus Versicherungsverträgen (§ 43 Abs. 1 Satz 1 Nr. 4 EStG) 31
ist keine Regelabfrage, sondern eine Anlassabfrage vorzunehmen (§ 51a Abs. 2c Satz 1 Nr. 3 Satz 2 EStG). Der Kirchensteuerabzugsverpflichtete hat das aufgrund einer Anlassabfrage erhaltene KiStAM so lange zu verwenden, bis das BZSt auf eine ggf. weitere Anlassabfrage antwortet. Der Kirchensteuerabzugsverpflichtete hat bei monatlich, vierteljährlich oder halbjährlich auszuzahlenden Kapitalerträgen grundsätzlich vor jeder Auszahlung abzufragen (§ 51a Abs. 2c Satz 1 Nr. 3 Satz 2 i.V.m. § 43 Abs. 1 Satz 1 Nr. 4 EStG). Aus Vereinfachungsgründen ist es in diesen Fällen nicht zu beanstanden, wenn das KiStAM einmal jährlich mit einer Anlassabfrage abgefragt und aktualisiert wird. Für die Verwendung und Aufbewahrung der bisherigen KiStAM gilt Rdnr. 30 entsprechend.

Übrige Kapitalerträge

Der Kirchensteuerabzugsverpflichtete hat bei Begründung der rechtlichen Ver- 32
bindung eine Anlassabfrage vorzunehmen (§ 51a Abs. 2c Satz 1 Nr. 3 Satz 1 EStG). Möglich ist auch eine kombinierte Abfrage des KiStAM und der IdNr (vgl. Rdnr. 22 und 28). Er kann im Übrigen eine Anlassabfrage vornehmen, wenn der Gläubiger der Kapitalerträge dies wünscht (§ 51a Abs. 2c Satz 1 Nr. 3 Satz 3 EStG – z.B. wenn sich Änderungen bei der Religionszugehörigkeit ergeben haben oder ein Sperrvermerk eingetragen wurde). Die Anlassabfrage kann aus Vereinfachungsgründen auch in gebündelter Form vorgenommen werden (z.B. als viertel- oder halbjährliche Sammelabfrage), wenn bis zum Zeitpunkt der Sammelabfrage nicht mit einem Zufluss von Kapitalerträgen zu rechnen ist. Ist mit einem Zufluss von Kapitalerträgen nicht vor dem auf die nächste Regelabfrage folgenden Kalenderjahr zu rechnen, kann auf die Anlassabfrage verzichtet werden.

Nimmt der Kirchensteuerabzugsverpflichtete Anlassabfragen beim BZSt vor, 33
hängt der Zeitpunkt der Verwendung des erhaltenen KiStAM von den innerbetrieblichen Abläufen beim Kirchensteuerabzugsverpflichteten ab. Es kann frühestens ab dem Zeitpunkt, auf den die Anlassabfrage gerichtet war, und nicht für davorliegende Zeiträume wirken. Das auf die Anlassabfrage erhaltene KiStAM ist so lange zu verwenden, bis die Antwort des BZSt auf eine ggf. weitere Anlassabfrage in die innerbetrieblichen Abläufe des Kirchensteuerabzugsverpflichteten aufgenommen ist oder bis die Antwort des BZSt auf eine nachfolgende turnusmäßige Regelabfrage zu verwenden ist. Für die Verwendung und Aufbewahrung der bisherigen KiStAM gilt Rdnr. 30 entsprechend.

Wird vom BZSt ein Nullwert übermittelt, hat der Kirchensteuerabzugsver- 34
pflichtete sicherzustellen, dass eine ggf. bisher gespeicherte rechtliche Zugehörigkeit zu einer steuererhebenden Religionsgemeinschaft im Unternehmen nicht mehr operativ genutzt werden kann (§ 51a Abs. 2c Satz 1 Nr. 3 Satz 10 EStG). Der Nullwert ist also auch dann zu beachten, wenn lediglich Zuflüsse von Kapitalerträgen vorhergehender Jahre nach Maßgabe des § 43a Abs. 3 Satz 7 EStG korrigiert werden sollen. Die archivierten Daten müssen nicht bereinigt werden. Es ist jedoch sicherzustellen, dass die Nutzung dieser Daten der Vergangenheit ab dem oben genannten Zeitpunkt und in Zukunft ausgeschlossen ist.

h) Gemeinschaftskonten

35 Der Kirchensteuerabzugsverpflichtete hat Kirchensteuer auf Kapitalerträge für Gemeinschaftskonten nur dann einzubehalten und abzuführen, wenn ausschließlich Ehegatten oder Lebenspartner an den Kapitalerträgen beteiligt sind (§ 51a Abs. 2c Satz 7 und § 2 Abs. 8 EStG). Dass die Beteiligten Ehegatten oder Lebenspartner sind, kann dem Kirchensteuerabzugsverpflichteten z.B. durch einen gemeinsam erteilten Freistellungsauftrag oder einen vor 2015 gemeinsam erteilten Antrag auf Einbehalt der Kirchensteuer bekannt geworden sein. Es reicht jedoch aus, wenn die Beteiligten dem Kirchensteuerabzugsverpflichteten formlos mitteilen, dass sie Ehegatten oder Lebenspartner sind.

36 Bei Gemeinschaftskonten von Ehegatten oder Lebenspartnern sind die KiStAM beider Ehegatten/Lebenspartner abzufragen. Die Kapitalertragsteuer wird beiden Ehegatten/Lebenspartnern hälftig zugerechnet (§ 51a Abs. 2c Satz 7 und § 2 Abs. 8 EStG). Die Kirchensteuer auf Kapitalerträge ist dann nach den KiStAM der Ehegatten oder Lebenspartner einzubehalten und abzuführen.

37 Andere Personenmehrheiten werden von dem automatisierten Verfahren nicht erfasst. Die Kirchensteuer, die die kirchensteuerpflichtigen Mitglieder (als natürliche Personen) dieser Personenmehrheiten den jeweiligen steuererhebenden Religionsgemeinschaften schulden, ist im Rahmen der Veranlagung der Betroffenen zur Kirchensteuer festzusetzen (§ 51a Abs. 2d EStG).

i) Tafelgeschäfte

38 Bei Tafelgeschäften (z.B. einzelverbriefte Zinsscheine) hat ein Kirchensteuerabzug nur dann zu erfolgen, wenn die Kapitalerträge über ein inländisches Kreditinstitut ausgezahlt werden, mit dem der Gläubiger der Kapitalerträge bereits vor der Einreichung der Zinsscheine in einer laufenden rechtlichen Verbindung steht, und dem Kreditinstitut dessen KiStAM vorliegt. Andernfalls ist die Kirchensteuer im Veranlagungsverfahren festzusetzen (§ 51a Abs. 2d EStG).

j) Im Ausland verwahrte Globalurkunden

39 Werden Anteile oder Zinspapiere in einer Globalurkunde verbrieft und die Globalurkunde im Ausland verwahrt, ist kein Kirchensteuerabzug vorzunehmen, wenn der einzelne Gläubiger der Kapitalerträge dem Kirchensteuerabzugsverpflichteten nicht bekannt ist. Die Kirchensteuer ist in diesem Fall im Veranlagungsverfahren festzusetzen (§ 51a Abs. 2d EStG).

k) Kapitalerträge, die zu anderen Einkünften gehören

40 Die Kirchensteuerabzugspflicht gilt nicht für Kapitalerträge, die zu den Einkünften aus Land- und Forstwirtschaft, aus Gewerbebetrieb, aus selbständiger Arbeit oder aus Vermietung und Verpachtung gehören (§ 51a Abs. 2b Satz 2 EStG). Somit ist auch für Betriebskonten natürlicher Personen und für Kapitalanlagen die zum Betriebsvermögen oder Sonderbetriebsvermögen natürlicher Personen gehören, kein Kirchensteuerabzug vorzunehmen. Die Kirchensteuer ist in diesen Fällen im Veranlagungsverfahren festzusetzen (§ 51a Abs. 2d EStG). Der Kirchensteuerabzugsverpflichtete muss nicht von sich aus ermitteln, ob die Kapitalerträge zu den Einkünften aus Land- und Forstwirtschaft, aus Gewerbebetrieb, aus selbständiger Arbeit oder aus Vermietung und Verpachtung gehören. Ist dem Kirchensteuerabzugsverpflichteten die Zugehörigkeit der Kapitalerträge zu den Einkünften aus Land- und Forstwirtschaft, aus Gewerbebetrieb, aus selbständiger Arbeit oder aus Vermietung und Verpachtung nicht bekannt,

unterliegen die Kapitalerträge dem elektronischen Verfahren zum Kirchensteuerabzug.

l) Auszahlungen von Lebensversicherungen

Werden Lebensversicherungen abgetreten oder wird über Bezugsrechte im Erlebensfall verfügt, können der zivilrechtliche Gläubiger und derjenige, der die Erträge (steuerrechtlicher Gläubiger) erzielt, auseinanderfallen. Wenn dem Kirchensteuerabzugsverpflichteten der steuerrechtliche Gläubiger (= wirtschaftlich Berechtigter) bekannt ist, hat die Anfrage der IdNr oder die Abfrage des KiStAM mit den entsprechenden Daten dieser Person zu erfolgen. Wenn dem Kirchensteuerabzugsverpflichteten der steuerrechtliche Gläubiger nicht bekannt ist, hat er die für eine Anfrage der IdNr oder Abfrage des KiStAM des steuerrechtlichen Gläubigers mindestens erforderlichen Daten (Name, Anschrift/IdNr, Geburtsdatum) beim zivilrechtlichen Gläubiger zur Erfüllung seiner Abzugsverpflichtung schon deswegen zu erfragen, weil er den steuerrechtlichen Gläubiger bei Begründung der rechtlichen Verbindung über den Abruf des KiStAM und das Widerspruchsrecht zu informieren hat (§ 51a Abs. 2c Satz 1 Nr. 3 Satz 5 EStG). Diese Daten können auch im Zusammenhang mit der Information des Versicherungsnehmers über die Fälligkeit der Versicherungsleistung angefordert werden. Liegen dem Kirchensteuerabzugsverpflichteten dann keine für eine automatisierte Anfrage der IdNr des steuerrechtlichen Gläubigers für Zwecke des Kirchensteuereinbehalts ausreichenden Informationen vor, kann für diesen Schuldner keine Kirchensteuer auf Kapitalertragsteuer abgeführt werden. Die Kirchensteuer für die Erträge aus der Lebensversicherung ist dann im Veranlagungsverfahren festzusetzen (§ 51a Abs. 2d EStG). 41

m) Absehen von einer Anfrage der IdNr und einer Abfrage des KiStAM

Für einen Gläubiger von Kapitalerträgen, der im Inland weder einen Wohnsitz noch seinen gewöhnlichen Aufenthalt hat (Steuerausländer), sind eine Anfrage der IdNr und eine Abfrage des KiStAM nicht erforderlich. Bei Aufgabe des inländischen Wohnsitzes ist der Statuswechsel vom Steuerinländer zum Steuerausländer dem Kirchensteuerabzugsverpflichteten durch schriftliche, beweiskräftige Unterlagen nachzuweisen (BMF-Schreiben vom 18. Januar 2016, BStBl. I S. 85, Rdnr. 314[1)]). Kann der Status nicht zweifelsfrei nachgewiesen werden, ist weiterhin davon auszugehen, dass im Inland unbeschränkte Steuerpflicht besteht. 42

Eine Anfrage der IdNr und eine Abfrage des KiStAM sind nicht erforderlich, wenn die rechtliche Verbindung ausschließlich zur Ausreichung eines Kredits besteht und sonst keinerlei kapitalertragsteuerlich relevante Aktivitäten für den Kreditnehmer unternommen werden. Ist ausnahmsweise Kapitalertragsteuer abzuführen, z.B. soweit ein Nutzungsersatz auf rückabgewickelte Kreditbearbeitungsgebühren an den Kreditnehmer gezahlt wird, der die auf die Gebühren gezahlten Kreditzinsen übersteigt, besteht eine Verpflichtung zum Kirchensteuerabzug nur, wenn auf Veranlassung des Kunden eine Anlassabfrage an das BZSt gerichtet wird und der Kirchensteuerabzugsverpflichtete das erhaltene KiStAM nach seinen innerbetrieblichen Abläufen nutzen kann (vgl. Rdnr. 33). 43

[1)] Nr. **1** § 43/1.

Andernfalls ist die Kirchensteuer im Rahmen der Veranlagung des Kreditnehmers zur Kirchensteuer festzusetzen (§ 51a Abs. 2d EStG).

44 Eine Regelabfrage des KiStAM ist nicht vorzunehmen, wenn zum Zeitpunkt der Regelabfrage eine für das Folgejahr gültige Nichtveranlagungsbescheinigung vorliegt. Liegt in den Fällen der Begründung einer rechtlichen Verbindung sowie für den Zeitpunkt des Zuflusses der Kapitalerträge aus Versicherungsverträgen i.S.d. § 43 Abs. 1 Satz 1 Nr. 4 EStG eine gültige Nichtveranlagungsbescheinigung vor, ist keine Anlassabfrage durchzuführen.

45 Sofern zum Zeitpunkt der Regelabfrage beim Kirchensteuerabzugsverpflichteten eine Ausschüttung im Folgejahr unwahrscheinlich ist, sind eine Anfrage der IdNr und eine Abfrage des KiStAM nicht erforderlich. Dies betrifft Fälle, in denen aufgrund des Gesellschaftsvertrages/Gesellschafterbeschlusses die Ausschüttung von Gewinnen ausgeschlossen ist (z.B. keine Ausschüttung in den ersten drei Geschäftsjahren). Außerdem sind Fälle betroffen, in denen eine GmbH Komplementärin einer GmbH & Co. KG ist und die GmbH keine Gewinne ausschüttet. Unwahrscheinlich ist eine Ausschüttung z.B. dann, wenn die aktuelle Ertragslage, Verlustvorträge oder das Auskehrungsverhalten der Vorjahre nach normalem Geschäftsverlauf eine Ausschüttung im Folgejahr nicht erwarten lassen (vgl. Rdnr. 18 Satz 3 ff.).

46 Bei Kapitalgesellschaften ist eine Anfrage der IdNr und eine Abfrage des KiStAM ebenfalls nicht erforderlich, wenn der Kirchensteuerabzugsverpflichtete bei seinem Alleingesellschafter-Geschäftsführer sicher ausschließen kann, dass Kirchensteuer abzuführen ist, weil er keiner steuererhebenden Religionsgemeinschaft angehört. Andernfalls haftet der Kirchensteuerabzugsverpflichtete nach § 51a Abs. 2c Satz 5 i.V.m. § 44 Abs. 5 EStG für die nicht einbehaltene Kirchensteuer.

2. Technische Übermittlungsmöglichkeiten des Kirchensteuerabzugsverpflichteten

47 Der Kirchensteuerabzugsverpflichtete kann seine Abfragedaten auf verschiedenen Wegen und in verschiedenen Formaten an das BZSt übermitteln. Nähere Informationen sind dem Internetauftritt des BZSt in der Rubrik „Kirchensteuer auf Abgeltungsteuer“ zu entnehmen.

3. Rechte des Gläubigers der Kapitalerträge

48 Der Gläubiger der Kapitalerträge kann beim BZSt beantragen, dass der automatisierte Datenabruf seiner rechtlichen Zugehörigkeit zu einer steuererhebenden Religionsgemeinschaft unterbleibt (§ 51a Abs. 2e Satz 1 EStG). Die Eintragung eines Sperrvermerks kann schriftlich oder elektronisch beantragt oder widerrufen werden. Der Antrag kann sowohl von einem kirchensteuerpflichtigen Gläubiger der Kapitalerträge als auch von einem nicht kirchensteuerpflichtigen Gläubiger der Kapitalerträge gestellt werden. Der Antrag auf einen Sperrvermerk oder ein späterer Widerruf wirkt jeweils für die nächste Regelabfrage, wenn er spätestens bis zum 30. Juni des Jahres der Regelabfrage beim BZSt eingegangen ist, und im Übrigen für alle folgenden Regelabfragen (§ 51a Abs. 2c Satz 1 Nr. 3 Satz 6 EStG). Der Antrag auf einen Sperrvermerk oder ein späterer Widerruf wirkt nach Eingang beim BZSt für alle folgenden Anlassabfragen, die nach Ablauf von zwei Monaten nach Eingang des Antrags auf den Sperrvermerk oder des Widerrufs beim BZSt eingehen (§ 51a Abs. 2c Satz 1 Nr. 3 Satz 7 EStG). Diese Frist gilt als bindende Verpflichtung für die Verwaltung, auf die sich der Kirchensteuerabzugsverpflichtete und der Kirchen-

steuergläubiger berufen dürfen. Im Fall des Sperrvermerks wird statt des KiStAM ein Nullwert (vgl. Rdnr. 6) zurückgeliefert.

Der Gläubiger der Kapitalerträge kann eine Erstattung zu Unrecht erhobener Kirchensteuer mittels eines Antrags auf Veranlagung nach § 51a Abs. 2d Satz 1 zweiter Halbsatz EStG erreichen. 49

4. Pflichten des Gläubigers der Kapitalerträge im Fall des Sperrvermerks

Kirchensteuerpflichtige Gläubiger von Kapitalerträgen, die einen Sperrvermerk haben eintragen lassen, sind verpflichtet, für jeden Veranlagungszeitraum, in dem Kapitalertragsteuer einbehalten worden ist, eine Steuererklärung zum Zweck der Veranlagung zur Kirchensteuer der infolge des Sperrvermerks nicht dem Kirchensteuerabzug unterlegenen Kapitalerträge abzugeben (§ 149 Abs. 1 Satz 1 AO i.V.m. § 51a Abs. 2e Satz 3 EStG). Falls der Kirchensteuerpflichtige seiner Erklärungspflicht betreffend der Kapitalerträge nicht nachkommt, kann er zur Abgabe einer Steuererklärung zur Festsetzung der Kirchensteuer auf Kapitalerträge nach § 149 Abs. 1 Satz 2 AO aufgefordert werden (§ 51a Abs. 2e Satz 5 EStG). Die Abgabe der Erklärung zur Festsetzung der Kirchensteuer auf Kapitalerträge ist nicht erforderlich, wenn der Kirchensteuerpflichtige die betreffenden Kapitalerträge bereits in seiner Einkommensteuererklärung zwecks Ermäßigung der Kapitalertragsteuer erklärt hat. 50

5. Schutzvorschriften für das KiStAM

Die betriebsinternen Systeme des Kirchensteuerabzugsverpflichteten müssen so ausgelegt sein, dass nur die für die Verarbeitung der Daten und den jeweiligen Kundenkontakt zwingend erforderlichen Berechtigten Zugriff auf das KiStAM haben (§ 51a Abs. 2c Satz 9 EStG). Das gilt auch für den jeweiligen Zugriff auf nur eine der beiden Komponenten Kirchensteuersatz und Religionsschlüssel der Religionsgemeinschaft. Für Zwecke außerhalb des Kirchensteuerabzugs dürfen der Kirchensteuerabzugsverpflichtete und die beteiligte Finanzbehörde das KiStAM nur verwenden, wenn der Gläubiger der Kapitalerträge zustimmt oder dies gesetzlich zugelassen ist (§ 51a Abs. 2c Satz 10 EStG). Eine gesetzlich zugelassene Nutzung ist die Verwendung des KiStAM zur Nacherhebung der Kirchensteuer im Wege der Veranlagung gemäß § 51a Abs. 2e Satz 4 und 5 EStG. 51

IV. Härtefallregelung

Auf Antrag kann das BZSt zur Vermeidung unbilliger Härten auf eine elektronische Übermittlung der Daten nach § 51a Abs. 2c Satz 1 Nr. 3 EStG verzichten (§ 51a Abs. 2c Satz 4 EStG). Eine unbillige Härte liegt dann vor, wenn für den Kirchensteuerabzugsverpflichteten die technischen Möglichkeiten der Kommunikation über das Internet wirtschaftlich oder persönlich unzumutbar sind (§ 150 Abs. 8 AO ist entsprechend anzuwenden). In diesem Fall sind die Abfragen des Kirchensteuerabzugsverpflichteten schriftlich zu übermitteln und die Kirchensteuer abweichend von Rdnr. 1 anhand des vom BZSt schriftlich mitgeteilten KiStAM einzubehalten. 52

V. Datenübermittlung durch das BZSt an das Wohnsitzfinanzamt bei vorliegendem Sperrvermerk

Das BZSt übermittelt grundsätzlich für jeden Veranlagungszeitraum, für den ein Sperrvermerk abgerufen worden ist, im darauffolgenden Jahr an das Wohn- 53 sitzfinanzamt Name und Anschrift des Kirchensteuerabzugsverpflichteten, an den ein Nullwert (vgl. Rdnr. 6) mitgeteilt worden ist, sowie die IdNr des Gläubigers der Kapitalerträge (§ 51a Abs. 2e Satz 4 EStG). War der Gläubiger der Kapitalerträge im gesamten Veranlagungszeitraum nicht kirchensteuerpflichtig, übermittelt das BZSt keine Daten an das Wohnsitzfinanzamt.

VI. Sonstiges

Bescheinigung über den Steuerabzug vom Kapitalertrag

54 Der Gläubiger der Kapitalerträge erhält auf Verlangen eine Bescheinigung über die einbehaltene Kapitalertragsteuer (§ 51a Abs. 2d Satz 2 EStG). Alternativ kann er auch eine Bescheinigung nach § 45a Abs. 2 oder 3 EStG verlangen. Die Bescheinigung über den Steuerabzug vom Kapitalertrag ist nach dem amtlich vorgeschriebenen Muster gemäß § 45a Abs. 2 und 3 EStG zu erstellen. Neben dem Kirchensteuerbetrag ist nach § 51a Abs. 2c Satz 6 EStG die steuererhebende Religionsgemeinschaft im Klartext (z.B. Bistum Essen, Evangelische Landeskirche in Baden) anzugeben. Wurden im Laufe des Kalenderjahres Kirchensteuer für verschiedene steuererhebende Religionsgemeinschaften einbehalten, sind in einer Jahressteuerbescheinigung die Kirchensteuerbeträge getrennt nach den Steuergläubigern anzugeben.

Bereitstellung von Vordrucken

55 Die seitens des BZSt bereitgestellten Erklärungen und Vordrucke stehen im Internet in einer Formulardatenbank unter der Internetadresse www.formulare-bfinv.de und im Internetauftritt des BZSt in der Rubrik „Kirchensteuer auf Abgeltungsteuer“ als ausfüllbare Formulare bereit.

Anwendungsregelung

56 Dieser Erlass findet Anwendung auf Kapitalerträge, die nach dem 31. Dezember 2021 zufließen und tritt an die Stelle des GLE vom 1. März 2017 (BStBl. I S. 464) und an die Stelle der mit GLE vom 19. November 2018 (BStBl. I S. 1229) geänderten Rdnr. 56. Die Regelungen der Rdnr. 40 gelten für Kapitalerträge, die nach dem 31.12.2022 zufließen.

57 Für Kapitalerträge, die zu den Einkünften aus Land- und Forstwirtschaft, aus Gewerbebetrieb, aus selbständiger Arbeit oder aus Vermietung und Verpachtung gehören (§ 51a Abs. 2b EStG) und nach dem 31. Dezember 2021 und vor dem 1. Januar 2023 zufließen, wird es nicht beanstandet, wenn auf die Durchführung des Kirchensteuerabzugs verzichtet wird.

58 Hat der Kirchensteuerabzugsverpflichtete den Gläubiger der Kapitalerträge nicht bereits zu Beginn der rechtlichen Verbindung, die vor dem 1. Januar 2022 begründet wurde, über die bevorstehende Datenabfrage und das Widerspruchsrecht informiert, hat die Information spätestens dann zu erfolgen, wenn eine Anlassabfrage bevorsteht. Die Information hat rechtzeitig zu erfolgen. Erfolgt eine Anlassabfrage auf Wunsch des Gläubigers der Kapitalerträge, hat dieser ein eigenes Interesse an der Übermittlung der Informationen. Ein Hinweis auf die Möglichkeit eines Sperrvermerks ist in diesem Fall nicht erforderlich.

59 Wurde die rechtliche Verbindung vor dem 1. Juli 2022 begründet und hat der Kirchensteuerabzugsverpflichtete die IdNr des Gläubigers der Kapitalerträge bei der Begründung der rechtlichen Verbindung nicht erfragt, ist Rdnr. 22 Satz 1 nicht anzuwenden.

20 § 3/8. Schreiben betr. steuerliche Förderung der betrieblichen Altersversorgung

Vom 12. August 2021
BMF IV C 5 - S 2333/19/10008 :017; DOK 2021/0770982
(BStBl. I S. 1050)

Bezug: BMF-Schreiben vom 6. Dezember 2017 (BStBl. 2018 I S. 147)

Vor dem Hintergrund insbesondere der Änderungen durch das Gesetz zur Vermeidung von Umsatzsteuerausfällen beim Handel mit Waren im Internet und zur Änderung weiterer steuerlicher Vorschriften vom 11. Dezember 2018 (BGBl. I S. 2338, BStBl. I S. 1377) sowie das Grundrentengesetz vom 12. August 2020 (BGBl. I S. 1879, BStBl. 2021 I S. 4) nehme ich unter Bezugnahme auf das Ergebnis der Erörterungen mit den obersten Finanzbehörden der Länder zur steuerlichen Förderung der betrieblichen Altersversorgung wie folgt Stellung:[1)]

Inhaltsübersicht

[1)] **Amtl. Anm.:** Die Änderungen gegenüber dem BMF-Schreiben vom 6. Dezember 2017 (BStBl. 2018 I S. 147) sind durch Fettdruck hervorgehoben. (**Red. Anm.:** Hier nicht wiedergegeben.)

I. Allgemeines

Betriebliche Altersversorgung liegt vor, wenn dem Arbeitnehmer aus Anlass seines Arbeitsverhältnisses vom Arbeitgeber Leistungen oder Beiträge zur Absicherung mindestens eines biometrischen Risikos (Alter, Tod, Invalidität) zugesagt werden und Ansprüche auf diese Leistungen erst mit dem Eintritt des biologischen Ereignisses fällig werden (§ 1 des Betriebsrentengesetzes – BetrAVG –). Die Zusage des Arbeitgebers muss somit einem im Betriebsrentengesetz geregelten Versorgungszweck dienen, die Leistungspflicht nach dem Inhalt der Zusage durch ein im Gesetz genanntes biologisches Ereignis ausgelöst werden und durch die vorgesehene Leistung ein im Gesetz angesprochenes biometrisches Risiko teilweise übernommen werden (BAG-Urteil vom 16. März 2010 3 AZR 594/09, Rn. 23 ff.). Werden mehrere biometrische Risiken abgesichert, ist aus steuerrechtlicher Sicht die gesamte Vereinbarung/Zusage nur dann als betriebliche Altersversorgung anzuerkennen, wenn für alle Risiken die Vorgaben der Rn. 1 bis 7 beachtet werden. Keine betriebliche Altersversorgung in diesem Sinne liegt vor, wenn vereinbart ist, dass ohne Eintritt eines biometrischen Risikos die Auszahlung an beliebige Dritte (z.B. die Erben) erfolgt. Dies gilt für alle Auszahlungsformen (z.B. lebenslange Rente, Auszahlungsplan mit Restkapitalverrentung, Einmalkapitalauszahlung und ratenweise Auszahlung). Als Durchführungswege der betrieblichen Altersversorgung kommen die Direktzusage (§ 1 Abs. 1 Satz 2 BetrAVG), die Unterstützungskasse (§ 1b Abs. 4 BetrAVG), die Direktversicherung (§ 1b Abs. 2 BetrAVG), die Pensionskasse (§ 1b Abs. 3 BetrAVG, § 232 des Versicherungsaufsichtsgesetzes – VAG) oder der Pensionsfonds (§ 1b Abs. 3 BetrAVG, § 236 VAG) in Betracht. **1**

Nicht um betriebliche Altersversorgung handelt es sich, wenn der Arbeitgeber oder eine Versorgungseinrichtung dem nicht bei ihm beschäftigten Ehegatten eines Arbeitnehmers eigene Versorgungsleistungen zur Absicherung seiner biometrischen Risiken (Alter, Tod, Invalidität) verspricht, da hier keine Versorgungszusage aus Anlass eines Arbeitsverhältnisses zwischen dem Arbeitgeber und dem Ehegatten vorliegt (§ 1 BetrAVG). Dies gilt entsprechend für Lebenspartner nach dem Lebenspartnerschaftsgesetz sowie für nichteheliche Lebensgefährtinnen und Lebensgefährten. **2**

Das biologische Ereignis ist bei der Altersversorgung das altersbedingte Ausscheiden aus dem Erwerbsleben, bei der Hinterbliebenenversorgung der Tod des Arbeitnehmers und bei der Invaliditätsversorgung der Invaliditätseintritt, ohne dass es auf den Invaliditätsgrad ankommt. Als Untergrenze für betriebliche Altersversorgungsleistungen bei altersbedingtem Ausscheiden aus dem Erwerbsleben gilt im Regelfall das 60. Lebensjahr. In Ausnahmefällen können betriebliche Altersversorgungsleistungen auch schon vor dem 60. Lebensjahr gewährt werden, so z.B. bei Berufsgruppen wie Piloten, bei denen schon vor dem 60. Lebensjahr Versorgungsleistungen üblich sind. Ob solche Ausnahmefälle (berufsspezifische Besonderheiten) vorliegen, ergibt sich aus Gesetz, Tarifvertrag oder Betriebsvereinbarung. Erreicht der Arbeitnehmer im Zeitpunkt der Auszahlung das 60. Lebensjahr, hat aber seine berufliche Tätigkeit noch nicht beendet, so ist dies bei den Durchführungswegen Direktversicherung, Pensionskasse und Pensionsfonds unschädlich. Zur bilanzsteuerrechtlichen Berücksichtigung von Versorgungsleistungen, die ohne die Voraussetzung des Ausscheidens aus dem Dienstverhältnis gewährt werden, siehe BMF-Schreiben **3** vom 18. September 2017 (BStBl. I S. 1293)[1]. Für Versorgungszusagen, die nach dem 31. Dezember 2011 erteilt werden, tritt an die Stelle des 60. Lebensjahres regelmäßig das 62. Lebensjahr (siehe auch BT-Drucksache 16/3794 vom 12. Dezember 2006, S. 31, unter „IV. Zusätzliche Altersvorsorge" zum RV-Altersgrenzenanpassungsgesetz vom 20. April 2007, BGBl. I S. 554). Bei der für die steuerrechtliche Beurteilung maßgeblichen Frage, zu welchem Zeitpunkt eine Versorgungszusage erteilt wurde, ist grundsätzlich die zu einem Rechtsanspruch führende arbeitsrechtliche bzw. betriebsrentenrechtliche Verpflichtungserklärung des Arbeitgebers maßgebend (z.B. Einzelvertrag, Betriebsvereinbarung oder Tarifvertrag). Entscheidend ist danach nicht, wann Mittel an die Versorgungseinrichtung fließen. Bei kollektiven, rein arbeitgeberfinanzierten Versorgungsregelungen ist die Zusage daher in der Regel mit Abschluss der Versorgungsregelung bzw. mit Beginn des Dienstverhältnisses des Arbeitnehmers erteilt. Ist die erste Dotierung durch den Arbeitgeber erst nach Ablauf einer von vornherein arbeitsrechtlich festgelegten Wartezeit vorgesehen, so wird der Zusagezeitpunkt dadurch nicht verändert. Im Fall der ganz oder teilweise durch Entgeltumwandlung finanzierten Zusage gilt diese regelmäßig mit Abschluss der erstmaligen Gehaltsänderungsvereinbarung (vgl. auch Rn. 9 ff.) als erteilt. Liegen zwischen der Gehaltsänderungsvereinbarung und der erstmaligen Herabsetzung des Arbeitslohns mehr als 12 Monate, gilt die Versorgungszusage erst im Zeitpunkt der erstmaligen Herabsetzung als erteilt.

3a Bei Eintritt einer Erwerbsminderung, Erwerbsunfähigkeit oder Berufsunfähigkeit wird das biometrische Risiko der Invalidität grundsätzlich erfüllt; die Versicherung dieser Risiken erfüllt die Voraussetzungen des Betriebsrentengesetzes. Dies gilt auch dann, wenn der Leistungsfall nicht zusätzlich daran geknüpft ist, dass der Arbeitnehmer tatsächlich durch den Eintritt des Invaliditätsgrades in seiner Berufsausübung beeinträchtigt ist. Eine solche Einschränkung lässt sich § 1 Abs. 1 Satz 1 BetrAVG nicht entnehmen. Es steht dem Arbeitgeber aber frei, in seiner Versorgungszusage und entsprechend in den versicherungsvertraglichen Vereinbarungen den Leistungsfall in diesem Sinne einzuschränken.

3b Eine Grundfähigkeitenversicherung dient ebenfalls der Absicherung des biometrischen Risikos „Invalidität", da der Verlust einer Grundfähigkeit zum Eintritt eines Invaliditätsgrades führt. Auch eine Grundfähigkeitenversicherung erfüllt daher die Voraussetzungen des Betriebsrentengesetzes.

3c Demgegenüber stellt die Versicherung des Risikos einer Arbeitsunfähigkeit, auch wenn es sich um eine längerfristige handelt, keine Absicherung des biometrischen Risikos „Invalidität" dar und dient folglich nicht einer betrieblichen Altersversorgung.

3d Ist in den Durchführungswegen Direktversicherung, Pensionskasse und Pensionsfonds eine Beitragsfreistellung für bestimmte Zeiten – wie etwa Zeiten der Arbeitsunfähigkeit und Zeiten, in der ein Arbeitnehmer Krankengeld erhält – vereinbart, ist dies betriebsrentenrechtlich unbedenklich und steht der steuerlichen Anerkennung als betriebliche Altersversorgung somit nicht entgegen.

4 Eine Hinterbliebenenversorgung im steuerlichen Sinne darf nur Leistungen an die Witwe/den Witwer der Arbeitnehmerin/des Arbeitnehmers, die Kinder i.S.d. § 32 Abs. 3, 4 Satz 1 Nr. 1 bis 3 und Abs. 5 EStG, den früheren Ehegatten oder die Lebensgefährtin/den Lebensgefährten vorsehen. Der Arbeitgeber hat bei Erteilung oder Änderung der Versorgungszusage zu prüfen, ob die Ver-

[1] Nr. **1** § 6a/7.

sorgungsvereinbarung insoweit generell diese Voraussetzungen erfüllt; ob im Einzelfall Hinterbliebene in diesem Sinne vorhanden sind, ist letztlich vom Arbeitgeber/Versorgungsträger erst im Zeitpunkt der Auszahlung der Hinterbliebenenleistung zu prüfen. Als Kind kann auch ein im Haushalt des Arbeitnehmers auf Dauer aufgenommenes Kind begünstigt werden, welches in einem Obhuts- und Pflegeverhältnis zu ihm steht und nicht die Voraussetzungen des § 32 EStG zu ihm erfüllt (Pflegekind/Stiefkind und faktisches Stiefkind). Dabei ist es – anders als bei der Gewährung von staatlichen Leistungen – unerheblich, ob noch ein Obhuts- und Pflegeverhältnis zu einem leiblichen Elternteil des Kindes besteht, der ggf. ebenfalls im Haushalt des Arbeitnehmers lebt. Es muss jedoch spätestens zu Beginn der Auszahlungsphase der Hinterbliebenenleistung eine schriftliche Versicherung des Arbeitnehmers vorliegen, in der, neben der geforderten namentlichen Benennung des Pflegekindes/Stiefkindes und faktischen Stiefkindes, bestätigt wird, dass ein entsprechendes Kindschaftsverhältnis besteht. Entsprechendes gilt, wenn ein Enkelkind auf Dauer im Haushalt der Großeltern aufgenommen und versorgt wird. Bei Versorgungszusagen, die vor dem 1. Januar 2007 erteilt wurden, sind für das Vorliegen einer begünstigten Hinterbliebenenversorgung die Altersgrenzen des § 32 EStG in der bis zum 31. Dezember 2006 geltenden Fassung (27. Lebensjahr) maßgebend. Der Begriff des/der Lebensgefährten/in ist als Oberbegriff zu verstehen, der auch die gleichgeschlechtliche Lebenspartnerschaft mit erfasst. Ob eine gleichgeschlechtliche Lebenspartnerschaft eingetragen wurde oder nicht, ist dabei zunächst unerheblich. Für Partner einer eingetragenen Lebenspartnerschaft besteht allerdings die Besonderheit, dass sie einander nach § 5 Lebenspartnerschaftsgesetz zum Unterhalt verpflichtet sind. Insoweit liegt eine mit der zivilrechtlichen Ehe vergleichbare Partnerschaft vor. Handelt es sich dagegen um eine andere Form der nicht ehelichen Lebensgemeinschaft, muss anhand der im BMF-Schreiben vom 25. Juli 2002 (BStBl. I S. 706)[1)] genannten Voraussetzungen geprüft werden, ob diese als Hinterbliebenenversorgung anerkannt werden kann. Ausreichend ist dabei regelmäßig, dass spätestens zu Beginn der Auszahlungsphase der Hinterbliebenenleistung eine Versicherung des Arbeitnehmers in Textform vorliegt, in der neben der geforderten namentlichen Benennung des/der Lebensgefährten/in bestätigt wird, dass eine gemeinsame Haushaltsführung besteht.

Die Möglichkeit, andere als die in Rn. 4 genannten Personen als Begünstigte **5**
für den Fall des Todes des Arbeitnehmers zu benennen, führt steuerrechtlich dazu, dass es sich nicht mehr um eine Hinterbliebenenversorgung handelt, sondern von einer Vererblichkeit der Anwartschaften auszugehen ist. Gleiches gilt, wenn z.B. bei einer vereinbarten Rentengarantiezeit die Auszahlung auch an andere als die in Rn. 4 genannten Personen möglich ist. Ist die Auszahlung der garantierten Leistungen nach dem Tod des Berechtigten hingegen ausschließlich an Hinterbliebene im engeren Sinne (Rn. 4) möglich, ist eine vereinbarte Rentengarantiezeit ausnahmsweise unschädlich. Ein Wahlrecht des Arbeitnehmers zur Einmal- oder Teilkapitalauszahlung ist in diesem Fall nicht zulässig. Es handelt sich vielmehr nur dann um unschädliche Zahlungen nach dem Tod des Berechtigten, wenn die garantierte Rente in unveränderter Höhe (einschließlich Dynamisierungen) an die versorgungsberechtigten Hinterbliebenen im engeren Sinne weitergezahlt wird. Dabei ist zu beachten, dass die

---

1) Nr. **1** § 6a/13.

Zahlungen einerseits durch die garantierte Zeit und andererseits durch das Vorhandensein von entsprechenden Hinterbliebenen begrenzt werden. Die Zusammenfassung von bis zu zwölf Monatsleistungen in einer Auszahlung sowie die gesonderte Auszahlung der zukünftig in der Auszahlungsphase anfallenden Zinsen und Erträge sind dabei unschädlich. Im Fall der Witwe/des Witwers oder der Lebensgefährtin/des Lebensgefährten wird dabei nicht beanstandet, wenn anstelle der Zahlung der garantierten Rentenleistung in unveränderter Höhe das im Zeitpunkt des Todes des Berechtigten noch vorhandene „Restkapital" ausnahmsweise lebenslang verrentet wird. Die Möglichkeit, ein einmaliges angemessenes Sterbegeld an andere Personen als die in Rn. 4 genannten Hinterbliebenen auszuzahlen, führt nicht zur Versagung der Anerkennung als betriebliche Altersversorgung; bei Auszahlung ist das Sterbegeld gem. § 19 EStG oder § 22 Nr. 5 EStG zu besteuern (vgl. Rn. 145 ff.). Im Fall der Pauschalbesteuerung von Beiträgen für eine Direktversicherung nach § 40b EStG in der am 31. Dezember 2004 geltenden Fassung (§ 40b EStG a.F.) ist es ebenfalls unschädlich, wenn eine beliebige Person als Bezugsberechtigte für den Fall des Todes des Arbeitnehmers benannt wird. Zur bilanzsteuerrechtlichen Berücksichtigung von vererblichen Versorgungsanwartschaften und Versorgungsleistungen siehe Rn. 11 des BMF-Schreibens vom 18. September 2017 (BStBl. I S. 1293)[1].

6 Keine betriebliche Altersversorgung liegt vor, wenn zwischen Arbeitnehmer und Arbeitgeber die Vererblichkeit von Anwartschaften vereinbart ist. Auch Vereinbarungen, nach denen Arbeitslohn gutgeschrieben und ohne Abdeckung eines biometrischen Risikos zu einem späteren Zeitpunkt (z.B. bei Ausscheiden aus dem Dienstverhältnis) ggf. mit Wertsteigerung ausgezahlt wird, sind nicht dem Bereich der betrieblichen Altersversorgung zuzuordnen. Gleiches gilt, wenn von vornherein eine Abfindung der Versorgungsanwartschaft, z.B. zu einem bestimmten Zeitpunkt oder bei Vorliegen bestimmter Voraussetzungen, vereinbart ist und dadurch nicht mehr von der Absicherung eines biometrischen Risikos ausgegangen werden kann. Demgegenüber führt allein die Möglichkeit einer Beitragserstattung einschließlich der gutgeschriebenen Erträge bzw. einer entsprechenden Abfindung für den Fall des Ausscheidens aus dem Dienstverhältnis vor Erreichen der gesetzlichen Unverfallbarkeit und/oder für den Fall des Todes vor Ablauf einer arbeitsrechtlich vereinbarten Wartezeit sowie der Abfindung einer Witwenrente/Witwerrente für den Fall der Wiederheirat noch nicht zur Versagung der Anerkennung als betriebliche Altersversorgung. Ebenfalls unschädlich für das Vorliegen von betrieblicher Altersversorgung ist die Abfindung vertraglich unverfallbarer Anwartschaften; dies gilt sowohl bei Beendigung als auch während des bestehenden Arbeitsverhältnisses. Zu den steuerlichen Folgen im Auszahlungsfall siehe Rn. 145 ff.

7 Bei Versorgungszusagen, die vor dem 1. Januar 2005 erteilt wurden, ist es nicht zu beanstanden, wenn in den Versorgungsordnungen in Abweichung von den Rn. 1 ff. die Möglichkeit einer Elternrente oder der Beitragserstattung einschließlich der gutgeschriebenen Erträge an die in Rn. 4 genannten Personen im Fall des Versterbens vor Erreichen der Altersgrenze und in Abweichung von Rn. 34 lediglich für die zugesagte Altersversorgung, nicht aber für die Hinterbliebenen- oder Invaliditätsversorgung die Auszahlung in Form einer Rente oder eines Auszahlungsplans vorgesehen ist. Dagegen sind Versorgungszusagen,

---

[1] Nr. **1** § 6a/7.

die nach dem 31. Dezember 2004 aufgrund von Versorgungsordnungen erteilt werden, die die Voraussetzungen dieses Schreibens nicht erfüllen, aus steuerlicher Sicht nicht mehr als betriebliche Altersversorgung anzuerkennen; eine steuerliche Förderung ist hierfür nicht mehr möglich. Im Fall der nach § 40b EStG a.F. pauschal besteuerten (Alt-)Direktversicherungen gilt nach Rn. 5 weiterhin keine Begrenzung bezüglich des Kreises der Bezugsberechtigten.

II. Lohnsteuerliche Behandlung von Zusagen auf Leistungen der betrieblichen Altersversorgung

1. Allgemeines

Der Zeitpunkt des Zuflusses von Arbeitslohn richtet sich bei einer durch 8
Beiträge des Arbeitgebers (einschließlich Entgeltumwandlung oder anderer Finanzierungsanteile des Arbeitnehmers, vgl. Rn. 26) finanzierten betrieblichen Altersversorgung nach dem Durchführungsweg der betrieblichen Altersversorgung (vgl. auch R 40b.1 LStR zur Abgrenzung). Bei der Versorgung über eine Direktversicherung, eine Pensionskasse oder einen Pensionsfonds liegt Zufluss von Arbeitslohn im Zeitpunkt der Zahlung der Beiträge durch den Arbeitgeber an die entsprechende Versorgungseinrichtung vor. Erfolgt die Beitragszahlung durch den Arbeitgeber vor „Versicherungsbeginn", liegt ein Zufluss von Arbeitslohn jedoch erst im Zeitpunkt des „Versicherungsbeginns" vor. Die Einbehaltung der Lohnsteuer richtet sich nach § 38a Abs. 1 und 3 EStG (vgl. auch R 39b.2, 39b.5 und 39b.6 LStR). Bei der Versorgung über eine Direktzusage oder Unterstützungskasse fließt der Arbeitslohn erst im Zeitpunkt der Zahlung der Altersversorgungsleistungen an den Arbeitnehmer zu.

2. Entgeltumwandlung zugunsten betrieblicher Altersversorgung

Um durch Entgeltumwandlung finanzierte betriebliche Altersversorgung han- 9
delt es sich, wenn Arbeitgeber und Arbeitnehmer vereinbaren, künftige Arbeitslohnansprüche zugunsten einer betrieblichen Altersversorgung herabzusetzen (Umwandlung in eine wertgleiche Anwartschaft auf Versorgungsleistungen – Entgeltumwandlung –, § 1 Abs. 2 Nr. 3 BetrAVG).

Davon zu unterscheiden sind die eigenen Beiträge des Arbeitnehmers, zu deren 10
Leistung er aufgrund einer eigenen vertraglichen Vereinbarung mit der Versorgungseinrichtung originär selbst verpflichtet ist. Diese eigenen Beiträge des Arbeitnehmers zur betrieblichen Altersversorgung werden aus dem bereits zugeflossenen und versteuerten Arbeitsentgelt geleistet (vgl. auch Rn. 26).

Eine Herabsetzung von Arbeitslohnansprüchen zugunsten betrieblicher Alters- 11
versorgung ist steuerlich als Entgeltumwandlung auch dann anzuerkennen, wenn die in § 1 Abs. 2 Nr. 3 BetrAVG geforderte Wertgleichheit außerhalb versicherungsmathematischer Grundsätze berechnet wird. Entscheidend ist allein, dass die Versorgungsleistung zur Absicherung mindestens eines biometrischen Risikos (Alter, Tod, Invalidität) zugesagt und erst bei Eintritt des biologischen Ereignisses fällig wird.

Die Herabsetzung von Arbeitslohn (laufender Arbeitslohn, Einmal- und Son- 12
derzahlungen) zugunsten der betrieblichen Altersversorgung wird aus Vereinfachungsgründen grundsätzlich auch dann als Entgeltumwandlung steuerlich anerkannt, wenn die Gehaltsänderungsvereinbarung bereits erdiente, aber noch nicht fällig gewordene Anteile umfasst. Dies gilt auch, wenn eine Einmal- oder Sonderzahlung einen Zeitraum von mehr als einem Jahr betrifft.

13 Bei einer Herabsetzung laufenden Arbeitslohns zugunsten einer betrieblichen Altersversorgung hindert es die Annahme einer Entgeltumwandlung nicht, wenn der bisherige ungekürzte Arbeitslohn weiterhin Bemessungsgrundlage für künftige Erhöhungen des Arbeitslohns oder andere Arbeitgeberleistungen (wie z.B. Weihnachtsgeld, Tantieme, Jubiläumszuwendungen, betriebliche Altersversorgung) bleibt, die Gehaltsminderung zeitlich begrenzt oder vereinbart wird, dass der Arbeitnehmer oder der Arbeitgeber sie für künftigen Arbeitslohn einseitig ändern können.

3. Behandlung laufender Zuwendungen und Sonderzahlungen des Arbeitgebers an einen Pensionsfonds, eine Pensionskasse oder für eine Direktversicherung (§ 19 Abs. 1 Satz 1 Nr. 3 EStG)

a) Sonderzahlungen und Sanierungsgelder an umlagefinanzierte Pensionskassen

14 Laufende Zuwendungen sind regelmäßig fortlaufend geleistete Zahlungen des Arbeitgebers für eine betriebliche Altersversorgung an eine Pensionskasse, die nicht im Kapitaldeckungsverfahren, sondern im Umlageverfahren finanziert wird. Hierzu gehören insbesondere Umlagen an die Versorgungsanstalt des Bundes und der Länder – VBL – bzw. an eine kommunale Zusatzversorgungskasse.

15 Sonderzahlungen des Arbeitgebers sind insbesondere Zahlungen, die an die Stelle der bei regulärem Verlauf zu entrichtenden laufenden Zuwendungen treten oder neben laufenden Beiträgen oder Zuwendungen entrichtet werden und zur Finanzierung des nicht kapitalgedeckten Versorgungssystems dienen. Hierzu gehören beispielsweise Zahlungen, die der Arbeitgeber anlässlich seines Ausscheidens aus einem umlagefinanzierten Versorgungssystem, des Wechsels von einem umlagefinanzierten zu einem anderen umlagefinanzierten Versorgungssystem oder der Zusammenlegung zweier nicht kapitalgedeckter Versorgungssysteme zu leisten hat. Keine Sonderzahlungen des Arbeitgebers sind hingegen Zahlungen, die der Arbeitgeber wirtschaftlich nicht trägt, sondern die mittels Entgeltumwandlung finanziert, als Eigenanteil des Arbeitnehmers oder Ähnliches erbracht werden.

16 **Beispiel zum Wechsel der Zusatzversorgungskasse (ZVK):**

Die ZVK A wird auf die ZVK B überführt. Der Umlagesatz der ZVK A betrug bis zur Überführung 6 % vom zusatzversorgungspflichtigen Entgelt. Die ZVK B erhebt nur 4 % vom zusatzversorgungspflichtigen Entgelt. Der Arbeitgeber zahlt nach der Überführung auf die ZVK B für seine Arbeitnehmer zusätzlich zu den 4 % Umlage einen festgelegten Betrag, durch den die Differenz bei der Umlagenhöhe (6 % zu 4 % vom zusatzversorgungspflichtigen Entgelt) ausgeglichen wird.

Bei dem Differenzbetrag, den der Arbeitgeber nach der Überführung auf die ZVK B zusätzlich leisten muss, handelt es sich um eine steuerpflichtige Sonderzahlung gem. § 19 Abs. 1 Satz 1 Nr. 3 Satz 2 Halbsatz 2 Buchst. b EStG, die mit 15 % gem. § 40b Abs. 4 EStG pauschal zu besteuern ist (vgl. Rn. 84).

17 Zu den nicht zu besteuernden Sanierungsgeldern gehören die Sonderzahlungen des Arbeitgebers, die er anlässlich der Umstellung der Finanzierung des Versorgungssystems von der Umlagefinanzierung auf die Kapitaldeckung für die bis zur Umstellung bereits entstandenen Versorgungsverpflichtungen oder -anwartschaften noch zu leisten hat. Gleiches gilt für die Zahlungen, die der Arbeitgeber im Fall der Umstellung auf der Leistungsseite für diese vor Umstellung bereits entstandenen Versorgungsverpflichtungen und -anwartschaften in das Versorgungssystem leistet. Davon ist z.B. auszugehen, wenn

– eine deutliche Trennung zwischen bereits entstandenen und neu entstehenden Versorgungsverpflichtungen sowie -anwartschaften sichtbar wird (vgl. auch Rn. 19a),
– der finanzielle Fehlbedarf zum Zeitpunkt der Umstellung hinsichtlich der bereits entstandenen Versorgungsverpflichtungen sowie -anwartschaften ermittelt wird und
– dieser Betrag ausschließlich vom Arbeitgeber als Zuschuss geleistet wird.

Solange ein zusätzlicher Finanzierungsbedarf in Form von Sanierungsgeldern besteht, ist kein Raum für eine Reduzierung von Umlagen. Bei sinkendem Finanzierungsbedarf reduzieren sich vielmehr zunächst die nicht zu besteuernden Sanierungsgelder. Dies betrifft auch Fälle, in denen laufende Umlagezahlungen vorübergehend ausgesetzt werden.

Beispiel zum Sanierungsgeld: 18

Die ZVK A stellt ihre betriebliche Altersversorgung auf der Finanzierungs- und Leistungsseite um. Bis zur Systemumstellung betrug die Umlage 6,2 % vom zusatzversorgungspflichtigen Entgelt. Nach der Systemumstellung beträgt die Zahlung insgesamt 7,7 % vom zusatzversorgungspflichtigen Entgelt. Davon werden 4 % zugunsten der nun im Kapitaldeckungsverfahren finanzierten Neuanwartschaften und 3,7 % für die weiterhin im Umlageverfahren finanzierten Anwartschaften einschließlich eines Sanierungsgeldes geleistet.

Die Ermittlung des nicht zu besteuernden Sanierungsgeldes erfolgt nach § 19 Abs. 1 Satz 1 Nr. 3 Satz 4 Halbsatz 2 EStG. Ein solches, nicht zu besteuerndes Sanierungsgeld liegt nur vor, soweit der bisherige Umlagesatz überstiegen wird.

Zahlungen nach der Systemumstellung insgesamt	7,7 %
Zahlungen vor der Systemumstellung	6,2 %
nicht zu besteuerndes Sanierungsgeld	1,5 %

Ermittlung der weiterhin nach § 19 Abs. 1 Satz 1 Nr. 3 Satz 1 EStG grundsätzlich zu besteuernden Umlagezahlung:

nach der Systemumstellung geleistete Zahlung für das Umlageverfahren einschließlich des Sanierungsgeldes	3,7 %
nicht zu besteuerndes Sanierungsgeld	1,5 %
grundsätzlich zu besteuernde Umlagezahlung	2,2 %

Eine Differenzrechnung nach § 19 Abs. 1 Satz 1 Nr. 3 Satz 4 Halbsatz 2 EStG entfällt, wenn es an laufenden und wiederkehrenden Zahlungen entsprechend dem periodischen Bedarf fehlt, also das zu erbringende Sanierungsgeld als Gesamtfehlbetrag feststeht und lediglich ratierlich getilgt wird. 18a

b) Sonstige Sonderzahlungen des Arbeitgebers

Nicht zu besteuernder Arbeitslohn nach § 19 Abs. 1 Satz 1 Nr. 3 Satz 2 Halbsatz 1 Buchst. b EStG sind Sonderzahlungen des Arbeitgebers an eine externe Versorgungseinrichtung (Pensionsfonds, Pensionskasse oder Direktversicherung), die neben den laufenden Beiträgen und Zuwendungen erbracht werden und 19
– der Wiederherstellung einer angemessenen Kapitalausstattung nach unvorhersehbaren Verlusten oder
– der Finanzierung der Verstärkung der Rechnungsgrundlagen aufgrund einer unvorhersehbaren und nicht nur vorübergehenden Änderung der Verhältnisse dienen.

Dabei dürfen die Sonderzahlungen nicht zu einer Absenkung des laufenden Beitrags führen oder durch eine Absenkung des laufenden Beitrags ausgelöst werden. Die vorstehenden Voraussetzungen sind insbesondere beim Vorliegen folgender Sachverhalte dem Grunde nach erfüllt:

- Einbruch am Kapitalmarkt,
- Anstieg der Invaliditätsfälle,
- gestiegene Lebenserwartung,
- Niedrigzinsumfeld,
- Satzungsänderungen nach § 234 Abs. 7 VAG.

19a Werden zwei Abrechnungsverbände eines Versorgungswerks einschließlich des gesamten Verpflichtungs- und Vermögensbestandes unter gleichzeitiger Umstellung des Finanzierungssystems in einen gemeinsamen Abrechnungsverband zusammengefasst und von den Beteiligten künftig gemeinschaftlich mittels laufender Pflichtbeiträge finanziert, können erforderliche Angleichungsbeträge aufgrund unterschiedlicher Deckungslücken als Sonderzahlungen i.S.d. § 19 Abs. 1 Satz 1 Nr. 3 Satz 2 Halbsatz 1 Buchst. b EStG anzusehen sein. Durch die Zusammenfassung der bisher getrennten Abrechnungsverbände besteht aber keine Möglichkeit mehr, nicht steuerbare Sanierungsgelder i.S.d. § 19 Abs. 1 Satz 1 Nr. 3 Satz 2 Halbsatz 1 Buchst. b EStG zu erheben (Aufgabe des Trennungsprinzips zwischen Altverpflichtungen und neu erworbenen Anwartschaften; siehe Rn. 17). Nach der Zusammenfassung der Abrechnungsverbände und Umstellung des Finanzierungssystems kommt eine erneute Anwendung des § 19 Abs. 1 Satz 1 Nr. 3 Satz 2 Halbsatz 1 Buchst. b EStG nur noch für mögliche, sich (später) neu ergebende Änderungen der Verhältnisse in Betracht.

20 Um steuerpflichtigen Arbeitslohn handelt es sich hingegen bei Sonderzahlungen, die der Arbeitgeber an eine externe Versorgungseinrichtung der betrieblichen Altersversorgung erbringt

- wegen Verlusten aus Einzelgeschäften oder
- bei Fehlbeträgen, die durch früher gesetzte Risiken verursacht worden sind (z.B. Kalkulationsfehler, Insolvenzrisiken).

21 Die konkrete Höhe der nicht als Arbeitslohn zu besteuernden Sonderzahlungen des Arbeitgebers ist im jeweiligen Einzelfall unter Beachtung der versicherungsaufsichtsrechtlichen Vorgaben durch einen Aktuar festzustellen.

22 Für die Anwendung des § 19 Abs. 1 Satz 1 Nr. 3 Satz 2 Halbsatz 1 Buchst. b EStG ist es unerheblich, ob es sich bei der Sonderzahlung des Arbeitgebers um eine einmalige Kapitalzahlung oder um eine regelmäßige Zahlung (z.B. einen satzungsmäßig vorgesehenen Sonderzuschlag) neben den laufenden Beiträgen und Zuwendungen handelt.

22a Die Bildung eines Gründungsstocks i.S.d. § 178 Abs. 5 VAG stellt grundsätzlich keine Sonderzahlung i.S.d. § 19 Abs. 1 Satz 1 Nr. 3 Satz 2 EStG dar, weil es sich um Darlehensmittel handelt. Entfällt der Darlehenscharakter des Gründungsstocks im Nachhinein, z.B. weil auf die Rückzahlung verzichtet wird oder das Darlehen als uneinbringlich anzusehen ist, liegt zu diesem Zeitpunkt eine Sonderzahlung vor. Die Sonderzahlung gehört nicht zum Arbeitslohn, soweit nach den vertraglichen Vereinbarungen die Bereitstellung und der Abruf der Darlehensmittel den unter § 19 Abs. 1 Satz 1 Nr. 3 Satz 2 Halbsatz 1 EStG bezeichneten Zwecken diente.

4. Steuerfreiheit nach § 3 Nr. 63 EStG

a) Steuerfreiheit nach § 3 Nr. 63 Satz 1 EStG

aa) Begünstigter Personenkreis

Zu dem durch § 3 Nr. 63 EStG begünstigten Personenkreis gehören alle Arbeitnehmer (§ 1 LStDV), unabhängig davon, ob sie in der gesetzlichen Rentenversicherung pflichtversichert sind oder nicht (z.B. beherrschende Gesellschafter-Geschäftsführer, geringfügig Beschäftigte, in einem berufsständischen Versorgungswerk Versicherte). **23**

Die Steuerfreiheit setzt lediglich ein bestehendes erstes Dienstverhältnis voraus. **24** Diese Voraussetzung kann auch erfüllt sein, wenn es sich um ein weiterbestehendes Dienstverhältnis ohne Anspruch auf Arbeitslohn (z.B. während der Elternzeit, der Pflegezeit, des Bezugs von Kurzarbeiter- oder Krankengeld) oder ein geringfügiges Beschäftigungsverhältnis oder eine Aushilfstätigkeit handelt, bei der die Möglichkeit der Pauschalbesteuerung nach § 40a EStG in Anspruch genommen wird. In diesen Fällen ist, da die elektronischen Lohnsteuerabzugsmerkmale (ELStAM-Daten) nicht abgerufen werden, mittels Erklärung des Arbeitnehmers zu dokumentieren, dass es sich um ein erstes Dienstverhältnis handelt. Die Steuerfreiheit ist nicht bei Arbeitnehmern zulässig, bei denen der Arbeitgeber den Lohnsteuerabzug nach der Steuerklasse VI vornimmt.

bb) Begünstigte Aufwendungen

Zu den nach § 3 Nr. 63 EStG begünstigten Aufwendungen gehören nur **25** Beiträge an Pensionsfonds, Pensionskassen und Direktversicherungen, die zum Aufbau einer betrieblichen Altersversorgung (Rn. 1 ff.) im Kapitaldeckungsverfahren erhoben werden. Für Umlagen, die vom Arbeitgeber an eine Versorgungseinrichtung entrichtet werden, kommt die Steuerfreiheit nach § 3 Nr. 63 EStG dagegen nicht in Betracht (siehe aber § 3 Nr. 56 EStG, Rn. 76 ff.). Werden sowohl Umlagen als auch Beiträge im Kapitaldeckungsverfahren erhoben, gehören Letztere nur dann zu den begünstigten Aufwendungen, wenn eine getrennte Verwaltung und Abrechnung beider Vermögensmassen erfolgt (Trennungsprinzip).

Steuerfrei sind nur Beiträge des Arbeitgebers. Das sind diejenigen Beiträge, die **26** vom Arbeitgeber als Versicherungsnehmer (bzw. im Fall des § 21 Abs. 4 BetrAVG von einer gemeinsamen Einrichtung nach § 4 des Tarifvertragsgesetzes) selbst geschuldet und an die Versorgungseinrichtung geleistet werden. Von Beiträgen des Arbeitgebers ist auch auszugehen, wenn der jeweilige Arbeitgeber nicht Versicherungsnehmer, sondern gegenüber der Versorgungseinrichtung lediglich Beitragsschuldner ist. Dazu gehören

- die Beiträge des Arbeitgebers, die zusätzlich zum ohnehin geschuldeten Arbeitslohn erbracht werden (rein arbeitgeberfinanzierte Beiträge), sowie
- alle im Gesamtversicherungsbeitrag des Arbeitgebers enthaltenen Finanzierungsanteile des Arbeitnehmers (BFH-Urteil vom 9. Dezember 2010 VI R 57/08, BStBl. 2011 II S. 978), wie z.B.
  - eine Eigenbeteiligung des Arbeitnehmers oder
  - die mittels Entgeltumwandlung finanzierten Beiträge (vgl. Rn. 9 ff.), einschließlich der Leistungen des Arbeitgebers i.S.d. § 1a Abs. 1a und § 23 Abs. 2 BetrAVG[1], die er als Ausgleich für die ersparten Sozialversicherungs-

beiträge in Folge einer Entgeltumwandlung erbringt. Im Fall der Finanzierung der Beiträge durch eine Entgeltumwandlung ist die Beachtung des Mindestbetrags gem. § 1a BetrAVG für die Inanspruchnahme der Steuerfreiheit nicht erforderlich.

Beiträge des Arbeitnehmers, zu deren Leistung er aufgrund einer eigenen vertraglichen Vereinbarung mit der Versorgungseinrichtung originär selbst verpflichtet ist (sog. eigene Beiträge des Arbeitnehmers), sind dagegen vom Anwendungsbereich des § 3 Nr. 63 EStG ausgeschlossen, auch wenn sie vom Arbeitgeber an die Versorgungseinrichtung abgeführt werden.

26a Macht ein Arbeitnehmer (z.B. aufgrund eines entsprechenden Tarifvertrags) von der Möglichkeit Gebrauch, zusätzliche vermögenwirksame Leistungen des Arbeitgebers für den Aufbau einer betrieblichen Altersversorgung über die Durchführungswege Pensionsfonds, Pensionskasse oder Direktversicherung im Rahmen einer Entgeltumwandlung zu verwenden, fallen diese Beiträge in den Anwendungsbereich des § 3 Nr. 63 EStG. Dies gilt auch für in diesem Zusammenhang gewährte Erhöhungsbeträge des Arbeitgebers (z.B. erhöhter Beitrag zur betrieblichen Altersversorgung i.H.v. 26 € statt vermögenswirksamer Leistungen i.H.v. 6,65 €) und für Erhöhungsbeträge des Arbeitgebers, die von einer zusätzlichen Entgeltumwandlung abhängen (z.B. erhöhter Beitrag zur betrieblichen Altersversorgung i.H.v. 50 €, wenn der Arbeitnehmer 13 € seines Arbeitslohns umwandelt).

27 Die Steuerfreiheit nach § 3 Nr. 63 EStG kann nur dann in Anspruch genommen werden, wenn der vom Arbeitgeber zur Finanzierung der zugesagten Versorgungsleistung gezahlte Beitrag nach bestimmten individuellen Kriterien dem einzelnen Arbeitnehmer zugeordnet wird. Allein die Verteilung eines vom Arbeitgeber gezahlten Gesamtbeitrags nach der Anzahl der begünstigten Arbeitnehmer genügt hingegen für die Anwendung des § 3 Nr. 63 EStG nicht. Für die Anwendung des § 3 Nr. 63 EStG ist nicht Voraussetzung, dass sich die Höhe der zugesagten Versorgungsleistung an der Höhe des eingezahlten Beitrags des Arbeitgebers orientiert, da der Arbeitgeber nach § 1 BetrAVG nicht nur eine reine Beitragszusage, eine Beitragszusage mit Mindestleistung oder eine beitragsorientierte Leistungszusage, sondern auch eine Leistungszusage erteilen kann.

---

[1] **Amtl. Anm.:** Das Bundesministerium für Arbeit und Soziales weist in diesem Zusammenhang auf Folgendes hin:

§ 1a Abs. 1a und § 23 Abs. 2 BetrAVG sehen ausdrücklich vor, dass der Arbeitgeberzuschuss nur zu leisten ist, „soweit der Arbeitgeber durch die Entgeltumwandlung Sozialversicherungsbeiträge einspart". Ist das nicht der Fall, etwa wenn Entgelt oberhalb einer Beitragsbemessungsgrenze umgewandelt wird, ist insoweit auch kein Arbeitgeberzuschuss fällig. Wird Entgelt bspw. im Bereich zwischen der Beitragsbemessungsgrenze in der gesetzlichen Krankenversicherung und der Beitragsbemessungsgrenze in der gesetzlichen Rentenversicherung umgewandelt, kann der Arbeitgeber „spitz" abrechnen, er kann aber auch 15 % des umgewandelten Beitrags an die Versorgungseinrichtung weiterleiten. Wie die Weiterleitung des Arbeitgeberzuschusses an die Versorgungseinrichtung technisch umgesetzt wird, obliegt den Beteiligten. So kann der Arbeitgeberzuschuss zusätzlich zu dem vereinbarten Entgeltumwandlungsbetrag an die Versorgungseinrichtung weitergeleitet werden. Sofern die Versorgungeinrichtung nicht bereit ist, den Vertrag entsprechend anzupassen, kommt der Neuabschluss eines Vertrages nur für den Arbeitgeberzuschuss in Betracht. Denkbar ist aber auch z.B. eine Vereinbarung zwischen Arbeitgeber und Arbeitnehmer, wonach der an die Versorgungseinrichtung abzuführende Betrag gleich bleibt und künftig neben einem entsprechend verminderten umgewandelten Entgelt den Arbeitgeberzuschuss enthält.

Maßgeblich für die betragsmäßige Begrenzung der Steuerfreiheit auf 8 % der Beitragsbemessungsgrenze (BBG) in der allgemeinen Rentenversicherung ist auch bei einer Beschäftigung in den neuen Ländern oder Berlin (Ost) die in dem Kalenderjahr gültige Beitragsbemessungsgrenze (West). Bei dem Höchstbetrag des § 3 Nr. 63 Satz 1 EStG handelt es sich um einen Jahresbetrag. Eine zeitanteilige Kürzung des Höchstbetrags ist daher nicht vorzunehmen, wenn das Arbeitsverhältnis nicht während des ganzen Jahres besteht oder nicht für das ganze Jahr Beiträge gezahlt werden. Der Höchstbetrag kann erneut in Anspruch genommen werden, wenn der Arbeitnehmer ihn in einem vorangegangenen Dienstverhältnis bereits ausgeschöpft hat. Im Fall der Gesamtrechtsnachfolge und des Betriebsübergangs nach § 613a BGB kommt dies dagegen nicht in Betracht. **28**

Soweit die Beiträge den steuerfreien Höchstbetrag (8 % der Beitragsbemessungsgrenze in der allgemeinen Rentenversicherung [West] abzüglich der tatsächlich nach § 40b EStG a.F. pauschal besteuerten Beiträge; vgl. Rn. 85 ff.) übersteigen, sind sie individuell zu besteuern. Für die individuell besteuerten Beiträge kann eine Förderung durch Sonderausgabenabzug nach § 10a EStG und Zulage nach Abschn. XI EStG in Betracht kommen (vgl. Rn. 66 ff.). Zur Übergangsregelung des § 52 Abs. 4 Satz 16 f. EStG siehe Rn. 85 ff. **29**

Bei monatlicher Zahlung der Beiträge bestehen keine Bedenken, wenn der Höchstbetrag in gleichmäßige monatliche Teilbeträge aufgeteilt wird. Stellt der Arbeitgeber vor Ablauf des Kalenderjahres, z.B. bei Beendigung des Dienstverhältnisses fest, dass die Steuerfreiheit im Rahmen der monatlichen Teilbeträge nicht in vollem Umfang ausgeschöpft worden ist oder werden kann, muss eine ggf. vorgenommene Besteuerung der Beiträge rückgängig gemacht (spätester Zeitpunkt hierfür ist die Übermittlung oder Erteilung der Lohnsteuerbescheinigung) oder der monatliche Teilbetrag künftig so geändert werden, dass der Höchstbetrag ausgeschöpft wird. **30**

Rein arbeitgeberfinanzierte Beiträge sind steuerfrei, soweit sie den Höchstbetrag (8 % der Beitragsbemessungsgrenze in der allgemeinen Rentenversicherung [West] abzüglich der tatsächlich nach § 40b EStG a.F. pauschal besteuerten Beiträge; vgl. Rn. 85 ff.) nicht übersteigen. Der steuerfreie Höchstbetrag wird zunächst durch diese Beiträge ausgefüllt. Soweit der steuerfreie Höchstbetrag dadurch nicht ausgeschöpft worden ist, sind die verbleibenden, auf den verschiedenen Finanzierungsanteilen des Arbeitnehmers beruhenden Beiträge des Arbeitgebers zu berücksichtigen (vgl. Rn. 26; Leistungen des Arbeitgebers i.S.d. § 1a Abs. 1a und § 23 Abs. 2 BetrAVG, die er als Ausgleich für die ersparten Sozialversicherungsbeiträge infolge einer Entgeltumwandlung erbringt, sind dabei Teil der Entgeltumwandlung). **31**

Beispiel: **32**

Steuerfreier Höchstbetrag (8 % BBG in der allgemeinen Rentenversicherung [West], 85 200 € für 2021)	6816 €
abzgl. tatsächlich pauschal besteuerte Beiträge (angenommen Höchstbetrag)	./. 1752 €
verbleiben als steuerfreies Volumen	= 5064 €
abzüglich rein arbeitgeberfinanzierte Beiträge (angenommen)	./. 3000 €
verbleiben als steuerfreies Volumen für Entgeltumwandlung	= 2064 €

Die Anwendung der Pauschalbesteuerung nach § 40b EStG a.F. für Beiträge an Pensionskassen und für Direktversicherungen (siehe Rn. 85 ff.) ist nicht erst nach Übersteigen des steuerfreien Höchstbetrages von 8 % möglich, sondern mindert das maximal steuerfreie Volumen (§ 52 Abs. 4 Satz 16 EStG). **33**

cc) Begünstigte Auszahlungsformen

34 Voraussetzung für die Steuerfreiheit ist, dass die Auszahlung der zugesagten Alters-, Invaliditäts- oder Hinterbliebenenversorgungsleistungen entsprechend der in § 82 Abs. 2 Satz 2 EStG genannten Auszahlungsformen vorgesehen ist. Zu den begünstigten Auszahlungsformen siehe im Einzelnen die Ausführungen unter Rn. 68. Allein die Möglichkeit, anstelle dieser Auszahlungsformen eine Einmalkapitalauszahlung (100 % des zu Beginn der Auszahlungsphase zur Verfügung stehenden Kapitals) zu wählen, steht der Steuerfreiheit noch nicht entgegen; hieran wird ungeachtet des BFH-Urteils vom 20. September 2016 X R 23/15 (BStBl. 2017 II S. 347) festgehalten. Entscheidet sich der Arbeitnehmer zugunsten einer Einmalkapitalauszahlung, so sind von diesem Zeitpunkt an die Voraussetzungen des § 3 Nr. 63 EStG nicht mehr erfüllt und die Beitragsleistungen zu besteuern. Erfolgt die Ausübung des Wahlrechts innerhalb des letzten Jahres vor dem altersbedingten Ausscheiden aus dem Erwerbsleben, so ist es aus Vereinfachungsgründen nicht zu beanstanden, wenn die Beitragsleistungen weiterhin nach § 3 Nr. 63 EStG steuerfrei belassen werden. Für die Berechnung der Jahresfrist ist dabei auf das im Zeitpunkt der Ausübung des Wahlrechts vertraglich vorgesehene Ausscheiden aus dem Erwerbsleben (vertraglich vorgesehener Beginn der Altersversorgungsleistung) abzustellen. Bei Auszahlung oder anderweitiger wirtschaftlicher Verfügung ist der Einmalkapitalbetrag gem. § 22 Nr. 5 EStG zu besteuern (siehe dazu Rn. 148 ff.).

dd) Sonstiges

35 Eine Steuerfreiheit der Beiträge kommt nicht in Betracht, soweit es sich hierbei nicht um Arbeitslohn im Rahmen eines Dienstverhältnisses, sondern um eine verdeckte Gewinnausschüttung i.S.d. § 8 Abs. 3 Satz 2 KStG handelt. Die allgemeinen Grundsätze zur Abgrenzung zwischen verdeckter Gewinnausschüttung und Arbeitslohn sind hierbei zu beachten.

36 Bei Beiträgen an ausländische betriebliche Altersversorgungssysteme ist zu entscheiden, ob das ausländische Altersversorgungssystem mit einem Durchführungsweg der betrieblichen Altersversorgung nach dem deutschen Betriebsrentengesetz vergleichbar ist bzw. einem der Durchführungswege als vergleichbar zugeordnet werden kann. Entsprechende Beiträge sind steuerfrei nach § 3 Nr. 63 EStG, wenn

- das ausländische betriebliche Altersversorgungssystem vergleichbar mit dem Pensionsfonds, der Pensionskasse oder der Direktversicherung ist und
- auch die weiteren wesentlichen Kriterien für die steuerliche Anerkennung einer betrieblichen Altersversorgung im Inland erfüllt werden (u.a. Absicherung mindestens eines biometrischen Risikos – vgl. Rn. 1 –, enger Hinterbliebenenbegriff – vgl. Rn. 4 –, keine Vererblichkeit – vgl. Rn. 6 –, begünstigte Auszahlungsformen – vgl. Rn. 34 i.V.m. Rn. 68) und
- die ausländische Versorgungseinrichtung in vergleichbarer Weise den für inländische Versorgungseinrichtungen maßgeblichen Aufbewahrungs-, Mitteilungs- und Bescheinigungspflichten nach dem Einkommensteuergesetz und der Altersvorsorge-Durchführungsverordnung zur Sicherstellung der Besteuerung der Versorgungsleistungen im Wesentlichen nachkommt.

37 Darüber hinaus kann sich die unmittelbare Anwendbarkeit des § 3 Nr. 63 EStG aus einer völkerrechtlichen Vereinbarung ergeben (z.B. Nr. 16 des Protokolls zum Doppelbesteuerungsabkommen [DBA] USA).

In Entsendungsfällen hat für die Beiträge des Arbeitgebers zur kapitalgedeckten **38**
betrieblichen Altersversorgung die Regelung des § 3 Nr. 63 EStG gegenüber den Regelungen eines DBA Vorrang.

Unter den Voraussetzungen der Rn. 23 bis 35 sind auch die vom Arbeitgeber **39**
zusätzlich zum ohnehin geschuldeten Arbeitslohn erbrachten Beiträge an eine Zusatzversorgungskasse (wie z.B. zur Versorgungsanstalt der deutschen Bühnen – VddB –, zur Versorgungsanstalt der deutschen Kulturorchester – VddKO – oder zum Zusatzversorgungswerk für Arbeitnehmer in der Land- und Forstwirtschaft – ZLF –), die er nach der jeweiligen Satzung der Versorgungseinrichtung als Pflichtbeiträge für die Altersversorgung seiner Arbeitnehmer zusätzlich zu den nach § 3 Nr. 62 EStG steuerfreien Beiträgen zur gesetzlichen Rentenversicherung zu erbringen hat, ebenfalls im Rahmen des § 3 Nr. 63 EStG steuerfrei. Die Steuerfreiheit nach § 3 Nr. 62 Satz 1 EStG kommt für diese Beiträge nicht in Betracht. Die Steuerbefreiung des § 3 Nr. 63 (und auch Nr. 56) EStG ist nicht nur der Höhe, sondern dem Grunde nach vorrangig anzuwenden; die Steuerbefreiung nach § 3 Nr. 62 EStG ist bei Vorliegen von Zukunftssicherungsleistungen i.S.d. § 3 Nr. 63 (und auch Nr. 56) EStG daher auch dann ausgeschlossen, wenn die Höchstbeträge des § 3 Nr. 63 (und Nr. 56) EStG bereits voll ausgeschöpft werden.

b) Ausschluss der Steuerfreiheit nach § 3 Nr. 63 Satz 2 EStG

aa) Personenkreis

Auf die Steuerfreiheit können grundsätzlich nur Arbeitnehmer verzichten, die **40**
in der gesetzlichen Rentenversicherung pflichtversichert sind (§§ 1a, 17 Abs. 1 Satz 3 BetrAVG). Alle anderen Arbeitnehmer können von dieser Möglichkeit nur dann Gebrauch machen, wenn der Arbeitgeber zustimmt.

bb) Höhe und Zeitpunkt der Ausübung des Wahlrechts

Soweit der Arbeitnehmer einen Anspruch auf Entgeltumwandlung nach § 1a **41**
BetrAVG hat oder andere Finanzierungsanteile (vgl. Rn. 26) zur betrieblichen Altersversorgung erbringt, ist eine individuelle Besteuerung dieser Beiträge auf Verlangen des Arbeitnehmers durchzuführen; die Beiträge sind dabei gleichrangig zu behandeln. Der Arbeitnehmer kann sein Verlangen nach individueller Besteuerung (Verzicht auf die Steuerfreiheit) betragsmäßig oder prozentual begrenzen.

Beispiel: **41a**

Der in der gesetzlichen Rentenversicherung pflichtversicherte Arbeitnehmer hat in 2021 eine Versorgungszusage im Durchführungsweg der Pensionskasse. Die Beiträge betragen 8 % der BBG in der allgemeinen Rentenversicherung (West). Die Beiträge werden vollständig durch Entgeltumwandlung finanziert. Der Arbeitnehmer verlangt vom Arbeitgeber, die Beiträge zur Pensionskasse individuell zu besteuern, um die Förderung durch Sonderausgabenabzug nach § 10a EStG und Zulagen nach Abschn. XI EStG (vgl. Rn. 66 ff.) zu erhalten; eine Begrenzung hinsichtlich der Höhe der individuell zu besteuernden Beiträge nimmt der Arbeitnehmer nicht vor.

Die Beiträge zur Pensionskasse sind i.H.v. 4 % der BBG (West) individuell zu besteuern und darüber hinaus nach § 3 Nr. 63 Satz 1 EStG steuerfrei zu behandeln. Der Arbeitnehmer kann eine individuelle Besteuerung nach § 3 Nr. 63 Satz 2 EStG i.V.m. § 1a Abs. 3 BetrAVG nur verlangen, soweit er einen Anspruch auf Entgeltumwandlung hat. Dieser Anspruch beträgt höchstens 4 % der BBG (West), § 1a Abs. 1 Satz 1 BetrAVG.

In allen anderen Fällen der Entgeltumwandlung (z.B. Entgeltumwandlungsver- **41b**
einbarung aus dem Jahr 2001 oder früher) ist die individuelle Besteuerung der Beiträge hingegen nur aufgrund einvernehmlicher Vereinbarung zwischen Arbeitgeber und Arbeitnehmer möglich. Bei rein arbeitgeberfinanzierten Beiträgen kann auf die Steuerfreiheit nicht verzichtet werden (vgl. Rn. 31).

42 Die Ausübung des Wahlrechts nach § 3 Nr. 63 Satz 2 EStG muss bis zu dem Zeitpunkt erfolgen, zu dem die entsprechende Gehaltsänderungsvereinbarung steuerlich noch anzuerkennen ist (vgl. Rn. 12). Eine nachträgliche Änderung der steuerlichen Behandlung der im Wege der Entgeltumwandlung finanzierten Beiträge ist nicht zulässig.

c) Vervielfältigungsregelung nach § 3 Nr. 63 Satz 3 EStG

43 Beiträge an einen Pensionsfonds, eine Pensionskasse oder für eine Direktversicherung, die der Arbeitgeber aus Anlass der Beendigung des Dienstverhältnisses leistet, können im Rahmen des § 3 Nr. 63 Satz 3 EStG – zusätzlich zu den Beiträgen nach § 3 Nr. 63 Satz 1 EStG – steuerfrei belassen werden. Ein Zusammenhang mit der Beendigung des Dienstverhältnisses ist insbesondere dann zu vermuten, wenn der Beitrag innerhalb von drei Monaten vor dem Beendigungs-/Auflösungszeitpunkt geleistet wird. Die Vervielfältigungsregelung kann auch nach Beendigung des Dienstverhältnisses angewendet werden, wenn die Beitragsleistung oder Entgeltumwandlung spätestens bis zum Zeitpunkt der Beendigung des Dienstverhältnisses vereinbart wird.

44 Die Höhe der Steuerfreiheit ist begrenzt auf den Betrag, der sich ergibt aus 4 % der Beitragsbemessungsgrenze in der allgemeinen Rentenversicherung (West) vervielfältigt mit der Anzahl der Kalenderjahre, in denen das Dienstverhältnis des Arbeitnehmers zu dem Arbeitgeber bestanden hat, höchstens zehn Kalenderjahre.

45 Die Vervielfältigungsregelung steht jedem Arbeitnehmer aus demselben Dienstverhältnis insgesamt nur einmal zu. Werden die Beiträge statt als Einmalbeitrag in Teilbeträgen geleistet, sind diese so lange steuerfrei, bis der für den Arbeitnehmer maßgebende Höchstbetrag ausgeschöpft ist. Eine Anwendung der Vervielfältigungsregelung des § 3 Nr. 63 Satz 3 EStG ist nicht möglich, soweit die Vervielfältigungsregelung des § 40b Abs. 2 Satz 3 und 4 EStG a.F. auf die Beiträge, die der Arbeitgeber aus Anlass der Beendigung des Dienstverhältnisses leistet, angewendet wird (vgl. Rn. 94 f.). Die hiernach pauschal besteuerten Beiträge und Zuwendungen sind folglich auf das steuerfreie Volumen anzurechnen.

d) Nachholung der Steuerfreiheit nach § 3 Nr. 63 Satz 4 EStG

46 Beiträge i.S.d. § 3 Nr. 63 Satz 1 EStG, die für Kalenderjahre nachgezahlt werden, in denen das erste Dienstverhältnis ruhte, vom Arbeitgeber im Inland kein steuerpflichtiger Arbeitslohn bezogen wurde und in diesen Zeiten keine Beiträge i.S.d. § 3 Nr. 63 Satz 1 EStG geleistet wurden, sind steuerfrei, soweit sie 8 % der Beitragsbemessungsgrenze in der allgemeinen Rentenversicherung (West), vervielfältigt mit der Anzahl dieser Kalenderjahre, höchstens jedoch zehn Kalenderjahre, nicht übersteigen. Eine Nachzahlung kommt beispielsweise in Betracht für Zeiten einer Entsendung ins Ausland, während der Elternzeit oder eines Sabbatjahres. Für die Berechnung des maximalen steuerfreien Volumens wird auf die Beitragsbemessungsgrenze des Jahres der Nachzahlung abgestellt und diese mit der Anzahl der zu berücksichtigenden Jahre multipliziert.

47 Im Zeitraum des Ruhens und im Zeitpunkt der Nachzahlung muss ein erstes Dienstverhältnis vorliegen (§ 3 Nr. 63 Satz 4 EStG). Der Nachweis, dass ein *erstes Dienstverhältnis* vorliegt, ist vom Arbeitgeber zu führen. Dieser kann z.B. über die abgerufenen ELStAM-Daten, eine Bescheinigung für den Lohnsteuer-

abzug oder eine schriftliche Bestätigung des Arbeitnehmers erfolgen (siehe dazu auch Rn. 24).

48 Die Nachholungsregelung ist eine Jahres-Regelung, d.h., es sind nur solche Kalenderjahre zu berücksichtigen, in denen vom 1. Januar bis zum 31. Dezember vom Arbeitgeber im Inland kein steuerpflichtiger Arbeitslohn bezogen wurde. Berücksichtigt werden dabei auch Kalenderjahre vor 2018, sofern die Nachzahlung ab dem 1. Januar 2018 erfolgt. Arbeitslöhne aus anderen Dienstverhältnissen (Steuerklasse VI oder pauschal besteuert) bleiben unberücksichtigt.

49 Die Nachholung muss im Zusammenhang mit dem Ruhen des Dienstverhältnisses stehen. Von einem solchen Zusammenhang kann ausgegangen werden, wenn die Beiträge spätestens bis zum Ende des Kalenderjahres, das auf das Ende der Ruhensphase folgt, nachgezahlt werden. Die Nachholung kann in einem Betrag oder in mehreren Teilbeträgen erfolgen. Bei Teilbeträgen gilt die Beitragsbemessungsgrenze des Jahres der ersten Teilzahlung. In dem Kalenderjahr, in dem die Ruhensphase endet und in dem darauffolgenden Jahr können die Steuerbefreiungen nach § 3 Nr. 63 Satz 1 und 4 EStG nebeneinander in Anspruch genommen werden.

50 Übersteigen die nachgezahlten Beiträge das steuerfreie Volumen nach § 3 Nr. 63 Satz 4 EStG, können die übersteigenden Beiträge nach § 3 Nr. 63 Satz 1 EStG steuerfrei belassen werden, soweit der Höchstbetrag nach § 3 Nr. 63 Satz 1 EStG durch die laufenden Beiträge für das entsprechende Kalenderjahr noch nicht verbraucht ist. Für Beiträge an eine Pensionskasse oder für eine Direktversicherung kommt ggf. auch die Pauschalbesteuerung nach § 40b Abs. 1 und Abs. 2 Satz 1 und 2 EStG a.F. in Betracht, sofern die Voraussetzungen für die Anwendung des § 40b EStG a.F. vorliegen (vgl. Rn. 85 bis 99).

5. Steuerfreiheit für Sicherungsbeiträge des Arbeitgebers nach § 3 Nr. 63a EStG

51 § 3 Nr. 63a EStG gilt für Zusatzbeiträge des Arbeitgebers i.S.d. § 23 Abs. 1 BetrAVG, die den einzelnen Arbeitnehmern nicht unmittelbar gutgeschrieben oder zugerechnet, sondern zunächst zur Absicherung der reinen Beitragszusage genutzt werden. Diese Zusatzbeiträge bleiben im Zeitpunkt der Dotierung/Leistung des Arbeitgebers an die Versorgungseinrichtung steuerfrei. Soweit aus den nach § 3 Nr. 63a EStG steuerfreien Beiträgen dem Arbeitnehmer später Versorgungsleistungen oder andere Vorteile zufließen, sind diese vollständig nach § 22 Nr. 5 Satz 1 EStG zu besteuern (vgl. Rn. 148 ff.).

52 Für Zusatzbeiträge des Arbeitgebers, die den einzelnen Arbeitnehmern direkt gutgeschrieben bzw. zugerechnet werden, gelten hingegen die gleichen steuerlichen Regelungen wie für die übrigen Beiträge des Arbeitgebers im Rahmen des Kapitaldeckungsverfahrens an einen Pensionsfonds, eine Pensionskasse oder für eine Direktversicherung zum Aufbau einer betrieblichen Altersversorgung (z.B. Steuerfreiheit nach § 3 Nr. 63 EStG, Förderung nach § 10a EStG/Abschn. XI EStG beim Arbeitnehmer).

6. Steuerfreiheit nach § 3 Nr. 65 EStG

53 Die sich aus § 3 Nr. 65 Satz 2 bis 4 EStG ergebenden Rechtsfolgen treten auch dann ein, wenn die Auszahlungen unmittelbar vom Träger der Insolvenzsicherung an den Versorgungsberechtigten oder seine Hinterbliebenen vorgenommen werden. In diesem Fall ist der Träger der Insolvenzsicherung Dritter i.S.d. § 3 Nr. 65 Satz 4 EStG und daher zum Lohnsteuereinbehalt verpflichtet.

54 Nach § 8 Abs. 3 BetrAVG hat der Arbeitnehmer im Insolvenzfall des Arbeitgebers das Recht, in eine für ihn abgeschlossene Rückdeckungsversicherung des Arbeitgebers oder der Unterstützungskasse als Versicherungsnehmer einzutreten und die Versicherung mit eigenen Beiträgen fortzusetzen. Macht der Arbeitnehmer von diesem Recht Gebrauch und tritt in die Versicherung ein, ist der Erwerb der Ansprüche aus der Rückdeckungsversicherung steuerfrei nach § 3 Nr. 65 Satz 1 Buchst. d EStG. Die späteren Versorgungsleistungen aus der Rückdeckungsversicherung, in die der Arbeitnehmer nach § 3 Nr. 65 Satz 1 Buchst. d EStG eingetreten ist, gehören insgesamt zu den sonstigen Einkünften nach § 22 Nr. 5 Satz 1 EStG (§ 3 Nr. 65 Satz 5 Halbsatz 1 EStG). Das Versicherungsunternehmen muss keinen Lohnsteuerabzug durchführen, sondern lediglich – wie sonst auch – die Rentenbezugsmitteilung an die zentrale Stelle übermitteln (§ 22a EStG). Dies gilt auch für beherrschende Gesellschafter-Geschäftsführer einer GmbH.

55 Führt der Arbeitnehmer die nach § 8 Abs. 3 BetrAVG übernommene Rückdeckungsversicherung mit eigenen Beiträgen fort, sind die auf diesen Beiträgen beruhenden Versorgungsleistungen nach § 22 Nr. 5 Satz 1 oder 2 EStG zu versteuern (§ 3 Nr. 65 Satz 5 Halbsatz 2 EStG). Die Leistungen, die auf geförderten Beiträgen beruhen, sind nach § 22 Nr. 5 Satz 1 EStG voll zu versteuern. Die Leistungen, die auf nicht geförderten Beiträgen beruhen, sind nach § 22 Nr. 5 Satz 2 Buchst. a EStG entweder mit dem Ertragsanteil (lebenslange Rentenleistungen sowie Berufsunfähigkeits-, Erwerbsminderungs- und Hinterbliebenenrenten) oder ggf. nach § 22 Nr. 5 Satz 2 Buchst. b i.V.m. § 20 Abs. 1 Nr. 6 EStG (Kapitalleistungen) zu versteuern.

7. Steuerfreiheit nach § 3 Nr. 66 EStG

56 Voraussetzung für die Steuerfreiheit nach § 3 Nr. 66 EStG ist, dass vom Arbeitgeber ein Antrag nach § 4d Abs. 3 oder § 4e Abs. 3 EStG gestellt worden ist. Die Steuerfreiheit nach § 3 Nr. 66 EStG gilt auch dann, wenn beim übertragenden Unternehmen keine Zuwendungen i.S.d. § 4d Abs. 3 EStG oder Leistungen i.S.d. § 4e Abs. 3 EStG im Zusammenhang mit der Übernahme einer Versorgungsverpflichtung durch einen Pensionsfonds anfallen. Bei einer entgeltlichen Übertragung von Versorgungsanwartschaften aktiver Beschäftigter kommt die Anwendung von § 3 Nr. 66 EStG nur für Zahlungen an den Pensionsfonds in Betracht, die für die bis zum Zeitpunkt der Übertragung bereits erdienten Versorgungsanwartschaften geleistet werden (sog. „Past-Service“); Zahlungen an den Pensionsfonds für zukünftig noch zu erdienende Anwartschaften (sog. „Future-Service“) sind ausschließlich in dem begrenzten Rahmen des § 3 Nr. 63 EStG lohnsteuerfrei; zu weiteren Einzelheiten, insbesondere zur Abgrenzung von „Past-“ und „Future-Service“, siehe BMF-Schreiben vom 26. Oktober 2006 (BStBl. I S. 709)[1] und vom 10. Juli 2015 (BStBl. I S. 544)[2]. Erfolgt im Rahmen eines Gesamtplans zunächst eine nach § 3 Nr. 66 EStG begünstigte Übertragung der erdienten Anwartschaften auf einen Pensionsfonds und werden anschließend regelmäßig wiederkehrend (z.B. jährlich) die dann neu erdienten Anwartschaften auf den Pensionsfonds übertragen, sind die weiteren Übertragungen auf den Pensionsfonds nicht nach § 3 Nr. 66 EStG begünstigt, sondern nur im Rahmen des § 3 Nr. 63 EStG steuerfrei. Bei der Auslagerung des „Past-Services“ ohne Einbeziehung des

---

[1] Nr. **1** § 4e/1.
[2] Nr. **1** § 4e/2.

„Future-Services" und einer sich anschließenden zweiten Auslagerung der in der Zwischenzeit angesammelten Versorgungsanwartschaften bei Renteneintritt handelt es sich nicht um einen steuerschädlichen Gesamtplan. Hinsichtlich des durch die Steuerbefreiungsvorschrift begünstigten Personenkreises vgl. Rn. 23.

8. Steuerfreiheit nach § 3 Nr. 55 EStG

Gem. § 4 Abs. 2 Nr. 2 BetrAVG kann nach Beendigung des Arbeitsverhältnisses **57** im Einvernehmen des ehemaligen mit dem neuen Arbeitgeber sowie dem Arbeitnehmer der Wert der vom Arbeitnehmer erworbenen Altersversorgung (Übertragungswert nach § 4 Abs. 5 BetrAVG) auf den neuen Arbeitgeber übertragen werden, wenn dieser eine wertgleiche Zusage erteilt. § 4 Abs. 3 BetrAVG gibt dem Arbeitnehmer für Versorgungszusagen, die nach dem 31. Dezember 2004 erteilt werden, das Recht, innerhalb eines Jahres nach Beendigung des Arbeitsverhältnisses von seinem ehemaligen Arbeitgeber zu verlangen, dass der Übertragungswert auf den neuen Arbeitgeber übertragen wird, wenn die betriebliche Altersversorgung beim ehemaligen Arbeitgeber über einen Pensionsfonds, eine Pensionskasse oder eine Direktversicherung durchgeführt worden ist und der Übertragungswert die im Zeitpunkt der Übertragung maßgebliche Beitragsbemessungsgrenze in der allgemeinen Rentenversicherung (West) nicht übersteigt.

Die Anwendung der Steuerbefreiungsvorschrift des § 3 Nr. 55 EStG setzt **58** aufgrund des Verweises auf die Vorschriften des Betriebsrentengesetzes die Beendigung des bisherigen Dienstverhältnisses und ein anderes Dienstverhältnis voraus. Die Übernahme der Versorgungszusage durch einen Arbeitgeber, bei dem der Arbeitnehmer bereits beschäftigt ist, ist betriebsrentenrechtlich unschädlich und steht daher der Anwendung der Steuerbefreiungsvorschrift nicht entgegen. § 3 Nr. 55 EStG und Rn. 57 gelten entsprechend für Arbeitnehmer, die nicht in der gesetzlichen Rentenversicherung pflichtversichert sind (z.B. beherrschende Gesellschafter-Geschäftsführer oder geringfügig Beschäftigte).

Die Steuerfreiheit gilt sowohl für Versorgungszusagen, die gesetzlich unverfall- **59** bar sind, als auch für Versorgungszusagen, die aufgrund vertraglicher Vereinbarungen mit oder ohne Fristerfordernis unverfallbar sind (§ 3 Nr. 55 Satz 1 Halbsatz 2 EStG).

Der geleistete Übertragungswert ist nach § 3 Nr. 55 Satz 1 EStG steuerfrei, **60** wenn die betriebliche Altersversorgung sowohl beim ehemaligen Arbeitgeber als auch beim neuen Arbeitgeber über einen Pensionsfonds, eine Pensionskasse oder eine Direktversicherung durchgeführt wird. Es ist nicht Voraussetzung, dass beide Arbeitgeber auch den gleichen Durchführungsweg gewählt haben. Um eine Rückabwicklung der steuerlichen Behandlung der Beitragsleistungen an einen Pensionsfonds, eine Pensionskasse oder eine Direktversicherung vor der Übertragung (Steuerfreiheit nach § 3 Nr. 63, 66 EStG, individuelle Besteuerung, Besteuerung nach § 40b EStG) zu verhindern, bestimmt § 3 Nr. 55 Satz 3 EStG, dass die auf dem Übertragungsbetrag beruhenden Versorgungsleistungen weiterhin zu den Einkünften gehören, zu denen sie gehört hätten, wenn eine Übertragung nach § 4 BetrAVG nicht stattgefunden hätte. Der Übertragungswert ist gem. § 3 Nr. 55 Satz 2 EStG auch steuerfrei, wenn er vom ehemaligen Arbeitgeber oder von einer Unterstützungskasse an den neuen Arbeitgeber oder an eine andere Unterstützungskasse geleistet wird.

61 Die Steuerfreiheit des § 3 Nr. 55 EStG kommt jedoch nicht in Betracht, wenn die betriebliche Altersversorgung beim ehemaligen Arbeitgeber als Direktzusage oder mittels einer Unterstützungskasse ausgestaltet war, während sie beim neuen Arbeitgeber über einen Pensionsfonds, eine Pensionskasse oder eine Direktversicherung abgewickelt wird. Dies gilt auch für den umgekehrten Fall. Ebenso kommt die Steuerfreiheit nach § 3 Nr. 55 EStG bei einem Betriebsübergang nach § 613a BGB nicht in Betracht, da in einem solchen Fall die Regelung des § 4 BetrAVG keine Anwendung findet.

62 Wird die betriebliche Altersversorgung sowohl beim alten als auch beim neuen Arbeitgeber über einen Pensionsfonds, eine Pensionskasse oder eine Direktversicherung abgewickelt, liegt im Fall der Übernahme der Versorgungszusage nach § 4 Abs. 2 Nr. 1 BetrAVG lediglich ein Schuldnerwechsel und damit für den Arbeitnehmer kein lohnsteuerlich relevanter Vorgang vor. Entsprechendes gilt im Fall der Übernahme der Versorgungszusage nach § 4 Abs. 2 Nr. 1 BetrAVG, wenn die betriebliche Altersversorgung sowohl beim alten als auch beim neuen Arbeitgeber über eine Direktzusage oder Unterstützungskasse durchgeführt wird.

9. Steuerfreiheit nach § 3 Nr. 55c Satz 2 Buchst. a EStG

63 Steuerfrei nach § 3 Nr. 55c Satz 2 Buchst. a EStG ist die bei einem fortbestehenden Dienstverhältnis vorgenommene Übertragung von Anwartschaften aus einer betrieblichen Altersversorgung, die über einen Pensionsfonds, eine Pensionskasse oder ein Unternehmen der Lebensversicherung (Direktversicherung) durchgeführt wird, wenn die Anwartschaft lediglich auf einen anderen Träger einer betrieblichen Altersversorgung in Form eines Pensionsfonds, einer Pensionskasse oder eines Unternehmens der Lebensversicherung (Direktversicherung) übertragen wird. Dies gilt nicht für Zahlungen, die unmittelbar an den Arbeitnehmer erfolgen. Kommt es im Zusammenhang mit der Übertragung aufgrund rechtlicher Vorgaben des aufnehmenden Versorgungsträgers (z.B. abweichendes Tarifwerk der aufnehmenden Pensionskasse, andere Rechnungsgrundlagen, anderer Rechnungszins) zwingend zu Änderungen der Rahmenbedingungen der zugesagten betrieblichen Altersversorgung (z.B. Beitragsanpassung, Ausschluss einer Hinterbliebenenabsicherung), steht dies der Anwendung von § 3 Nr. 55c Satz 2 Buchst. a EStG nicht entgegen. Soweit danach § 3 Nr. 55c Satz 2 Buchst. a EStG anwendbar ist, führen diese Änderungen nicht zu einem neuen Vertrag (§ 20 Abs. 1 Nr. 6 EStG).

10. Übernahme von Pensionsverpflichtungen gegen Entgelt durch Beitritt eines Dritten in eine Pensionsverpflichtung (Schuldbeitritt) oder Ausgliederung/Abspaltung von Pensionsverpflichtungen

64 Bei der Übernahme von Pensionsverpflichtungen gegen Entgelt durch Beitritt eines Dritten in eine Pensionsverpflichtung (Schuldbeitritt) oder durch Ausgliederung von Pensionsverpflichtungen – ohne inhaltliche Veränderung der Zusage – handelt es sich weiterhin um eine Direktzusage des Arbeitgebers. Aus lohnsteuerlicher Sicht bleibt es folglich bei den für eine Direktzusage geltenden steuerlichen Regelungen, d.h., es liegen erst bei Auszahlung der Versorgungsleistungen – durch den Dritten bzw. durch die Pensionsgesellschaft anstelle des Arbeitgebers – Einkünfte i.S.d. § 19 EStG vor. Der Lohnsteuerabzug kann in diesem Fall mit Zustimmung des Finanzamts anstelle vom Arbeitgeber auch von dem Dritten bzw. der Pensionsgesellschaft vorgenommen werden (§ 38 Abs. 3a Satz 2 EStG). Die vorstehenden Ausführungen gelten entsprechend,

wenn es sich nach dem Umwandlungsgesetz nicht um eine Ausgliederung, sondern um eine Abspaltung handelt.

Zu den lohnsteuerlichen Folgerungen der Übernahme der Pensionszusage eines beherrschenden Gesellschafter-Geschäftsführers gegen eine Ablösungszahlung und zum Wechsel des Durchführungswegs siehe aber BMF-Schreiben vom 4. Juli 2017 (BStBl. I S. 883)[1]. **65**

11. Förderung durch Sonderausgabenabzug nach § 10a EStG und Zulage nach Abschn. XI EStG

Zahlungen des Arbeitgebers im Rahmen der betrieblichen Altersversorgung an einen Pensionsfonds, eine Pensionskasse oder eine Direktversicherung können als Altersvorsorgebeiträge durch Sonderausgabenabzug nach § 10a EStG und Zulage nach Abschn. XI EStG gefördert werden (§ 82 Abs. 2 EStG). Die zeitliche Zuordnung der Altersvorsorgebeiträge i.S.d. § 82 Abs. 2 EStG richtet sich grundsätzlich nach den für die Zuordnung des Arbeitslohns geltenden Vorschriften (§ 38a Abs. 3 EStG; R 39b.2, 39b.5 und 39b.6 LStR). **66**

Um Beiträge im Rahmen der betrieblichen Altersversorgung handelt es sich nur, wenn die Beiträge für eine vom Arbeitgeber aus Anlass des Arbeitsverhältnisses zugesagte Versorgungsleistung erbracht werden (§ 1 BetrAVG). Dies gilt unabhängig davon, ob die Beiträge **67**

- ausschließlich vom Arbeitgeber finanziert werden,
- auf einer Entgeltumwandlung beruhen,
- andere im Gesamtversicherungsbeitrag des Arbeitgebers enthaltene Finanzierungsanteile des Arbeitnehmers sind (BFH-Urteil vom 9. Dezember 2010 VI R 57/08, BStBl. 2011 II S. 978) oder
- eigene Beiträge des Arbeitnehmers sind, die er aus seinem bereits zugeflossenen und versteuerten Arbeitsentgelt zur Finanzierung der betrieblichen Altersversorgung leistet.

Im Übrigen sind die Rn. 2 ff. zu beachten.

Voraussetzung für die steuerliche Förderung ist neben der individuellen Besteuerung der Beiträge, dass gem. § 82 Abs. 2 Satz 2 Nr. 1 EStG **68**

- eine Vereinbarung vorliegt, nach der die zugesagten Altersversorgungsleistungen als monatliche Leistungen in Form einer lebenslangen Leibrente oder als Ratenzahlungen im Rahmen eines Auszahlungsplans mit einer anschließenden Teilkapitalverrentung ab spätestens dem 85. Lebensjahr ausgezahlt werden und die Leistungen während der gesamten Auszahlungsphase gleich bleiben oder steigen; dabei können bis zu zwölf Monatsleistungen in einer Auszahlung zusammengefasst und bis zu 30 % des zu Beginn der Auszahlungsphase zur Verfügung stehenden Kapitals außerhalb der monatlichen Leistungen ausgezahlt werden, und
- ein vereinbartes Kapitalwahlrecht nicht oder nicht außerhalb des letzten Jahres vor dem vertraglich vorgesehenen Beginn der Altersversorgungsleistung ausgeübt wurde.

Bei einer reinen Beitragszusage (§ 1 Abs. 2 Nr. 2a BetrAVG) muss vereinbart sein, dass der Pensionsfonds, die Pensionskasse oder die Direktversicherung eine lebenslange Zahlung als Altersversorgungsleistung zu erbringen hat (§ 82 Abs. 2

[1] Nr. **20** § 3/1.

Satz 2 Nr. 2 EStG). Im Hinblick auf die entfallende Versorgungsbedürftigkeit z.B. für den Fall der Vollendung des 25. Lebensjahres der Kinder (siehe auch Rn. 4; bei Versorgungszusagen, die vor dem 1. Januar 2007 erteilt wurden, ist grundsätzlich das 27. Lebensjahr maßgebend), der Wiederheirat der verwitweten Person, dem Ende der Erwerbsminderung durch Wegfall der Voraussetzungen für den Bezug (insbesondere bei Verbesserung der Gesundheitssituation oder Erreichen der Altersgrenze) ist es nicht zu beanstanden, wenn eine Rente oder ein Auszahlungsplan zeitlich befristet ist. Die zu Beginn der Auszahlungsphase zu treffende Entscheidung hinsichtlich einer Entnahme bis zu 30 % des zur Verfügung stehenden Kapitals erfolgt pro Vertrag (Rn. 210 des BMF-Schreibens vom 21. Dezember 2017, BStBl. 2018 I S. 93[1]), geändert durch das BMF-Schreiben vom 17. Februar 2020, BStBl. I S. 213). Die ausgezahlten Leistungen unterliegen – unabhängig von der Entscheidung bezüglich einer Teilkapitalentnahme – der Besteuerung nach § 22 Nr. 5 EStG. Allein die Möglichkeit, anstelle der o.g. Auszahlungsformen eine Einmalkapitalauszahlung (100 % des zu Beginn der Auszahlungsphase zur Verfügung stehenden Kapitals) zu wählen, steht der Förderung noch nicht entgegen. Die Möglichkeit, eine Einmalkapitalauszahlung anstelle einer Rente oder eines Auszahlungsplans zu wählen, gilt nicht nur für Altersversorgungsleistungen, sondern auch für Invaliditäts- oder Hinterbliebenenversorgungsleistungen. Entscheidet sich der Arbeitnehmer zugunsten einer Einmalkapitalauszahlung, so sind von diesem Zeitpunkt an die Voraussetzungen des § 10a EStG und Abschn. XI EStG nicht mehr erfüllt und die Beitragsleistungen können nicht mehr gefördert werden. Erfolgt die Ausübung des Wahlrechts innerhalb des letzten Jahres vor dem altersbedingten Ausscheiden aus dem Erwerbsleben, so ist es aus Vereinfachungsgründen nicht zu beanstanden, wenn die Beitragsleistungen weiterhin nach § 10a EStG/Abschn. XI EStG gefördert werden. Für die Berechnung der Jahresfrist ist dabei auf das im Zeitpunkt der Ausübung des Wahlrechts vertraglich vorgesehene Ausscheiden aus dem Erwerbsleben (vertraglich vorgesehener Beginn der Altersversorgungsleistung) abzustellen. Da die Auszahlungsphase bei der Hinterbliebenenleistung erst mit dem Zeitpunkt des Todes des ursprünglich Berechtigten beginnt, ist es in diesem Fall aus steuerlicher Sicht nicht zu beanstanden, wenn das Wahlrecht zu diesem Zeitpunkt ausgeübt wird. Bei Auszahlung des Einmalkapitalbetrags handelt es sich um eine schädliche Verwendung i.S.d. § 93 EStG (vgl. Rn. 167 f.), soweit sie auf steuerlich gefördertem Altersvorsorgevermögen beruht. Zur Anwendung des § 34 EStG (der sog. Fünftelungsregelung) auf diese Zahlungen siehe Rn. 149.

69 Die aus bereits zugeflossenem Arbeitslohn des Arbeitnehmers geleisteten Beiträge an einen Pensionsfonds, eine Pensionskasse oder eine Direktversicherung zum Aufbau einer kapitalgedeckten betrieblichen Altersversorgung, bei der eine Auszahlung der zugesagten Altersversorgungsleistung entsprechend § 82 Abs. 2 Satz 2 EStG vorgesehen ist, zählen auch dann zu den Altersvorsorgebeiträgen i.S.d. § 82 Abs. 2 EStG, wenn der Arbeitslohn aufgrund eines DBA nicht in Deutschland, sondern in einem anderen Land der inländischen individuellen Besteuerung vergleichbar versteuert wird.

70 Beitragsleistungen, die aus nach § 40a EStG pauschal versteuertem Arbeitslohn erbracht werden, gehören nicht zu den Altersvorsorgebeiträgen nach § 82 Abs. 2 Satz 1 Buchst. a EStG.

---

[1] Nr. **1** § 79/1.

Altersvorsorgebeiträge i.S.d. § 82 Abs. 2 EStG sind auch die Beiträge des ehemaligen Arbeitnehmers, die dieser im Fall einer zunächst ganz oder teilweise durch Entgeltumwandlung finanzierten und nach § 3 Nr. 63 oder § 10a EStG/Abschn. XI EStG geförderten betrieblichen Altersversorgung nach der Beendigung des Arbeitsverhältnisses nach Maßgabe des § 1b Abs. 5 Satz 1 Nr. 2 BetrAVG selbst erbringt. Dies gilt entsprechend in den Fällen der Finanzierung durch eigene Beiträge des Arbeitnehmers (vgl. Rn. 26). **71**

Die vom Steuerpflichtigen nach Maßgabe des § 1b Abs. 5 Satz 1 Nr. 2 BetrAVG selbst zu erbringenden Beiträge müssen nicht aus individuell versteuertem Arbeitslohn stammen (z.B. Finanzierung aus steuerfreiem Arbeitslosengeld). Gleiches gilt, soweit der Arbeitnehmer trotz eines weiter bestehenden Arbeitsverhältnisses keinen Anspruch auf Arbeitslohn mehr hat und die Beiträge nun selbst erbringt (z.B. während der Schutzfristen des § 3 Abs. 2 und § 6 Abs. 1 des Mutterschutzgesetzes, der Elternzeit, des Bezugs von Kurzarbeiter- oder Krankengeld oder auch § 1a Abs. 4 BetrAVG) oder aufgrund einer gesetzlichen Verpflichtung Beiträge zur betrieblichen Altersversorgung entrichtet werden (z.B. nach §§ 14a und 14b des Arbeitsplatzschutzgesetzes). **72**

Voraussetzung für die Förderung durch Sonderausgabenabzug nach § 10a EStG und Zulage nach Abschn. XI EStG ist in den Fällen der Rn. 71 f., dass der Steuerpflichtige zum begünstigten Personenkreis gehört. Die zeitliche Zuordnung dieser Altersvorsorgebeiträge richtet sich grundsätzlich nach § 11 Abs. 2 EStG. **73**

Zu den begünstigten Altersvorsorgebeiträgen gehören nur Beiträge, die zum Aufbau einer betrieblichen Altersversorgung im Kapitaldeckungsverfahren erhoben werden. Für Umlagen, die an eine Versorgungseinrichtung gezahlt werden, kommt die Förderung dagegen nicht in Betracht. Werden sowohl Umlagen als auch Beiträge im Kapitaldeckungsverfahren erhoben, gehören Letztere nur dann zu den begünstigten Aufwendungen, wenn eine getrennte Verwaltung und Abrechnung beider Vermögensmassen erfolgt (Trennungsprinzip). **74**

Die Versorgungseinrichtung hat dem Zulageberechtigten jährlich eine Bescheinigung zu erteilen (§ 92 EStG). Diese Bescheinigung muss u.a. den Stand des Altersvorsorgevermögens ausweisen (§ 92 Nr. 5 EStG). Altersvorsorgevermögen kann immer nur dann vorliegen, wenn sich der Steuerpflichtige bewusst für die Förderung nach § 10a EStG und Abschn. XI EStG entschieden hat. Dies ist dann der Fall, wenn der Steuerpflichtige seiner Versorgungseinrichtung in der Vergangenheit mitgeteilt hat oder mit Wirkung für die Zukunft mitteilt, dass er diese Förderung in Anspruch nehmen möchte und die Versorgungseinrichtung daraufhin ihre Pflichten als Anbieter nach § 80 EStG wahrnimmt. Als bewusste Entscheidung für die steuerliche Förderung wird auch angesehen, wenn Altersvorsorgebeiträge gem. § 82 Abs. 2 EStG geleistet wurden, (ausschließlich) eine Einwilligung zur Datenübermittlung nach § 10a Abs. 2a Satz 1 EStG in der Fassung vom 17. August 2017 vorliegt und diese vom Zulageberechtigten nicht wirksam widerrufen wurde. Ein Zulagenantrag muss nicht gestellt werden. Bei einer Leistungszusage (§ 1 Abs. 1 Satz 2 Halbsatz 2 BetrAVG) und einer beitragsorientierten Leistungszusage (§ 1 Abs. 2 Nr. 1 BetrAVG) kann stattdessen der Barwert der erdienten Anwartschaft bescheinigt werden. **75**

12. Steuerfreiheit nach § 3 Nr. 56 EStG

a) Begünstigter Personenkreis

76 Die Rn 23 f. gelten entsprechend.

b) Begünstigte Aufwendungen

77 Zu den nach § 3 Nr. 56 EStG begünstigten Aufwendungen gehören nur laufende Zuwendungen des Arbeitgebers für eine betriebliche Altersversorgung an eine Pensionskasse, die nicht im Kapitaldeckungsverfahren, sondern im Umlageverfahren finanziert wird (wie z.B. Umlagen an die Versorgungsanstalt des Bundes und der Länder – VBL – bzw. an eine kommunale oder kirchliche Zusatzversorgungskasse). Soweit diese Zuwendungen nicht nach § 3 Nr. 56 EStG steuerfrei bleiben, können sie individuell oder nach § 40b Abs. 1 und 2 EStG pauschal besteuert werden. Im Übrigen gelten die Rn. 27 f. und die Rn. 30 bis 34 entsprechend. Danach sind z.B. der Arbeitnehmereigenanteil an einer Umlage und die sog. eigenen Beiträge des Arbeitnehmers nicht steuerfrei nach § 3 Nr. 56 EStG.

78 Werden von der Versorgungseinrichtung sowohl Zuwendungen/Umlagen als auch Beiträge im Kapitaldeckungsverfahren erhoben, ist § 3 Nr. 56 EStG auch auf die im Kapitaldeckungsverfahren erhobenen Beiträge anwendbar, wenn eine getrennte Verwaltung und Abrechnung beider Vermögensmassen (Trennungsprinzip, Rn. 25) nicht erfolgt.

79 Erfolgt eine getrennte Verwaltung und Abrechnung beider Vermögensmassen, ist die Steuerfreiheit nach § 3 Nr. 63 EStG für die im Kapitaldeckungsverfahren erhobenen Beiträge vorrangig zu berücksichtigen. Dies gilt unabhängig davon, ob diese Beiträge rein arbeitgeberfinanziert sind, auf einer Entgeltumwandlung oder anderen im Gesamtversicherungsbeitrag des Arbeitgebers enthaltenen Finanzierungsanteilen des Arbeitnehmers beruhen. Die nach § 3 Nr. 63 EStG steuerfreien Beträge mindern den Höchstbetrag des § 3 Nr. 56 EStG (§ 3 Nr. 56 Satz 3 EStG). Zuwendungen nach § 3 Nr. 56 EStG sind daher nur steuerfrei, soweit sie nach § 3 Nr. 63 EStG steuerfreien Beiträge den Höchstbetrag des § 3 Nr. 56 EStG unterschreiten. Eine Minderung nach § 3 Nr. 56 Satz 3 EStG ist immer nur in dem jeweiligen Dienstverhältnis vorzunehmen; die Steuerfreistellung nach § 3 Nr. 56 EStG bleibt somit unberührt, wenn z.B. erst in einem späteren ersten Dienstverhältnis Beiträge nach § 3 Nr. 63 EStG steuerfrei bleiben.

80 **Beispiel:**

Arbeitgeber A zahlt in 2021 an seine Zusatzversorgungskasse einen Betrag i.H.v.:

- 1200 € (12 × 100 €) zugunsten einer getrennt verwalteten und abgerechneten kapitalgedeckten betrieblichen Altersversorgung und
- 1680 € (12 × 140 €) zugunsten einer umlagefinanzierten betrieblichen Altersversorgung.

Der Beitrag i.H.v. 1200 € ist steuerfrei gem. § 3 Nr. 63 EStG, denn der entsprechende Höchstbetrag wird nicht überschritten.

Von der Umlage sind (bei einer BBG in der allgemeinen Rentenversicherung [West] für 2021 i.H.v. 85 200 €) 1356 € steuerfrei gem. § 3 Nr. 56 Satz 1 und 3 EStG (grundsätzlich 1680 €, aber maximal 3% der BBG in der allgemeinen Rentenversicherung [West] i.H.v. 2556 € abzüglich 1200 €). Die verbleibende Umlage i.H.v. 324 € (1680 € abzüglich 1356 €) ist individuell oder gem. § 40b Abs. 1 und 2 EStG pauschal zu besteuern.

81 Es bestehen keine Bedenken gegen eine auf das Kalenderjahr bezogene Betrachtung hinsichtlich der gem. § 3 Nr. 56 Satz 3 EStG vorzunehmenden Verrechnung, wenn sowohl nach § 3 Nr. 63 EStG steuerfreie Beiträge als auch nach § 3 Nr. 56 EStG steuerfreie Zuwendungen erbracht werden sollen. Stellt

der Arbeitgeber vor Übermittlung der elektronischen Lohnsteuerbescheinigung fest (z.B. wegen einer erst im Laufe des Kalenderjahres vereinbarten nach § 3 Nr. 63 EStG steuerfreien Entgeltumwandlung aus einer Sonderzuwendung), dass die ursprüngliche Betrachtung nicht mehr zutreffend ist, hat er eine Korrektur vorzunehmen.

Beispiel: 82

Arbeitgeber A zahlt ab dem 1. Januar 2021 monatlich an eine Zusatzversorgungskasse 220 € zugunsten einer umlagefinanzierten betrieblichen Altersversorgung; nach § 3 Nr. 63 EStG steuerfreie Beiträge werden nicht entrichtet. Aus dem Dezembergehalt (Gehaltszahlung 15. Dezember 2021) wandelt der Arbeitnehmer einen Betrag i.H.v. 240 € zugunsten einer kapitalgedeckten betrieblichen Altersversorgung um (wobei die Mitteilung an den Arbeitgeber am 6. Dezember 2021 erfolgt).

Der Beitrag i.H.v. 240 € ist vorrangig steuerfrei nach § 3 Nr. 63 EStG.

Von der Umlage wurde bisher ein Betrag i.H.v. 2343 € (= 11 × 213 € [3 % der BBG für 2021 in der allgemeinen Rentenversicherung [West] i.H.v. 85 200 € = 2556 €, verteilt auf 12 Monate]) nach § 3 Nr. 56 EStG steuerfrei belassen.

Im Monat Dezember ist die steuerliche Behandlung der Umlagezahlung zu korrigieren, denn nur ein Betrag i.H.v. 2316 € (2556 € abzüglich 240 €) kann maximal im Kalenderjahr steuerfrei nach § 3 Nr. 56 EStG gezahlt werden. Ein Betrag i.H.v. 27 € (2343 € abzüglich 2316 €) ist noch individuell oder pauschal zu besteuern. Der Arbeitgeber kann wahlweise den Lohnsteuerabzug der Monate Januar bis November 2021 korrigieren oder im Dezember 2021 den Betrag als sonstigen Bezug behandeln. Der Beitrag zugunsten der umlagefinanzierten betrieblichen Altersversorgung für den Monat Dezember 2021 i.H.v. 220 € ist vollständig individuell oder pauschal zu besteuern.

13. Anwendung des § 40b EStG in der geltenden Fassung

§ 40b EStG erfasst nur noch Zuwendungen des Arbeitgebers für eine betriebliche Altersversorgung an eine Pensionskasse, die nicht im Kapitaldeckungsverfahren, sondern im Umlageverfahren finanziert wird (wie z.B. Umlagen an die Versorgungsanstalt des Bundes und der Länder – VBL – bzw. an eine kommunale oder kirchliche Zusatzversorgungskasse). Werden für den Arbeitnehmer solche Zuwendungen laufend geleistet, bleiben diese zunächst im Rahmen des § 3 Nr. 56 EStG steuerfrei. Die den Rahmen des § 3 Nr. 56 EStG übersteigenden Zuwendungen können dann nach § 40b Abs. 1 und 2 EStG pauschal besteuert werden (zur Anwendung der Pauschalbesteuerung nach § 40b EStG a.F. für den Bereich der kapitalgedeckten betrieblichen Altersversorgung vgl. Rn. 85 ff.). Werden von einer Versorgungseinrichtung sowohl Umlagen als auch Beiträge im Kapitaldeckungsverfahren erhoben, ist § 40b EStG auch auf die im Kapitaldeckungsverfahren erhobenen Beiträge anwendbar, wenn eine getrennte Verwaltung und Abrechnung beider Vermögensmassen (Trennungsprinzip, Rn. 25) nicht erfolgt. 83

Zuwendungen des Arbeitgebers i.S.d. § 19 Abs. 1 Satz 1 Nr. 3 Satz 2 EStG an eine Pensionskasse sind in voller Höhe pauschal nach § 40b Abs. 4 EStG mit 15 % zu besteuern. Dazu gehören z.B. Gegenwertzahlungen und Zahlungen im Erstattungsmodell nach § 23a und § 23c der Satzung der Versorgungsanstalt des Bundes und der Länder – VBL – oder nach § 15a und § 15b der AKA-Mustersatzung für die kommunalen und kirchlichen Zusatzversorgungskassen. Für die Anwendung des § 40b Abs. 4 EStG ist es unerheblich, wenn an die Versorgungseinrichtung keine weiteren laufenden Beiträge oder Zuwendungen geleistet werden. 84

14. Übergangsregelungen § 52 Abs. 4 Satz 16 f. und Abs. 40 EStG zur Anwendung des § 3 Nr. 63 EStG sowie des § 40b EStG a.F.

a) Mindestens eine pauschal besteuerte Beitragsleistung vor dem 1. Januar 2018

85 Für die weitere Anwendung von § 40b Abs. 1 und 2 EStG a.F. über § 52 Abs. 40 EStG ist als grundlegende personenbezogene Voraussetzung zunächst entscheidend, ob vor dem 1. Januar 2018 mindestens ein Beitrag des Arbeitgebers zum Aufbau einer kapitalgedeckten Altersversorgung an eine Pensionskasse oder Direktversicherung rechtmäßig nach § 40b Abs. 1 und 2 EStG a.F. pauschal besteuert wurde. Hierfür mussten die entsprechenden Beiträge aufgrund einer Versorgungszusage geleistet werden, die vor dem 1. Januar 2005 erteilt wurde. Für die Frage der zulässigen Anwendung der Pauschalbesteuerung **vor 2018** sind daher die Regelungen in den Rn. 349 ff. des BMF-Schreibens vom 24. Juli 2013 (BStBl. I S. 1022)[1)], unter Berücksichtigung der Änderungen durch das BMF-Schreiben vom 13. Januar 2014 (BStBl. I S. 97) und das BMF-Schreiben vom 13. März 2014 (BStBl. I S. 554) weiter von Bedeutung.

86 Wurde für einen Arbeitnehmer vor dem 1. Januar 2018 mindestens ein Beitrag rechtmäßig nach § 40b EStG a.F. pauschal besteuert, liegen für diesen Arbeitnehmer die persönlichen Voraussetzungen für die weitere Anwendung des § 40b EStG a.F. sein ganzes Leben lang vor. Vertragsänderungen (z.B. Beitragserhöhungen), Neuabschlüsse, Änderungen der Versorgungszusage, Arbeitgeberwechsel etc. sind unbeachtlich. Im Fall eines Arbeitgeberwechsels genügt es, wenn der Arbeitnehmer gegenüber dem neuen Arbeitgeber nachweist, dass vor dem 1. Januar 2018 mindestens ein Beitrag an eine Pensionskasse oder für eine Direktversicherung nach § 40b EStG a.F. pauschal besteuert wurde (beispielsweise durch eine Gehaltsabrechnung oder eine Bescheinigung eines Vorarbeitgebers bzw. des Versorgungsträgers). Der neue Arbeitgeber kann dann die in Betracht kommenden Beiträge zugunsten einer kapitalgedeckten Pensionskasse oder Direktversicherung i.S.d. R 40b.1 LStR ebenfalls weiterhin nach § 40b EStG a.F. pauschal besteuern. Übersteigen die Beiträge des Arbeitgebers den Pauschalierungshöchstbetrag von 1752 €, sind diese unter den Voraussetzungen des § 3 Nr. 63 Satz 1 EStG i.V.m. § 52 Abs. 4 Satz 16 EStG steuerfrei (vgl. Rn. 31). Die Anwendung der Pauschalbesteuerung nach § 40b EStG a.F. für Beiträge an Pensionskassen und für Direktversicherungen ist somit nicht erst nach Übersteigen des steuerfreien Höchstbetrages von 8 % möglich, sondern mindert das maximal steuerfreie Volumen (§ 52 Abs. 4 Satz 16 EStG).

87 **Beispiel 1:**

Dem Arbeitnehmer A wurde vom Arbeitgeber B im Jahr 2003 eine Versorgungszusage über eine Pensionskasse und im Jahr 2013 in Form einer Direktversicherung erteilt. Die Beiträge für die Pensionskasse wurden – soweit sie die Steuerfreiheit nach § 3 Nr. 63 EStG überstiegen – bis zur Beendigung des Dienstverhältnisses am 30. Juni 2020 nach § 40b EStG a.F. pauschal besteuert. Die Beiträge für die Direktversicherung wurden aus individuell versteuertem Arbeitslohn geleistet. Nach einer Zeit der Arbeitslosigkeit (1. Juli 2020 bis 31. März 2021) nimmt A zum 1. April 2021 ein neues Beschäftigungsverhältnis beim Arbeitgeber C auf. C erteilt A eine neue Versorgungszusage über einen Pensionsfonds und übernimmt die Direktversicherung. A weist dem C nach, dass die Beiträge für die Pensionskasse in 2017 (damit vor dem 1. Januar 2018) nach § 40b EStG a.F. pauschal besteuert wurden (Vorlage einer Gehaltsabrechnung).

Arbeitgeber C kann die Beiträge für die Direktversicherung bis zur Höhe von maximal 1752 € nach § 40b EStG a.F. pauschal besteuern. Der Zeitpunkt der Erteilung der Versorgungszusage für

---

1) Nr. **1** § 79/1.

die Direktversicherung ist ohne Bedeutung. Die Beiträge an den Pensionsfonds sind nach Maßgabe des § 3 Nr. 63 EStG steuerfrei.

Beispiel 2: 88

Dem Arbeitnehmer A wurde vom Arbeitgeber B im Jahr 2009 eine Versorgungszusage in Form einer Direktversicherung erteilt. Die Beiträge für die Direktversicherung waren bis zum 30. Juni 2020 steuerfrei nach § 3 Nr. 63 EStG. Nach einer Zeit der Arbeitslosigkeit (1. Juli 2020 bis 31. März 2021) nimmt A zum 1. April 2021 ein neues Beschäftigungsverhältnis beim Arbeitgeber C auf. C übernimmt die Direktversicherung und führt sie fort.

Arbeitgeber C kann die Beiträge für die Direktversicherung nicht nach § 40b EStG a.F. pauschal besteuern, da vor dem 1. Januar 2018 kein Beitrag nach § 40b Abs. 1 und 2 EStG a.F. pauschal besteuert wurde.

b) Weiteranwendung des § 40b Abs. 1 und 2 EStG a.F.

Neben diesen Vorgaben (s. Rn. 85 f.) ist Folgendes zu beachten: 89

Im Fall der Durchschnittsberechnung nach § 40b Abs. 2 Satz 2 EStG a.F. sind 90
zur Ermittlung des verbleibenden steuerfreien Volumens nach § 3 Nr. 63 Satz 1 EStG grundsätzlich die auf den einzelnen Arbeitnehmer entfallenden Leistungen des Arbeitgebers mindernd anzurechnen. Hat der Arbeitgeber keine individuelle Zuordnung der auf den einzelnen Arbeitnehmer entfallenden Leistungen vorgenommen, bestehen keine Bedenken, wenn der Arbeitgeber aus Vereinfachungsgründen einheitlich für alle Arbeitnehmer den nach § 40b EStG a.F. pauschal besteuerten Durchschnittsbetrag berücksichtigt.

Beispiel 1: 91

Der Arbeitgeber zahlt in einen Gruppendirektversicherungsvertrag 600 € jährlich für den Arbeitnehmer A und 2000 € jährlich für den Arbeitnehmer B ein. Der Durchschnittsbetrag von 1300 € (600 € zuzüglich 2000 € : 2 Arbeitnehmer) wird mit 20 % pauschal besteuert.

Das steuerfreie Volumen von 8 % der BBG in der allgemeinen Rentenversicherung (West) ist beim Arbeitnehmer A um 600 € und beim Arbeitnehmer B um 2000 € zu vermindern.

Beispiel 2: 92–93

Der Arbeitgeber zahlt an eine Pensionskasse 3 % seiner Bruttolohnsumme als Beitrag für alle Arbeitnehmer. Der mit 20 % pauschal besteuerte, auf jeden Arbeitnehmer entfallende Durchschnittsbetrag nach § 40b Abs. 2 Satz 2 EStG a.F. beträgt 1500 €.

Das steuerfreie Volumen von 8 % der BBG in der allgemeinen Rentenversicherung (West) wird bei allen Arbeitnehmern um 1500 € gemindert.

c) Verhältnis von § 3 Nr. 63 Satz 3 EStG und § 40b Abs. 1, Abs. 2 Satz 3 und 4 EStG a.F.

Begünstigte Aufwendungen (Rn. 25 ff.), die der Arbeitgeber aus Anlass der 94
Beendigung des Dienstverhältnisses leistet, können nach § 3 Nr. 63 Satz 3 EStG steuerfrei belassen oder nach § 40b Abs. 2 Satz 3 und 4 EStG a.F. pauschal besteuert werden.

Das steuerfreie Volumen von § 3 Nr. 63 Satz 3 EStG wird gemindert, soweit 95
§ 40b Abs. 1 und Abs. 2 Satz 3 und 4 EStG a.F. auf die Beiträge, die der Arbeitgeber aus Anlass der Beendigung des Dienstverhältnisses leistet, angewendet wird (§ 52 Abs. 4 Satz 17 EStG). Die Pauschalbesteuerung nach § 40b Abs. 2 Satz 1 und 2 EStG a.F. berührt hingegen das steuerfreie Volumen des § 3 Nr. 63 Satz 3 EStG nicht.

Beispiel: 96–97

Steuerfreier Höchstbetrag (maximal 10 Jahre × 4 % BBG in der allgemeinen Rentenversicherung [West] für 2021: 85 200 €)	34 080 €
abzgl. nach § 40b Abs. 2 Satz 3 und 4 EStG a.F. tatsächlich pauschal besteuerte Beiträge, z.B.	./. 26 280 €
verbleiben als steuerfreies Volumen nach § 3 Nr. 63 Satz 3 EStG	= 7800 €

d) Verhältnis von § 3 Nr. 63 Satz 4 EStG und § 40b Abs. 1 und 2 Satz 1 und 2 EStG a.F.

98 Begünstigte Aufwendungen (Rn. 46), die der Arbeitgeber für Kalenderjahre nachzahlt, in denen das erste Dienstverhältnis ruhte, können nach § 3 Nr. 63 Satz 4 EStG sowie ggf. nach § 3 Nr. 63 Satz 1 EStG steuerfrei belassen oder nach § 40b Abs. 2 Satz 1 und 2 EStG a.F. pauschal besteuert werden (Rn. 50).

e) Verhältnis von § 3 Nr. 63 EStG und § 40b EStG a.F., wenn die betriebliche Altersversorgung nebeneinander bei verschiedenen Versorgungseinrichtungen durchgeführt wird

99 Leistet der Arbeitgeber nach § 3 Nr. 63 Satz 1 EStG begünstigte Beiträge an verschiedene Versorgungseinrichtungen, kann er § 40b EStG a.F. auf Beiträge an Pensionskassen und Direktversicherungen unabhängig von der zeitlichen Reihenfolge der Beitragszahlung anwenden, wenn die Voraussetzungen für die weitere Anwendung der Pauschalbesteuerung vorliegen.

15. BAV-Förderbetrag

a) Allgemeines

100 Der in § 100 EStG geregelte BAV-Förderbetrag ist ein staatlicher Zuschuss zu einem vom Arbeitgeber zusätzlich zum ohnehin geschuldeten Arbeitslohn geleisteten Beitrag zur betrieblichen Altersversorgung von Arbeitnehmern mit geringem Einkommen (Bruttoarbeitslohn von monatlich nicht mehr als 2575 €). Gefördert werden Beiträge von mindestens 240 € bis höchstens 960 € im Kalenderjahr. Der staatliche Zuschuss beträgt 30 % des gesamten zusätzlichen Arbeitgeberbeitrags, also mindestens 72 € bis höchstens 288 € im Kalenderjahr. Er wird dem Arbeitgeber im Wege der Verrechnung mit der von ihm abzuführenden Lohnsteuer gewährt, grundsätzlich für den Lohnsteuer-Anmeldungszeitraum, dem der jeweilige Beitrag des Arbeitgebers zuzuordnen ist.

b) Grundlegende Voraussetzungen und Abwicklung (§ 100 Abs. 1 EStG)

101 Arbeitgeber i.S.d. § 38 Abs. 1 EStG dürfen für jeden begünstigten Arbeitnehmer (vgl. Rn. 106 ff.) mit einem ersten Dienstverhältnis vom Gesamtbetrag der einzubehaltenden Lohnsteuer einen Teilbetrag des Arbeitgeberbeitrags zur kapitalgedeckten betrieblichen Altersversorgung (BAV-Förderbetrag) entnehmen und bei der nächsten Lohnsteuer-Anmeldung gesondert absetzen.

102 Ist keine Lohnsteuer einzubehalten (weil der Arbeitslohn nicht steuerbelastet ist oder lediglich die Pauschalsteuer an die Deutsche Rentenversicherung Knappschaft/Bahn/See zu entrichten ist) oder ist die vom Arbeitgeber einzubehaltende Lohnsteuer geringer als der BAV-Förderbetrag, kommt es mit der Lohnsteuer-Anmeldung zu einer Erstattung durch das Betriebsstättenfinanzamt.

103 Die Förderung beanspruchen kann somit nur ein Arbeitgeber, der dem Grunde nach zum Lohnsteuerabzug verpflichtet ist. Das sind inländische Arbeitgeber (§ 38 Abs. 1 Satz 1 Nr. 1 EStG), ausländische Verleiher (§ 38 Abs. 1 Satz 1 Nr. 2 EStG) und in den Fällen der Arbeitnehmerentsendung das in Deutschland ansässige aufnehmende Unternehmen, das den Arbeitslohn für die geleistete Arbeit wirtschaftlich trägt oder nach dem Fremdvergleichsgrundsatz hätte tragen müssen (§ 38 Abs. 1 Satz 2 EStG).

104 Der BAV-Förderbetrag setzt ein erstes Dienstverhältnis voraus (Steuerklassen I bis V oder die Bestimmung durch den Arbeitnehmer bei pauschal besteuertem Arbeitslohn; vgl. auch Rn. 24). Hierzu zählt auch ein weiterbestehendes

Dienstverhältnis ohne Anspruch auf Arbeitslohn (z.B. während der Elternzeit, der Pflegezeit, des Bezugs von Kurzarbeiter- oder Krankengeld). Bei einem Arbeitgeberwechsel im Laufe des Jahres kann der BAV-Förderbetrag erneut bis zum Höchstbetrag in Anspruch genommen werden, auch wenn er in einem vorangegangenen Dienstverhältnis bereits ausgeschöpft wurde. Im Fall der Gesamtrechtsnachfolge und des Betriebsübergangs nach § 613a BGB kommt dies dagegen nicht in Betracht.

Durch den BAV-Förderbetrag wird die kapitalgedeckte betriebliche Altersver- **105** sorgung bezuschusst. Werden sowohl Umlagen als auch Beiträge im Kapitaldeckungsverfahren erhoben, gehören Letztere nur dann zu den begünstigten Aufwendungen, wenn eine getrennte Verwaltung und Abrechnung beider Vermögensmassen erfolgt (Trennungsprinzip); s. Rn. 25.

c) Begünstigte Personen, Einkommensgrenze (§ 100 Abs. 3 Nr. 3 EStG)

Begünstigt sind alle Arbeitnehmer (§ 1 LStDV, also auch Auszubildende, Teil- **106** zeitbeschäftigte oder geringfügig Beschäftigte), deren laufender steuerpflichtiger Arbeitslohn im Zeitpunkt der Beitragsleistung innerhalb der von § 100 Abs. 3 Nr. 3 EStG festgelegten Einkommensgrenze (2575 € monatlich, 85,84 € täglich, 600,84 € wöchentlich und 30 900 € bei jährlicher Lohnzahlung) liegt. Maßgebend ist dabei der laufende Arbeitslohn des Arbeitnehmers im jeweiligen Lohnabrechnungszeitraum, der Berechnungsgrundlage für die Lohnsteuerberechnung gem. § 39b Abs. 2 Satz 1 EStG ist. Bei einem täglichen (z.B. untermonatiger Eintritt in das Dienstverhältnis), wöchentlichen oder monatlichen Lohnzahlungszeitraum ist der Lohn daher nicht auf einen voraussichtlichen Jahresarbeitslohn hochzurechnen. Ergibt sich z.B. aufgrund einer rechtlich fehlerhaften Lohnabrechnung oder einer Lohnsteuer-Außenprüfung nachträglich eine Korrektur des laufenden Arbeitslohns mit der Folge, dass die Voraussetzungen für die Gewährung des BAV-Förderbetrags im jeweiligen Lohnzahlungszeitraum nicht vorlagen, sind die entsprechenden Lohnsteuer-Anmeldungen zu ändern (vgl. Rn. 114 und 142).

Beispiel: **107**

Ein Arbeitnehmer ist seit 1. Januar beim Arbeitgeber A beschäftigt (Monatsarbeitslohn 5000 €). Ab 16. April ist er im Ausland tätig und bezieht seitdem nach DBA steuerfreien Arbeitslohn. Im April betragen der steuerpflichtige und der steuerfreie Arbeitslohn jeweils 2500 €.

Der Lohnzahlungszeitraum im April ist der Kalendermonat (R 39b.5 Abs. 2 Satz 3 LStR). Im April beträgt das maßgebliche Einkommen 2500 €. Die Einkommensgrenze des § 100 Abs. 3 Nr. 3 EStG wird nicht überschritten.

Steuerfreie Lohnbestandteile (z.B. nach § 3 Nr. 63 EStG steuerfreie Beiträge **108** zur betrieblichen Altersversorgung, steuerfreie Arbeitslohnteile nach DBA), sonstige Bezüge (§ 39b Abs. 3 EStG, auch R 39b.5 Abs. 4 Satz 2 LStR), unter die 44 €-Freigrenze – ab 2022: 50 €-Freigrenze – (§ 8 Abs. 2 Satz 11 EStG[1)]) oder den Rabattfreibetrag fallende Sachbezüge (§ 8 Abs. 3 EStG) oder nach den §§ 37a, 37b, 40, 40b EStG oder § 40b EStG a.F. pauschal besteuerter Arbeitslohn bleiben bei der Prüfung der Einkommensgrenze unberücksichtigt.

Bei Teilzeitbeschäftigten und geringfügig Beschäftigten, bei denen die Lohn- **109** steuer pauschal erhoben wird, gibt es keinen laufenden Arbeitslohn i.S.d. § 39b Abs. 2 Satz 1 und 2 EStG. Hier wird auf den pauschal besteuerten Arbeitslohn

[1)] **Amtl. Anm.:** In der Fassung des Jahressteuergesetzes 2020 vom 21. Dezember 2020, BGBl. I S. 3096, BStBl. 2021 I S. 6.

oder das pauschal besteuerte Arbeitsentgelt für den entsprechenden Lohnzahlungszeitraum abgestellt. Als sonstige Bezüge einzuordnende Arbeitsentgelt-/Arbeitslohnteile bleiben hier ebenfalls unberücksichtigt.

110 Zu dem durch den BAV-Förderbetrag begünstigten Personenkreis gehören alle Arbeitnehmer (§ 1 LStDV), unabhängig davon, ob sie in der gesetzlichen Rentenversicherung pflichtversichert sind oder nicht (z.B. beherrschende Gesellschafter-Geschäftsführer, geringfügig Beschäftigte, in einem berufsständischen Versorgungswerk Versicherte).

d) Begünstigte Aufwendungen, zusätzlicher Arbeitgeberbeitrag (§ 100 Abs. 3 Nr. 2 EStG)

111 Nach § 100 Abs. 3 Nr. 2 EStG kann der BAV-Förderbetrag nur für einen vom Arbeitgeber zusätzlich zum ohnehin geschuldeten Arbeitslohn erbrachten Beitrag zur betrieblichen Altersversorgung an einen Pensionsfonds, eine Pensionskasse oder für eine Direktversicherung beansprucht werden (§ 8 Abs. 4 EStG[1]). Die zusätzlichen Beiträge können z.B. tarifvertraglich, durch eine Betriebsvereinbarung oder auch einzelvertraglich festgelegt sein. Im Gesamtversicherungsbeitrag des Arbeitgebers enthaltene Finanzierungsanteile des Arbeitnehmers sowie die mittels Entgeltumwandlung finanzierten Beiträge oder Eigenbeteiligungen des Arbeitnehmers sind – anders als bei § 3 Nr. 63 und § 10a EStG/Abschn. XI EStG (s. Rn. 26 und 67) – daher nicht begünstigt.

111a Auch die in Rn. 26a angesprochenen Beiträge zur betrieblichen Altersversorgung (für die betriebliche Altersversorgung verwendete vermögenswirksame Leistungen und Erhöhungsbeträge) erfüllen die Voraussetzungen für den BAV-Förderbetrag nicht, da es an der Voraussetzung „zusätzlich zum ohnehin geschuldeten Arbeitslohn" (§ 100 Abs. 3 Nr. 2 EStG) fehlt. Im Übrigen widerspricht es der Intention des Betriebsrentenstärkungsgesetzes, entsprechende Beiträge, die zu einer Zuschusspflicht nach § 1a Abs. 1a und § 23 Abs. 2 BetrAVG führen, zu fördern.

112 Nicht begünstigt sind auch die Leistungen des Arbeitgebers i.S.d. § 1a Abs. 1a und § 23 Abs. 2 BetrAVG, die er als Ausgleich für die ersparten Sozialversicherungsbeiträge infolge einer Entgeltumwandlung erbringt. Diese Beiträge werden steuerlich wie die zu Grunde liegende Entgeltumwandlung behandelt (s. a. Einzelbegründung zu § 1a Abs. 1a BetrAVG in der BT-Drs. 18/12612 und Einzelbegründung zu § 23 Abs. 2 BetrAVG in der BT-Drs. 18/11286). Nicht begünstigt sind ferner Leistungen des Arbeitgebers i.S.d. § 23 Abs. 1 BetrAVG, die dem einzelnen Arbeitnehmer unmittelbar gutgeschrieben oder zugerechnet werden.

113 Die Förderung setzt des Weiteren voraus, dass der Arbeitgeber einen Mindestbetrag i.H.v. 240 € im Kalenderjahr geleistet hat. Bei der Ermittlung des Mindestbetrags sind nur Beiträge des Arbeitgebers an einen Pensionsfonds, eine Pensionskasse oder für eine Direktversicherung zu berücksichtigen, die die Voraussetzungen des § 100 Abs. 3 Nr. 4 und 5 EStG erfüllen. Wird der jährliche Mindestbetrag aus Gründen nicht erreicht, die zum Zeitpunkt der Inanspruchnahme des BAV-Förderbetrags nicht absehbar waren, beispielsweise weil der Arbeitgeber einen Monatsbetrag leistet und der Arbeitnehmer unerwartet aus dem Unternehmen ausscheidet, bevor der Mindestbetrag erreicht

---

[1] **Amtl. Anm.:** In der Fassung des Jahressteuergesetzes 2020 vom 21. Dezember 2020, BGBl. I S. 3096, BStBl. 2021 I S. 6.

werden kann, ist der BAV-Förderbetrag nicht rückgängig zu machen (s. § 100 Abs. 4 Satz 1 EStG). Maximal begünstigt ist ein zusätzlicher Beitrag des Arbeitgebers i.H.v. 960 € im Kalenderjahr.

e) Verhältnisse im Zeitpunkt der Beitragsleistung

Für die Prüfung der Voraussetzungen des BAV-Förderbetrags sind immer nur 114
die Verhältnisse im Zeitpunkt der Beitragsleistung maßgeblich (§ 100 Abs. 4 Satz 1 EStG). Sich nachträglich ergebende, rückwirkende Änderungen der Verhältnisse sind unbeachtlich. Die Regelung betrifft insbesondere Fälle mit schwankendem oder steigendem Arbeitslohn, rückwirkende Erhöhungen des Arbeitslohns sowie Fälle, in denen der Mindestbetrag nach § 100 Abs. 3 Nr. 2 EStG unvorhergesehen nicht erreicht wird. Etwas anderes gilt, wenn z.B. aufgrund einer rechtlich fehlerhaften Lohnabrechnung oder im Rahmen einer Lohnsteuer-Außenprüfung nachträglich festgestellt wird, dass der für die Einkommensgrenze nach § 100 Abs. 3 Nr. 3 EStG maßgebliche laufende Arbeitslohn unzutreffend ermittelt wurde.

Beispiel 1: 115

Bei einem Arbeitnehmer beträgt im Januar der laufende Arbeitslohn 2500 €. Der Arbeitgeber zahlt monatlich zum 10. des Monats einen zusätzlichen Arbeitgeberbeitrag von 80 € und nimmt mit der Lohnsteuer-Anmeldung für Januar den BAV-Förderbetrag in Anspruch. Im August wird eine Gehaltserhöhung von 3,5 % vereinbart, und zwar rückwirkend ab Juni. Der laufende Arbeitslohn beträgt daher ab Juni 2587,50 €. Der Arbeitgeber zahlt weiterhin monatlich den zusätzlichen Arbeitgeberbeitrag.

Ab August kann der BAV-Förderbetrag nicht mehr in Anspruch genommen werden. Das Überschreiten der Einkommensgrenze ab August hat aber keinen Einfluss auf den bereits in den Monaten Januar bis Juli zulässigerweise in Anspruch genommenen BAV-Förderbetrag.

Beispiel 2: 116

Bei einem Arbeitnehmer beträgt der laufende Arbeitslohn 2500 €. Zusätzlich erhält der Arbeitnehmer steuerfreien Arbeitslohn von 200 €. Der Arbeitgeber zahlt monatlich zum 10. des Monats einen zusätzlichen Arbeitgeberbeitrag von 80 € und nimmt mit der Lohnsteuer-Anmeldung jeweils den BAV-Förderbetrag in Anspruch. Im Rahmen einer Lohnsteuer-Außenprüfung wird im folgenden Jahr festgestellt, dass die Voraussetzungen für die Steuerfreiheit im August nicht erfüllt sind.

Der BAV-Förderbetrag kann nicht in Anspruch genommen werden und ist zurückzuzahlen, weil der laufende Arbeitslohn unzutreffend ermittelt wurde. Die Lohnsteuer-Anmeldung für den Anmeldungszeitraum August des Vorjahres ist zu korrigieren.

Beispiel 3: 117

Der Arbeitgeber zahlt bei einem unbefristet beschäftigten Arbeitnehmer monatlich zum 10. des Monats einen zusätzlichen Arbeitgeberbeitrag i.H.v. 30 €. Der Arbeitgeber nimmt mit der Lohnsteuer-Anmeldung den BAV-Förderbetrag in Anspruch. Zum 1. Mai verlässt der Arbeitnehmer unerwartet das Unternehmen. Hierüber hat er den Arbeitgeber am 20. April informiert. Vom Arbeitgeber kann der zu zahlende Mindestbetrag von 240 € nicht mehr erreicht werden.

Das unerwartete Ausscheiden des Arbeitnehmers hat keinen Einfluss auf den bereits in den Monaten Januar bis April in Anspruch genommenen BAV-Förderbetrag (keine rückwirkende Korrektur).

Beispiel 4: 118

Der Arbeitgeber zahlt bei einem unbefristet beschäftigten Arbeitnehmer monatlich zum 10. des Monats einen zusätzlichen Arbeitgeberbeitrag i.H.v. 30 €. Der Arbeitgeber nimmt mit der Lohnsteuer-Anmeldung den BAV-Förderbetrag in Anspruch. Der Arbeitnehmer informiert seinen Arbeitgeber am 20. Januar über seine fristgemäße Kündigung zum 30. April des Jahres.

Das Ausscheiden des Arbeitnehmers hat keinen Einfluss auf den bereits im Monat Januar in Anspruch genommenen BAV-Förderbetrag (keine rückwirkende Korrektur). Ab Februar kann der BAV-Förderbetrag nicht mehr in Anspruch genommen werden, da der vom Arbeitgeber zu zahlende Mindestbetrag von 240 € (bei unveränderter Beitragszahlung) nicht mehr erreicht werden kann.

f) Höhe des BAV-Förderbetrags (§ 100 Abs. 2 EStG)

aa) Neue Vereinbarungen ab 2018

119 Der BAV-Förderbetrag beträgt im Kalenderjahr 30 % des begünstigten Arbeitgeberbeitrags, also mindestens 72 € bis höchstens 288 € (§ 100 Abs. 2 Satz 1 EStG; bis einschließlich 2019: höchstens 144 €). Der BAV-Förderbetrag ist ein Jahresbetrag. Für die Gewährung des BAV-Förderbetrags spielt es grundsätzlich keine Rolle, ob der zusätzliche Arbeitgeberbeitrag als Jahresbetrag, halb-, vierteljährlich, monatlich oder unregelmäßig gezahlt wird. Bei laufender oder unregelmäßiger Zahlung der Beiträge kann der BAV-Förderbetrag in entsprechenden Teilbeträgen bei der jeweiligen Lohnsteuer-Anmeldung geltend gemacht werden.

120 **Beispiel:**

Der Arbeitgeber zahlt vierteljährlich jeweils am 15. Januar, 15. April, 15. Juli und 15. Oktober einen zusätzlichen Arbeitgeberbeitrag i.H.v. 300 €.

Am 15. Januar, 15. April und 15. Juli beträgt der BAV-Förderbetrag jeweils 90 € (30 % von 300 €). Am 15. Oktober beträgt der BAV-Förderbetrag nur noch 18 €, denn bis dahin wurde der Höchstbetrag von 288 € bereits mit 270 € ausgeschöpft.

121 Wird der BAV-Förderbetrag dabei ganz oder teilweise unberechtigterweise in Anspruch genommen, z.B. weil sich aufgrund eines nachträglich festgestellten Fehlers (Rn. 114 ff.) herausstellt, dass die Einkommensgrenze überschritten ist, sind die jeweiligen Lohnsteuer-Anmeldungen zu ändern. Um solche Änderungen infolge nachträglich festgestellter Fehler zu vermeiden, bestehen keine Bedenken, wenn der auf die laufend oder unregelmäßig gezahlten Beiträge entfallende, rechtmäßig zustehende BAV-Förderbetrag in einer Summe spätestens bei der letzten Lohnsteuer-Anmeldung für das entsprechende Kalenderjahr geltend gemacht wird.

122 **Beispiel 1:**

Der Arbeitgeber zahlt monatlich jeweils am 15. einen zusätzlichen Arbeitgeberbeitrag i.H.v. 80 €. Der laufende Arbeitslohn für Arbeitnehmer A beträgt 2500 €. Der Arbeitgeber macht den BAV-Förderbetrag von 24 € (30 % von 80 €) monatlich bei seiner Lohnsteuer-Anmeldung geltend. Im Oktober stellt er fest, dass der für August zu berücksichtigende laufende Arbeitslohn des A zutreffend 2600 € betragen hat.

Der BAV-Förderbetrag durfte für August nicht in Anspruch genommen werden. Die entsprechende Lohnsteuer-Anmeldung für August ist zu korrigieren und der BAV-Förderbetrag i.H.v. 24 € zurückzuzahlen, weil der laufende Arbeitslohn für August unzutreffend ermittelt wurde.

123 **Beispiel 2:**

Der Arbeitgeber zahlt monatlich jeweils am 15. einen zusätzlichen Arbeitgeberbeitrag i.H.v. 80 €. Der laufende Arbeitslohn für Arbeitnehmer A beträgt 2500 €. Er macht vorerst den BAV-Förderbetrag nicht geltend. Im Oktober stellt er fest, dass der für August zu berücksichtigende laufende Arbeitslohn des A zutreffend 2600 € beträgt und korrigiert die Lohnabrechnung. Für den Monat August liegen die Voraussetzungen für den BAV-Förderbetrag wegen Überschreitens der Einkommensgrenze somit nicht vor.

Der Arbeitgeber kann den ihm insgesamt zustehenden BAV-Förderbetrag i.H.v. 264 € (11 × 24 €) bei der Lohnsteuer-Anmeldung für Dezember in einer Summe geltend machen.

124 Wird der entsprechende Arbeitgeberbeitrag als Einmalbetrag im Kalenderjahr geleistet müssen nur einmal (im Lohnzahlungszeitraum der Beitragsentrichtung) die Einkommensgrenze sowie die Erreichung des Mindestbetrags geprüft werden.

125 Stellt der Arbeitgeber vor Ablauf des Kalenderjahres fest, dass die Förderung nach § 100 EStG nicht vollständig beansprucht worden ist, muss eine anderweitige steuerliche Behandlung der Beiträge des Arbeitgebers zur betrieblichen Altersversorgung (z.B. § 3 Nr. 63 EStG oder § 40b EStG a.F.) rückgängig gemacht werden (spätester Zeitpunkt hierfür ist die Übermittlung oder Ertei-

lung der Lohnsteuerbescheinigung) oder der monatliche Teilbetrag künftig so geändert werden, dass der BAV-Förderbetrag voll ausgeschöpft wird.

bb) Anwendung bei bereits bestehenden Vereinbarungen

In Fällen, in denen der Arbeitgeber bereits im Jahr 2016 einen zusätzlichen Arbeitgeberbeitrag an einen Pensionsfonds, eine Pensionskasse oder für eine Direktversicherung geleistet hat, ist der jeweilige BAV-Förderbetrag auf den Betrag beschränkt, den der Arbeitgeber über den bisherigen Beitrag hinaus leistet (§ 100 Abs. 2 Satz 2 EStG). **126**

Beispiel 1: **127**

Der Arbeitgeber zahlt seit 2016 einen zusätzlichen Arbeitgeberbeitrag i.H.v. jährlich 200 €. Er erhöht den Arbeitgeberbeitrag ab dem Jahr 2021 auf 240 €.

Der BAV-Förderbetrag beträgt grundsätzlich 30 % von 240 € (= 72 €), wegen der Begrenzung nach § 100 Abs. 2 Satz 2 EStG jedoch nur 40 € (Erhöhung des Arbeitgeberbeitrags). Im Ergebnis wird trotz der Begrenzung also der Aufstockungsbetrag in vollem Umfang über den BAV-Förderbetrag finanziert. Der Beitrag des Arbeitgebers ist i.H.v. 240 € nach § 100 Abs. 6 EStG steuerfrei.

Beispiel 2: **128**

Der Arbeitgeber zahlt seit 2016 einen zusätzlichen Arbeitgeberbeitrag i.H.v. jährlich 200 €. Er erhöht den Arbeitgeberbeitrag ab dem Jahr 2021 auf 300 €.

Der BAV-Förderbetrag beträgt 30 % von 300 € (= 90 €). Es erfolgt keine Begrenzung nach § 100 Abs. 2 Satz 2 EStG, da der Arbeitgeberbeitrag um 100 € (also um mehr als 90 €) erhöht wird. Der Beitrag des Arbeitgebers ist i.H.v. 300 € nach § 100 Abs. 6 EStG steuerfrei.

Beispiel 3: **129**

Der Arbeitgeber zahlt seit 2016 einen zusätzlichen Arbeitgeberbeitrag i.H.v. jährlich 720 €. Er erhöht den Arbeitgeberbeitrag ab dem Jahr 2021 um 288 € auf 1008 €.

Der BAV-Förderbetrag beträgt 30 % von 960 € (= 288 €). Es erfolgt keine Begrenzung nach § 100 Abs. 2 Satz 2 EStG, da der Arbeitgeberbeitrag um 288 € erhöht wird. Im Ergebnis wird trotz der Begrenzung also der Aufstockungsbetrag in vollem Umfang über den BAV-Förderbetrag finanziert. Der Beitrag des Arbeitgebers ist i.H.v. 960 € nach § 100 Abs. 6 EStG steuerfrei. Für den den Höchstbetrag von 960 € übersteigenden Arbeitgeberbeitrag i.H.v. 48 € kommt die Steuerfreiheit nach § 3 Nr. 63 EStG in Betracht.

Beispiel 4: **130**

Der Arbeitgeber zahlt seit 2016 einen zusätzlichen Arbeitgeberbeitrag i.H.v. jährlich 1200 €. Er erhöht den Arbeitgeberbeitrag ab dem Jahr 2021 um 288 € auf 1488 €.

Der BAV-Förderbetrag beträgt 30 % von 960 € (= 288 €). Es erfolgt keine Begrenzung nach § 100 Abs. 2 Satz 2 EStG, da der Arbeitgeberbeitrag um 288 € erhöht wird. Im Ergebnis wird trotz der Begrenzung also der Aufstockungsbetrag in vollem Umfang über den BAV-Förderbetrag finanziert. Der Beitrag des Arbeitgebers ist i.H.v. 960 € nach § 100 Abs. 6 EStG steuerfrei. Für den den Höchstbetrag von 960 € übersteigenden Arbeitgeberbeitrag i.H.v. 528 € kommt die Steuerfreiheit nach § 3 Nr. 63 EStG in Betracht.

Für die Begrenzung des BAV-Förderbetrags bei bereits bestehenden Versorgungsvereinbarungen wird auf das Referenzjahr 2016 abgestellt. Dadurch greift bei einer erst ab 2017 bestehenden betrieblichen Altersversorgung (z.B. Neueinstellung in 2017) die Begrenzung des § 100 Abs. 2 Satz 2 EStG nicht. Dies gilt dann auch für alle Erhöhungen der zusätzlichen Arbeitgeberbeiträge in 2017 oder später. Die Begrenzung greift jedoch dann, wenn der Arbeitgeber im Jahr 2016 einen zusätzlichen Arbeitgeberbeitrag geleistet hat, das Arbeitsverhältnis in 2016 beendet wurde und zum selben Arbeitgeber später, d.h. in 2017 oder danach, neu begründet wurde oder wird. **131**

Beispiel 1: **132**

Der Arbeitgeber zahlt für den Arbeitnehmer A seit 2016 einen zusätzlichen Arbeitgeberbeitrag i.H.v. jährlich 180 €. Er erhöht den Arbeitgeberbeitrag ab dem Jahr 2021 auf 240 €. In 2021 stellt er außerdem Arbeitnehmer B neu ein, für den er ebenfalls einen zusätzlichen Arbeitgeberbeitrag i.H.v. 240 € zahlt.

Der BAV-Förderbetrag beträgt grundsätzlich 30 % von 240 € (= 72 €). Für den neu eingestellten Arbeitnehmer B kann der Arbeitgeber den BAV-Förderbetrag für einen Arbeitgeberbeitrag i.H.v.

240 € (BAV-Förderbetrag von 72 €) beanspruchen. Für Arbeitnehmer A kann der Arbeitgeber wegen § 100 Abs. 2 Satz 2 EStG den BAV-Förderbetrag nur für einen Arbeitgeberbeitrag i.H.v. 60 € (Erhöhungsbetrag) beanspruchen. Der Beitrag des Arbeitgebers ist bei beiden Arbeitnehmern i.H.v. 240 € nach § 100 Abs. 6 EStG steuerfrei.

133 **Beispiel 2:**

Der Arbeitgeber zahlte in 2016 einen zusätzlichen Arbeitgeberbeitrag i.H.v. jährlich 210 €. Er hatte den Arbeitgeberbeitrag bereits ab 2017 auf 300 € erhöht.

Der BAV-Förderbetrag beträgt 30 % von 300 € (= 90 €). Es erfolgt keine Begrenzung nach § 100 Abs. 2 Satz 2 EStG, da der Arbeitgeberbeitrag ab 2017 um 90 € erhöht wurde. Im Ergebnis wird damit seit 2018 der Aufstockungsbetrag in vollem Umfang über den BAV-Förderbetrag finanziert. Der Beitrag des Arbeitgebers ist i.H.v. 300 € nach § 100 Abs. 6 EStG steuerfrei.

133a War ein laufender (Monats-/Quartals-) Beitrag so bemessen, dass die Begrenzung nach § 100 Abs. 2 Satz 2 EStG bei planmäßigem Verlauf nicht greift und scheidet der Arbeitnehmer unerwartet aus dem Unternehmen aus, ist der BAV-Förderbetrag nicht rückgängig zu machen (siehe auch Rn. 113).

133b **Beispiel:**

Der Arbeitgeber zahlte in 2016 einen zusätzlichen Arbeitgeberbeitrag i.H.v. jährlich 210 €. Er hatte den Arbeitgeberbeitrag bereits ab 2017 auf 300 € (monatlich 25 €) erhöht. Zum 1. April 2021 scheidet der Arbeitnehmer unerwartet aus dem Unternehmen aus.

Der BAV-Förderbetrag für die Jahre 2018 bis 2020 beträgt 30 % von 300 € (= 90 €). Es erfolgt keine Begrenzung nach § 100 Abs. 2 Satz 2 EStG, da der Arbeitgeberbeitrag ab 2017 um 90 € erhöht wurde.

Für das Jahr 2021 leistet der Arbeitgeber lediglich einen Beitrag i.H.v. 75 € (3 × 25 €). Entsprechend Rn. 133a beträgt der BAV-Förderbetrag für das Jahr 2021 gleichwohl 30 % von 75 € (= 22,50 €).

g) Weitere Voraussetzungen für die Inanspruchnahme (§ 100 Abs. 3 EStG)

aa) Lohnsteuerabzug im Inland (§ 100 Abs. 3 Nr. 1 EStG)

134 Nach § 100 Abs. 3 Nr. 1 EStG setzt die Inanspruchnahme des BAV-Förderbetrags zudem voraus, dass der Arbeitslohn des Arbeitnehmers im Lohnzahlungszeitraum, für den der BAV-Förderbetrag geltend gemacht wird, im Inland dem Lohnsteuerabzug unterliegt. Hiervon ist beispielsweise auch während der Eltern- und Pflegezeit, des Bezugs von Kurzarbeiter- oder Krankengeld auszugehen, obgleich der zu besteuernde Arbeitslohn 0 € beträgt. Auf die Art der Steuerpflicht des Arbeitnehmers (unbeschränkt oder beschränkt einkommensteuerpflichtig bzw. als unbeschränkt einkommensteuerpflichtig zu behandeln) kommt es nicht an.

135 Eine Förderung ist hingegen ausgeschlossen für Arbeitnehmer, die ausschließlich nach einem DBA steuerfreien Arbeitslohn beziehen. Nicht ausgeschlossen ist hingegen die Förderung für Arbeitnehmer, bei denen aufgrund eines DBA der Lohnsteuerabzug im Inland begrenzt ist (beispielsweise bei Grenzgängern aus der Schweiz auf 4,5 % des Bruttobetrags der Vergütungen).

bb) Auszahlungsform (§ 100 Abs. 3 Nr. 4 EStG)

136 Nach § 100 Abs. 3 Nr. 4 EStG setzt die Förderung mittels BAV-Förderbetrag voraus, dass die Auszahlung der Versorgungsleistungen entsprechend § 82 Abs. 2 Satz 2 EStG vorgesehen ist. Zu den begünstigten Auszahlungsformen siehe im Einzelnen die Ausführungen unter Rn. 68. Entscheidet sich der Arbeitnehmer zugunsten einer Einmalkapitalauszahlung, so sind von diesem Zeitpunkt an die Voraussetzungen des § 100 EStG nicht mehr erfüllt, d.h., die Förderung entfällt und die Beitragsleistungen sind zu besteuern. Erfolgt die Ausübung des Wahlrechts innerhalb des letzten Jahres vor dem altersbedingten Ausscheiden aus dem Erwerbsleben, so ist es aus Vereinfachungsgründen nicht zu beanstanden,

wenn die Beitragsleistungen weiterhin nach § 100 EStG gefördert werden. Für die Berechnung der Jahresfrist ist dabei auf das im Zeitpunkt der Ausübung des Wahlrechts vertraglich vorgesehene Ausscheiden aus dem Erwerbsleben (vertraglich vorgesehener Beginn der Altersversorgungsleistung) abzustellen. Bei Auszahlung oder anderweitiger wirtschaftlicher Verfügung ist der Einmalkapitalbetrag gem. § 22 Nr. 5 Satz 1 EStG zu besteuern (siehe dazu Rn. 148 f.).

cc) Keine „Zillmerung" (§ 100 Abs. 3 Nr. 5 EStG)

Nach § 100 Abs. 3 Nr. 5 EStG kommt die steuerliche Förderung nur in **137** Betracht, wenn sichergestellt ist, dass die Abschluss- und Vertriebskosten des Vertrages über die betriebliche Altersversorgung nur als fester Anteil der laufenden Beiträge einbehalten werden; die Finanzierung der Abschluss- und Vertriebskosten zulasten der ersten Beiträge („Zillmerung") ist förderschädlich. Bei am 1. Januar 2018 bereits bestehenden Verträgen kann die steuerliche Förderung ausnahmsweise in Anspruch genommen werden, sobald für die Restlaufzeit des Vertrages sichergestellt ist, dass

– die verbliebenen Abschluss- und Vertriebskosten und
– die ggf. neu anfallenden Abschluss- und Vertriebskosten

jeweils als fester Anteil der ausstehenden laufenden Beiträge einbehalten werden.

h) Rückgewährung des BAV-Förderbetrags (§ 100 Abs. 4 Satz 2 bis 4 EStG)

Verfällt die Anwartschaft auf Leistungen aus einer geförderten betrieblichen **138** Altersversorgung, z.B. wenn das Dienstverhältnis zum Arbeitnehmer vor Ablauf der Unverfallbarkeitsfrist von drei Jahren endet (§ 1b Abs. 1 BetrAVG), und ergibt sich daraus eine ganz oder teilweise Rückzahlung der Beiträge an den Arbeitgeber, sind die entsprechende BAV-Förderbeträge zurückzugewähren (§ 100 Abs. 4 Satz 2 bis 4 EStG).

Eine Verpflichtung zur Rückgewährung des BAV-Förderbetrages ergibt sich **139** jedoch nur, soweit er auf den Rückzahlungsbetrag an den Arbeitgeber entfällt (§ 100 Abs. 4 Satz 3 EStG). Dies trägt dem Umstand Rechnung, dass nicht in allen Fällen mit der Verfallbarkeit der Anwartschaft Rückflüsse an den Arbeitgeber erfolgen. Dies kann z.B. der Fall sein bei einer verfallenen Invaliditäts- und Hinterbliebenenversorgung im Zusammenhang mit der Beitragszusage i.S.d. § 1 Abs. 2 Nr. 2a und § 21 ff. BetrAVG, bei der alle Beiträge im Kollektiv verbleiben.

Die Rückgewährung des BAV-Förderbetrages erfolgt über die Lohnsteuer- **140** Anmeldung für den Lohnzahlungszeitraum, in dem die Rückzahlung zufließt. Der zurückzugewährende BAV-Förderbetrag ist der an das Betriebsstättenfinanzamt abzuführenden Lohnsteuer hinzuzurechnen.

i) Anwendbarkeit anderer Vorschriften (§ 100 Abs. 5 EStG)

Nach § 100 Abs. 5 EStG gelten beispielsweise die Regelungen zur Lohnsteuer- **141** Außenprüfung und zur lohnsteuerlichen Anrufungsauskunft entsprechend. Aber auch bestimmte Regelungen der AO sind entsprechend beim BAV-Förderbetrag anzuwenden. Das sind insbesondere die für Steuervergütungen geltenden Vorschriften und die Straf- und Bußgeldvorschriften der AO.

Wird bei einer Lohnsteuer-Außenprüfung festgestellt, dass bei einem Arbeit- **142** geber die Voraussetzungen für den BAV-Förderbetrag und die Absetzung der an das Finanzamt abzuführenden Lohnsteuer nicht vorgelegen haben, werden die entsprechenden Lohnsteuer-Anmeldungen geändert (denn die Lohnsteuer-Anmeldungen stehen als Steueranmeldungen einer Steuerfestsetzung unter dem Vorbehalt der Nachprüfung gleich, § 169 i.V.m. § 164 AO).

j) Steuerfreiheit des zusätzlich geleisteten Arbeitgeberbeitrags (§ 100 Abs. 6 EStG)

143 Liegen sämtliche Fördervoraussetzungen des § 100 EStG für den zusätzlichen Arbeitgeberbeitrag zur betrieblichen Altersversorgung vor, ist der Betrag maximal bis zum förderfähigen Höchstbetrag i.H.v. 960 € steuerfrei nach § 100 Abs. 6 EStG. Liegen die Fördervoraussetzungen des § 100 EStG nicht vor, greift auch die Steuerfreiheit nach § 100 Abs. 6 EStG nicht.

144 Die Steuerfreiheit nach § 100 Abs. 6 EStG hat Vorrang gegenüber der Steuerfreiheit nach § 3 Nr. 63 EStG. Ein über den förderfähigen Höchstbetrag nach § 100 Abs. 6 EStG hinaus gezahlter zusätzlicher Arbeitgeberbeitrag ist somit in der Regel nach § 3 Nr. 63 EStG steuerfrei, sofern das entsprechende Volumen des § 3 Nr. 63 EStG noch nicht anderweitig ausgeschöpft wurde.

III. Steuerliche Behandlung der Versorgungsleistungen

1. Allgemeines

145 Die Leistungen aus einer Versorgungszusage des Arbeitgebers können Einkünfte aus nichtselbständiger Arbeit oder sonstige Einkünfte sein oder nicht der Besteuerung unterliegen.

2. Direktzusage und Unterstützungskasse

146 Versorgungsleistungen des Arbeitgebers aufgrund einer Direktzusage und Versorgungsleistungen einer Unterstützungskasse führen zu Einkünften aus nichtselbständiger Arbeit (§ 19 EStG).

147 Werden solche Versorgungsleistungen nicht fortlaufend, sondern in einer Summe gezahlt, handelt es sich um Vergütungen (Arbeitslohn) für mehrjährige Tätigkeiten i.S.d. § 34 Abs. 2 Nr. 4 EStG (vgl. BFH-Urteil vom 12. April 2007 VI R 6/02, BStBl. II S. 581), die bei Zusammenballung als außerordentliche Einkünfte nach § 34 Abs. 1 EStG zu besteuern sind. Die Gründe für eine Kapitalisierung der Versorgungsleistungen sind dabei unerheblich. Im Fall von Teilkapitalauszahlungen in mehreren Kalenderjahren ist dagegen der Tatbestand der Zusammenballung nicht erfüllt; eine Anwendung des § 34 EStG kommt daher für diese Zahlungen nicht in Betracht.

3. Direktversicherung, Pensionskasse und Pensionsfonds

a) Allgemeines

148 Die steuerliche Behandlung der Leistungen aus einer Direktversicherung, Pensionskasse und Pensionsfonds in der Auszahlungsphase erfolgt nach § 22 Nr. 5 EStG (lex specialis, vgl. Rn. 126 ff. des BMF-Schreibens vom 21. Dezember 2017, BStBl. 2018 I S. 93[1]), geändert durch das BMF-Schreiben vom 17. Februar 2020, BStBl. I S. 213). Der Umfang der Besteuerung hängt davon ab, inwieweit die Beiträge in der Ansparphase durch die Steuerfreiheit nach § 3 Nr. 63 EStG (vgl. Rn. 23 ff.), nach § 3 Nr. 63a EStG (vgl. Rn. 51 f.), nach § 3 Nr. 66 EStG (vgl. Rn. 56), nach § 100 EStG (vgl. Rn. 100 ff.) oder durch Sonderausgabenabzug nach § 10a EStG und Zulage nach Abschn. XI EStG

[1] Nr. 1 § 79/1.

(vgl. Rn. 66 ff.) gefördert wurden oder die Leistungen auf steuerfreien Zuwendungen nach § 3 Nr. 56 EStG oder auf der nach § 3 Nr. 55b Satz 1 oder § 3 Nr. 55c EStG steuerfreien Leistung aus einem neu begründeten Anrecht basieren. Dies gilt auch für Leistungen aus einer ergänzenden Absicherung der Invalidität oder von Hinterbliebenen. Dabei ist grundsätzlich von einer einheitlichen Versorgungszusage und somit für den Aufteilungsmaßstab von einer einheitlichen Behandlung der Beitragskomponenten für Alter und Zusatzrisiken auszugehen. Ist nur die Absicherung von Zusatzrisiken Gegenstand einer Versorgungszusage, ist für den Aufteilungsmaßstab auf die gesamte Beitragsphase und nicht allein auf den letzten geleisteten Beitrag abzustellen. Zu den nicht geförderten Beiträgen gehören insbesondere die nach § 40b EStG a.F. pauschal besteuerten sowie die vor dem 1. Januar 2002 erbrachten Beiträge an eine Pensionskasse oder für eine Direktversicherung. Die Besteuerung erfolgt auch dann nach § 22 Nr. 5 EStG, wenn ein Direktversicherungsvertrag ganz oder teilweise privat fortgeführt wird.

Wird infolge von § 1a Abs. 1a, § 26a BetrAVG die gesetzlich angeordnete **148a** Beitragsaufstockung und dementsprechende Leistungserhöhung der zugesagten betrieblichen Altersversorgung in den Durchführungswegen Pensionsfonds, Pensionskasse oder Direktversicherung vorgenommen, gilt die Betragsaufstockung nicht als gesonderter neuer Vertrag (§ 20 Abs. 1 Nr. 6 EStG).

Im Fall von Teil- bzw. Einmalkapitalauszahlungen handelt es sich nicht um **149** außerordentliche Einkünfte i.S.d. § 34 Abs. 2 EStG. Daher kommt eine Anwendung der Fünftelungsregelung des § 34 EStG auf diese Zahlungen nicht in Betracht.

b) Leistungen, die ausschließlich auf nicht geförderten Beiträgen beruhen

Leistungen, die ausschließlich auf nicht geförderten Beiträgen beruhen, sind, **150** wenn es sich um eine lebenslange Rente, eine Berufsunfähigkeits-, Erwerbsminderungs- oder um eine Hinterbliebenenrente handelt, als sonstige Einkünfte gem. § 22 Nr. 5 Satz 2 Buchst. a i.V.m. § 22 Nr. 1 Satz 3 Buchst. a Doppelbuchst. bb EStG mit dem Ertragsanteil zu besteuern.

Handelt es sich um Renten i.S.d. Rn. 150, die die Voraussetzungen des § 10 **151** Abs. 1 Nr. 2 Satz 1 Buchst. b EStG erfüllen, sind diese als sonstige Einkünfte gem. § 22 Nr. 5 Satz 2 Buchst. a i.V.m. § 22 Nr. 1 Satz 3 Buchst. a Doppelbuchst. aa EStG mit dem Besteuerungsanteil zu besteuern. Liegen die Voraussetzungen des § 10 Abs. 1 Nr. 2 Satz 1 Buchst. b EStG nicht vor, erfolgt die Besteuerung gem. § 22 Nr. 5 Satz 2 Buchst. a i.V.m. § 22 Nr. 1 Satz 3 Buchst. a Doppelbuchst. bb EStG mit dem Ertragsanteil.

Auf andere als die in den Rn. 150 f. genannten Leistungen (z.B. Kapitalauszah- **152** lungen, Teilraten aus Auszahlungsplänen, Abfindungen) sind die Regelungen in Rn. 145 des BMF-Schreibens vom 21. Dezember 2017 (BStBl. 2018 I S. 93)[1], geändert durch das BMF-Schreiben vom 17. Februar 2020 (BStBl. I S. 213), entsprechend anzuwenden. Wird bei einem vor dem 1. Januar 2012 abgeschlossenen Vertrag die Untergrenze für betriebliche Altersversorgungsleistungen bis auf das 62. Lebensjahr oder der Zeitpunkt des erstmaligen Bezugs von Altersversorgungsleistungen bei altersbedingtem Ausscheiden aus dem Erwerbsleben auf das 67. Lebensjahr erhöht (vgl. Rn. 3) und dadurch die Laufzeit

[1] Nr. **1** § 79/1.

des Vertrages verlängert, führt dies allein zu keiner nachträglichen Vertragsänderung, wenn die Verlängerung einen Zeitraum von höchstens zwei Jahren umfasst. Eine entsprechende Verlängerung der Beitragszahlungsdauer ist zulässig. Eine Verlängerung der Laufzeit bzw. der Beitragszahlungsdauer infolge der Anhebung der Altersgrenze kann nur einmalig vorgenommen werden.

153 Zu Leistungen aus einer reinen Risikoversicherung vgl. insoweit Rn. 7 des BMF-Schreibens vom 1. Oktober 2009 (BStBl. I S. 1172)[1], geändert durch die BMF-Schreiben vom 6. März 2012 (BStBl. I S. 238), vom 29. September 2017 (BStBl. I S. 1314) und vom 9. August 2019 (BStBl. I S. 829).

c) Leistungen, die ausschließlich auf geförderten Beiträgen beruhen

154 Leistungen, die ausschließlich auf geförderten Beiträgen beruhen, unterliegen als sonstige Einkünfte nach § 22 Nr. 5 Satz 1 EStG in vollem Umfang der Besteuerung (vgl. auch Rn. 137 f. des BMF-Schreibens vom 21. Dezember 2017, BStBl. 2018 I S. 93[2], geändert durch das BMF-Schreiben vom 17. Februar 2020, BStBl. I S. 213).

d) Leistungen, die auf geförderten und nicht geförderten Beiträgen beruhen

155 Beruhen die Leistungen sowohl auf geförderten als auch auf nicht geförderten Beiträgen, müssen die Leistungen in der Auszahlungsphase aufgeteilt werden (vgl. Rn. 139 ff. des BMF-Schreibens vom 21. Dezember 2017, BStBl. 2018 I S. 93[2], geändert durch das BMF-Schreiben vom 17. Februar 2020, BStBl. I S. 213). Für die Frage des Aufteilungsmaßstabs ist das BMF-Schreiben vom 11. November 2004 (BStBl. I S. 1061) unter Berücksichtigung der Änderungen durch das BMF-Schreiben vom 14. März 2012 (BStBl. I S. 311) anzuwenden.

156 Soweit die Leistungen auf geförderten Beiträgen beruhen, unterliegen sie als sonstige Einkünfte nach § 22 Nr. 5 Satz 1 EStG in vollem Umfang der Besteuerung. Dies gilt unabhängig davon, ob sie in Form der Rente oder als Kapitalauszahlung geleistet werden.

157 Soweit die Leistungen auf nicht geförderten Beiträgen beruhen, gelten die Regelungen in den Rn. 150 bis 153 entsprechend.

e) Sonderzahlungen des Arbeitgebers nach § 19 Abs. 1 Satz 1 Nr. 3 EStG

158 Sonderzahlungen des Arbeitgebers i.S.d. § 19 Abs. 1 Satz 1 Nr. 3 Satz 2 EStG einschließlich der Zahlungen des Arbeitgebers zur erstmaligen Bereitstellung der Kapitalausstattung zur Erfüllung der Solvabilitätsvorschriften nach den §§ 89, 213, 234g oder 238 VAG, zur Wiederherstellung einer angemessenen Kapitalausstattung nach unvorhersehbaren Verlusten oder zur Finanzierung der Verstärkung der Rechnungsgrundlagen aufgrund einer unvorhersehbaren und nicht nur vorübergehenden Änderung der Verhältnisse, der Zahlungen des Arbeitgebers in der Rentenbezugszeit nach § 236 Abs. 2 VAG und der Sanierungsgelder sind bei der Ermittlung des Aufteilungsmaßstabs nicht zu berücksichtigen. Siehe im Übrigen Rn. 14 ff.

f) Bescheinigungspflicht

159 Nach § 22 Nr. 5 Satz 7 EStG hat der Anbieter beim erstmaligen Bezug von Leistungen sowie bei Änderung der im Kalenderjahr auszuzahlenden Leistun-

[1] Nr. **1** § 20/12.
[2] Nr. **1** § 79/1.

gen dem Steuerpflichtigen nach amtlich vorgeschriebenem Muster den Betrag der im abgelaufenen Kalenderjahr zugeflossenen Leistungen zu bescheinigen. In dieser Bescheinigung sind die Leistungen entsprechend den Grundsätzen in den Rn. 137 ff. des BMF-Schreibens vom 21. Dezember 2017 (BStBl. 2018 I S. 93[1]), geändert durch das BMF-Schreiben vom 17. Februar 2020, BStBl. I S. 213) gesondert auszuweisen.

g) Sonderregelungen

aa) Leistungen aus einem Pensionsfonds aufgrund der Übergangsregelung nach § 22 Nr. 5 Satz 11 EStG

160 Haben Arbeitnehmer schon von ihrem Arbeitgeber aufgrund einer Direktzusage oder von einer Unterstützungskasse laufende Versorgungsleistungen erhalten und ist diese Versorgungsverpflichtung nach § 3 Nr. 66 EStG auf einen Pensionsfonds übertragen worden, werden bei den Leistungsempfängern nach § 22 Nr. 5 Satz 11 EStG weiterhin der Arbeitnehmer-Pauschbetrag i.H.v. 1000 € (§ 9a Satz 1 Nr. 1 Buchst. a EStG) bzw. der Pauschbetrag für Werbungskosten i.H.v. 102 € nach § 9a Satz 1 Nr. 1 Buchst. b EStG und der Versorgungsfreibetrag sowie der Zuschlag zum Versorgungsfreibetrag (§ 19 Abs. 2 EStG) berücksichtigt. Dies gilt auch, wenn der Zeitpunkt des erstmaligen Leistungsbezugs und der Zeitpunkt der Übertragung der Versorgungsverpflichtung auf den Pensionsfonds in denselben Monat fallen. Die Leistungen unterliegen unabhängig davon als sonstige Einkünfte nach § 22 Nr. 5 Satz 1 EStG der Besteuerung. Die vorstehenden Ausführungen zur Berücksichtigung des Versorgungsfreibetrags und des Zuschlags zum Versorgungsfreibetrag gelten entsprechend für einen Hinterbliebenenbezug, der auf den Versorgungsbezug folgt.

161 Handelt es sich bereits beim erstmaligen Bezug der Versorgungsleistungen um Versorgungsbezüge i.S.d. § 19 Abs. 2 EStG, wird der Pauschbetrag nach § 9a Satz 1 Nr. 1 Buchst. b EStG abgezogen; zusätzlich werden der Versorgungsfreibetrag und der Zuschlag zum Versorgungsfreibetrag mit dem für das Jahr des Versorgungsbeginns maßgebenden Prozentsatz und Beträgen berücksichtigt. Handelt es sich beim erstmaligen Bezug der Versorgungsleistungen nicht um Versorgungsbezüge i.S.d. § 19 Abs. 2 EStG, weil z.B. keine der Altersgrenzen in § 19 Abs. 2 EStG erreicht sind, ist lediglich der Arbeitnehmer-Pauschbetrag (§ 9a Satz 1 Nr. 1 Buchst. a EStG) abzuziehen. Wird eine der Altersgrenzen in § 19 Abs. 2 EStG erst zu einem späteren Zeitpunkt erreicht, sind ab diesem Zeitpunkt der für dieses Jahr maßgebende Versorgungsfreibetrag und der Zuschlag zum Versorgungsfreibetrag abzuziehen sowie anstelle des Arbeitnehmer-Pauschbetrags der Pauschbetrag nach § 9a Satz 1 Nr. 1 Buchst. b EStG. Ein Abzug des Versorgungsfreibetrags nach § 19 Abs. 2 EStG in der bis zum 31. Dezember 2004 geltenden Fassung kommt nach dem 31. Dezember 2004 nicht mehr in Betracht. Dies gilt unabhängig vom Zeitpunkt der Übertragung der Versorgungsverpflichtung auf den Pensionsfonds. Folgt ein Hinterbliebenenbezug einem Versorgungsbezug, sind die Rn. 180 ff. des BMF-Schreibens vom 19. August 2013 (BStBl. I S. 1087)[2] in der jeweils aktuell gültigen Fassung entsprechend anzuwenden.

---

[1] Nr. **1** § 79/1.
[2] Nr. **1** § 10/9.

bb) Arbeitgeberzahlungen infolge der Anpassungsprüfungspflicht nach § 16 BetrAVG

162 Leistungen des Arbeitgebers aufgrund der Anpassungsprüfungspflicht nach § 16 Abs. 1 BetrAVG, mit der die Leistungen einer Versorgungseinrichtung ergänzt werden, gehören zu den Einkünften nach § 19 Abs. 1 Satz 1 Nr. 2 EStG. Rn. 161 gilt entsprechend. Als Versorgungsbeginn i.S.d. § 19 Abs. 2 EStG ist der Beginn der Zahlung durch den Arbeitgeber anzusehen.

163 Erhöhen sich die Zahlungen des Arbeitgebers infolge der Anpassungsprüfungspflicht nach § 16 BetrAVG, liegt eine regelmäßige Anpassung vor, die nicht zu einer Neuberechnung des Versorgungsfreibetrags und des Zuschlags zum Versorgungsfreibetrag führen.

164 Ändert sich die Höhe der Arbeitgeberzahlung unabhängig von der Anpassungsprüfungspflicht, gilt Folgendes:

Übernimmt die Versorgungseinrichtung die Arbeitgeberzahlung nur zum Teil, ist dies als Anrechnungs-/Ruhensregelung i.S.d. § 19 Abs. 2 Satz 10 EStG anzusehen und führt zu einer Neuberechnung. Gleiches gilt für den Fall, dass die Versorgungseinrichtung die Zahlungen nicht mehr erbringen kann und sich die Arbeitgeberzahlung wieder erhöht.

165 Kann die Versorgungseinrichtung die Arbeitgeberzahlungen zunächst vollständig übernehmen und stellt diese später (z.B. wegen Liquiditätsproblemen) wieder ein, so dass der Arbeitgeber die Zahlungsverpflichtung wieder vollständig erfüllen muss, lebt der Anspruch wieder auf. Dies führt nicht zu einem neuen Versorgungsbeginn, so dass für die (Neu-)Berechnung des Versorgungsfreibetrags und des Zuschlags zum Versorgungsfreibetrag die „alte“ Kohorte maßgebend ist.

cc) Beendigung einer betrieblichen Altersversorgung

166 Bei Beendigung einer nach § 3 Nr. 63 oder § 100 EStG geförderten betrieblichen Altersversorgung gilt Folgendes:

Liegt eine betriebliche Altersversorgung i.S.d. BetrAVG vor und wird diese lediglich mit Wirkung für die Zukunft beendet, z.B. durch eine Abfindung (ggf. auch in Form der Beitragsrückerstattung), dann handelt es sich bei der Zahlung der Versorgungseinrichtung an den Arbeitnehmer um sonstige Einkünfte i.S.d. § 22 Nr. 5 EStG und nicht um Einkünfte nach § 19 EStG.

Im Fall einer kompletten Rückabwicklung des Vertragsverhältnisses mit Wirkung für die Vergangenheit handelt es sich bei der Zahlung der Versorgungseinrichtung an den Arbeitnehmer um eine Arbeitslohnzahlung i.S.d. § 19 Abs. 1 EStG, die im Zeitpunkt des Zuflusses nach den allgemeinen lohnsteuerlichen Grundsätzen behandelt wird.

Kündigt der Arbeitgeber vorzeitig einen nach § 40b EStG a.F. begünstigten Direktversicherungsvertrag und wird der Rückkaufswert im Hinblick auf ein unwiderrufliches bzw. unverfallbares Bezugsrecht an den Arbeitnehmer ausgezahlt, ergeben sich aus diesem Vorgang keine lohnsteuerlichen Konsequenzen.

Im Gegensatz zur rückwirkenden Aufhebung einer Vereinbarung mit der Rechtsfolge, dass der Anspruch auf betriebliche Altersversorgung gänzlich untergeht, bewirkt die Abfindung des Anspruchs lediglich einen Rechtsverlust *ab dem Zeitpunkt* des Wirksamwerdens der Vereinbarung. Der Pauschalierung nach § 40b EStG a.F. steht die vorzeitige Kündigung durch den Arbeitnehmer entgegen. Eine Kündigung durch den Arbeitgeber ist dagegen unschädlich.

Von einer Kündigung durch den Arbeitgeber ist auszugehen, wenn betriebliche Gründe (z.B. Liquiditätsschwierigkeiten) maßgebend waren oder die Kündigung durch den Arbeitgeber auf Wunsch des Arbeitnehmers erfolgt ist. Die Kündigung hat keine Auswirkung auf eine bis zu diesem Zeitpunkt erfolgte Pauschalierung nach § 40b EStG a.F.

IV. Schädliche Auszahlung von gefördertem Altersvorsorgevermögen

1. Allgemeines

Wird das nach § 10a EStG/Abschn. XI EStG steuerlich geförderte Altersvorsorgevermögen an den Arbeitnehmer nicht als Rente oder im Rahmen eines Auszahlungsplans ausgezahlt, handelt es sich grundsätzlich um eine schädliche Verwendung (§ 93 Abs. 1 EStG; Rn. 195 ff. des BMF-Schreibens vom 21. Dezember 2017, BStBl. 2018 I S. 93[1]), geändert durch das BMF-Schreiben vom 17. Februar 2020, BStBl. I S. 213). Im Bereich der betrieblichen Altersversorgung kann eine solche schädliche Verwendung dann gegeben sein, wenn Versorgungsanwartschaften abgefunden oder übertragen werden. Entsprechendes gilt, wenn der Arbeitnehmer im Versorgungsfall ein bestehendes Wahlrecht auf Einmalkapitalauszahlung ausübt (vgl. Rn. 68). **167**

Liegt eine schädliche Verwendung von gefördertem Altersvorsorgevermögen vor, gelten die Rn. 202 ff. sowie 216 bis 239 des BMF-Schreibens vom 21. Dezember 2017 (BStBl. 2018 I S. 93), geändert durch das BMF-Schreiben vom 17. Februar 2020 (BStBl. I S. 213). **168**

2. Abfindungen von Anwartschaften, die auf nach § 10a EStG/Abschn. XI EStG geförderten Beiträgen beruhen

Im Fall der Abfindung von Anwartschaften der betrieblichen Altersversorgung gem. § 3 BetrAVG handelt es sich gem. § 93 Abs. 2 Satz 3 EStG um keine schädliche Verwendung, soweit das nach § 10a EStG/Abschn. XI EStG geförderte Altersvorsorgevermögen zugunsten eines auf den Namen des Zulageberechtigten lautenden zertifizierten privaten Altersvorsorgevertrags geleistet wird. Der Begriff der Abfindung umfasst außerdem auch Abfindungen, die in arbeitsrechtlich zulässiger Weise außerhalb des Regelungsbereiches des § 3 BetrAVG erfolgen, wie z.B. den Fall der Abfindung ohne Ausscheiden aus dem Arbeitsverhältnis. Liegen die übrigen Voraussetzungen des § 93 Abs. 2 Satz 3 EStG vor, kann somit auch in anderen Abfindungsfällen als denen des § 3 BetrAVG gefördertes Altersvorsorgevermögen aus der betrieblichen Altersversorgung auf einen zertifizierten privaten Altersvorsorgevertrag übertragen werden, ohne dass eine schädliche Verwendung vorliegt. **169**

3. Abfindungen von Anwartschaften, die auf steuerfreien oder nicht geförderten Beiträgen beruhen

Wird eine Anwartschaft der betrieblichen Altersversorgung abgefunden, die ganz oder teilweise auf nach § 3 Nr. 63, 63a, 66 oder § 100 EStG steuerfreien oder nicht geförderten Beiträgen beruht und zugunsten eines auf den Namen des Steuerpflichtigen lautenden zertifizierten Altersvorsorgevertrags geleistet wird, unterliegt der Abfindungsbetrag im Zeitpunkt der Abfindung nicht der Besteuerung (§ 3 Nr. 55c Satz 2 Buchst. b EStG; Rn. 150 f. des BMF-Schreibens vom 21. Dezember 2017, BStBl. 2018 I S. 93[1]), geändert durch das BMF-Schreiben vom 17. Februar 2020, BStBl. I S. 213). Die Rn. 152 ff. des **170**

---

[1]) Nr. **1** § 79/1.

BMF-Schreibens vom 21. Dezember 2017 (BStBl. 2018 I S. 93), geändert durch das BMF-Schreiben vom 17. Februar 2020 (BStBl. I S. 213), gelten entsprechend.

171 Wird der Abfindungsbetrag nicht entsprechend der Rn. 170 verwendet, erfolgt eine Besteuerung des Abfindungsbetrags im Zeitpunkt der Abfindung entsprechend den Grundsätzen der Rn. 150 bis 157.

4. Portabilität

172 Bei einem Wechsel des Arbeitgebers kann der Arbeitnehmer für Versorgungszusagen, die nach dem 31. Dezember 2004 erteilt werden, gem. § 4 Abs. 3 BetrAVG verlangen, dass der bisherige Arbeitgeber den Übertragungswert (§ 4 Abs. 5 BetrAVG) auf eine Versorgungseinrichtung des neuen Arbeitgebers überträgt. Die Übertragung ist gem. § 93 Abs. 2 Satz 2 Halbsatz 1 EStG dann keine schädliche Verwendung, wenn auch nach der Übertragung eine lebenslange Altersversorgung entsprechend § 82 Abs. 2 Satz 2 EStG vorgesehen ist. Zu den begünstigten Auszahlungsformen siehe im Einzelnen die Ausführungen unter Rn. 68. Dies gilt auch, wenn der alte und neue Arbeitgeber sowie der Arbeitnehmer sich gem. § 4 Abs. 2 Nr. 2 BetrAVG freiwillig auf eine Übertragung der Versorgungsanwartschaften mittels Übertragungswert von einer Versorgungseinrichtung i.S.d. § 82 Abs. 2 EStG auf eine andere Versorgungseinrichtung i.S.d. § 82 Abs. 2 EStG verständigen.

172a Auch die Fälle des § 3 Nr. 55c Satz 2 Buchst. a EStG (Übertragung auf einen anderen Träger der betrieblichen Altersversorgung; s. Rn. 63) führen zu keiner schädlichen Verwendung (§ 93 Abs. 2 Satz 2 Halbsatz 2 EStG).

173 Erfüllt die Versorgungseinrichtung des neuen Arbeitgebers nicht die Voraussetzungen des § 82 Abs. 2 Satz 2 EStG, gelten die Rn. 150 bis 157 entsprechend.

5. Entschädigungsloser Widerruf eines noch verfallbaren Bezugsrechts

174 Hat der Arbeitnehmer für arbeitgeberfinanzierte Beiträge an eine Direktversicherung, eine Pensionskasse oder einen Pensionsfonds die Förderung durch Sonderausgabenabzug nach § 10a EStG und Zulage nach Abschn. XI EStG erhalten und verliert er vor Eintritt der Unverfallbarkeit sein Bezugsrecht durch einen entschädigungslosen Widerruf des Arbeitgebers, handelt es sich um eine schädliche Verwendung i.S.d. § 93 Abs. 1 EStG. Das Versicherungsunternehmen, die Pensionskasse oder der Pensionsfonds hat der zentralen Stelle i.S.d. § 81 EStG (Zentrale Zulagenstelle für Altersvermögen – ZfA – bei der Deutschen Rentenversicherung Bund) die schädliche Verwendung nach § 94 Abs. 1 EStG anzuzeigen. Die gutgeschriebenen Zulagen sind vom Anbieter einzubehalten. Darüber hinaus hat die ZfA den steuerlichen Vorteil aus dem Sonderausgabenabzug nach § 10a EStG beim Arbeitnehmer nach § 94 Abs. 2 EStG zurückzufordern. Der maßgebliche Zeitpunkt für die Rückforderung der Zulagen und des steuerlichen Vorteils ist der Zeitpunkt, in dem die den Verlust des Bezugsrechts begründenden Willenserklärungen (z.B. Kündigung oder Widerruf) wirksam geworden sind. Im Übrigen gilt R 40b.1 Abs. 13 ff. LStR.

175 Zahlungen, die das Versicherungsunternehmen, die Pensionskasse oder der Pensionsfonds an den Arbeitgeber leistet, weil der Arbeitnehmer für eine arbeitgeberfinanzierte betriebliche Altersversorgung vor Eintritt der Unverfallbarkeit sein Bezugsrecht verloren hat (z.B. bei vorzeitigem Ausscheiden aus dem Dienstverhältnis), stellen Betriebseinnahmen dar. Die §§ 43 ff. EStG sind in diesem Fall zu beachten.

V. Anwendungsregelungen

Dieses BMF-Schreiben ersetzt die BMF-Schreiben vom 6. Dezember 2017 (BStBl. 2018 I S. 147) und vom 8. August 2019 (BStBl. I S. 834). Es ist in allen offenen Fällen anzuwenden. In den Beispielen und bei den Zahlenangaben wurden die 2021 geltenden gesetzlichen Beträge berücksichtigt. Die besonderen gesetzlichen Inkrafttretensregelungen (z.B. Anhebung der Einkommensgrenzen beim BAV-Förderbetrag ab 2020) sind bei der Anwendung in offenen Fällen vor 2021 zu beachten. **176**

Die Regelungen des durch das BMF-Schreiben vom 6. Dezember 2017 (BStBl. 2018 I S. 147) aufgehobenen BMF-Schreibens vom 24. Juli 2013 (BStBl. I S. 1022), geändert durch das BMF-Schreiben vom 13. Januar 2014 (BStBl. I S. 97) und das BMF-Schreiben vom 13. März 2014 (BStBl. I S. 554), sind weiter zu beachten, wenn sie auch für Zeiträume ab dem 1. Januar 2018 Bedeutung haben. **177**

20 § 9/1. Schreiben betr. steuerliche Behandlung von Reisekosten und Reisekostenvergütungen bei betrieblich und beruflich veranlassten Auslandsreisen ab 1. Januar 2021[1)]

Vom 3. Dezember 2020
BMF IV C 5 - S 2353/19/10010 :002; DOK 2020/1163533
(BStBl. I S. 1256)

Bezug: BMF-Schreiben vom 15. November 2019, BStBl. I S. 1254

1 Anlage

Aufgrund des § 9 Abs. 4 a Satz 5 ff. Einkommensteuergesetz (EStG) werden im Einvernehmen mit den obersten Finanzbehörden der Länder die in der anliegenden Übersicht ausgewiesenen Pauschbeträge für Verpflegungsmehraufwendungen und Übernachtungskosten für beruflich und betrieblich veranlasste Auslandsdienstreisen ab 1. Januar 2021 bekannt gemacht (Fettdruck kennzeichnet die Änderungen gegenüber der Übersicht ab 1. Januar 2020 – BStBl. 2019 I S. 1254).

Bei eintägigen Reisen in das Ausland ist der entsprechende Pauschbetrag des letzten Tätigkeitsortes im Ausland maßgebend. Bei mehrtägigen Reisen in verschiedenen Staaten gilt für die Ermittlung der Verpflegungspauschalen am An- und Abreisetag sowie an den Zwischentagen (Tage mit 24 Stunden Abwesenheit) im Hinblick auf § 9 Abs. 4 a Satz 5 2. Halbsatz EStG insbesondere Folgendes:

– Bei der Anreise vom Inland in das Ausland oder vom Ausland in das Inland jeweils ohne Tätigwerden ist der entsprechende Pauschbetrag des Ortes maßgebend, der vor 24 Uhr Ortszeit erreicht wird.
– Bei der Abreise vom Ausland in das Inland oder vom Inland in das Ausland ist der entsprechende Pauschbetrag des letzten Tätigkeitsortes maßgebend.
– Für die Zwischentage ist in der Regel der entsprechende Pauschbetrag des Ortes maßgebend, den der Arbeitnehmer vor 24 Uhr Ortszeit erreicht.

Siehe dazu auch Rz. 52 des BMF-Schreibens zur steuerlichen Behandlung der Reisekosten von Arbeitnehmern vom 25. November 2020 (BStBl. I S. 1228)[2)].

Schließt sich an den Tag der Rückreise von einer mehrtägigen Auswärtstätigkeit zur Wohnung oder ersten Tätigkeitsstätte eine weitere ein- oder mehrtägige Auswärtstätigkeit an, ist für diesen Tag nur die höhere Verpflegungspauschale zu berücksichtigen. Im Übrigen, insbesondere bei Flug- und Schiffsreisen, ist R 9.6 Abs. 3 LStR zu beachten.

Zur Kürzung der Verpflegungspauschale gilt Folgendes:

Bei der Gestellung von Mahlzeiten durch den Arbeitgeber oder auf dessen Veranlassung durch einen Dritten ist die Kürzung der Verpflegungspauschale i. S. d. § 9 Abs. 4 a Satz 8 ff. EStG tagesbezogen vorzunehmen, d. h. von der für den jeweiligen Reisetag maßgebenden Verpflegungspauschale (s. o.) für eine

[1)] Weitergeltung auch für 2022 lt. Mitteilung des BMF v. 27.9.2021.
[2)] Nr. **20** § 9 /10.

24-stündige Abwesenheit (§ 9 Abs. 4 a Satz 5 EStG), unabhängig davon, in welchem Land die jeweilige Mahlzeit zur Verfügung gestellt wurde.

Beispiel:

Der Ingenieur I kehrt am Dienstag von einer mehrtägigen Auswärtstätigkeit in Straßburg (Frankreich) zu seiner Wohnung zurück. Nachdem er Unterlagen und neue Kleidung eingepackt hat, reist er zu einer weiteren mehrtägigen Auswärtstätigkeit nach Kopenhagen (Dänemark) weiter. I erreicht Kopenhagen um 23 Uhr. Die Übernachtungen – jeweils mit Frühstück – wurden vom Arbeitgeber im Voraus gebucht und bezahlt.

Für Dienstag ist nur die höhere Verpflegungspauschale von 39 Euro (Rückreisetag von Straßburg: 34 Euro, Anreisetag nach Kopenhagen 39 Euro) anzusetzen. Aufgrund der Gestellung des Frühstücks im Rahmen der Übernachtung in Straßburg ist die Verpflegungspauschale um 11,60 Euro (20 Prozent der Verpflegungspauschale Kopenhagen für einen vollen Kalendertag: 58 Euro) auf 27,40 Euro zu kürzen.

Die festgesetzten Beträge für die Philippinen gelten auch für Mikronesien, die Beträge für Trinidad und Tobago gelten auch für die zu dessen Amtsbezirk gehörenden Staaten Antigua und Barbuda, Dominica, Grenada, Guyana, St. Kitts und Nevis, St. Lucia, St. Vincent und Grenadinen sowie Suriname.

Für die in der Bekanntmachung nicht erfassten Länder ist der für Luxemburg geltende Pauschbetrag maßgebend, für nicht erfasste Übersee- und Außengebiete eines Landes ist der für das Mutterland geltende Pauschbetrag maßgebend.

Die Pauschbeträge für Übernachtungskosten sind ausschließlich in den Fällen der Arbeitgebererstattung anwendbar (R 9.7 Abs. 3 LStR und Rz. 128 des BMF-Schreibens zur steuerlichen Behandlung der Reisekosten von Arbeitnehmern vom 25. November 2020, BStBl. I S. 1228[1)]). Für den Werbungskostenabzug sind nur die tatsächlichen Übernachtungskosten maßgebend (R 9.7 Abs. 2 LStR und Rz. 117 des BMF-Schreibens zur steuerlichen Behandlung der Reisekosten von Arbeitnehmern vom 25. November 2020, BStBl. I S. 1228[1)]); dies gilt entsprechend für den Betriebsausgabenabzug (R 4.12 Abs. 2 und 3 EStR).

Dieses Schreiben gilt entsprechend für doppelte Haushaltsführungen im Ausland (R 9.11 Abs. 10 Satz 1, Satz 7 Nr. 3 LStR und Rz. 112 ff. des BMF-Schreibens zur steuerlichen Behandlung der Reisekosten von Arbeitnehmern vom 25. November 2020, BStBl. I S. 1228[1)]).

---

1) Nr. **20** § 9 /10.

20 § 9/3. Schreiben betr. steuerliche Anerkennung von Umzugskosten nach R 9.9 Absatz 2 Lohnsteuer-Richtlinien (LStR); Änderung der maßgebenden Beträge für umzugsbedingte Unterrichtskosten und sonstige Umzugsauslagen ab 1. April 2021 sowie 1. April 2022[1)]

Vom 21. Juli 2021

BMF IV C 5 - S 2353/20/10004 :002; DOK 2021/0281734

(BStBl. I S. 1021)

Im Einvernehmen mit den obersten Finanzbehörden der Länder gilt zur Anwendung der §§ 6 bis 10 des Bundesumzugskostengesetzes (BUKG) für Umzüge ab 1. April 2021 bzw. 1. April 2022 Folgendes:

Maßgeblich für die Ermittlung der Pauschalen ist der Tag vor dem Einladen des Umzugsguts.

1. Der Höchstbetrag nach § 9 Abs. 2 BUKG, der für die Anerkennung von Auslagen für den durch den Umzug bedingten zusätzlichen Unterricht für ein Kind des Berechtigten (nach § 6 Abs. 3 Satz 2 BUKG) maßgebend ist, beträgt ab
   – 1. April 2021 1160 €
   – 1. April 2022 1181 €.
2. Der Pauschbetrag für sonstige Umzugsauslagen beträgt:
   a) Für Berechtigte (§ 10 Abs. 1 Satz 2 Nr. 1 BUKG)
      – ab 1. April 2021 870 €
      – ab 1. April 2022 886 €.
   b) Für jede andere Person (Ehegatte, der Lebenspartner sowie die ledigen Kinder, Stief- und Pflegekinder, die auch nach dem Umzug mit dem Berechtigten in häuslicher Gemeinschaft leben (§ 10 Abs. 1 Satz 2 Nr. 2 BUKG))
      – ab 1. April 2021 580 €
      – ab 1. April 2022 590 €.
3. Für Berechtigte, die am Tage vor dem Einladen des Umzugsgutes keine Wohnung hatten oder nach dem Umzug keine eigene Wohnung eingerichtet haben, beträgt die Pauschvergütung nach § 10 Abs. 2 BUKG:
   – ab 1. April 2021 174 €
   – ab 1. April 2022 177 €.

Das BMF-Schreiben vom 20. Mai 2020 (BStBl. I S. 544) ist auf Umzüge nicht mehr anzuwenden, bei denen der Tag vor dem Einladen des Umzugsguts nach dem 31. März 2021 liegt.

[1)] **Red. Anm.:** Für die Werte für 2020 siehe BMF v. 20.05.2020, BStBl. I S. 544 (Nr. **20** § 9/3).

20 § 9/4. Schreiben betr. steuerliche Anerkennung von Umzugskosten nach R 9.9 Abs. 2 Lohnsteuer-Richtlinien (LStR); Änderung der maßgebenden Beträge für umzugsbedingte Unterrichtskosten und sonstige Umzugsauslagen ab 1. Juni 2020[1)]

Vom 20. Mai 2020

BMF IV C 5 - S 2353/20/10004 :001; DOK 2020/0504692

(BStBl. I S. 544)

Durch Art. 7 des Besoldungsstrukturenmodernisierungsgesetzes vom 9. Dezember 2019 (BGBl. I S. 2053) haben sich mit Wirkung ab 1. Juni 2020 Änderungen des Bundesumzugskostengesetzes (BUKG) ergeben. Dabei haben sich in Teilen sowohl die Bemessungsgrundlage als auch die Prozentsätze der maßgeblichen Umzugskostenpauschalen geändert. Im Einvernehmen mit den obersten Finanzbehörden der Länder gilt zur Anwendung der §§ 6 bis 10 des BUKG für Umzüge ab 1. Juni 2020 Folgendes:

Maßgeblich für die Ermittlung der Pauschalen ist der Tag vor dem Einladen des Umzugsguts.

1. Der Höchstbetrag nach § 9 Abs. 2 BUKG, der für die Anerkennung von Auslagen für den durch den Umzug bedingten zusätzlichen Unterricht für ein Kind des Berechtigten (§ 6 Abs. 3 Satz 2 BUKG) maßgebend ist, beträgt ab

– 1. Juni 2020 1146 €.

2. Der Pauschbetrag für sonstige Umzugsauslagen beträgt:

a) Für Berechtigte (§ 10 Abs. 1 Satz 2 Nr. 1 BUKG)
   – ab 1. Juni 2020 860 €.

b) Für jede andere Person (Ehegatte, der Lebenspartner sowie die ledigen Kinder, Stief- und Pflegekinder), die auch nach dem Umzug mit dem Berechtigten in häuslicher Gemeinschaft leben (§ 10 Abs. 1 Satz 2 Nr. 2 BUKG)
   – ab 1. Juni 2020 573 €.

3. Für Berechtigte, die am Tage vor dem Einladen des Umzugsgutes keine Wohnung hatten oder nach dem Umzug keine eigene Wohnung eingerichtet haben, beträgt die Pauschvergütung nach § 10 Abs. 2 BUKG:

– ab 1. Juni 2020 172 €.

Das BMF-Schreiben vom 21. September 2018 (BStBl. I S. 1027) ist auf Umzüge nicht mehr anzuwenden, bei denen der Tag vor dem Einladen des Umzugsguts nach dem 31. Mai 2020 liegt.

[1)] Ersetzt ab 1. 4. 2021 durch BMF v. 21. 7. 2021, BStBl. I S. 1021 (Nr. **20** § 9/3).

20 § 41a/1. Schreiben betr. Bekanntmachung des Musters für die Lohnsteuer-Anmeldung 2022

Vom 11. August 2021

BMF IV C 5-S 2533/19/10026 :002; DOK 2021/0889388

(BStBl. I S. 1075)

2 Anlagen

Das Vordruckmuster der Lohnsteuer-Anmeldung für Lohnsteuer-Anmeldungszeiträume ab Januar 2022 ist gemäß § 51 Abs. 4 Nr. 1 Buchst. d des Einkommensteuergesetzes (EStG) bestimmt worden. Das Vordruckmuster und die „Übersicht über länderunterschiedliche Werte in der Lohnsteuer-Anmeldung 2022" werden hiermit bekannt gemacht. Das Vordruckmuster ist auch für die Gestaltung der Vordrucke maßgebend, die mit Hilfe von Datenverarbeitungsanlagen hergestellt werden (vgl. BMF-Schreiben vom 3. April 2012, BStBl. I S. 522). Abweichend vom Vordruckmuster ist in den elektronischen Formularen zusätzlich zur Kennzahl 23 ein Freitextfeld für die entsprechenden Angaben sowie ein Eintragungsfeld mit der Kennzahl 91 für den Familienkassenschlüssel und ein Eintragungsfeld mit der Kennzahl 43 für das ausgezahlte Kindergeld vorzusehen.

Nach § 41a Abs. 1 Satz 1 Nr. 1 EStG ist in der Lohnsteuer-Anmeldung die Lohnsteuer getrennt nach den Kalenderjahren, in denen der Arbeitslohn bezogen wird oder als bezogen gilt, anzugeben.

Die hierfür erforderlichen Kennzahlen und weitere Informationen sind auf den Internetseiten unter www.elster.de veröffentlicht.

Anlage 1

- Bitte weiße Felder ausfüllen oder ☒ ankreuzen und Hinweise auf der Rückseite beachten -

Fallart	Steuernummer	Unterfallart
11		62

2022

30 Eingangsstempel oder -datum

Finanzamt

Arbeitgeber - Anschrift der Betriebsstätte - Telefonnummer - E-Mail

Lohnsteuer-Anmeldung 2022

Anmeldungszeitraum

bei **monatlicher** Abgabe bitte ankreuzen

22 01	Jan.		22 07	Juli	
22 02	Feb.		22 08	Aug.	
22 03	März		22 09	Sept.	
22 04	April		22 10	Okt.	
22 05	Mai		22 11	Nov.	
22 06	Juni		22 12	Dez.	

bei **vierteljährlicher** Abgabe bitte ankreuzen

22 41	I. Kalender-vierteljahr	
22 42	II. Kalender-vierteljahr	
22 43	III. Kalender-vierteljahr	
22 44	IV. Kalender-vierteljahr	

bei jährlicher Abgabe bitte ankreuzen

22 19	Kalender-jahr	

Berichtigte Anmeldung (falls ja, bitte eine „1" eintragen)	10	
Zahl der Arbeitnehmer (einschl. Aushilfs- und Teilzeitkräfte)	86	
zu Zeile 22: Zahl der Arbeitnehmer mit BAV-Förderbetrag	90	

Zeile		Kz.	EUR	Ct
18	Summe der einzubehaltenden Lohnsteuer [1) 2)]	42		
19	Summe der pauschalen Lohnsteuer - ohne § 37b EStG - [1)]	41		
20	Summe der pauschalen Lohnsteuer nach § 37b EStG [1)]	44		
21	abzüglich Kürzungsbetrag für Besatzungsmitglieder von Handelsschiffen	33		
22	abzüglich Förderbetrag zur betrieblichen Altersversorgung nach § 100 EStG (BAV-Förderbetrag) [1)]	45		
23	Verbleiben [1)]	48		
24	Solidaritätszuschlag [1) 2)]	49		
25	pauschale Kirchensteuer im vereinfachten Verfahren	47		
26	Evangelische Kirchensteuer - ev [1) 2)]	61		
27	Römisch-Katholische Kirchensteuer - rk [1) 2)]	62		
28				
29				
30				
31				
32				
33	**Gesamtbetrag** [1)]	83		

1) Negativen Beträgen ist ein **Minuszeichen** voranzustellen
2) Nach Abzug der im Lohnsteuer-Jahresausgleich erstatteten Beträge

Ein Erstattungsbetrag wird auf das dem Finanzamt benannte Konto überwiesen, soweit der Betrag nicht mit Steuerschulden verrechnet wird.

Verrechnung des Erstattungsbetrags erwünscht / Erstattungsbetrag ist abgetreten (falls ja, bitte eine „1" eintragen) … **29**
Geben Sie bitte die Verrechnungswünsche auf einem besonderen Blatt oder auf dem beim Finanzamt erhältlichen Vordruck „Verrechnungsantrag" an.

Das **SEPA-Lastschriftmandat** wird ausnahmsweise (z. B. wegen Verrechnungswünschen) für diesen Anmeldungszeitraum **widerrufen** (falls ja, bitte eine „1" eintragen) … **26**
Ein ggf. verbleibender Restbetrag ist gesondert zu entrichten.

Über die Angaben in der Steueranmeldung hinaus sind weitere oder abweichende Angaben oder Sachverhalte zu berücksichtigen (falls ja, bitte eine „1" eintragen) … **23**
Diese ergeben sich aus der beigefügten Anlage, welche mit der Überschrift „Ergänzende Angaben zur Steueranmeldung" gekennzeichnet ist.

Datum, Unterschrift

Datenschutzhinweis:
Die mit der Steueranmeldung angeforderten Daten werden auf Grund der §§ 149, 150 der Abgabenordnung und des § 41a des Einkommensteuergesetzes erhoben. Die Angabe der Telefonnummer und der E-Mail-Adresse ist freiwillig.
Informationen über die Verarbeitung personenbezogener Daten in der Steuerverwaltung und über Ihre Rechte nach der Datenschutz-Grundverordnung sowie über Ihre Ansprechpartner in Datenschutzfragen entnehmen Sie bitte dem allgemeinen Informationsschreiben der Finanzverwaltung. Dieses Informationsschreiben finden Sie unter www.finanzamt.de (unter der Rubrik „Datenschutz") oder erhalten Sie bei Ihrem Finanzamt.

3.21 - LStA - Lohnsteuer-Anmeldung 2022 -

Hinweise für den Arbeitgeber

Datenübermittlung oder Steueranmeldung auf Papier?

1. Bitte beachten Sie, dass die Lohnsteuer-Anmeldung nach amtlich vorgeschriebenem Datensatz durch Datenfernübertragung authentifiziert zu übermitteln ist. Für die elektronische authentifizierte Übermittlung, die gesetzlich vorgeschrieben ist, benötigen Sie ein Zertifikat. Dieses erhalten Sie nach kostenloser Registrierung auf der Internetseite www.elster.de. Bitte beachten Sie, dass die Registrierung bis zu zwei Wochen dauern kann. Unter www.elster.de/elsterweb/softwareprodukt finden Sie Programme zur elektronischen Übermittlung. Auf Antrag kann das Finanzamt zur Vermeidung von unbilligen Härten auf eine elektronische Übermittlung verzichten; in diesem Fall haben Sie oder eine zu Ihrer Vertretung berechtigte Person die Lohnsteuer-Anmeldung nach amtlich vorgeschriebenem Vordruck abzugeben und zu unterschreiben.

Abführung der Steuerabzugsbeträge

2. Tragen Sie bitte die Summe der einzubehaltenden Steuerabzugsbeträge (§§ 39b und 39c EStG) in Zeile 18 ein. Die Summe der mit festen oder besonderen Pauschsteuersätzen erhobenen Lohnsteuer nach den §§ 37a, 40 bis 40b EStG tragen Sie bitte in Zeile 19 ein. Nicht einzubeziehen ist die an die Deutsche Rentenversicherung Knappschaft-Bahn-See abzuführende 2 %-ige Pauschsteuer für geringfügig Beschäftigte i. S. d. § 8 Abs. 1 Nr. 1 und § 8a SGB IV. In Zeile 20 tragen Sie bitte gesondert die pauschale Lohnsteuer nach § 37b EStG ein. Vergessen Sie bitte nicht, auf dem Zahlungsabschnitt die Steuernummer, den Zeitraum, in dem die Beträge einbehalten worden sind, und je gesondert den Gesamtbetrag der Lohnsteuer, des Solidaritätszuschlags zur Lohnsteuer und der Kirchensteuer anzugeben oder durch Ihre Bank oder Sparkasse angeben zu lassen.

   Sollten Sie mehr Lohnsteuer erstatten, als Sie einzubehalten haben (z. B. wegen einer Neuberechnung der Lohnsteuer für bereits abgelaufene Lohnzahlungszeiträume desselben Kalenderjahres), kennzeichnen Sie bitte den Betrag mit einem deutlichen Minuszeichen. Der Erstattungsantrag ist durch Übermittlung oder Abgabe der Anmeldung gestellt.

   Reichen die Ihnen zur Verfügung stehenden Mittel zur Zahlung des vollen vereinbarten Arbeitslohns nicht aus, so ist die Lohnsteuer von dem tatsächlich zur Auszahlung gelangenden niedrigeren Betrag zu berechnen und einzubehalten.

3. Arbeitgeber, die eigene oder gecharterte Handelsschiffe betreiben, dürfen die gesamte anzumeldende und abzuführende Lohnsteuer, die auf den Arbeitslohn entfällt, der an die Besatzungsmitglieder für die Beschäftigungszeiten auf diesen Schiffen gezahlt wird, abziehen und einbehalten. Dieser Betrag ist in Zeile 21 einzutragen.

4. Arbeitgeber dürfen vom Gesamtbetrag der einzubehaltenden Lohnsteuer für jeden Arbeitnehmer mit einem ersten Dienstverhältnis einen Teilbetrag des Arbeitgeberbeitrags zur kapitalgedeckten betrieblichen Altersversorgung (BAV-Förderbetrag) entnehmen und gesondert absetzen (§ 100 EStG). Dieser Betrag ist in Zeile 22 einzutragen. Zusätzlich ist die Zahl der Arbeitnehmer mit BAV-Förderbetrag in Zeile 16 einzutragen. Werden die Beiträge zur betrieblichen Altersversorgung an den Arbeitgeber zurückgezahlt, ist der auf den Rückzahlungsbetrag entfallende BAV-Förderbetrag zurückzuzahlen. Ist der zurückzuzahlende BAV-Förderbetrag höher als der im Lohnzahlungszeitraum der Rückzahlung von der Lohnsteuer abzusetzende BAV-Förderbetrag, ist der „negative BAV-Förderbetrag" durch ein vorangestelltes Minuszeichen zu kennzeichnen.

5. Haben Sie in den Fällen der Einkommensteuer- und Lohnsteuerpauschalierung nach den §§ 37a, 37b, 40 bis 40b EStG die Kirchensteuer im vereinfachten Verfahren mit einem ermäßigten Steuersatz ermittelt, tragen Sie bitte diese (pauschale) Kirchensteuer in einer Summe in Zeile 25 ein. Die Aufteilung der pauschalen Kirchensteuer auf die steuererhebenden Religionsgemeinschaften wird von der Finanzverwaltung übernommen.

6. Abführungszeitpunkt ist
   a) spätestens der zehnte Tag nach Ablauf eines jeden Kalendermonats, wenn die abzuführende Lohnsteuer für das vorangegangene Kalenderjahr mehr als 5.000 € betragen hat,
   b) spätestens der zehnte Tag nach Ablauf eines jeden Kalendervierteljahres, wenn die abzuführende Lohnsteuer für das vorangegangene Kalenderjahr mehr als 1.080 €, aber nicht mehr als 5.000 € betragen hat,
   c) spätestens der zehnte Tag nach Ablauf eines jeden Kalenderjahres, wenn die abzuführende Lohnsteuer für das vorangegangene Kalenderjahr nicht mehr als 1.080 € betragen hat.

   Hat Ihr Betrieb nicht während des ganzen vorangegangenen Kalenderjahres bestanden, so ist die für das vorangegangene Kalenderjahr abzuführende Lohnsteuer für die Feststellung des Lohnsteuer-Anmeldungszeitraums auf einen Jahresbetrag umzurechnen.

   Hat Ihr Betrieb im vorangegangenen Kalenderjahr noch nicht bestanden, so ist die auf einen Jahresbetrag umgerechnete, für den ersten vollen Kalendermonat nach der Eröffnung des Betriebs abzuführende Lohnsteuer maßgebend.

7. Im Falle nicht rechtzeitiger Abführung der Steuerabzugsbeträge ist ein Säumniszuschlag zu entrichten. Der Säumniszuschlag beträgt 1 % des auf 50 € abgerundeten rückständigen Steuerbetrages (ohne Kirchensteuer) für jeden angefangenen Monat der Säumnis.

8. Verbleibende Beträge von insgesamt weniger als 1 € werden weder erhoben noch erstattet, weil dadurch unverhältnismäßige Kosten entstehen.

Anmeldung der Steuerabzugsbeträge

9. Übermitteln oder übersenden Sie bitte unabhängig davon, ob Sie Lohnsteuer einzubehalten hatten oder ob die einbehaltenen Steuerabzugsbeträge an das Finanzamt abgeführt worden sind, dem Finanzamt der Betriebsstätte spätestens bis zum Abführungszeitpunkt (siehe oben Nummer 6) eine Lohnsteuer-Anmeldung nach amtlich vorgeschriebenem Datensatz oder Vordruck.

   Sie sind aber künftig von der Verpflichtung zur Übermittlung oder Abgabe weiterer Lohnsteuer-Anmeldungen befreit, wenn Sie Ihrem Betriebsstättenfinanzamt mitteilen, dass Sie keine Lohnsteuer einzubehalten oder zu übernehmen haben. Gleiches gilt, wenn Sie nur Arbeitnehmer beschäftigen, für die Sie lediglich die 2 %-ige Pauschsteuer an die Deutsche Rentenversicherung Knappschaft-Bahn-See abzuführen haben.

10. Trifft die Anmeldung nicht rechtzeitig ein, so kann das Finanzamt zu der Lohnsteuer einen **Verspätungszuschlag** festsetzen.

11. Um Rückfragen des Finanzamts zu vermeiden, geben Sie bitte in Zeile 15 stets die Zahl der Arbeitnehmer – einschließlich Aushilfs- und Teilzeitkräfte, zu denen auch die an die Deutsche Rentenversicherung Knappschaft-Bahn-See gemeldeten geringfügig Beschäftigten i. S. d. § 8 Abs. 1 Nr. 1 und § 8a SGB IV gehören – an.

12. Wenn über die Angaben in der Steueranmeldung hinaus weitere oder abweichende Angaben oder Sachverhalte berücksichtigt werden sollen, tragen Sie bitte in Zeile 37 eine "1" ein. Gleiches gilt, wenn bei den in der Steueranmeldung erfassten Angaben bewusst eine von der Verwaltungsauffassung abweichende Rechtsauffassung zugrunde gelegt wurde. Diese Angaben sind in einer von Ihnen zu erstellenden gesonderten Anlage zu machen, welche mit der Überschrift „Ergänzende Angaben zur Steueranmeldung" zu kennzeichnen ist. Angaben zu Änderungen der persönlichen Daten (z. B. Bankverbindung) sind nicht hier einzutragen, sondern dem Finanzamt gesondert mitzuteilen.

Berichtigung von Lohnsteuer-Anmeldungen

13. Wenn Sie feststellen, dass eine bereits eingereichte Lohnsteuer-Anmeldung fehlerhaft oder unvollständig ist, so ist für den betreffenden Anmeldungszeitraum eine berichtigte Lohnsteuer-Anmeldung zu übermitteln oder einzureichen. Dabei sind Eintragungen auch in den Zeilen vorzunehmen, in denen sich keine Änderungen ergeben haben. Es ist nicht zulässig, nur Einzel- oder Differenzbeträge nachzumelden. Für die Berichtigung mehrerer Anmeldungszeiträume sind jeweils gesonderte berichtigte Lohnsteuer-Anmeldungen einzureichen. Den Berichtigungsgrund teilen Sie bitte Ihrem Finanzamt gesondert mit.

Anlage 2

Übersicht über länderunterschiedliche Werte in der Lohnsteuer-Anmeldung 2022

Land	Zeilen-Nr.	Bedeutung	Kenn-zahl
Baden-Württemberg	28	Kirchensteuer der Israelitischen Religionsgemeinschaft Baden - ib [1)2)]	78
	29	Kirchensteuer der Freireligiösen Landesgemeinde Baden - fb [1)2)]	67
	30	Kirchensteuer der Israelitischen Religionsgemeinschaft Württembergs - iw [1)2)]	73
	31	Alt-Katholische Kirchensteuer - ak [1)2)]	63
Bayern	28	Israelitische Bekenntnissteuer - is [1)2)]	64
	29	Alt-Katholische Kirchensteuer - ak [1)2)]	63
Berlin	28	Alt-Katholische Kirchensteuer - ak [1)2)]	63
Brandenburg	28	Israelitische / Jüdische Kultussteuer - is/jh/jd [1)2)]	64
	29	Freireligiöse Gemeinde Mainz - fm [1)2)]	65
	30	Israelitische Kultussteuer der kultussteuerberechtigten Gemeinden Hessen – il [1)2)]	74
	31	Alt-Katholische Kirchensteuer - ak [1)2)]	63
Bremen	28	Beiträge zur Arbeitnehmerkammer	68
Hamburg	28	Jüdische Kultussteuer - jh [1)2)]	64
	29	Alt-Katholische Kirchensteuer - ak [1)2)]	63
Hessen	28	Freireligiöse Gemeinde Offenbach/M. - fs [1)2)]	66
	29	Freireligiöse Gemeinde Mainz - fm [1)2)]	65
	30	Israelitische Kultussteuer Frankfurt - is [1)2)]	64
	31	Israelitische Kultussteuer der kultussteuerberechtigten Gemeinden - il [1)2)]	74
	32	Alt-Katholische Kirchensteuer - ak [1)2)]	63
Niedersachsen	28	Alt-Katholische Kirchensteuer - ak [1)2)]	63
Nordrhein-Westfalen	28	Jüdische Kultussteuer - jd [1)2)]	64
	29	Alt-Katholische Kirchensteuer - ak [1)2)]	63
Rheinland-Pfalz	28	Jüdische Kultussteuer - is [1)2)]	64
	29	Freireligiöse Landesgemeinde Pfalz - fg [1)2)]	68
	30	Freireligiöse Gemeinde Mainz - fm [1)2)]	65
	31	Freie Religionsgemeinschaft Alzey - fa [1)2)]	72
	32	Alt-Katholische Kirchensteuer - ak [1)2)]	63
Saarland	28	Israelitische Kultussteuer - issl [1)2)]	64
	29	Alt-Katholische Kirchensteuer - ak [1)2)]	63
	30	Beiträge zur Arbeitskammer	70
Schleswig-Holstein	28	Jüdische Kultussteuer - ih [1)2)]	64
	29	Alt-Katholische Kirchensteuer - ak [1)2)]	63

1) Negativen Beträgen ist ein **Minuszeichen** voranzustellen
2) Nach Abzug der im Lohnsteuer-Jahresausgleich erstatteten Beträge

03.21

20 § 41b/2. Schreiben betr. Bekanntmachung des Musters für den Ausdruck der elektronischen Lohnsteuerbescheinigung 2022

Vom 18. August 2021

BMF IV C 5 - S 2533/19/10030 :003

(BStBl. I S. 1079)

1 Anlage

Gemäß § 51 Abs. 4 Nr. 1 EStG ist das Bundesministerium der Finanzen ermächtigt, das Muster für den Ausdruck der elektronischen Lohnsteuerbescheinigung zu bestimmen. Im Einvernehmen mit den obersten Finanzbehörden der Länder wird hiermit das Muster für den Ausdruck der elektronischen Lohnsteuerbescheinigung für das Kalenderjahr 2022 bekannt gemacht (siehe Anlage).

Der Ausdruck hat das Format Deutsche Industrie Norm (DIN) A 4.

Der Ausdruck der elektronischen Lohnsteuerbescheinigung kann vom amtlichen Muster abweichen, wenn er sämtliche Angaben in gleicher Reihenfolge enthält und in Format und Aufbau dem bekannt gemachten Muster entspricht.

Bei der Ausstellung des Ausdrucks der elektronischen Lohnsteuerbescheinigung sind die Vorgaben im BMF-Schreiben vom 9. September 2019 (BStBl. I S. 911) zu beachten.

Anlage

Ausdruck der elektronischen Lohnsteuerbescheinigung für 2022

Nachstehende Daten wurden maschinell an die Finanzverwaltung übertragen.

Korrektur/Stornierung

Datum:

eTIN:

Identifikationsnummer:

Personalnummer:

Geburtsdatum:

Transferticket:

Dem Lohnsteuerabzug wurden im letzten Lohnzahlungszeitraum zugrunde gelegt:

Steuerklasse/Faktor

Zahl der Kinderfreibeträge

Steuerfreier Jahresbetrag

Jahreshinzurechnungsbetrag

Kirchensteuermerkmale

Anschrift und Steuernummer des Arbeitgebers:

1. Bescheinigungszeitraum		vom - bis	
2. Zeiträume ohne Anspruch auf Arbeitslohn		Anzahl „U"	
Großbuchstaben (S, M, F, FR)			
		EUR	Ct
3. Bruttoarbeitslohn einschl. Sachbezüge ohne 9. und 10.			
4. Einbehaltene Lohnsteuer von 3.			
5. Einbehaltener Solidaritätszuschlag von 3.			
6. Einbehaltene Kirchensteuer des Arbeitnehmers von 3.			
7. Einbehaltene Kirchensteuer des Ehegatten/Lebenspartners von 3. (nur bei Konfessionsverschiedenheit)			
8. In 3. enthaltene Versorgungsbezüge			
9. Ermäßigt besteuerte Versorgungsbezüge für mehrere Kalenderjahre			
10. Ermäßigt besteuerter Arbeitslohn für mehrere Kalenderjahre (ohne 9.) und ermäßigt besteuerte Entschädigungen			
11. Einbehaltene Lohnsteuer von 9. und 10.			
12. Einbehaltener Solidaritätszuschlag von 9. und 10.			
13. Einbehaltene Kirchensteuer des Arbeitnehmers von 9. und 10.			
14. Einbehaltene Kirchensteuer des Ehegatten/Lebenspartners von 9. und 10. (nur bei Konfessionsverschiedenheit)			
15. (Saison-)Kurzarbeitergeld, Zuschuss zum Mutterschaftsgeld, Verdienstausfallentschädigung (Infektionsschutzgesetz), Aufstockungsbetrag und Altersteilzeitzuschlag			
16. Steuerfreier Arbeitslohn nach	a) Doppelbesteuerungsabkommen (DBA)		
	b) Auslandstätigkeitserlass		
17. Steuerfreie Arbeitgeberleistungen, die auf die Entfernungspauschale anzurechnen sind			
18. Pauschal mit 15 % besteuerte Arbeitgeberleistungen für Fahrten zwischen Wohnung und erster Tätigkeitsstätte			
19. Steuerpflichtige Entschädigungen und Arbeitslohn für mehrere Kalenderjahre, die nicht ermäßigt besteuert wurden - in 3. enthalten			
20. Steuerfreie Verpflegungszuschüsse bei Auswärtstätigkeit			
21. Steuerfreie Arbeitgeberleistungen bei doppelter Haushaltsführung			
22. Arbeitgeberanteil/-zuschuss	a) zur gesetzlichen Rentenversicherung		
	b) an berufsständische Versorgungseinrichtungen		
23. Arbeitnehmeranteil	a) zur gesetzlichen Rentenversicherung		
	b) an berufsständische Versorgungseinrichtungen		
24. Steuerfreie Arbeitgeberzuschüsse	a) zur gesetzlichen Krankenversicherung		
	b) zur privaten Krankenversicherung		
	c) zur gesetzlichen Pflegeversicherung		
25. Arbeitnehmerbeiträge zur gesetzlichen Krankenversicherung			
26. Arbeitnehmerbeiträge zur sozialen Pflegeversicherung			
27. Arbeitnehmerbeiträge zur Arbeitslosenversicherung			
28. Beiträge zur privaten Kranken- und Pflege-Pflichtversicherung oder Mindestvorsorgepauschale			
29. Bemessungsgrundlage für den Versorgungsfreibetrag zu 8.			
30. Maßgebendes Kalenderjahr des Versorgungsbeginns zu 8. und/oder 9.			
31. Zu 8. bei unterjähriger Zahlung: Erster und letzter Monat, für den Versorgungsbezüge gezahlt wurden			
32. Sterbegeld; Kapitalauszahlungen/Abfindungen und Nachzahlungen von Versorgungsbezügen - in 3. und 8. enthalten			
33. Ausgezahltes Kindergeld			
34. Freibetrag DBA Türkei			
Finanzamt, an das die Lohnsteuer abgeführt wurde (Name und vierstellige Nr.)			

3.21

100 § 8/1. Verfügung betr. ertragsteuerliche Beurteilung von Darlehensverbindlichkeiten im Abwicklungsendvermögen einer Tochtergesellschaft; Vermeidung der steuerlichen Konsequenzen aus der Anwendung des Beschlusses des Großen Senats vom 9.6. 1997 GrS 1/94, BStBl. 1998 II S. 307

Vom 26. Juli 2021
OFD Frankfurt S 2743 A-12-St 523

1. Ertragsteuerliche Beurteilung von Darlehensverbindlichkeiten im Abwicklungsendvermögen einer Tochtergesellschaft

Auf Bund-Länder-Ebene wurde erörtert, welche ertragsteuerlichen Konsequenzen sich aus der Auflösung und Liquidation einer Tochtergesellschaft ergeben, in deren Abwicklungsendvermögen sich eine Darlehensverbindlichkeit gegenüber ihrer Muttergesellschaft befindet.

1.1. Sachverhalt

Mutter- und Tochtergesellschaft (beides Kapitalgesellschaften) haben eine Darlehensvereinbarung getroffen. Die Muttergesellschaft beschließt nunmehr die Auflösung und Liquidation der Tochtergesellschaft bzw. stimmt dieser zu, hat aber ausdrücklich keinen Forderungsverzicht hinsichtlich ihrer Darlehensforderung erklärt.

Fraglich ist in diesem Zusammenhang, ob die Beantragung der Liquidation oder die Zustimmung zu dieser als konkludenter Forderungsverzicht der Muttergesellschaft anzusehen ist und ob bei der Tochtergesellschaft aufgrund eines eventuellen Wegfalls der wirtschaftlichen Belastung durch die Darlehensverbindlichkeit ein steuerpflichtiger Ertrag entsteht.

1.2. Beschluss

Nach Auffassung der obersten Finanzbehörden des Bundes und der Länder gilt in solchen Fällen Folgendes:

Allein in der Beantragung oder Zustimmung des Gläubigers zur Liquidation einer Tochterkapitalgesellschaft ist kein konkludenter Forderungsverzicht zu sehen. Es ist unverändert von einer wirtschaftlichen Belastung durch die Verbindlichkeit beim Schuldner auszugehen. Diese entfällt erst, wenn bei objektiver Würdigung der Verhältnisse angenommen werden kann, dass der Gläubiger seine Forderung nicht mehr geltend machen wird.

1.3. Ergänzende Hinweise

1.3.1. Allgemeines

Allgemein gilt, dass die Vermögenslosigkeit des Schuldners keinen Einfluss auf die Pflicht zur Passivierung einer Verbindlichkeit in Handels- und Steuerbilanz hat (vgl. BFH vom 10.8.2016 I R 25/15, BStBl. 2017 II S. 670, Rz. 15; BFH vom 15.4.2015 I R 44/14, BStBl. II S. 769, Rz. 9). Zudem liegt hierin grundsätzlich kein besonderer Umstand, der einen unterhalb des Nennwerts liegenden geringeren Wert der Verbindlichkeit begründet. Es ist erst dann von keiner wirtschaftlichen Belastung des Schuldners auszugehen, wenn bei objektiver Würdigung der Verhältnisse angenommen werden kann, dass der Gläubiger seine Forderung nicht mehr geltend machen wird (BFH vom 26.2.2003 II R 19/01, BStBl. II S. 561, Rz. 21).

Besteht die Verbindlichkeit bis zum Abschluss der Liquidation zivilrechtlich fort, ist im Einzelfall zu prüfen, wie die Verbindlichkeit in der Abwicklungsschlussbilanz (§ 11 KStG) der sich in Liquidation befindenden Kapitalgesellschaft zu bewerten ist. Grundsätzlich beeinflussen weder die Vermögenslosigkeit des Schuldners noch deren bevorstehende Existenzbeendigung den Wertansatz im Rahmen der Liquidationsbesteuerung. Verbindlichkeiten bleiben zivilrechtlich über die Liquidation hinaus bestehen und können bei später festgestelltem Vermögen im Rahmen von Nachtragsliquidationen befriedigt werden.

Hieraus ergeben sich keine von dem o.g. Beschluss abweichenden Regelungen. Im Rahmen der Würdigung sind besondere Umstände des Einzelfalls zu berücksichtigen.

1.4. Rangrücktrittsvereinbarungen

In Fällen, in denen die Muttergesellschaft für die Forderung einen qualifizierten Rangrücktritt erklärt hat, wonach die Forderung gegen die Tochtergesellschaft hinter sämtlichen Forderungen derzeitiger und zukünftiger Gläubiger zurücktritt, ist Folgendes zu beachten:

Der vereinbarte Rangrücktritt ist dann für die Rechtsfrage unmaßgeblich, wenn die Vereinbarung die Tilgung aus sonstigem freien Vermögen vorsieht. Bei Fehlen einer solchen Möglichkeit ist die Verpflichtung unabhängig von dem vorgenannten Beschluss bereits aus diesem Grund gem. § 5 Abs. 2a EStG nicht mehr zu passivieren, da es ansonsten an einer für die Passivierung maßgeblichen wirtschaftlichen Belastung mangelt (vgl. BMF-Schreiben vom 8.9. 2006, BStBl. I S. 497, Rz. 6 (abrufbar unter ofix HE EStG/5/31); ofix HE EStG/5/67).

In Fällen, in denen die Muttergesellschaft den qualifizierten Rangrücktritt zur Vermeidung einer insolvenzrechtlichen Überschuldung der Tochtergesellschaft erklärt hat, gelten keine von dem Beschluss abweichenden Regelungen. Nach der neueren Rechtsprechung des BGH ist Voraussetzung für die insolvenzvermeidende Wirkung des Rangrücktritts (und somit die Suspendierung der Passivierungsverpflichtung im Überschuldungsstatus), dass das vereinbarte Zahlungsverbot dann eingreift, wenn durch eine gedachte Zahlung Überschuldung oder Zahlungsunfähigkeit zumindest einzutreten droht (BGH vom 5.3.2015 IX ZR 133/14, Rz. 22). Dieser insolvenzrechtliche Anspruch hat jedoch keine Auswirkung auf die handels- und steuerbilanzielle Behandlung. Die Feststellung des Überschuldungsstatus dient lediglich der Entscheidung darüber, ob ein Insolvenzverfahren zu beantragen ist.

1.4.1. Insolvenz

Auch in Fällen, in denen sich die Tochtergesellschaft im Insolvenzverfahren befindet bzw. auch nach Aufhebung der Insolvenz ist weiterhin grundsätzlich von einer wirtschaftlichen Belastung und somit von einer Passivierungsverpflichtung auszugehen (so auch Kurzinformation Nr. 46/2014 der OFD Nordrhein-Westfalen v. 21.11.2014, DStR 2015 S. 699).

2. Vermeidung der steuerlichen Konsequenzen aus der Anwendung des Beschlusses des Großen Senats vom 09.06.1997 GrS 1/94, BStBl. 1998 II S. 307

2.1. Allgemeines

Von den o.a. Grundsätzen sind Modelle zur Vermeidung der steuerlichen Konsequenzen aus der Anwendung des Beschlusses des Großen Senats vom 09.06.1997 GrS 1/94, BStBl. 1998 II S. 307, d.h. die Versteuerung von Erträgen resultierend aus Forderungsverzichten im Wege der verdeckten Einlage und deren Ansatz mit dem niedrigeren Teilwert, abzugrenzen. Insbesondere die nachfolgend geschilderte Fallvariante der „befreienden Schuldübernahme" bitte ich vor der Entscheidung (insb. bei Anträgen auf Erteilung einer verbindlichen Auskunft) zu berichten und mit mir abzustimmen.

2.2. Befreiende Schuldübernahme

Durch die Systematik der befreienden Schuldübernahme nach §§ 414, 415 BGB soll eine einkommensneutrale Entschuldung einer überschuldeten Kapitalgesellschaft ermöglicht werden.

Zunächst vereinbaren die Kapitalgesellschaft als Schuldner und der Übernehmer der Schuld (regelmäßig der Gesellschafter der Kapitalgesellschaft bzw. eine konzernzugehörige Gesellschaft) eine unbedingt und unter Ausschluss jeglicher Rückgriffsansprüche zu erfolgende Schuldübernahme und teilen dies dem Gläubiger mit. In der Folge entstünde – unter Bezugnahme auf den BFH-Beschluss vom 20. Dezember 2001 I B 74/01 – beim bisherigen Schuldner ein nach § 415 Abs. 3 BGB voll werthaltiger Anspruch auf Freistellung gegen den Übernehmer der Schuld. Im Zeitpunkt der Zustimmung des Gläubigers und der damit einhergehenden Schuldbefreiung des ursprünglichen Schuldners müsste die Schuld dann mit dem aktivierten Freistellungsanspruch aufgerechnet und damit insgesamt ertragsneutral ausgebucht werden.

Bezogen auf den Gegenstand der Schuldübernahme lassen sich die Fälle in zwei Untervarianten einteilen:

1. die Befreiung der Gesellschaft von Verbindlichkeiten gegenüber Kreditinstituten (entspricht dem dem vorstehenden BFH-Beschluss zugrunde liegenden Sachverhalt) sowie
2. die Befreiung von Verbindlichkeiten gegenüber verbundenen Unternehmen.

2.3. Ablösung von Gesellschafterdarlehen oder -sicherheiten durch Gesellschaftereinlagen

Zur steuerlichen Behandlung auf Gesellschafterebene verweise ich auf die allgemeinen Grundsätze in der ofix HE EStG/17/27[1]. Soweit sich die steuerliche Behandlung nicht auf Gesellschaftsebene übertragen lässt, bitte ich insbesondere *in missbräuchlichen* Gestaltungsvarianten zu berichten.

---

[1] OFD Frankfurt v. 10.4.2019 S 2244 A – 61 – St 215 .

120/1. Schreiben betr. Investmentsteuergesetz; Anwendungsfragen zum Investmentsteuergesetz in der ab dem 1. Januar 2018 geltenden Fassung (InvStG)

Vom 21. Mai 2019

BMF IV C 1 - S 1980-1/16/10010 :001; DOK 2019/0415199

(BStBl. I S. 527)

Geändert durch BMF v. 19. 12. 2019 (BStBl. 2020 I S. 85), BMF v. 29. 10. 2020 (BStBl. I S. 1167), BMF v. 20. 1. 2021 (BStBl. I S. 156), BMF v. 29. 4. 2021 (BStBl. I S. 735), BMF v. 1. 6. 2021 (BStBl. I S. 773), BMF v. 18.6.2021 (BStBl. I S. 844)

und BMF v. 18.8.2021 (BStBl. I S. 1516)

1 Anlage

Unter Bezugnahme auf das Ergebnis der Erörterungen mit den obersten Finanzbehörden der Länder gilt für die Anwendung des Investmentsteuergesetzes in der Fassung des Gesetzes zur Reform der Investmentbesteuerung vom 19. Juli 2016 (BGBl. I S. 1730, BStBl. I S. 731), zuletzt geändert durch das Gesetz zur Vermeidung von Umsatzsteuerausfällen beim Handel mit Waren im Internet und zur Änderung weiterer steuerlicher Vorschriften vom 11. Dezember 2018 (BGBl. I S. 2338, BStBl. I S. 1377) Folgendes:

Inhaltsverzeichnis[1)]

[1)] Inhaltsverzeichnis geänd. und ergänzt durch BMF v. 29. 10. 2020, BStBl. I S. 1167, BMF v. 20. 1. 2021, BStBl. I S. 156, BMF v. 29. 4. 2021, BStBl. I S. 735 und BMF v. 18. 6. 2021, BStBl. I S. 844.

Kontrollrechnung: Vereinnahmt hat die A:

10 € Ausschüttung in 2020
+ 20 € Ausschüttung in 2021
+ 90 € Veräußerungserlös in 2020
= 120 €

und aufgewendet hat die A 100 € Anschaffungskosten, so dass ein Saldo von 20 € verbleibt.

cc) Keine Berücksichtigung von fiktiven Veräußerungen nach § 22 InvStG

Sofern es nach § 22 InvStG zu einer fiktiven Veräußerung von Investmentanteilen aufgrund einer Änderung des anwendbaren Teilfreistellungssatzes kommt, bleiben diese für die Zwecke des § 17 InvStG unberücksichtigt. D. h., für die Ermittlung der fortgeführten Anschaffungskosten ist weiterhin auf die nach § 17 Abs. 1 Satz 2 oder 3 InvStG maßgebenden Anschaffungskosten abzustellen. Es ist nicht zu beanstanden, wenn vor dem 30. Juni 2022 die fiktiven Anschaffungskosten nach § 22 Abs. 2 InvStG als fortgeführte Anschaffungskosten angesetzt werden. Sofern die fiktiven Anschaffungskosten nach § 22 Abs. 2 InvStG angesetzt wurden, sind diese Werte bis zum 31. Dezember 2022 zu korrigieren. Weiterhin ist es nicht zu beanstanden, wenn ein Entrichtungspflichtiger, dem keine Information zu den tatsächlichen Anschaffungskosten von Investmentanteilen, die seit 1. Januar 2018 angeschafft wurden, oder zu den fiktiven Anschaffungskosten nach § 56 Abs. 2 oder 3 InvStG von bestandsgeschützten Alt-Anteilen vorliegen oder dem diese Informationen nicht mehr vorliegen, den folgendermaßen berechneten Ersatzwert für die fortgeführten Anschaffungskosten zu Grunde legt: **17.11**[1]

Ersatzwert = Rücknahmepreis zum Zeitpunkt Änderung der Teilfreistellung nach § 22 InvStG ./. fiktiver Veräußerungsgewinn nach § 22 Abs. 2 InvStG (vor Teilfreistellung)

Bei nicht bestandsgeschützten Alt-Anteilen ist es bei fehlender Information zu den tatsächlichen Anschaffungskosten nicht zu beanstanden, wenn die zuvor aufgeführte Formel sowie in Folge die Ersatzwertberechnung nach Rz. 17.19 angewendet wird.

dd) Abstellen auf tatsächliche Anschaffungskosten oder auf fiktive Anschaffungskosten

Nach § 17 Abs. 1 Satz 2 und 3 InvStG kommt es für die Frage, welche Anschaffungskosten bei der Ermittlung der fortgeführten Anschaffungskosten zu Grunde zu legen sind, auf den Anschaffungszeitpunkt der Investmentanteile an. Wenn der Anleger den Investmentanteil vor 2009 erworben und seither im Privatvermögen gehalten hat, sind die bis Ende 2017 eingetretenen Wertveränderungen steuerfrei (§ 56 Abs. 6 Satz 1 Nr. 1 InvStG). Daher wird in diesen Fällen nicht auf die tatsächlichen Anschaffungskosten, sondern auf die fiktiven Anschaffungskosten zum 1. Januar 2018 abgestellt. Sofern der Anleger dagegen die Investmentanteile nach Einführung der Abgeltungsteuer zum 1. Januar 2009 erworben oder diese im Betriebsvermögen gehalten hat, sind alle Wertveränderungen steuerpflichtig, so dass in diesen Fällen auf die tatsächlichen Anschaffungskosten abgestellt wird. **17.12**

---

[1] Rz. 17.11 Sätze 3 bis 6 angef. durch BMF v. 18.8.2021, BStBl. I S. 1516.

17.13 Sowohl in den Fällen des § 17 Abs. 1 Satz 2 InvStG (fiktive Anschaffungskosten) als auch in denen des § 17 Abs. 1 Satz 3 InvStG (tatsächliche Anschaffungskosten) sind nach § 17 Abs. 3 InvStG die Anschaffungskosten zu mindern, soweit eine steuerneutrale Kapitalrückzahlung erfolgt. D. h. in den Folgejahren stehen auch für Zwecke des § 17 Abs. 1 Satz 1 InvStG nur entsprechend geminderte Anschaffungskosten zur Verfügung.

17.14 **Beispiel:**

Der Anleger A erwirbt im Jahr 2015 einen Investmentanteil zu einem Preis von 60 €. Der letzte im Jahr 2017 festgestellte Rücknahmepreis beträgt 100 €. Nach § 56 Abs. 3 Satz 1 InvStG entsteht ein fiktiver Veräußerungsgewinn i. H. v. 40 € (100 € Veräußerungserlös ./. 60 € Anschaffungskosten). Dieser fiktive Veräußerungsgewinn ist aber nicht sofort im Jahr 2017, sondern erst im Jahr der tatsächlichen Veräußerung zu versteuern (§ 56 Abs. 3 Satz 1 InvStG).

Im Jahr 2020 befindet sich der Investmentfonds in der Abwicklung und schüttet 30 € aus. Dadurch sinkt der Rücknahmepreis auf 70 €. Diese Ausschüttung unterliegt nach § 17 Abs. 1 Satz 1 und 3 InvStG in voller Höhe der Besteuerung, da der Rücknahmepreis am Ende des Jahres 2020 (70 €) nicht die tatsächlichen Anschaffungskosten (60 €) unterschreitet. D. h., es waren noch steuerpflichtige Wertzuwächse vorhanden, die vorrangig als ausgeschüttet gelten.

Im Jahr 2021 veräußert der A den Investmentanteil zu einem Preis von 70 €. Dadurch entsteht ein Veräußerungsverlust i. H. v. 30 € (70 € Veräußerungserlös ./. 100 € fiktive Anschaffungskosten zum 1. 1. 2018), der zuzüglich des Gewinns aus der fiktiven Veräußerung zum 31. 12. 2017 i. H. v. 40 € zu einem steuerpflichtigen Gewinn von 10 € führt.

Damit hat A im Veranlagungszeitraum 2020 30 € Ausschüttungen und im Veranlagungszeitraum 2021 einen Veräußerungsgewinn i. H. v. 10 € zu versteuern. Über die gesamte Haltedauer muss A 40 € versteuern, was der tatsächlichen Wertsteigerung im Gesamtzeitraum entspricht.

ee) Keine Minderung der tatsächlichen Anschaffungskosten bei Substanzausschüttungen in den Jahren 2009 bis einschließlich 2017

17.15 Bei der Fortführung der tatsächlichen Anschaffungskosten sind diese um alle Substanzausschüttungen – unabhängig von deren Zuflussdatum – zu mindern. Es ist jedoch nicht zu beanstanden, wenn der Entrichtungspflichtige die vor dem 1. Januar 2018 zugeflossenen Substanzausschüttungen unberücksichtigt lässt.

b) Rechtslage bis einschließlich dem 31. Dezember 2019

17.16 Nach § 17 Abs. 1 Satz 1 InvStG in der bis zum 31. Dezember 2019 anwendbaren Fassung (im Weiteren a. F.) ist nur der in den Ausschüttungen eines Kalenderjahres enthaltene Wertzuwachs zu versteuern. Um diesen steuerpflichtigen Anteil der Ausschüttungen zu ermitteln, ist zunächst die Summe aller Ausschüttungen und der Rücknahmepreis am Ende des Kalenderjahres zu bestimmen. Steuerpflichtig ist nur der Mehrbetrag, um den die ermittelte Summe den Rücknahmepreis am Anfang des Kalenderjahres übersteigt. Ein Beispiel zur Abgrenzung zwischen dem steuerpflichtigen und dem steuerneutralen Teil einer Ausschüttung (Kapitalrückzahlung) findet sich unter Rz. 308 a des durch das BMF-Schreiben vom 3. Mai 2017 (BStBl. I S. 739) ergänzten BMF-Schreibens vom 18. Januar 2016 (BStBl. I S. 85)[1].

c) Fehlende Anschaffungskosten/Ersatzwert für fehlende tatsächliche Anschaffungskosten

17.17 Wenn dem Entrichtungspflichtigen keine Anschaffungskosten vorliegen, ist im Steuerabzugsverfahren die Anwendung des § 17 InvStG ausgeschlossen, so dass keine Erstattung der einbehaltenen Kapitalertragsteuer nach § 44 b Abs. 1 EStG erfolgen kann. Dies gilt auch dann, wenn die Investmentanteile aus

[1] Nr. **1** § 43/1.

einem Depot übertragen werden und das übertragende Kreditinstitut keine Daten zu den Anschaffungskosten an das übernehmende Kreditinstitut übermittelt. Weiterhin ist die Anwendung des § 17 InvStG bei nicht bestandsgeschützten Alt-Anteilen (zum Begriff siehe Rzn. 56.28 und 56.93 ff.) ausgeschlossen, für die dem Entrichtungspflichtigen keine tatsächlichen Anschaffungskosten bekannt waren und bei denen daher die fiktive Veräußerung zum 31. Dezember 2017 auf Basis der Ersatzbemessungsgrundlage abgerechnet wurde (§ 56 Abs. 3 Satz 4 InvStG, Rz. 56.72). Der Anleger kann in diesen Fällen die Höhe der steuerfreien Kapitalrückzahlungen nur in der Veranlagung nachweisen.

Es ist nicht zu beanstanden, wenn ein Entrichtungspflichtiger vor dem 1. Januar 2020 auch bei fehlenden Anschaffungskosten § 17 Abs. 1 Satz 1 InvStG a. F. anwendet. **17.18**

Weiterhin ist es nicht zu beanstanden, wenn ein Entrichtungspflichtiger, dem keine Information zu den tatsächlichen Anschaffungskosten von nicht bestandsgeschützten Alt-Anteilen vorliegen oder dem diese Informationen nicht mehr vorliegen, ab dem 1. Januar 2020 den folgendermaßen berechneten Ersatzwert für die fortgeführten Anschaffungskosten zu Grunde legt: **17.19**

Ersatzwert = Rücknahmepreis zum 31. 12. 2017 ./. fiktiver Veräußerungsgewinn nach § 56 Abs. 3 Satz 1 InvStG zum 31. 12. 2017

(Bei einem negativen fiktiven Veräußerungsgewinn bzw. bei einem fiktiven Veräußerungsverlust ist dieser zur Bestimmung des Ersatzwerts dem Rücknahmepreis hinzuzurechnen).

Beispiel: **17.20**

Der Anleger A erwirbt im Jahr 2009 einen Investmentanteil an dem teil-thesaurierenden Investmentfonds I zu einem Preis von 100 €. In den Jahren 2009 bis 2017 sind 25 € ausschüttungsgleiche Erträge (die auch in den Folgejahren nicht ausgeschüttet wurden), 5 € ausgeschüttete AfA-Beträge und 10 € Substanzausschüttungen angefallen. Der Rücknahmepreis zum 31. 12. 2017 beträgt 150 €.

Der fiktive Veräußerungsgewinn beträgt 150 € ./. 100 € ./. 25 € + 5 € + 10 € = 40 €.

Als Ersatzwert sind 150 € ./. 40 € = 110 € anzusetzen.

Die zutreffenden fortgeführten Anschaffungskosten wären dagegen 100 €, da die ausschüttungsgleichen Erträge, die Substanzausschüttungen in den Jahren vor 2018 und die ausgeschütteten AfA-Beträge grundsätzlich nicht bei der Fortführung der Anschaffungskosten zu berücksichtigen sind.

Wenn bei Ansatz des Ersatzwerts eine Ausschüttung als steuerneutrale Kapitalrückzahlung nach § 17 Abs. 1 Satz 1 InvStG betrachtet wurde, ist der Ersatzwert um die steuerneutrale Kapitalrückzahlung zu mindern. D. h., die Rzn. 17.4 ff. sind gleichermaßen auf den Ersatzwert anzuwenden. **17.21**

d) Korrektur im Veranlagungsverfahren

Wenn § 17 InvStG nicht im Steuerabzugsverfahren angewendet wurde, aber der Steuerpflichtige im Veranlagungsverfahren die Höhe der Anschaffungskosten nachweist sowie belegt, dass die Summe der nach § 17 Abs. 1 Satz 1 InvStG steuerneutral zu behandelnden Ausschüttungen die Höhe der Anschaffungskosten noch nicht erreicht hat, ist von einer steuerneutralen Kapitalrückzahlung auszugehen. Sofern der Steuerpflichtige von dieser Nachweismöglichkeit Gebrauch macht, ist er bei nachfolgender Veräußerung des Investmentanteils verpflichtet, bei der Ermittlung des Veräußerungsgewinns die steuerneutralen Kapitalrückzahlungen gewinnerhöhend zu berücksichtigen und das Finanzamt auf diesen Umstand hinzuweisen. **17.22**

17.23 Beim Ansatz des Ersatzwertes nach Rz. 17.19 durch den Entrichtungspflichtigen ist es nicht zu beanstanden, wenn der Steuerpflichtige keine korrigierten Werte in seiner Steuererklärung gegenüber dem Finanzamt angibt, und es ist auch von Amts wegen keine Korrektur vorzunehmen. Bei tatsächlicher Veräußerung des Investmentanteils wird – über die Gesamthaltedauer betrachtet – das zutreffende Besteuerungsergebnis sichergestellt.

Beispiel (Fortführung zu Rz. 17.20):

Im Jahr 2020 schüttet I 30 € aus. Am Ende des Jahres 2020 beträgt der Rücknahmepreis 90 €. Im Jahr 2021 veräußert A den Investmentanteil zu einem Preis von 135 €.

Beim Ansatz des Ersatzwerts für die fortgeführten Anschaffungskosten ergibt sich im Jahr 2020 eine steuerfreie Kapitalrückzahlung i. H. v. 20 € (der Rücknahmepreis von 90 € unterschreitet den Ersatzwert von 110 € um 20 €). i. H. v. 10 € ist die Ausschüttung steuerpflichtig.

Bei Veräußerung im Jahr 2021 ergibt sich folgendes Besteuerungsergebnis:

– fiktiver Veräußerungsgewinn (siehe Rz. 17.20):	40 €
– Veräußerungsgewinn ab 2018: 135 € ./. (150 € ./. 20 €) =	5 €
– gesamter Veräußerungsgewinn =	45 €

Zuzüglich der bereits versteuerten Ausschüttung i. H. v. 10 € ergibt sich ein gesamter steuerpflichtiger Betrag i. H. v. 55 €.

Vergleichsrechnung:

Bei Ansatz der zutreffenden fortgeführten Anschaffungskosten (100 €) ergibt sich im Jahr 2020 eine steuerfreie Kapitalrückzahlung i. H. v. 10 € (der Rücknahmepreis von 90 € unterschreitet die tatsächlichen Anschaffungskosten von 100 € um 10 €). i. H. v. 20 € wäre die Ausschüttung steuerpflichtig.

Bei Veräußerung im Jahr 2021 ergibt sich folgendes Besteuerungsergebnis:

– fiktiver Veräußerungsgewinn (siehe Rz. 17.20):	40 €
– Veräußerungsgewinn ab 2018: 135 € ./. (150 € ./. 10 €) =	./. 5 €
– gesamter Veräußerungsgewinn =	35 €

Zuzüglich der bereits versteuerten Ausschüttung i. H. v. 20 € ergibt sich ein gesamter steuerpflichtiger Betrag i. H. v. 55 €.

e) Nachträgliche Erstattung der auf Kapitalrückzahlungen erhobenen Kapitalertragsteuer

17.24 Nach § 44 b Abs. 1 EStG ist die auf Ausschüttungen eines Investmentfonds in dessen Abwicklungsphase erhobene Kapitalertragsteuer zu erstatten, soweit die Ausschüttungen steuerneutrale Kapitalrückzahlungen darstellen. Die auszahlende Stelle i. S. d. § 44 Abs. 1 Satz 3 und 4 i. V. m. § 43 Abs. 1 Satz 1 Nr. 5 EStG (in der Regel das depotführende Kreditinstitut des Inhabers der Investmentanteile) hat die Erstattung vorzunehmen.

f) Zeitliche Begrenzung der Abwicklungsphase (§ 17 Abs. 1 Satz 4 InvStG)

17.25 § 17 Abs. 1 Satz 4 InvStG begrenzt die Möglichkeit zu steuerneutralen Kapitalrückzahlungen innerhalb einer Abwicklungsphase auf einen maximalen Zeitraum von fünf Kalenderjahren nach dem Kalenderjahr, in dem die Abwicklung beginnt. Die nach § 17 Abs. 1 Satz 1 InvStG maßgebliche Abwicklungsphase erstreckt sich dabei auf den Zeitraum vom Abwicklungsbeginn (§ 17 Abs. 2 InvStG) bis zum Ende des Fünfjahreszeitraums und kann daher mehr als fünf Jahre betragen, höchstens jedoch sechs Jahre, wenn der Abwicklungsbeginn auf den 1. Januar datiert. Wenn die Abwicklung z. B. am 30. Juni 2018 beginnt, dann endet der Fünfjahreszeitraum erst am 31. Dezember 2023. Die für die Anwendung des § 17 Abs. 1 Satz 1 InvStG maßgebliche

Abwicklungsphase erstreckt sich damit auf den Zeitraum vom 30. Juni 2018 bis längstens zum 31. Dezember 2023.

17.2.[1] Abwicklungsbeginn (§ 17 Abs. 2 InvStG)

Bei inländischen Investmentfonds gilt nach § 17 Abs. 2 Satz 1 InvStG die **17.26** Abwicklung in dem Zeitpunkt als begonnen, in dem das Verwaltungsrecht der Kapitalverwaltungsgesellschaft erlischt. Dies ist beispielsweise bei Sondervermögen der Zeitpunkt nach § 100 KAGB. Dies ist in der Regel gleichzeitig der Zeitpunkt, in dem entweder das Eigentum an den Vermögensgegenständen oder die Verfügungsbefugnis von der Kapitalverwaltungsgesellschaft auf die Verwahrstelle übergeht (Ausnahmen gelten nach § 144 Satz 5 KAGB für Investmentaktiengesellschaften mit fixem Kapital). Der Nachweis eines früheren Abwicklungsbeginns als der Zeitpunkt des Erlöschens des Verwaltungsrechts ist ausgeschlossen.

Nach § 17 Abs. 2 Satz 2 InvStG gilt bei ausländischen Investmentfonds der **17.27** Zeitpunkt, in dem die Verwaltungsbefugnis der Verwaltungsstelle erlischt, als Beginn der Abwicklung. Dem gesetzlichen Vertreter eines ausländischen Investmentfonds wird jedoch die Möglichkeit eingeräumt, einen davon abweichenden Abwicklungsbeginn nachzuweisen.

(Fortsetzung nächstes Blatt)

[1] Tz. 17.2 neu gef. durch BMF v. 20. 1. 2021, BStBl. I S. 156.

Bestätigungen, die nach dem 31. Dezember 2019 ausgestellt werden, müssen eine Auflistung enthalten, in der für sämtliche Geschäftstage des betreffenden Geschäftsjahres die jeweils tatsächlich erreichten Kapitalbeteiligungs-, Immobilien- oder Auslands-Immobilienquoten angegeben werden. **20.13**

Für Bestätigungen, die vor dem 1. Januar 2020 ausgestellt werden, gilt Folgendes: Wenn die Aktienfonds- oder Mischfonds-Kapitalbeteiligungsquote oder die Immobilienfonds- oder Auslands-Immobilienfondsquote unterschritten wurde, darf eine Bestätigung nur dann ausgestellt werden, wenn darin das Unterschreiten offengelegt wird und die folgenden Angaben enthalten sind: **20.14**

- die Art, der Umfang und die Dauer der Unterschreitung sowie
- die ergriffenen Maßnahmen zum Erreichen der Aktienfonds- oder Mischfonds-Kapitalbeteiligungsquote oder der Immobilienfonds- oder Auslands-Immobilienfondsquote.

Wenn die jeweils erforderliche Aktienfonds- oder Mischfonds-Kapitalbeteiligungsquote oder Immobilienfonds- oder Auslands-Immobilienfondsquote an nicht mehr als 20 Geschäftstagen in einem Geschäftsjahr des Investmentfonds unterschritten wird, ist dies in der Regel als unschädlich zu betrachten (Rzn. 2.19 ff.). **20.15**

Hat der Investmentfonds ein vom Kalenderjahr abweichendes Geschäftsjahr, muss der Anleger im Veranlagungsverfahren den Nachweis für das Geschäftsjahr des Investmentfonds erbringen, in dem die Investmenterträge zugeflossen sind oder als zugeflossen gelten. **20.16**

Kann der Anleger im Zeitpunkt der Erstellung der Steuererklärung noch nicht wissen, ob der Investmentfonds im Geschäftsjahr die Anlagebedingungen erfüllen wird oder nicht, insbesondere weil das Geschäftsjahr des Investmentfonds noch nicht abgeschlossen ist oder der Investmentfonds noch keine Bestätigung ausgestellt hat, kann eine Teilfreistellung vorläufig nach § 165 Abs. 1 Satz 1 AO berücksichtigt werden, wenn im vorangegangenen Veranlagungszeitraum die Nachweise nach § 20 Abs. 4 InvStG erbracht wurden. **20.17**

Legt der Anleger Beweismittel in einer fremden Sprache vor, so kann eine Übersetzung in die deutsche Sprache verlangt werden (§ 87 Abs. 2 AO). **20.18**

20.3. Teilfreistellung bei der Ermittlung des Gewerbeertrags (§ 20 Abs. 5 InvStG)

Nach § 20 Abs. 5 InvStG wird der Umfang der bei der Einkommen- oder Körperschaftsteuer gewährten Teilfreistellung für die Zwecke der Gewerbesteuer um die Hälfte reduziert. Die Teilfreistellung ist ein Ausgleich für die steuerliche Vorbelastung der Investmentfonds mit Körperschaftsteuer. Da auf Ebene der Investmentfonds grundsätzlich keine Gewerbesteuer anfällt, fehlt es an einer gewerbesteuerlichen Vorbelastung. Aus diesem Grund ist eine verminderte Freistellung der Erträge für die Zwecke der Gewerbesteuer erforderlich. **20.19**

Bei der Ermittlung des Gewerbeertrags einer Mitunternehmerschaft ist für die Berücksichtigung der Teilfreistellung nach § 20 InvStG und für die anteiligen Abzüge nach § 21 InvStG (Rz. 21.3) § 7 Satz 4 GewStG sinngemäß anzuwenden. Sind sowohl natürliche Personen, dem Körperschaftsteuergesetz unterliegende Anleger sowie Kredit- und Finanzdienstleistungsinstitute oder Lebens- oder Krankenversicherungsunternehmen beteiligt, richtet sich die **20.20**

Teilfreistellung nach dem Verhältnis der jeweiligen Beteiligung am Gewinn der Mitunternehmerschaft.

21. Anteilige Abzüge aufgrund einer Teilfreistellung (§ 21 InvStG)

21.1 § 21 InvStG überträgt den Rechtsgedanken des § 3 c Abs. 2 EStG auf das Teilfreistellungsverfahren bei Aktien-, Misch- oder Immobilienfonds. Die Regelung führt zu einer anteiligen Kürzung der mit dem Erwerb, dem Halten und der Veräußerung von Investmentanteilen an Aktien-, Misch- oder Immobilienfonds in wirtschaftlichem Zusammenhang stehenden Ausgaben im Umfang des jeweils anwendbaren Teilfreistellungssatzes.

21.2 § 21 InvStG ist nicht nur bei natürlichen Personen, sondern auch bei Körperschaften als Anleger anwendbar. § 21 InvStG schließt das Werbungskostenabzugsverbot des § 20 Abs. 9 EStG nicht aus.

21.3 Die nicht abziehbaren Ausgaben nach § 21 InvStG sind bei der Ermittlung des Gewerbeertrags nur zur Hälfte zu berücksichtigen. Dies entspricht einer sinngemäßen Anwendung des § 20 Abs. 5 InvStG.

21.1. Kürzung von Ausgaben im wirtschaftlichen Zusammenhang mit Erträgen aus Aktien-, Misch- oder Immobilienfonds (§ 21 Satz 1 und 2 InvStG)

21.4 Nach § 21 Satz 1 und 2 InvStG sind die Ausgaben, die mit Erträgen aus Aktien-, Misch- oder Immobilienfonds in wirtschaftlichem Zusammenhang stehen, anteilig nicht abziehbar.

21.5 Der Begriff des „wirtschaftlichen Zusammenhangs" ist gleichermaßen wie in § 3 c Abs. 2 Satz 1 EStG als Veranlassungszusammenhang auszulegen. Maßgebend sind die Gründe, aus denen der Anleger die Aufwendungen vornimmt.

21.6 § 21 InvStG ist u. a. auf solche Finanzierungsaufwendungen anzuwenden, die aus Verbindlichkeiten stammen, die durch die Anschaffung von Investmentanteilen veranlasst sind, die dem Teilfreistellungsverfahren unterliegen. Bei Kreditinstituten ist von einem wirtschaftlichen Zusammenhang i. S. d. § 21 InvStG zwischen teilfreigestellten Investmenterträgen und den Zinsausgaben für Kundeneinlagen, für Interbankeinlagen, für Schuldverschreibungen und für vergleichbare allgemeine Zinsaufwendungen (sog. Poolrefinanzierungskosten) auszugehen.

21.7 Bei der Bildung von Pensionsrückstellungen ist nicht davon auszugehen, dass diese durch die Anschaffung von Investmentanteilen veranlasst sind. Es ist daher keine Kürzung der Rückstellung vorzunehmen.

21.2. Zusammenhang durch Einnahmeerzielungsabsicht (§ 21 Satz 3 InvStG)

21.8 Nach § 21 Satz 3 InvStG genügt es für die anteilige Kürzung der Ausgaben, dass der Anleger die Erzielung von Erträgen aus Aktien-, Misch- oder Immobilienfonds angestrebt hat. Die anteilige Kürzung ist daher auch dann anzuwenden, wenn tatsächlich nie entsprechende Erträge erzielt wurden.

22. Änderung des anwendbaren Teilfreistellungssatzes (§ 22 InvStG)

22.1[1] § 22 InvStG fingiert die Veräußerung von Investmentanteilen und regelt die Besteuerung des sich daraus ergebenden Veräußerungsgewinns, wenn sich der

---

[1] Rz. 22.1 geänd. durch BMF v. 18.8.2021, BStBl. I S. 1516.

auf einen Investmentfonds anwendbare Teilfreistellungssatz ändert oder die Voraussetzungen der Teilfreistellung wegfallen.

22.1. Veräußerungsfiktion (§ 22 Abs. 1 InvStG)

a) Veräußerungsfiktion am Tag der Änderung des anwendbaren Teilfreistellungssatzes (§ 22 Abs. 1 Satz 1 InvStG)

Nach § 22 Abs. 1 Satz 1 InvStG gilt ein Investmentanteil an dem Tag als veräußert, an dem sich der anwendbare Teilfreistellungssatz ändert. Zu einer Änderung des anwendbaren Teilfreistellungssatzes kann es insbesondere kommen, wenn ein Investmentfonds seine Anlagebedingungen dergestalt ändert, dass die Kapitalbeteiligungsquote für Aktienfonds (§ 2 Abs. 6 InvStG) bzw. für Mischfonds (§ 2 Abs. 7 InvStG) oder die Immobilienfondsquote für Immobilienfonds (§ 2 Abs. 9 InvStG) oder die Auslands-Immobilienfondsquote für Auslands-Immobilienfonds nicht mehr erreicht oder – umgekehrt – erstmalig erreicht wird. Maßgebend für die Veräußerungsfiktion ist der Tag, an dem die Änderung der Anlagebedingungen wirksam wird. Sofern die Änderung der Anlagebedingungen von einer Genehmigung durch eine Aufsichtsbehörde abhängig ist, ist frühestens mit dem Tag der Genehmigung von einer wirksamen Änderung auszugehen. Der o. a. Zeitpunkt, in dem die Veräußerungsfiktion eintritt, ist auch durch den Entrichtungspflichtigen zu berücksichtigen. Bei nachträglichem Bekanntwerden der Veräußerungsfiktion hat der Entrichtungspflichtige gegebenenfalls Korrekturen des Steuerabzugs vorzunehmen. **22.2**

Der anwendbare Teilfreistellungssatz kann sich aber auch bei einem wesentlichen Verstoß gegen die Anlagebedingungen (Rzn. 2.18 ff.) ändern. Dies ist insbesondere der Fall, wenn ein Verstoß bewusst und zweckgerichtet für missbräuchliche Steuergestaltungen herbeigeführt wurde. **22.3**

Wenn sich aus dem Anlageverhalten des Investmentfonds ergibt, dass von Anfang an beabsichtigt war, die Anlagebedingungen nicht einzuhalten, ist § 22 InvStG im Veranlagungsverfahren nicht anzuwenden. Vielmehr ist von vornherein keine Teilfreistellung auf Anlegerebene zu gewähren. Gegebenenfalls sind die Steuerbescheide der Anleger nach § 173 Abs. 1 Nr. 1 AO zu ändern. **22.4**

Zur Ermittlung der Höhe der Vorabpauschale bei einem Teilfreistellungssatzwechsel mit Anschaffungs- und Veräußerungsfiktion nach § 22 Abs. 1 InvStG siehe Rz. 20.4. **22.5**

b) Veräußerungsfiktion mit Ablauf des Veranlagungszeitraums (§ 22 Abs. 1 Satz 2 InvStG)

Nach § 22 Abs. 1 Satz 2 InvStG gilt ein Investmentanteil mit Ablauf des Veranlagungszeitraums als veräußert, in dem ein Anleger nach § 20 Abs. 4 InvStG die Voraussetzungen für eine Teilfreistellung nachgewiesen hat, aber in dem folgenden Veranlagungszeitraum keinen Nachweis für die Teilfreistellung oder einen Nachweis für einen anderen Teilfreistellungssatz erbringt. Es kommt damit jeweils am 31. Dezember des betreffenden Veranlagungszeitraums zu einer gesetzlich fingierten Veräußerung. **22.6**

§ 22 Abs. 1 Satz 2 InvStG stellt kein Wahlrecht des Anlegers dar, vielmehr ist weiterhin der bisherige Teilfreistellungssatz und keine Veräußerungsfiktion anzuwenden, wenn sich aus öffentlich zugänglichen Quellen die Voraussetzungen für den bisherigen Teilfreistellungssatz feststellen lassen (z. B. aus im Internet veröffentlichten Anlagebedingungen des Investmentfonds). **22.7**

22.8 Aufgrund eines Gestaltungsmissbrauchs i. S. d. § 42 AO ist auch dann der bisherige Teilfreistellungsatz und keine Veräußerungsfiktion anzuwenden, wenn

- keine wesentlichen Veränderungen des Anlageverhaltens des Investmentfonds ersichtlich sind,
- dem Anleger weiterhin ein Nachweis nach § 20 Abs. 4 InvStG mit dem gleichen oder nur geringfügig höheren Aufwand wie in dem vorangegangenen Veranlagungszeitraum möglich wäre und
- die äußeren Umstände dafür sprechen, dass der Anleger den Nachweis unterlässt, um einen sich aus dem Wechsel des Teilfreistellungssatzes ergebenden Steuervorteil zu erzielen.

22.2. Bestimmung des Veräußerungserlöses und der Anschaffungskosten (§ 22 Abs. 2 InvStG)

a) Ansatz des Rücknahmepreises (§ 22 Abs. 2 Satz 1 InvStG)[1]

22.9 § 22 Abs. 2 InvStG bestimmt für die in § 22 Abs. 1 InvStG fingierten Fälle der Veräußerung den als Veräußerungserlös und als Anschaffungskosten anzusetzenden Wert.

22.10 In den Fällen des § 22 Abs. 1 Satz 1 InvStG ist nach § 22 Abs. 2 Satz 1 Nr. 1 InvStG auf den Rücknahmepreis am Tag der Änderung des anwendbaren Teilfreistellungssatzes abzustellen.

22.11 **Beispiel:**

Privatanleger A erwirbt am 10. 1. 01 einen Anteil am Investmentfonds I zu einem Preis von 100 €. In den Anlagebedingungen des I ist vorgesehen, dass fortlaufend mehr als 50 % des Vermögens in Kapitalbeteiligungen investiert werden; mithin ist die Voraussetzung für eine Aktienteilfreistellung eines Aktienfonds erfüllt. Am 2. 1. 02 tritt eine Änderung der Anlagebedingungen in Kraft, nach der nunmehr keine Mindestanlage in Kapitalbeteiligungen mehr vorgesehen ist. Am 2. 1. 02 beträgt der Rücknahmepreis 110 €. Am 30. 6. 02 veräußert A den Investmentanteil zu einem Preis von 100 €.

Am 2. 1. 02 entsteht ein Gewinn aus einer fiktiven Veräußerung i. H. v. 10 € (110 € – 100 € = 10 €). Auf den Gewinn aus der fiktiven Veräußerung ist der Teilfreistellungssatz nach § 20 Abs. 1 Satz 1 InvStG i. H. v. 30 % anzuwenden, so dass ein steuerpflichtiger Gewinn i. H. v. 7 € verbleibt. Dieser fiktive Veräußerungsgewinn gilt nach § 22 Abs. 3 InvStG am 30. 6. 02 als zugeflossen. Darüber hinaus erzielt der A aus der tatsächlichen Veräußerung einen Verlust i. H. v. 10 € (100 € – 110 € = –10 €), auf den keine Teilfreistellung anzuwenden ist. Insgesamt ergibt sich damit ein steuerlicher Verlust i. H. v. 3 € (–10 € + 7 € = –3 €).

22.12 In den Fällen des § 22 Abs. 1 Satz 2 InvStG ist nach § 22 Abs. 2 Satz 1 Nr. 2 InvStG auf den letzten Rücknahmepreis des Veranlagungszeitraums abzustellen, in dem der Anleger letztmalig den Nachweis für den bisherigen Teilfreistellungssatz erbracht hat.

b) Ansatz des Börsen- oder Marktpreises (§ 22 Abs. 2 Satz 2 InvStG)[2]

22.13 Nach § 22 Abs. 2 Satz 2 InvStG ist auf den Börsen- oder Marktpreis abzustellen, wenn kein Rücknahmepreis festgesetzt wird. Gemeint sind damit Fälle, in denen der Investmentfonds generell keinen Rücknahmepreis festsetzt oder in denen keine Rücknahmepreise in zeitlicher Nähe zu dem nach § 22 Abs. 1 Satz 1 oder 2 InvStG maßgeblichen Tag verfügbar sind.

22.14 Wenn weder der Rücknahmepreis noch der Börsen- oder Marktpreis ermittelbar ist, so ist keine Ersatzbemessungsgrundlage für den Gewinn aus der

[1] Rz. 22.9 Überschrift eingef. durch BMF v. 18.8.2021, BStBl. I S. 1516.
[2] Rz. 22.13 Überschrift eingef. durch BMF v. 18.8.2021, BStBl. I S. 1516.

fiktiven Veräußerung anzusetzen. Dies gilt auch für die Fälle, in denen zwar Anschaffungskosten vorliegen, aber weder der Rücknahmepreis noch der Börsen- oder Marktpreis ermittelbar ist. Es sind jedoch nach § 43 a Abs. 2 Satz 7 EStG 30 % der Einnahmen aus der tatsächlichen Veräußerung als Ersatzbemessungsgrundlage anzusetzen.

c) Ansatz bei Einlage in ein Betriebsvermögen (§ 22 Abs. 2 Satz 3 InvStG)[1)]

Wird ein Investmentanteil in ein Betriebsvermögen eingelegt und ändert sich dadurch der anwendbare Teilfreistellungssatz, ist der nach § 22 Abs. 2 Satz 1 und 2 InvStG anzusetzende Wert im Zeitpunkt der Einlage als Einlagewert i.S.v. § 6 Abs. 1 Nr. 5 Satz 1 zweiter Halbsatz Buchst. c EStG anzusetzen (§ 22 Abs. 2 Satz 3 InvStG). Dadurch wird sichergestellt, dass die im Privatvermögen und die im Betriebsvermögen entstandenen Wertveränderungen getrennt erfasst und bei späterer tatsächlicher Veräußerung mit den jeweils für das Privatvermögen und das Betriebsvermögen geltenden Teilfreistellungssätzen besteuert werden. **22.14a**

d) Fiktive Anschaffungskosten im Betriebsvermögen (§ 22 Abs. 2 Satz 4 InvStG)[2)]

Nach § 22 Abs. 2 Satz 4 InvStG tritt der nach § 22 Abs. 2 Satz 1 bis 3 InvStG ermittelte Wert auch für die Zwecke der Bewertung mit dem voraussichtlich dauerhaft niedrigeren Teilwert nach § 6 Abs. 1 Nr. 2 Satz 1 EStG an die Stelle der fortgeführten ursprünglichen Anschaffungskosten der Investmentanteile. Daher sind die Investmentanteile mit diesem Wert in der Steuerbilanz zu bewerten; dieser Wert bildet die „neue" Bewertungsobergrenze. Dadurch ändert sich die Bezugsgröße für etwaige Teilwertabschreibungen oder Teilwertzuschreibungen. Die Vorschrift stellt – in gleicher Weise wie § 56 Abs. 2 Satz 4 InvStG – klar, dass eine fiktive Veräußerung aufgrund einer Änderung des anwendbaren Teilfreistellungssatzes auch in der Steuerbilanz abzubilden ist. **22.14b**

§ 22 Abs. 2 Satz 4 InvStG führt zu einer von der Handelsbilanz abweichenden Bewertung in der Steuerbilanz. Ein Ausweis latenter Steuern in der Handelsbilanz nach § 274 HGB ist nicht vorzunehmen, weil es zu keiner abweichenden Ertragsrealisation kommt; denn durch die Einstellung des aufgedeckten, noch nicht zu versteuernden Gewinns in eine steuerliche Rücklage wird der Gewinn sowohl handels- als auch steuerrechtlich zeitgleich erst bei tatsächlicher Veräußerung des Investmentanteils realisiert. **22.14c**

e) Abschreibungs- und Wertaufholungssperrbetrag bei Änderung des anwendbaren Teilfreistellungssatzes (§ 22 Abs. 2 Satz 5 und 6 InvStG)[3)]

Nach § 22 Abs. 2 Satz 5 und 6 InvStG sind im Rahmen der Bewertung nach einer fiktiven Veräußerung nach § 22 InvStG eingetretene Wertminderungen i.S.v. § 6 Abs. 1 Nr. 2 Satz 2 EStG und im Rahmen dieser Wertminderungen liegende Werterhöhungen i.S.v. § 6 Abs. 1 Nr. 2 Satz 3 EStG erst zu dem Zeitpunkt der tatsächlichen Veräußerung des Investmentanteils zu berücksichtigen, wenn und soweit der nach § 22 Abs. 2 Satz 1 bis 3 InvStG **22.14d**

---

1) Überschrift und Rz. 22.14a eingef. durch BMF v. 18.8.2021, BStBl. I S. 1516.
2) Überschrift und Rz. 22.14b, 22.14c eingef. durch BMF v. 18.8.2021, BStBl. I S. 1516.
3) Überschrift und Rz. 22.14d bis 22.14l eingef. durch BMF v. 18.8.2021, BStBl. I S. 1516.

ermittelte Wert höher ist als der Wert vor der fiktiven Veräußerung. Als Wert vor der fiktiven Veräußerung sind grundsätzlich die fortgeführten Anschaffungskosten anzusetzen (zum Begriff der fortgeführten Anschaffungskosten siehe Rz. 17.2; abweichend von Rz. 17.2 ist für die Zwecke des § 22 Abs. 2 Satz 5 und 6 InvStG auch für Alt-Anteile, die nicht bestandsgeschützt sind, zur Ermittlung der fortgeführten Anschaffungskosten von den fiktiven Anschaffungskosten nach § 56 Abs. 2 Satz 2 und 3 InvStG auszugehen). Nach einem Wechsel des anwendbaren Teilfreistellungssatzes ermitteln sich die fortgeführten Anschaffungskosten anhand der sich aus dem Teilfreistellungssatzwechsel ergebenden fiktiven Anschaffungskosten.

22.14e § 22 Abs. 2 Satz 5 und 6 InvStG verhindert eine gewinnwirksame Teilwertabschreibung und eine darauf bezogene gewinnwirksame Teilwertzuschreibung (Abschreibungs- und Wertaufholungssperrbetrag bei Änderung des anwendbaren Teilfreistellungssatzes) in Höhe des positiven Unterschiedsbetrags zwischen den fiktiven Anschaffungskosten und den fortgeführten Anschaffungskosten vor der fiktiven Veräußerung. D.h., der gewinnwirksame Aufwand aus einer Teilwertabschreibung ist in Höhe des Abschreibungssperrbetrags durch einen auf der Aktivseite der Steuerbilanz zu bildenden Korrekturpostens nach § 22 Abs. 2 Satz 5 und 6 InvStG zu neutralisieren. Umgekehrt ist der gewinnwirksame Ertrag aus einer Teilwertzuschreibung in Höhe des Wertaufholungssperrbetrags durch die Auflösung des Korrekturpostens nach § 22 Abs. 2 Satz 5 und 6 InvStG zu neutralisieren.

22.14f

Beispiel:

A schafft im Jahr 01 einen Investmentanteil an einem Aktienfonds für 1.000 € im Privatvermögen an. Er legt den Investmentanteil am 8.8.03 ins Betriebsvermögen ein. Der Rücknahmepreis im Zeitpunkt der Einlage beträgt 1500 €. Am Ende des Jahres 03 ist der Rücknahmepreis auf 1200 € gesunken und A nimmt eine Teilwertabschreibung i.H.v. 300 € vor.

Da die Einlage zu einer Änderung des anwendbaren Teilfreistellungssatzes führt, ist der Investmentanteil mit seinem Rücknahmepreis am 8.8.03 i.H.v. 1500 € einzulegen. Der nach § 22 Abs. 3 InvStG erst bei tatsächlicher Veräußerung zufließende Gewinn aus der fiktiven Veräußerung beträgt 500 € (1500 € Rücknahmepreis im Zeitpunkt der Änderung des anwendbaren Teilfreistellungssatzes abzgl. 1000 € Anschaffungskosten). Der anwendbare Teilfreistellungssatz beträgt 30 %, so dass i.H.v. 150 € steuerfreie Erträge vorliegen.

Nach § 22 Abs. 2 Satz 5 InvStG wirkt sich die Teilwertabschreibung erst bei tatsächlicher Veräußerung aus. D.h., der Wertverlust i.H.v. 300 € wirkt sich im Veranlagungszeitraum 03 nicht gewinnmindernd aus.

Gebucht wird Folgendes:

Bis zur Einlage wird aufgrund der Zugehörigkeit zum Privatvermögen keine Buchung vorgenommen. Für die fiktive Veräußerung ist ein Merkposten in Höhe des Gewinns aus der fiktiven Veräußerung zu führen.

Buchung der Einlage in 03:

	Aktiva	**Wert**		**Passiva**	**Wert**
1.	Investmentanteil	1500 €	an	Neueinlage/Kapital	1500 €
2.	Neueinlage/Kapital	500 €	an	Rücklage nach § 22 Abs. 3 InvStG (Teilfreistellungssatz PV 30 %)	500 €

Buchung der Teilwertabschreibung in 03:

	Aktiva	**Wert**		**Passiva**	**Wert**
1.	Aufwand aus Abschreibung	300 €	an	Investmentanteil	300 €
2.	Korrekturposten Teilfreistellungssatz BV	300 €	an	Aufwand aus Abschreibung	300 €

	Aktiva	Wert		Passiva	Wert
	60 % nach § 22 Abs. 2 Satz 5 und 6 InvStG				

Bilanzposten in 03:

Aktiva – Investmentanteile: 1200 €

Aktiva – Korrekturposten Teilfreistellungssatz BV 60 % nach § 22 Abs. 2 Satz 5 und 6 InvStG: 300 €

Passiva – Rücklage nach § 22 Abs. 3 InvStG (Teilfreistellungssatz PV 30 %): 500 €

Gewinnauswirkung: 0 €

Weiterführung 1 des Beispiels: 22.14g

Am Ende des Jahres 04 ist der Rücknahmepreis auf 1300 € gestiegen. Die Wertaufholung des Investmentanteils muss zwingend zum 31.12.04 berücksichtigt werden. Die daraus resultierende Gewinnerhöhung um 100 € ist mit der noch nicht gewinnwirksamen Teilwertabschreibung zu verrechnen. Damit erscheint am 31.12.04 der Investmentanteil mit 1.300 € und die noch nicht steuerwirksame Teilwertabschreibung mit 200 € in der Steuerbilanz. Der Merkposten für den Gewinn aus der fiktiven Veräußerung beträgt weiterhin 500 €.

Buchung der Teilwertzuschreibung in 04:

	Aktiva	Wert		Passiva	Wert
1.	Investmentanteil	100 €	an	Ertrag aus Zuschreibung	100 €
2.	Ertrag aus Zuschreibung	100 €	an	Korrekturposten Teilfreistellungssatz BV 60% nach § 22 Abs. 2 Satz 5 und 6 InvStG	100 €

Bilanzposten in 04:

Aktiva – Investmentanteile: 1300 €

Aktiva – Korrekturposten Teilfreistellungssatz BV 60 % nach § 22 Abs. 2 Satz 5 und 6 InvStG: 200 €

Passiva – Rücklage nach § 22 Abs. 3 InvStG (Teilfreistellungssatz PV 30 %): 500 €

Gewinnauswirkung: 0 €

Weiterführung 2 des Beispiels: 22.14h

Am 2.5.06 verkauft A seinen Investmentanteil für 3000 €.

Der Gewinn aus der Veräußerung des Investmentanteils beträgt 1700 € (3000 € Veräußerungserlös abzgl. 1300 € Buchwert). Gleichzeitig ist der Korrekturposten Teilfreistellungssatz BV 60 % i.H.v. 200 € ertragswirksam aufzulösen. Somit ergibt sich aus der Veräußerung ein bilanzieller Gewinn von 1500 €. Der anwendbare Teilfreistellungssatz beträgt nach § 20 Abs. 1 Satz 2 InvStG 60 %, so dass 900 € steuerfrei sind und steuerpflichtige Investmenterträge i.H.v. 600 € vorliegen.

Buchung der Veräußerung in 06:

	Aktiva	Wert		Passiva	Wert
1.	Bank	3000 €	an	Investmentanteil Ertrag aus Veräußerung Investmentanteil	1300 € 1700 €
2.	Ertrag aus Veräußerung Investmentanteil	200 €	an	Korrekturposten Teilfreistellungssatz BV 60% nach § 22 Abs. 2 Satz 5 und 6 InvStG	200 €
3.	Rücklage nach § 22 Abs. 3 InvStG (Teilfreistellungssatz PV 30 %)	500 €	an	Neueinlage / Kapital	500 €

Bilanzposten in 06:

Aktiva – Bank: 3000 €

Aktiva – Investmentanteile: 0 €

Aktiva – Korrekturposten Teilfreistellungssatz BV 60 % nach § 22 Abs. 2 Satz 5 und 6 InvStG: 0 €

Passiva – Rücklage nach § 22 Abs. 3 InvStG (Teilfreistellungssatz PV 30 %): 0 €

Gewinnauswirkung: (1700 € - 200 €) = 1500 €

außerbilanziell Teilfreistellung: 60 % von 1500 € = 900 €

steuerpflichtige Erträge: 600 €

Zusätzlich ist der Gewinn aus der fiktiven Veräußerung zum 8.8.03 i.H.v. 500 € zu versteuern. Auf diesen fiktiven Veräußerungsgewinn bleibt der für das Privatvermögen geltende Teilfreistellungssatz von 30 % (§ 20 Abs. 1 Satz 1 InvStG) anwendbar, so dass nur 350 € zu versteuern sind. Dieser steuerpflichtige Ertrag wird nach § 22 Abs. 3 Satz 2 InvStG weiterhin dem Privatvermögen zugeordnet. Daher ist hinsichtlich des steuerpflichtigen Ertrags von 350 € der gesonderte Steuertarif nach § 32d Abs. 1 EStG anzuwenden.

22.14i Jeder Wechsel des anwendbaren Teilfreistellungssatzes führt zu einer neuen fiktiven Veräußerung, die in der Steuerbilanz mit separaten Teilfreistellungswechsel-Rücklagen (Rücklage nach § 22 Abs. 3 InvStG) und korrespondierenden Wertaufholungs- und Abschreibungssperrbeträgen (Korrekturposten nach § 22 Abs. 2 Satz 5 und 6 InvStG) abzubilden ist. Bewertungsmaßnahmen wirken sich zunächst immer auf die Wertaufholungs- und Abschreibungssperrbeträge des zeitlich jüngsten Teilfreistellungswechsels aus, dann auf die Wertaufholungs- und Abschreibungssperrbeträge aus zeitlich früheren Teilfreistellungswechseln und zuletzt auf die Wertaufholungs- und Abschreibungssperrbeträge i.S.d. § 56 Abs. 2 Satz 5 und 6 InvStG. Somit wirken sich Teilwertabschreibungen grundsätzlich erst bei Unterschreiten der tatsächlichen Anschaffungskosten aus. Bei Alt-Anteilen können sich Teilwertabschreibungen erst bei Unterschreiten der fiktiven Anschaffungskosten zum 1. Januar 2018 oder, wenn die fiktiven Anschaffungskosten höher als der Buchwert zum 31. Dezember 2017 sind, erst bei Unterschreiten des Buchwerts zum 31. Dezember 2017 auswirken.

22.14j (einstweilen frei)

22.14k Maßgebend für die außerbilanzielle Hinzurechnung von Korrekturposten ist der bei Bildung des Korrekturpostens anzuwendende Teilfreistellungssatz und nicht der im Zeitpunkt der Veräußerung anzuwendende Teilfreistellungssatz. Bei teilweiser Bildung eines Korrekturpostens nach § 56 Abs. 2 Satz 5 und 6 InvStG vor und nach einem Teilfreistellungswechsel sind getrennte Korrekturposten mit unterschiedlichen Teilfreistellungssätzen zu führen. Bei einer Teilwertabschreibung vor einem Teilfreistellungswechsel und einer anschließenden Wertaufholung sind ebenfalls getrennte Korrekturposten mit unterschiedlichen Teilfreistellungssätzen zu bilden.

22.14l Bei mehrfachen Teilfreistellungswechseln ist aus Billigkeitsgründen grundsätzlich von dem Wiederaufleben eines bei tatsächlicher Anschaffung vorhandenen Abschreibungspotentials auszugehen. Bei Anschaffung vor dem 1. Januar 2018 ist grundsätzlich von dem Wiederaufleben des bei fiktiver Anschaffung nach § 56 Abs. 2 Satz 1 und 2 InvStG zum 1. Januar 2018 vorhandenen Abschreibungspotentials auszugehen.

Beispiel:

A schafft im Jahr 01 einen Investmentanteil an einem Aktienfonds für 1.000 € im Betriebsvermögen an. Am 30.6.02 kommt es zu einem Teilfreistellungswechsel mit einem Rücknahmepreis von 500 €. Am 10.3.03 kommt es zu einem erneuten Teilfreistellungswechsel zu einem Rücknahmepreis von 1000 €.

Ab dem 10.3.03 steht wieder das volle Abschreibungspotential zur Verfügung.

22.3. Besteuerungszeitpunkt und Steuertarif für den Gewinn aus der fiktiven Veräußerung (§ 22 Abs. 3 InvStG)[1)]

a) Zufluss des Gewinns aus der fiktiven Veräußerung (§ 22 Abs. 3 Satz 1 InvStG)[2)]

Eine nach § 22 Abs. 1 Satz 1 oder 2 InvStG fingierte Veräußerung führt nicht zu einer sofortigen Versteuerung. Vielmehr gilt nach § 22 Abs. 3 Satz 1 InvStG der Gewinn aus der fiktiven Veräußerung erst dann als zugeflossen, wenn der Investmentanteil tatsächlich veräußert wird. Damit führt § 22 InvStG nicht zu einer vorzeitigen Besteuerung, sondern nur zu einer sachgerechten Aufteilung der Bemessungsgrundlage für den Veräußerungsgewinn. **22.15**

b) Gesonderter Steuertarif für den Gewinn aus der fiktiven Veräußerung (§ 22 Absatz 3 Satz 2 InvStG)[3)]

§ 22 Abs. 3 Satz 2 InvStG sieht vor, dass die vor der Einlage im Privatvermögen erzielten Wertsteigerungen, die den für Privatanleger geltenden Teilfreistellungssätzen unterliegen, zum Zeitpunkt der tatsächlichen Veräußerung mit dem für das Privatvermögen geltenden Steuertarif nach § 32d Abs. 1 EStG besteuert werden. Erfasst werden damit fiktive Veräußerungsgewinne, bei denen die Investmenterträge im Zeitpunkt der fiktiven Veräußerung den Kapitaleinkünften nach § 20 Abs. 1 Nr. 3 EStG zuzuordnen gewesen wären und keine Zuordnung zu anderen Einkunftsarten nach § 20 Abs. 8 EStG vorzunehmen gewesen wäre. **22.15a**

Wenn der Investmentanteil zunächst im Privatvermögen gehalten wird und es dann aufgrund einer Einlage ins Betriebsvermögen zu einem Teilfreistellungssatzwechsel und damit zu einer fiktiven Veräußerung kommt, dann fällt nach § 22 Abs. 3 Satz 2 InvStG unter den gesonderten Steuertarif nach § 32d EStG nur der im Einlagezeitpunkt fingierte fiktive Veräußerungsgewinn. Dagegen ist der für betriebliche Einkünfte geltende Steuertarif anwendbar, soweit es nach der Einlage zu weiteren fiktiven Veräußerungen kommt. D. h. bei mehreren fiktiven Veräußerungen nach § 22 Abs. 1 InvStG ist jeder fiktive Veräußerungsgewinn gesondert zu betrachten. Zu weiteren Erläuterungen wird auf das Beispiel in Rzn. 22.14f bis 22.14h verwiesen. **22.15b**

23. Verschmelzung von Investmentfonds (§ 23 InvStG)

a) Anwendbarkeit des § 23 InvStG

§ 23 InvStG regelt die Folgen der Verschmelzung von inländischen Investmentfonds sowie der Verschmelzung von ausländischen Investmentfonds. Die Norm findet hingegen keine Anwendung auf die Verschmelzung von Spezial-Investmentfonds i. S. d. § 26 InvStG sowie von Altersvorsorgevermögenfonds i. S. d. § 53 InvStG. Insoweit enthält § 54 InvStG spezielle Regelungen. **23.1**

Anteilklassen eines Investmentfonds können zum Ende des Geschäftsjahres des Investmentfonds steuerneutral zusammengelegt werden. Eine Verschmelzung scheidet mangels Rechtsträgerwechsels aus. Wie bei der Verschmelzung sind die fortgeführten Anschaffungskosten weiter fortzuführen. **23.2**

Eine bloße Übertragung der Befugnis zur Verwaltung eines Investmentfonds von einer (Kapital-)Verwaltungsgesellschaft auf eine andere (Kapital-)Verwal- **23.3**

---

1) Überschrift zu Tz. 22.3 geänd. durch BMF v. 18.8.2021, BStBl. I S. 1516.
2) Überschrift eingef. und Rz. 22.15 geänd. durch BMF v. 18.8.2021, BStBl. I S. 1516.
3) Überschrift und Rz. 22.15a, 22.15b eingef. durch BMF v. 18.8.2021, BStBl. I S. 1516.

tungsgesellschaft zieht ebenfalls keine steuerlichen Folgen auf Ebene des Investmentfonds oder der Anleger nach sich. Denn vorliegend ändert sich weder etwas an der steuerrechtlichen Zurechnung der Vermögensgegenstände des Investmentfonds, noch kommt es zu Einwirkungen auf die den Anlegern zuzurechnenden Investmentanteile.

23.4 Das Investmentsteuergesetz enthält keine gesonderten steuerrechtlichen Regelungen für aufsichtsrechtlich zulässige Verschmelzungsvorgänge zwischen inländischen und ausländischen Investmentfonds (z. B. § 191 Abs. 2 KAGB) sowie zwischen Investmentfonds und Spezial-Investmentfonds oder Altersvorsorgevermögenfonds. Ein solcher Fall kann insbesondere vorliegen, wenn die beteiligten Investmentfonds jeweils aufsichtsrechtlich als Spezial-AIF einzustufen sind (§ 281 Abs. 1 KAGB), steuerrechtlich jedoch nicht sämtliche beteiligten Investmentfonds die Voraussetzungen eines Spezial-Investmentfonds nach den §§ 26 f. InvStG erfüllen. Ebenfalls nicht von den Regelungen des § 23 InvStG erfasst werden Fälle, in denen ein Investmentfonds auf einen Rechtsträger verschmolzen wird, der nicht dem Investmentsteuergesetz unterliegt.

b) Besteuerung nach allgemeinen steuerrechtlichen Regelungen

23.5 In den Fällen, in denen § 23 InvStG nicht anwendbar ist, gelten die allgemeinen steuerrechtlichen Regelungen. Auf Ebene des übertragenden Investmentfonds wird ein Veräußerungsvorgang, auf Ebene des Übernehmenden ein Anschaffungsvorgang verwirklicht (vgl. BMF-Schreiben vom 11. November 2011, BStBl. I S. 1314, Rz. 00.02[1)]). Der Besteuerung auf Ebene des übertragenden Investmentfonds unterliegen nur solche Veräußerungsvorgänge, die unter den Katalog des § 6 Abs. 2 InvStG fallen (Rzn. 6.4 ff.).

23.6 Die Anleger des übertragenden Investmentfonds verwirklichen durch den Untergang der bisherigen Anteile und die Zuweisung neuer Anteile am übernehmenden Investmentfonds sowohl einen erfolgswirksamen Veräußerungsvorgang zum gemeinen Wert der untergehenden Anteile als auch eine Anschaffung der neu ausgegebenen Anteile am übernehmenden Investmentfonds (vgl. BMF-Schreiben vom 11. November 2011, BStBl. I S. 1314, Rz. 00.03[1)]). § 20 Abs. 4 a EStG ist insoweit nicht anzuwenden (vgl. BMF-Schreiben vom 18. Januar 2016, BStBl. I S. 85, Rz. 100[2)]).

23.1. Verschmelzung inländischer Investmentfonds – Auswirkungen auf Ebene der beteiligten Investmentfonds (§ 23 Abs. 1 und 2 InvStG)

23.7 Der übertragende Investmentfonds hat nach § 23 Abs. 1 Satz 1 Nr. 1 InvStG die zu übertragenden Vermögensgegenstände und Verbindlichkeiten zum Übertragungsstichtag mit den fortgeführten Anschaffungskosten anzusetzen. Der Verschmelzungsvorgang vollzieht sich steuerrechtlich erfolgsneutral. Der übernehmende Investmentfonds setzt die im Zuge der Verschmelzung übernommenen Vermögensgegenstände und Verbindlichkeiten nach § 23 Abs. 1 Satz 1 Nr. 2 InvStG ebenfalls mit den fortgeführten Anschaffungskosten des übertragenden Investmentfonds an. Er tritt nach § 23 Abs. 2 InvStG in die steuerliche Rechtsstellung des übertragenden Investmentfonds ein.

---

1) Nr. **130**.
2) Nr. **1** § 43/1.

a) Umfasste Vorgänge

§ 23 Abs. 1 Satz 1 InvStG bestimmt die umfassten Verschmelzungsvorgänge durch Verweis auf die aufsichtsrechtlichen Regelungen zur Verschmelzung inländischer offener Publikumsinvestmentvermögen nach den §§ 181 bis 191 KAGB. Verschmelzung in diesem Sinne umfasst sowohl die Verschmelzung durch Aufnahme (§ 1 Abs. 19 Nr. 37 Buchst. a KAGB) als auch die Verschmelzung durch Neugründung (§ 1 Abs. 19 Nr. 37 Buchst. b KAGB). An der Verschmelzung durch Neugründung sind zwei oder mehr übertragende Investmentfonds und ein neuer, dadurch gegründeter übernehmender Investmentfonds beteiligt. **23.8**

§ 23 Abs. 1 InvStG gilt für Verschmelzungsvorgänge inländischer Investmentfonds i. S. d. § 1 InvStG, auf die die §§ 181 bis 191 KAGB unmittelbar oder entsprechend anwendbar sind. Danach ist § 23 Abs. 1 InvStG auch auf die Verschmelzung von Spezial-AIF (§ 281 Abs. 1 Satz 2, Abs. 2 und 3 KAGB) anzuwenden. Enthält das Kapitalanlagegesetzbuch keine spezifischen Regelungen zur Verschmelzung von inländischen Investmentfonds i. S. d. § 1 InvStG (z. B. bei geschlossenen Investmentvermögen i. S. d. § 1 Abs. 1 i. V. m. Abs. 5 KAGB), die (partiell) auf die Regelungen der §§ 181 bis 191 KAGB verweisen, ist § 23 Abs. 1 bis 3 InvStG nicht anzuwenden. **23.9**

Sind die an einer Verschmelzung beteiligten inländischen Investmentfonds jeweils Rechtsträger i. S. d. § 3 Abs. 1 und 2 UmwG (z. B. inländische Investmentaktiengesellschaften in den Fällen des § 191 KAGB), geht § 23 Abs. 1 InvStG den Vorschriften des Umwandlungssteuergesetzes vor. Dies gilt auch in den Fällen des § 281 KAGB. **23.10**

Die Wirksamkeit der Verschmelzung von Sondervermögen setzt nach § 189 Abs. 1 Nr. 1 i. V. m. § 182 Abs. 1 KAGB eine Genehmigung der BaFin voraus. Das Gleiche gilt für die Verschmelzung mit Investmentaktiengesellschaften mit veränderlichem Kapital (§ 191 Abs. 1 oder 3 KAGB). Liegt diese Genehmigung vor und sind auch eventuelle Nebenbestimmungen der Genehmigung erfüllt, können die Finanzbehörden die aufsichtsrechtlichen Voraussetzungen für eine Verschmelzung als gegeben ansehen. **23.11**

(Fortsetzung nächstes Blatt)

(4) Buchung am 1. 3. 2018

Bank	5 €	an	Spezial-Investmenterträge	5 €

(5) Bilanzansatz am 1. 3. 2018

Aktivseite		Passivseite	
Spezial-Investmentanteil	120 €	Rücklage § 56 Abs. 3 Satz 1 InvStG	20 €
Bank	5 €	Gewinn	5 €

(6) Buchung der Veräußerung am 1. 6. 2018

Bank und	115 €	an	Spezial-Investmentanteil	120 €
Aufwand aus Veräußerung	5 €			
Rücklage § 56 Abs. 3 Satz 1 InvStG	20 €	an	Ertrag aus Auflösung	20 €

(7) Bilanzansatz am 1. 6. 2018

Aktivseite		Passivseite	
Bank	120 €	Gewinn	20 €

Ertragswirksam 2018: 20 € (5 € + 115 € – 120 € + 20 € = 20 €)

b) Kein Steuerabzug auf umqualifizierte Substanzbeträge (§ 56 Abs. 9 Satz 2 InvStG)

Da in der Regel einem Spezial-Investmentfonds nicht die erforderlichen Informationen hinsichtlich des Gewinns aus der fiktiven Veräußerung zum 31. Dezember 2017 seiner Anleger vorliegen und der Spezial-Investmentfonds daher nicht ermitteln kann, in welchem Umfang die Substanzbeträge als steuerpflichtige Spezial-Investmenterträge gelten, ist nach § 56 Abs. 9 Satz 2 InvStG kein Steuerabzug bei den umqualifizierten Substanzbeträgen vorgesehen. Vielmehr sind diese steuerpflichtigen Erträge erst in der Veranlagung des Anlegers der Besteuerung zu unterwerfen. 56.133

C. Zeitliche Anwendung dieses Schreibens

Die Regelungen dieses Schreibens sind auf alle offenen Fälle ab dem Veranlagungszeitraum 2018 anzuwenden. Bei Sachverhalten, die unter die Regelungen dieses Schreibens fallen, sind vorherige BMF-Schreiben sowie Antwortschreiben des BMF an Verbände nicht mehr anzuwenden. Insbesondere werden die Regelungen zu effektiven Stücken von Inhaberanteilscheinen in Tz. 10 des Antwortschreibens des BMF an Verbände BMFvom 21. Dezember 2017 IV C 1 – S 1980-1/16/10010: 016; DOK 2017/1058518 durch die Regelungen in Rzn. 56.18 ff. ersetzt.

D. Abkürzungsverzeichnis

– Hier nicht abgedruckt –

Anlage 1[1)]

(Ertragskategorien, Rzn. 37.5 ff.)

Ausgehend von den steuerlichen Wirkungen beim Anleger (insbesondere steuerpflichtige oder (teilweise) steuerbefreite Erträge, steuerfrei thesaurierbare oder ausschüttungsgleiche Erträge, Erträge mit tatsächlicher, mit fiktiver oder ohne Quellensteuerbelastung sowie die Behandlung beim Kapitalertragsteuerabzug) sind die Einkünfteermittlung und die vorzutragenden nicht ausgeglichenen negativen Erträge wie folgt zu gliedern:

Kategorie	Erläuterungen
Kategorie 1: Bei Thesaurierung und Ausschüttung steuerpflichtige in- und ausländische Erträge und Veräußerungsgewinne (ohne Erträge und Veräußerungsgewinne der Kategorien 2 bis 20)	In diese Kategorie fallen insbesondere: – Zinsen, – grundsätzlich Zins- und Dividendensurrogate nach § 36 Abs. 2 Nr. 2 Halbsatz 2 InvStG (Rz. 36.23), – Ausschüttungen und Vorabpauschalen aus Investmentfonds, bei denen keine Teilfreistellung anzuwenden ist, – inländische Immobilienerträge, die nicht von dem Spezial-Investmentfonds versteuert wurden und – ausländische Immobilienerträge, sofern diese nicht nach § 43 Abs. 1 InvStG i. V. m. einem DBA steuerbefreit sind. Immobilienerträge gehen mit dem Nettobetrag nach Abzug der AfA ein. Absetzungsbeträge können nur mit Immobilienerträgen ausgeschüttet werden. In Kategorie 1 gehören auch Gewinne aus der Veräußerung von im Inland belegenen Grundstücken und grundstücksgleichen Rechten, die vor dem 1. Januar 2018 angeschafft worden sind und die mehr als zehn Jahre gehalten wurden. Zu erfassen sind nur die ab dem 1. Januar 2018 eingetretenen Wertveränderungen. Wenn die Grundstücke oder die grundstücksgleichen Rechte zum Veräußerungszeitpunkt weniger als zehn Jahre gehalten wurden, sind auch die vor dem 1. Januar 2018 eingetretenen Wertveränderungen zu erfassen (vgl. Rz. 56.37 und Rz. 36.13).
Kategorie 2: Ausländische Kapitalerträge i. S. d. § 43 Abs. 1 Satz 1 Nr. 6 und Satz 2 EStG, die die Voraussetzungen nach § 42 Abs. 2 Satz 1 InvStG nicht erfüllen	Erträge i. S. d. § 43 Abs. 1 Satz 1 Nr. 6 und Satz 2 EStG (insb. ausländische Dividenden und vorbelastete REIT-Dividenden nach § 19 a REITG), auf die nur § 3 Nr. 40 EStG, aber nicht § 8 b KStG anwendbar ist (z. B. Streubesitzbeteiligungen und Schachtelbeteiligungen (mindestens 10 %) an nicht in § 26 Nr. 6 Satz 2 InvStG genannten Kapitalgesellschaften) Keine Werbungskostenzuordnung (§ 39 Abs. 2 und § 40 Abs. 5 InvStG)
Kategorie 3: Ausländische Kapitalerträge i. S. d. § 43 Abs. 1 Satz 1 Nr. 6 und Satz 2 EStG, die die Voraussetzungen nach § 42 Abs. 2 Satz 1 InvStG erfüllen	Erträge i. S. d. § 43 Abs. 1 Satz 1 Nr. 6 und Satz 2 EStG (insb. ausländische Dividenden und vorbelastete REIT-Dividenden nach § 19 a REITG), auf die sowohl § 3 Nr. 40 EStG als auch § 8 b KStG anwendbar ist (z. B. Beteiligungen an Kapitalgesellschaften i. S. d. § 26 Nr. 6 Satz 2 InvStG,

[1)] Anl. 1 angef. durch BMF v. 29. 4. 2021, BStBl. I S. 735 und geänd. durch BMF v. 18.8.2021, BStBl. I S. 1516.

Kategorie	Erläuterungen
	soweit die Anleger jeweils rechnerisch mit mindestens 10 % beteiligt sind) Keine Werbungskostenzuordnung (§ 39 Abs. 2 und § 40 Abs. 5 InvStG)
Kategorie 4: Ausländische Kapitalerträge i. S. d. § 43 Abs. 1 Satz 1 Nr. 6 und Satz 2 EStG aus steuerlich nicht vorbelasteten Körperschaften, Personenvereinigungen oder Vermögensmassen	Erträge i. S. d. § 43 Abs. 1 Satz 1 Nr. 6 und Satz 2 EStG (insb. ausländische Dividenden und nicht vorbelastete REIT-Dividenden), auf die weder § 3 Nr. 40 EStG noch § 8 b KStG anwendbar ist (§ 42 Abs. 3 InvStG) Eigene Kategorie erforderlich, da keine Werbungskostenzuordnung (§ 39 Abs. 2 und § 40 Abs. 5 InvStG)
Kategorie 5: Inländische Beteiligungseinnahmen i. S. d. § 6 Abs. 3 i. V. m. § 42 Abs. 4 InvStG	Erträge i. S. d. § 43 Abs. 1 Satz 1 Nr. 1 und 1 a EStG (insb. inländische Dividenden und REIT-Dividenden) sowie Entgelte, Einnahmen und Bezüge i. S. d. § 2 Nr. 2 Buchst. a bis c KStG Eigene Kategorie wegen Steuerfreistellung § 42 Abs. 4 InvStG erforderlich Für Erträge i. S. d. § 43 Abs. 1 Satz 1 Nr. 1 und 1 a EStG ohne Werbungskostenzuordnung (§ 39 Abs. 2 und § 40 Abs. 5 InvStG) und für Entgelte, Einnahmen und Bezügen i. S. d. § 2 Nr. 2 Buchst. a bis c KStG mit Werbungskostenzuordnung sind getrennte Unterkategorien zu bilden. Es ist nicht zu beanstanden, wenn in Geschäftsjahren, die vor dem 1. Januar 2022 enden, keine Unterkategorien gebildet werden.
Kategorie 6: Inländische Immobilienerträge i. S. d. § 6 Abs. 4 i. V. m. § 42 Abs. 5 InvStG und sonstige inländische Einkünfte i. S. d. § 6 Abs. 5 i. V. m. § 42 Abs. 5 InvStG	Insbesondere inländische Vermietungseinkünfte und inländische Grundstücksveräußerungsgewinne sowie ausgewählte inländische Einkünfte i. S. d. § 49 Abs. 1 EStG Eigene Kategorie wegen Steuerfreistellung nach § 42 Abs. 5 InvStG erforderlich Vom Spezial-Investmentfonds nicht versteuerte inländische Immobilienerträge und sonstige inländische Einkünfte sind abhängig von ihrer Art den übrigen Kategorien zuzuordnen.
Kategorie 7: Erträge i. S. d. § 33 Abs. 2 bis 4 InvStG	Inländische Immobilienerträge und bei Vereinnahmung nicht dem Steuerabzug unterliegende sonstige inländische Einkünfte sind der Kategorie 7 zuzuordnen, wenn der (Ziel-)Spezial-Investmentfonds diese Erträge nicht selbst versteuert und es sich bei seinen Anlegern um beschränkt steuerpflichtige Anleger oder um Investmentfonds oder um Dach-Spezial-Investmentfonds handelt. Wenn der Anleger ein Dach-Spezial-Investmentfonds ist, der die Immobilien-Transparenzoption nach § 33 Abs. 2 Satz 3 InvStG nicht ausübt, fallen diese Erträge auf Ebene des Dach-Spezial-Investmentfonds in die Kategorie 6. Übt der Dach-Spezial-Investmentfonds die Immobilien-Transparenzoption aus, dann fallen auf Ebene des Dach-Spezial-Investmentfonds bei Thesaurierung oder Ausschüttung durch den Ziel-Spezial-Investmentfonds Immobilien-Zurechnungsbeträge an. Sofern der Ziel-Spezial-Investmentfonds zunächst die inländischen Immobilienerträge thesauriert und erst in einem Folgejahr

Kategorie	Erläuterungen
	ausschüttet, stellen diese Ausschüttungen nicht steuerpflichtige ausschüttungsgleiche Erträge der Vorjahre dar.
Kategorie 8:	
– Stillhalterprämien i. S. d. § 20 Abs. 1 Nr. 11 EStG, – Veräußerungsgewinne, die nicht dem Teileinkünfteverfahren oder § 8 b KStG unterliegen, – Gewinne aus Termingeschäften i. S. d. § 20 Abs. 2 Satz 1 Nr. 3 EStG	Erträge i. S. d. § 36 Abs. 2 Nr. 1 InvStG i. V. m. § 20 Abs. 1 Nr. 11 EStG (Stillhalterprämien)
– Gewinne aus der Veräußerung von sonstigen Kapitalforderungen jeder Art i. S. d. § 20 Abs. 2 Satz 1 Nr. 7 EStG,	Gewinne i. S. d. § 36 Abs. 2 Nr. 2 InvStG i. V. m. § 20 Abs. 2 Satz 1 Nr. 1 EStG aus der Veräußerung von Beteiligungen an steuerlich nicht vorbelasteten Körperschaften, Personenvereinigungen oder Vermögensmassen (§ 42 Abs. 3 InvStG) und Gewinne i. S. d. § 36 Abs. 2 Nr. 2 InvStG i. V. m. § 20 Abs. 2 Satz 1 Nr. 3 (Gewinne aus Termingeschäften) und 7 EStG (Gewinne aus der Veräußerung von sonstigen Kapitalforderungen jeder Art)
– Gewinne aus der Veräußerung von Investmentanteilen an (sonstigen) Investmentfonds ohne Teilfreistellung und	Gewinne i. S. d. § 36 Abs. 2 Nr. 3 InvStG aus der Veräußerung von Investmentanteilen (Investmenterträge i. S. d. § 16 Abs. 1 Nr. 3 InvStG), bei denen keine Teilfreistellung anzuwenden ist
– Gewinne aus der Veräußerung von Ziel-Spezial-Investmentanteilen, soweit diese nicht den Kategorien 9 oder 10 zuzuordnen sind (d. h., in Kategorie 8 fallen die voll steuerpflichtigen und in Kategorie 9 oder 10 die steuerbegünstigten Teile des Veräußerungsgewinns)	Steuerpflichtige Teile der Gewinne i. S. d. § 36 Abs. 2 Nr. 3 InvStG aus der Veräußerung von Spezial-Investmentanteilen (§ 20 Abs. 1 Nr. 3 a EStG i. V. m. § 34 InvStG) Für Zwecke der Allgemeinkostenverteilung wird es bei den Kategorien 8 und 9 nicht beanstandet, wenn für den Aufteilungsmaßstab der 2. Ebene und die Verhältnisrechnung der 3. Ebene bei der Saldenbildung nach § 40 Abs. 3 und 4 InvStG bei unterschiedlichen Anlegerarten i. S. d. § 20 Abs. 1 InvStG einheitlich auf Körperschaften i. S. d. § 20 Abs. 1 Satz 3 InvStG abgestellt wird (vgl. Rzn. 40.27 a und 40.37 a). Diese Kategorie ist anlegerindividuell zu ermitteln, da die zu erfassenden Teile der Gewinne aus der Veräußerung von Ziel-Spezial-Investmentanteilen je nach Anlegerart unterschiedlich hoch ausfallen. Wenn auf Ebene des Dach-Spezial-Investmentfonds die zutreffende Art des Anlegers nicht zweifelsfrei bestimmt werden kann (insbesondere bei Dach-Spezial-Investmentfonds höherer Stufe, Organgesellschaften i.S.d. § 14 Abs. 1 Satz 1 KStG und Personengesellschaften als Anleger), hat der Dach-Spezial-Investmentfonds diese Kategorie für jede der in § 20 Abs. 1 InvStG genannten Anlegerarten zu ermitteln.
Kategorie 8 a:	
– Von einem Ziel-Spezial-Investmentfonds an einen Dach-Spezial-Investmentfonds ausgeschüttete oder einem Dach-Spezial-Investmentfonds aus einem Ziel-Spezial-Investmentfonds als zugeflossen geltende:	Stillhalterprämien, nicht dem Teileinkünfteverfahren oder § 8 b KStG unterliegenden Veräußerungsgewinne, Gewinne aus Termingeschäften, Gewinne aus der Veräußerung von sonstigen Kapitalforderungen jeder Art und Gewinne aus der

Kategorie	Erläuterungen
– Stillhalterprämien i. S. d. § 20 Abs. 1 Nr. 11 EStG, – Veräußerungsgewinne, die nicht dem Teileinkünfteverfahren oder § 8 b KStG unterliegen, – Gewinne aus Termingeschäften i. S. d. § 20 Abs. 2 Satz 1 Nr. 3 EStG, – Gewinne aus der Veräußerung von sonstigen Kapitalforderungen jeder Art i. S. d. § 20 Abs. 2 Satz 1 Nr. 7 EStG und – Gewinne aus der Veräußerung von Investmentanteilen an (sonstigen) Investmentfonds ohne Teilfreistellung	Veräußerung von Investmentanteilen an (sonstigen) Investmentfonds ohne Teilfreistellung sind nur auf der Ebene des Ziel-Spezial-Investmentfonds steuerfrei thesaurierbar. Bei einer Weiterausschüttung durch den Ziel-Spezial-Investmentfonds an einen Dach-Spezial-Investmentfonds erster Stufe oder wenn diese Erträge und Gewinne einem Dach-Spezial-Investmentfonds erster Stufe nach Ablauf von 15 Geschäftsjahren als zugeflossen gelten, gehören sie auf Ebene des Dach-Spezial-Investmentfonds erster Stufe bei einer Thesaurierung zu den ausschüttungsgleichen Erträgen (vgl. Rz. 36.8). Ebenfalls unter die Kategorie 8 a fallen derartige Erträge und Gewinne, wenn diese einem Dach-Spezial-Investmentfonds zweiter oder höherer Stufe aus einem Dach-Spezial-Investmentfonds erster oder höherer Stufe zufließen oder als zugeflossen gelten. Es entfällt bei den Erträgen der Kategorie 8 a nur die Eigenschaft als steuerfrei thesaurierbar. Im Übrigen behalten die Erträge der Kategorie 8 a für die Zwecke der Besteuerung der Anleger der Dach-Spezial-Investmentfonds ihren Ertragscharakter bei (vgl. Rz. 36.9).
– Gewinne aus der Veräußerung von Ziel-Spezial-Investmentanteilen i. S. d. Kategorie 8 eines Dach-Spezial-Investmentfonds höherer Stufe, die von einem Dach-Spezial-Investmentfonds niedrigerer Stufe an ihn ausgeschüttet wurden oder die ihm aus einem Dach-Spezial-Investmentfonds niedrigerer Stufe als zugeflossen gelten	Die Gewinne aus der Veräußerung von Ziel-Spezial-Investmentanteilen sind nur auf der Ebene des Dach-Spezial-Investmentfonds erster Stufe steuerfrei thesaurierbar. Wenn der Dach-Spezial-Investmentfonds erster Stufe diese Veräußerungsgewinne an einen Dach-Spezial-Investmentfonds zweiter Stufe ausschüttet oder diese dem Dach-Spezial-Investmentfonds zweiter Stufe nach Ablauf von 15 Geschäftsjahren als zugeflossen gelten, gehören sie auf Ebene des Dach-Spezial-Investmentfonds zweiter Stufe bei einer Thesaurierung zu den ausschüttungsgleichen Erträgen (vgl. Rz. 36.8). Ebenfalls unter die Kategorie 8 a fallen derartige Gewinne, wenn diese einem Dach-Spezial-Investmentfonds dritter oder höherer Stufe aus einem Dach-Spezial-Investmentfonds zweiter oder höherer Stufe zufließen oder als zugeflossen gelten. Es entfällt bei den Erträgen der Kategorie 8 a nur die Eigenschaft als steuerfrei thesaurierbar. Im Übrigen behalten die Erträge der Kategorie 8 a für die Zwecke der Besteuerung der Anleger des Dach-Spezial-Investmentfonds zweiter oder höherer Stufe ihren Ertragscharakter bei (vgl. Rz. 36.9). Für Zwecke der Allgemeinkostenverteilung wird es bei den Kategorien 8 a und 9 a nicht beanstandet, wenn für den Aufteilungsmaßstab der 2. Ebene und die Verhältnisrechnung der 3. Ebene bei der Saldenbildung nach § 40 Abs. 3 und 4 InvStG bei unterschiedlichen Anlegerarten i. S. d. § 20 Abs. 1 InvStG einheitlich auf Körperschaften i. S. d. § 20 Abs. 1 Satz 3 InvStG abgestellt wird (vgl. Rzn. 40.27 a und 40.37 a).

Kategorie	Erläuterungen
	Es ist nicht zu beanstanden, wenn in Geschäftsjahren, die vor dem 1. Januar 2022 enden, die Erträge in Kategorie 8 erfasst werden (vgl. Rz. 36.10). Diese Kategorie ist anlegerindividuell zu ermitteln, da die zu erfassenden Teile der Gewinne aus der Veräußerung von Ziel-Spezial-Investmentanteilen je nach Anlegerart unterschiedlich hoch ausfallen. Wenn auf Ebene des Dach-Spezial-Investmentfonds die zutreffende Art des Anlegers nicht zweifelsfrei bestimmt werden kann (insbesondere bei Dach-Spezial-Investmentfonds höherer Stufe, Organgesellschaften i.S.d. § 14 Abs. 1 Satz 1 KStG und Personengesellschaften als Anleger), hat der Dach-Spezial-Investmentfonds diese Kategorie für jede der in § 20 Abs. 1 InvStG genannten Anlegerarten zu ermitteln.
Kategorie 9: Anleger-Teilfreistellungsgewinne und Anleger-Abkommensgewinne eines Dach-Spezial-Investmentfonds, die in den Gewinnen aus der Veräußerung von Ziel-Spezial-Investmentanteilen enthalten sind	Für Zwecke der Allgemeinkostenverteilung wird es bei den Kategorien 8 und 9 nicht beanstandet, wenn für den Aufteilungsmaßstab der 2. Ebene und die Verhältnisrechnung der 3. Ebene bei der Saldenbildung nach § 40 Abs. 3 und 4 InvStG bei unterschiedlichen Anlegerarten i. S. d. § 20 Abs. 1 InvStG einheitlich auf Körperschaften i. S. d. § 20 Abs. 1 Satz 3 InvStG abgestellt wird (vgl. Rzn. 40.27 a und 40.37 a). Diese Kategorie ist anlegerindividuell zu ermitteln, da die zu erfassenden Teile der Gewinne aus der Veräußerung von Ziel-Spezial-Investmentanteilen je nach Anlegerart unterschiedlich hoch ausfallen. Wenn auf Ebene des Dach-Spezial-Investmentfonds die zutreffende Art des Anlegers nicht zweifelsfrei bestimmt werden kann (insbesondere bei Dach-Spezial-Investmentfonds höherer Stufe, Organgesellschaften i.S.d. § 14 Abs. 1 Satz 1 KStG und Personengesellschaften als Anleger), hat der Dach-Spezial-Investmentfonds diese Kategorie für jede der in § 20 Abs. 1 InvStG genannten Anlegerarten zu ermitteln.
Kategorie 9 a: Anleger-Teilfreistellungsgewinne und Anleger-Abkommensgewinne eines Dach-Spezial-Investmentfonds höherer Stufe, die von einem Dach-Spezial-Investmentfonds niedrigerer Stufe an ihn ausgeschüttet wurden oder die ihm aus einem Dach-Spezial-Investmentfonds niedrigerer Stufe als zugeflossen gelten	Die Gewinne aus der Veräußerung von Ziel-Spezial-Investmentanteilen sind nur auf der Ebene des Dach-Spezial-Investmentfonds erster Stufe steuerfrei thesaurierbar. Wenn der Dach-Spezial-Investmentfonds erster Stufe diese Veräußerungsgewinne an einen Dach-Spezial-Investmentfonds zweiter Stufe ausschüttet oder diese dem Dach-Spezial-Investmentfonds zweiter Stufe nach Ablauf von 15 Geschäftsjahren als zugeflossen gelten, gehören sie auf Ebene des Dach-Spezial-Investmentfonds zweiter Stufe bei einer Thesaurierung zu den ausschüttungsgleichen Erträgen (vgl. Rz. 36.8). Ebenfalls unter die Kategorie 9 a fallen derartige Gewinne, wenn diese einem Dach-Spezial-Investmentfonds dritter oder höherer Stufe aus einem Dach-Spezial-Investmentfonds zweiter oder höherer Stufe zufließen oder als zugeflossen gelten.

Kategorie	Erläuterungen
	Es entfällt bei den Erträgen der Kategorie 9 a nur die Eigenschaft als steuerfrei thesaurierbar. Im Übrigen behalten die Erträge der Kategorie 9 a für die Zwecke der Besteuerung der Anleger des Dach-Spezial-Investmentfonds zweiter oder höherer Stufe ihren Ertragscharakter bei (vgl. Rz. 36.9). Für Zwecke der Allgemeinkostenverteilung wird es bei den Kategorien 8 a und 9 a nicht beanstandet, wenn für den Aufteilungsmaßstab der 2. Ebene und die Verhältnisrechnung der 3. Ebene bei der Saldenbildung nach § 40 Abs. 3 und 4 InvStG bei unterschiedlichen Anlegerarten i. S. d. § 20 Abs. 1 InvStG einheitlich auf Körperschaften i. S. d. § 20 Abs. 1 Satz 3 InvStG abgestellt wird (vgl. Rzn. 40.27 a und 40.37 a). Es ist nicht zu beanstanden, wenn in Geschäftsjahren, die vor dem 1. Januar 2022 enden, die Erträge in Kategorie 9 erfasst werden (vgl. Rz. 36.10). Diese Kategorie ist anlegerindividuell zu ermitteln, da die zu erfassenden Teile der Gewinne aus der Veräußerung von Ziel-Spezial-Investmentanteilen je nach Anlegerart unterschiedlich hoch ausfallen. Wenn auf Ebene des Dach-Spezial-Investmentfonds die zutreffende Art des Anlegers nicht zweifelsfrei bestimmt werden kann (insbesondere bei Dach-Spezial-Investmentfonds höherer Stufe, Organgesellschaften i.S.d. § 14 Abs. 1 Satz 1 KStG und Personengesellschaften als Anleger), hat der Dach-Spezial-Investmentfonds diese Kategorie für jede der in § 20 Abs. 1 InvStG genannten Anlegerarten zu ermitteln.
Kategorie 10: – Veräußerungsgewinne, die dem Teileinkünfteverfahren oder § 8 b KStG unterliegen und – Anleger-Aktiengewinne eines Dach-Spezial-Investmentfonds aus der Veräußerung von Ziel-Spezial-Investmentanteilen	Gewinne i. S. d. § 36 Abs. 2 Nr. 2 InvStG i. V. m. § 20 Abs. 2 Satz 1 Nr. 1 EStG, auf die sowohl § 3 Nr. 40 EStG als auch § 8 b KStG anwendbar ist, und in den Gewinnen aus der Veräußerung von Ziel-Spezial-Investmentanteilen enthaltene Anleger-Aktiengewinne
Kategorie 10 a: – Dem Teileinkünfteverfahren oder § 8 b KStG unterliegende Veräußerungsgewinne, die von einem Ziel-Spezial-Investmentfonds an einen Dach-Spezial-Investmentfonds ausgeschüttet wurden oder die einem Dach-Spezial-Investmentfonds aus einem Ziel-Spezial-Investmentfonds als zugeflossen gelten	Gewinne i. S. d. § 36 Abs. 2 Nr. 2 InvStG i. V. m. § 20 Abs. 2 Satz 1 Nr. 1 EStG, auf die sowohl § 3 Nr. 40 EStG als auch § 8 b KStG anwendbar ist, sind nur auf der Ebene des Ziel-Spezial-Investmentfonds steuerfrei thesaurierbar. Bei einer Weiterausschüttung durch den Ziel-Spezial-Investmentfonds an einen Dach-Spezial-Investmentfonds erster Stufe oder wenn diese Gewinne einem Dach-Spezial-Investmentfonds erster Stufe nach Ablauf von 15 Geschäftsjahren als zugeflossen gelten, gehören sie auf Ebene des Dach-Spezial-Investmentfonds erster Stufe bei einer Thesaurierung zu den ausschüttungsgleichen Erträgen (vgl. Rz. 36.8). Ebenfalls unter die Kategorie 10 a fallen derartige Gewinne, wenn diese einem Dach-Spezial-Investmentfonds zweiter oder höherer Stufe aus einem Dach-Spezial-Investmentfonds erster oder höherer Stufe zufließen oder als zugeflossen gelten.

Kategorie	Erläuterungen
	Es entfällt bei den Erträgen der Kategorie 10 a nur die Eigenschaft als steuerfrei thesaurierbar. Im Übrigen behalten die Erträge der Kategorie 10 a für die Zwecke der Besteuerung der Anleger der Dach-Spezial-Investmentfonds ihren Ertragscharakter bei (vgl. Rz. 36.9). In Kategorie 10 a gehören auch in Gewinnanteilen und Veräußerungsgewinnen aus gewerblichen Personengesellschaften enthaltene Kapitalerträge i. S. d. § 43 Abs. 1 Satz 1 Nr. 9 EStG, auf die das Teileinkünfteverfahren oder § 8 b KStG anwendbar ist (vgl. Rz. 36.40).
– Anleger-Aktiengewinne eines Dach-Spezial-Investmentfonds höherer Stufe, die von einem Dach-Spezial-Investmentfonds niedrigerer Stufe an ihn ausgeschüttet wurden oder die ihm aus einem Dach-Spezial-Investmentfonds niedrigerer Stufe als zugeflossen gelten	Die Erläuterungen zur Kategorie 9 a gelten hier entsprechend.
Kategorie 11: Gewinne aus der Veräußerung von Investmentanteilen an Aktienfonds i. S. d. § 2 Abs. 6 InvStG	Gewinne i. S. d. § 36 Abs. 2 Nr. 3 InvStG aus der Veräußerung von Investmentanteilen an Aktienfonds (Investmenterträge i. S. d. § 16 Abs. 1 Nr. 3 InvStG vor Anwendung der Teilfreistellung), wegen Weitergabe der jeweiligen Teilfreistellungen nach § 43 Abs. 3 i. V. m. § 20 InvStG
Kategorie 12: Gewinne aus der Veräußerung von Investmentanteilen an Mischfonds i. S. d. § 2 Abs. 7 InvStG	Gewinne i. S. d. § 36 Abs. 2 Nr. 3 InvStG aus der Veräußerung von Investmentanteilen an Mischfonds (Investmenterträge i. S. d. § 16 Abs. 1 Nr. 3 InvStG vor Anwendung der Teilfreistellung), wegen Weitergabe der jeweiligen Teilfreistellungen nach § 43 Abs. 3 i. V. m. § 20 InvStG
Kategorie 13: Gewinne aus der Veräußerung von Investmentanteilen an Immobilienfonds i. S. d. § 2 Abs. 9 Satz 1 InvStG (ohne Veräußerungsgewinne der Kategorie 14)	Gewinne i. S. d. § 36 Abs. 2 Nr. 3 InvStG aus der Veräußerung von Investmentanteilen an Immobilienfonds, die keine Auslands-Immobilienfonds sind (Investmenterträge i. S. d. § 16 Abs. 1 Nr. 3 InvStG vor Anwendung der Teilfreistellung), wegen Weitergabe der jeweiligen Teilfreistellungen nach § 43 Abs. 3 i. V. m. § 20 InvStG
Kategorie 14: Gewinne aus der Veräußerung von Investmentanteilen an Auslands-Immobilienfonds i. S. d. § 2 Abs. 9 Satz 2 InvStG	Gewinne i. S. d. § 36 Abs. 2 Nr. 3 InvStG aus der Veräußerung von Investmentanteilen an Auslands-Immobilienfonds (Investmenterträge i. S. d. § 16 Abs. 1 Nr. 3 InvStG vor Anwendung der Teilfreistellung), wegen Weitergabe der jeweiligen Teilfreistellungen nach § 43 Abs. 3 i. V. m. § 20 InvStG
Kategorie 15: Nach § 43 Abs. 1 InvStG i. V. m. einem DBA steuerbefreite Einkünfte	Hier ist zwischen Erträgen i. S. d. § 20 Abs. 1 Nr. 1 EStG ohne Werbungskostenzuordnung (§ 39 Abs. 2 und § 40 Abs. 5 InvStG) und anderen Erträgen mit Werbungskostenzuordnung zu unterscheiden.
Kategorie 16: – Investmenterträge i. S. d. § 16 Abs. 1 Nr. 1 und Nr. 2 InvStG aus Aktienfonds i. S. d. § 2 Abs. 6 InvStG	Ausschüttungen nach § 2 Abs. 11 InvStG und Vorabpauschalen nach § 18 InvStG vor Anwendung der Teilfreistellung, wegen Weitergabe der Teilfreistellung nach § 43 Abs. 3 i. V. m. § 20 InvStG
– Gewinne aus der Veräußerung von Investmentanteilen an Aktienfonds i. S. d. § 2 Abs. 6 InvStG, die von einem Ziel-Spezial-Invest-	Die Gewinne aus der Veräußerung von Investmentanteilen an Aktienfonds sind nur auf Ebene eines Ziel-Spezial-Investmentfonds steuerfrei the-

Kategorie	Erläuterungen
mentfonds an einen Dach-Spezial-Investmentfonds ausgeschüttet wurden oder die einem Dach-Spezial-Investmentfonds aus einem Ziel-Spezial-Investmentfonds als zugeflossen gelten	saurierbar. Wenn der Ziel-Spezial-Investmentfonds diese Gewinne an einen Dach-Spezial-Investmentfonds erster Stufe ausschüttet oder diese Gewinne einem Dach-Spezial-Investmentfonds erster Stufe nach Ablauf von 15 Geschäftsjahren als zugeflossen gelten, gehören die Gewinne auf Ebene des Dach-Spezial-Investmentfonds erster Stufe bei einer Thesaurierung zu den ausschüttungsgleichen Erträgen (vgl. Rz. 36.8). Ebenfalls unter die Kategorie 16 fallen derartige Gewinne, wenn diese einem Dach-Spezial-Investmentfonds zweiter oder höherer Stufe aus einem Dach-Spezial-Investmentfonds erster oder höherer Stufe zufließen oder als zugeflossen gelten. Es entfällt nur die Eigenschaft als steuerfrei thesaurierbar. Im Übrigen behalten die Erträge für die Zwecke der Besteuerung der Anleger der Dach-Spezial-Investmentfonds ihren Ertragscharakter bei (vgl. Rz. 36.9).
Kategorie 17:	
– Investmenterträge i. S. d. § 16 Abs. 1 Nr. 1 und 2 InvStG aus Mischfonds i. S. d. § 2 Abs. 7 InvStG	Ausschüttungen nach § 2 Abs. 11 InvStG und Vorabpauschalen nach § 18 InvStG vor Anwendung der Teilfreistellung, wegen Weitergabe der Teilfreistellung nach § 43 Abs. 3 i. V. m. § 20 InvStG
– Gewinne aus der Veräußerung von Investmentanteilen an Mischfonds i. S. d. § 2 Abs. 7 InvStG, die von einem Ziel-Spezial-Investmentfonds an einen Dach-Spezial-Investmentfonds ausgeschüttet wurden oder die einem Dach-Spezial-Investmentfonds aus einem Ziel-Spezial-Investmentfonds als zugeflossen gelten	Die Gewinne aus der Veräußerung von Investmentanteilen an Mischfonds sind nur auf Ebene eines Ziel-Spezial-Investmentfonds steuerfrei thesaurierbar. Wenn der Ziel-Spezial-Investmentfonds diese Gewinne an einen Dach-Spezial-Investmentfonds erster Stufe ausschüttet oder diese Gewinne einem Dach-Spezial-Investmentfonds erster Stufe nach Ablauf von 15 Geschäftsjahren als zugeflossen gelten, gehören die Gewinne auf Ebene des Dach-Spezial-Investmentfonds erster Stufe bei einer Thesaurierung zu den ausschüttungsgleichen Erträgen (vgl. Rz. 36.8). Ebenfalls unter die Kategorie 17 fallen derartige Gewinne, wenn diese einem Dach-Spezial-Investmentfonds zweiter oder höherer Stufe aus einem Dach-Spezial-Investmentfonds erster oder höherer Stufe zufließen oder als zugeflossen gelten. Es entfällt nur die Eigenschaft als steuerfrei thesaurierbar. Im Übrigen behalten die Gewinne für die Zwecke der Besteuerung der Anleger der Dach-Spezial-Investmentfonds ihren Ertragscharakter bei (vgl. Rz. 36.9).
Kategorie 18:	
– Investmenterträge i. S. d. § 16 Abs. 1 Nr. 1 und 2 InvStG aus Immobilienfonds i. S. d. § 2 Abs. 9 Satz 1 InvStG (ohne Erträge der Kategorie 19)	Ausschüttungen nach § 2 Abs. 11 InvStG und Vorabpauschalen nach § 18 InvStG vor Anwendung der Teilfreistellung, wegen Weitergabe der Teilfreistellung nach § 43 Abs. 3 i. V. m. § 20 InvStG
– Gewinne aus der Veräußerung von Investmentanteilen an Immobilienfonds i. S. d. § 2 Abs. 9 Satz 1 InvStG, die von einem Ziel-Spezial-Investmentfonds an einen Dach-Spezial-Investmentfonds ausgeschüttet wurden oder die einem Dach-Spezial-Investmentfonds aus einem	Die Gewinne aus der Veräußerung von Investmentanteilen an Immobilienfonds sind nur auf Ebene eines Ziel-Spezial-Investmentfonds steuerfrei thesaurierbar. Wenn der Ziel-Spezial-Investmentfonds diese Gewinne an einen Dach-Spezial-Investmentfonds erster Stufe ausschüttet oder die-

Kategorie	Erläuterungen
Ziel-Spezial-Investmentfonds als zugeflossen gelten	se Gewinne einem Dach-Spezial-Investmentfonds erster Stufe nach Ablauf von 15 Geschäftsjahren als zugeflossen gelten, gehören die Gewinne auf Ebene des Dach-Spezial-Investmentfonds erster Stufe bei einer Thesaurierung zu den ausschüttungsgleichen Erträgen (vgl. Rz. 36.8). Ebenfalls unter die Kategorie 18 fallen derartige Gewinne, wenn diese einem Dach-Spezial-Investmentfonds zweiter oder höherer Stufe aus einem Dach-Spezial-Investmentfonds erster oder höherer Stufe zufließen oder als zugeflossen gelten. Es entfällt nur die Eigenschaft als steuerfrei thesaurierbar. Im Übrigen behalten die Gewinne für die Zwecke der Besteuerung der Anleger der Dach-Spezial-Investmentfonds ihren Ertragscharakter bei (vgl. Rz. 36.9).
Kategorie 19: – Investmenterträge i. S. d. § 16 Abs. 1 Nr. 1 und 2 InvStG aus Auslands-Immobilienfonds i. S. d. § 2 Abs. 9 Satz 2 InvStG	Ausschüttungen nach § 2 Abs. 11 InvStG und Vorabpauschalen nach § 18 InvStG vor Anwendung der Teilfreistellung, wegen Weitergabe der Teilfreistellung nach § 43 Abs. 3 i. V. m. § 20 InvStG
– Gewinne aus der Veräußerung von Investmentanteilen an Auslands-Immobilienfonds i. S. d. § 2 Abs. 9 Satz 2 InvStG, die von einem Ziel-Spezial-Investmentfonds an einen Dach-Spezial-Investmentfonds ausgeschüttet wurden oder die einem Dach-Spezial-Investmentfonds aus einem Ziel-Spezial-Investmentfonds als zugeflossen gelten	Die Gewinne aus der Veräußerung von Investmentanteilen an Auslands-Immobilienfonds sind nur auf Ebene eines Ziel-Spezial-Investmentfonds steuerfrei thesaurierbar. Wenn der Ziel-Spezial-Investmentfonds diese Gewinne an einen Dach-Spezial-Investmentfonds erster Stufe ausschüttet oder diese Gewinne einem Dach-Spezial-Investmentfonds erster Stufe nach Ablauf von 15 Geschäftsjahren als zugeflossen gelten, gehören die Gewinne auf Ebene des Dach-Spezial-Investmentfonds erster Stufe bei einer Thesaurierung zu den ausschüttungsgleichen Erträgen (vgl. Rz. 36.8). Ebenfalls unter die Kategorie 19 fallen derartige Gewinne, wenn diese einem Dach-Spezial-Investmentfonds zweiter oder höherer Stufe aus einem Dach-Spezial-Investmentfonds erster oder höherer Stufe zufließen oder als zugeflossen gelten. Es entfällt nur die Eigenschaft als steuerfrei thesaurierbar. Im Übrigen behalten die Gewinne für die Zwecke der Besteuerung der Anleger der Dach-Spezial-Investmentfonds ihren Ertragscharakter bei (vgl. Rz. 36.9).
Kategorie 20: Erträge i. S. d. § 43 Abs. 2 InvStG i. V. m. § 3 Nr. 41 Buchst. a EStG	Der ursprüngliche Hinzurechnungsbetrag wird in Kategorie 1 erfasst. In Kategorie 20 sind die nach § 3 Nr. 41 Buchst. a EStG steuerfreien Ausschüttungen aus der Zwischengesellschaft zu erfassen. Für die Zwecke der Körperschaftsteuer ist dies gesondert zu erfassen, da hier 5 % nicht abziehbare Betriebsausgaben angesetzt werden.

Ertragskategorien, die ausländische Erträge enthalten können (wie z. B. Kategorie 1), sind in die Unterkategorien „nicht quellensteuerbelastete Erträge“, „mit anrechenbarer tatsächlicher Quellensteuer belastete Erträge“ und „fiktiv quellensteuerbelastete Erträge“ zu unterteilen. Eine Verrechnung der Unterkategorien einer Kategorie miteinander ist nicht zulässig (siehe auch Rz. 40.38).

Sofern für alle in einer Kategorie möglichen Ertragsarten eine fiktive Quellensteuerbelastung bereits dem Grunde nach ausgeschlossen ist, kann für diese Kategorie von der Bildung der Unterkategorie „fiktiv quellensteuerbelastete Erträge" abgesehen werden.

Es wird nicht beanstandet, wenn einzelne der vorstehend genannten Kategorien zusammengefasst werden, soweit die in den Kategorien enthaltenen Erträge beim Anleger denselben Rechtsfolgen unterliegen und sich hinsichtlich dieser zusammengefassten Erträge dieselben steuerlichen Auswirkungen bei allen Anlegern des Spezial-Investmentfonds ergeben. Sofern von der Möglichkeit zur Zusammenfassung von Kategorien Gebrauch gemacht wird, ist im Rahmen der Feststellungserklärung gesondert zu erläutern, welche Kategorien zusammengefasst wurden.

200 § 14/1. Schreiben betr. Berechnung einer lebenslänglichen Nutzung oder Leistung; Vervielfältiger für Bewertungsstichtage ab 1. Januar 2022

Vom 4. Oktober 2021
BMF IV C 7 - S 3104/19/10001 :006; DOK 2021/0863034
(BStBl. I S. 1821)

1 Anlage

In der Anlage gebe ich gemäß § 14 Abs. 1 Satz 4 BewG die Vervielfältiger zur Berechnung des Kapitalwerts lebenslänglicher Nutzungen oder Leistungen bekannt, die nach der am 9. Juli 2021 veröffentlichten Sterbetafel 2018/2020 des Statistischen Bundesamtes ermittelt wurden und für Bewertungsstichtage ab dem 1. Januar 2022 anzuwenden sind.

Anlage

Kapitalwert einer lebenslänglichen Nutzung oder Leistung im Jahresbetrag von einem Euro für Bewertungsstichtage ab 1. Januar 2022

Der Kapitalwert ist nach der am 9. Juli 2021 veröffentlichten Allgemeinen Sterbetafel 2018/2020 des Statistischen Bundesamtes unter Berücksichtigung von Zwischenzinsen und Zinseszinsen mit 5,5 Prozent errechnet worden. Der Kapitalwert der Tabelle ist der Mittelwert zwischen dem Kapitalwert für jährlich vorschüssige und jährlich nachschüssige Zahlungsweise.

Vollendetes Lebensalter	Männer		Frauen	
	Durchschnittliche Lebenserwartung	Kapitalwert	Durchschnittliche Lebenserwartung	Kapitalwert
0	78,64	18,405	83,40	18,467
1	77,90	18,393	82,64	18,458
2	76,92	18,378	81,66	18,446
3	75,93	18,361	80,67	18,433
4	74,94	18,344	79,68	18,420
5	73,95	18,325	78,69	18,405
6	72,95	18,306	77,69	18,390
7	71,96	18,285	76,70	18,374
8	70,97	18,264	75,70	18,357
9	69,97	18,241	74,71	18,340
10	68,98	18,217	73,71	18,321
11	67,98	18,191	72,71	18,301
12	66,99	18,165	71,72	18,280
13	65,99	18,136	70,73	18,258
14	65,00	18,106	69,73	18,235
15	64,01	18,075	68,74	18,211

Vollendetes Lebensalter	Männer		Frauen	
	Durchschnittliche Lebenserwartung	Kapitalwert	Durchschnittliche Lebenserwartung	Kapitalwert
16	63,02	18,042	67,74	18,185
17	62,03	18,007	66,75	18,158
18	61,05	17,971	65,76	18,129
19	60,07	17,933	64,77	18,099
20	59,10	17,893	63,78	18,068
21	58,12	17,850	62,79	18,034
22	57,14	17,805	61,80	17,999
23	56,17	17,759	60,81	17,962
24	55,19	17,709	59,82	17,922
25	54,22	17,657	58,83	17,881
26	53,24	17,602	57,85	17,838
27	52,26	17,544	56,86	17,792
28	51,29	17,483	55,87	17,744
29	50,31	17,418	54,88	17,693
30	49,33	17,350	53,89	17,639
31	48,36	17,279	52,91	17,582
32	47,39	17,204	51,93	17,523
33	46,42	17,126	50,94	17,460
34	45,45	17,043	49,96	17,394
35	44,48	16,955	48,98	17,325
36	43,51	16,863	48,00	17,252
37	42,55	16,767	47,03	17,176
38	41,59	16,666	46,05	17,095
39	40,64	16,561	45,07	17,009
40	39,68	16,449	44,10	16,920
41	38,73	16,333	43,13	16,826
42	37,79	16,212	42,16	16,727
43	36,84	16,083	41,20	16,624
44	35,90	15,949	40,23	16,514
45	34,96	15,808	39,27	16,400
46	34,02	15,659	38,31	16,280
47	33,09	15,505	37,36	16,154
48	32,17	15,345	36,40	16,021
49	31,25	15,176	35,46	15,884
50	30,34	15,001	34,52	15,739
51	29,44	14,819	33,58	15,587
52	28,54	14,629	32,65	15,429
53	27,66	14,433	31,72	15,263

Vollendetes Lebensalter	Männer		Frauen	
	Durchschnittliche Lebenserwartung	Kapitalwert	Durchschnittliche Lebenserwartung	Kapitalwert
54	26,78	14,228	30,80	15,091
55	25,91	14,016	29,88	14,909
56	25,06	13,799	28,97	14,721
57	24,21	13,571	28,07	14,525
58	23,38	13,339	27,17	14,320
59	22,56	13,099	26,29	14,110
60	21,75	12,852	25,41	13,889
61	20,96	12,600	24,53	13,658
62	20,18	12,340	23,67	13,421
63	19,41	12,074	22,81	13,173
64	18,66	11,803	21,96	12,917
65	17,92	11,525	21,12	12,652
66	17,19	11,239	20,29	12,378
67	16,48	10,951	19,47	12,095
68	15,77	10,652	18,64	11,795
69	15,08	10,349	17,83	11,490
70	14,39	10,036	17,03	11,175
71	13,71	9,715	16,24	10,851
72	13,05	9,393	15,46	10,517
73	12,39	9,059	14,69	10,174
74	11,74	8,718	13,93	9,820
75	11,10	8,370	13,18	9,457
76	10,48	8,022	12,44	9,084
77	9,87	7,669	11,71	8,702
78	9,26	7,303	10,99	8,310
79	8,67	6,938	10,28	7,908
80	8,09	6,567	9,59	7,502
81	7,54	6,205	8,92	7,094
82	7,01	5,846	8,28	6,690
83	6,49	5,484	7,66	6,285
84	6,01	5,140	7,08	5,894
85	5,55	4,803	6,53	5,512
86	5,12	4,479	6,01	5,140
87	4,72	4,172	5,52	4,780
88	4,35	3,882	5,08	4,449
89	4,01	3,610	4,66	4,125
90	3,71	3,366	4,28	3,826
91	3,43	3,134	3,93	3,545

Vollendetes Lebensalter	Männer		Frauen	
	Durchschnittliche Lebenserwartung	Kapitalwert	Durchschnittliche Lebenserwartung	Kapitalwert
92	3,16	2,908	3,61	3,283
93	2,93	2,712	3,33	3,051
94	2,71	2,523	3,08	2,840
95	2,53	2,367	2,85	2,644
96	2,37	2,226	2,65	2,471
97	2,22	2,094	2,48	2,323
98	2,09	1,978	2,31	2,173
99	1,95	1,852	2,15	2,031
100 und darüber	1,84	1,753	2,02	1,915

200 § 14/2. Schreiben betr. Berechnung einer lebenslänglichen Nutzung oder Leistung; Vervielfältiger für Bewertungsstichtage ab 1. Januar 2021[1)]

Vom 28. Oktober 2020

BMF IV C 7 - S 3104/19/10001 :005; DOK 2020/0990919

(BStBl. I S. 1048)

1 Anlage

In der Anlage gebe ich gemäß § 14 Abs. 1 Satz 4 BewG die Vervielfältiger zur Berechnung des Kapitalwerts lebenslänglicher Nutzungen oder Leistungen bekannt, die nach der am 29. September 2020 veröffentlichten Sterbetafel 2017/2019 des Statistischen Bundesamtes ermittelt wurden und für Bewertungsstichtage ab dem 1. Januar 2021 anzuwenden sind.

Anlage
zu § 14 Abs. 1 BewG

Kapitalwert einer lebenslänglichen Nutzung oder Leistung im Jahresbetrag von einem Euro für Bewertungsstichtage ab 1. Januar 2021

Der Kapitalwert ist nach der am 29. September 2020 veröffentlichten Allgemeinen Sterbetafel 2017/2019 des Statistischen Bundesamtes unter Berücksichtigung von Zwischenzinsen und Zinseszinsen mit 5,5 Prozent errechnet worden. Der Kapitalwert der Tabelle ist der Mittelwert zwischen dem Kapitalwert für jährlich vorschüssige und jährlich nachschüssige Zahlungsweise.

Vollendetes Lebensalter	Männer		Frauen	
	Durchschnittliche Lebenserwartung	Kapitalwert	Durchschnittliche Lebenserwartung	Kapitalwert
0	78,63	18,404	83,36	18,466
1	77,90	18,393	82,60	18,458
2	76,92	18,378	81,62	18,445
3	75,93	18,361	80,63	18,433
4	74,94	18,344	79,64	18,419
5	73,95	18,325	78,65	18,405
6	72,96	18,306	77,65	18,389
7	71,96	18,285	76,66	18,374
8	70,97	18,264	75,67	18,357
9	69,97	18,241	74,67	18,339
10	68,98	18,217	73,67	18,320
11	67,99	18,191	72,68	18,300

[1)] Für Werte ab 1.1.2022 siehe BMF v. 4.10.2021, BStBl. I S. 1821 (Nr. **200** § 14/1).

Vollendetes Lebensalter	Männer		Frauen	
	Durchschnittliche Lebenserwartung	Kapitalwert	Durchschnittliche Lebenserwartung	Kapitalwert
12	66,99	18,165	71,68	18,279
13	66,00	18,136	70,69	18,257
14	65,00	18,106	69,70	18,234
15	64,01	18,075	68,70	18,210
16	63,02	18,042	67,71	18,184
17	62,03	18,007	66,72	18,157
18	61,05	17,971	65,73	18,128
19	60,07	17,933	64,74	18,098
20	59,10	17,893	63,75	18,067
21	58,12	17,850	62,76	18,033
22	57,15	17,806	61,77	17,998
23	56,17	17,759	60,78	17,960
24	55,19	17,709	59,79	17,921
25	54,22	17,657	58,80	17,880
26	53,24	17,602	57,82	17,837
27	52,26	17,544	56,83	17,791
28	51,29	17,483	55,84	17,742
29	50,31	17,418	54,85	17,691
30	49,34	17,351	53,86	17,637
31	48,36	17,279	52,88	17,581
32	47,39	17,204	51,90	17,521
33	46,42	17,126	50,91	17,458
34	45,46	17,044	49,93	17,392
35	44,49	16,956	48,95	17,323
36	43,52	16,864	47,97	17,250
37	42,56	16,768	47,00	17,173
38	41,60	16,668	46,02	17,092
39	40,64	16,561	45,05	17,007
40	39,69	16,451	44,07	16,917
41	38,73	16,333	43,10	16,823
42	37,79	16,212	42,13	16,724
43	36,84	16,083	41,16	16,620
44	35,90	15,949	40,20	16,511
45	34,96	15,808	39,24	16,396
46	34,02	15,659	38,28	16,276
47	33,09	15,505	37,33	16,150
48	32,17	15,345	36,38	16,018

Vollendetes Lebensalter	Männer		Frauen	
	Durchschnittliche Lebenserwartung	Kapitalwert	Durchschnittliche Lebenserwartung	Kapitalwert
49	31,25	15,176	35,43	15,879
50	30,34	15,001	34,49	15,734
51	29,44	14,819	33,55	15,582
52	28,54	14,629	32,62	15,424
53	27,66	14,433	31,70	15,260
54	26,78	14,228	30,78	15,087
55	25,92	14,018	29,86	14,905
56	25,06	13,799	28,95	14,717
57	24,22	13,574	28,05	14,521
58	23,39	13,342	27,16	14,318
59	22,57	13,102	26,27	14,105
60	21,77	12,858	25,39	13,884
61	20,98	12,606	24,52	13,655
62	20,20	12,347	23,66	13,418
63	19,43	12,081	22,80	13,170
64	18,68	11,810	21,95	12,914
65	17,94	11,532	21,11	12,648
66	17,21	11,247	20,28	12,374
67	16,49	10,955	19,45	12,088
68	15,78	10,656	18,63	11,792
69	15,09	10,354	17,82	11,486
70	14,40	10,040	17,02	11,171
71	13,72	9,720	16,24	10,851
72	13,05	9,393	15,45	10,513
73	12,39	9,059	14,68	10,169
74	11,73	8,712	13,92	9,815
75	11,10	8,370	13,17	9,452
76	10,47	8,017	12,42	9,074
77	9,85	7,657	11,69	8,691
78	9,24	7,291	10,96	8,293
79	8,65	6,925	10,25	7,890
80	8,08	6,561	9,56	7,484
81	7,52	6,192	8,89	7,075
82	6,99	5,832	8,26	6,677
83	6,49	5,484	7,65	6,279
84	6,00	5,133	7,07	5,887
85	5,55	4,803	6,52	5,505

Vollendetes Lebensalter	Männer		Frauen	
	Durchschnittliche Lebenserwartung	Kapitalwert	Durchschnittliche Lebenserwartung	Kapitalwert
86	5,13	4,487	6,01	5,140
87	4,73	4,180	5,53	4,788
88	4,36	3,889	5,08	4,449
89	4,03	3,626	4,67	4,133
90	3,72	3,374	4,28	3,826
91	3,44	3,143	3,93	3,545
92	3,17	2,916	3,62	3,292
93	2,93	2,712	3,34	3,059
94	2,72	2,532	3,09	2,849
95	2,52	2,358	2,86	2,652
96	2,34	2,200	2,66	2,480
97	2,19	2,067	2,49	2,332
98	2,07	1,960	2,33	2,191
99	1,94	1,843	2,18	2,058
100 und darüber	1,83	1,744	2,04	1,933

250/1. Gleich lautende Erlasse betr. Anwendung der geänderten Vorschriften des Erbschaftsteuer- und Schenkungsteuergesetzes für Erwerbe mit einer Steuerentstehung nach dem 28. Dezember 2020

Vom 13. September 2021
Oberste Finanzbehörden der Länder
(BStBl. I S. 1837)

Die mit dem Jahressteuergesetz 2020 (BGBl. I S. 3096)[1)] geänderten Vorschriften des Erbschaftsteuer- und Schenkungsteuergesetzes (ErbStG) sind auf Erwerbe anzuwenden, für die Erbschaft- oder Schenkungsteuer nach dem 28. Dezember 2020 entsteht. Infolge der Änderungen in den §§ 5, 10, 13a, 13b, 14, 30, 31 und 35 ErbStG ergehen nachstehende Regelungen:

1. Zu § 5 Abs. 1 ErbStG

Nach § 5 Abs. 1 ErbStG gilt im Fall des Todes eines Ehegatten oder Lebenspartners der Betrag nicht als Erwerb von Todes wegen, den der überlebende Ehegatte oder Lebenspartner als Zugewinnausgleich nach § 1371 Abs. 2 des Bürgerlichen Gesetzbuchs (BGB) hätte geltend machen können (fiktive Ausgleichsforderung), wenn er nicht Erbe geworden wäre und ihm auch kein Vermächtnis zustünde.

Der fiktive Zugewinn und die daraus zu errechnende fiktive Ausgleichsforderung werden nach den bürgerlich-rechtlich maßgebenden Verkehrswerten des Anfangs- und des Endvermögens des Erblassers und des überlebenden Ehegatten oder Lebenspartners ermittelt, und zwar unabhängig davon, ob für das maßgebende Endvermögen, zu dem auch das im Nachlass vorhandene Vermögen gehört, Steuerbefreiungen gewährt werden.

Neu geregelt wurde:

Da die erbschaftsteuerrechtlich maßgebende Bemessungsgrundlage des erworbenen Nachlassvermögens wegen Steuerbefreiungen in erheblichem Umfang gemindert sein kann, wird durch den neuen Satz 6 in § 5 Abs. 1 ErbStG auch die fiktive Ausgleichsforderung des überlebenden Ehegatten oder Lebenspartners gemindert. Die Minderung wird nach der folgenden Formel berechnet:

$$B_{stfr} = AF_{fik} \text{ x } \frac{EV - EV_{stfr}}{EV}$$

Dabei sind:

B_{stfr} = Betrag, der nicht als Erwerb i.S.d. § 3 ErbStG gilt,

AF_{fik} = fiktive Ausgleichsforderung,

EV = Endvermögen des Erblassers,

EV_{stfr} = der von der Steuer befreite Teil des Endvermögens des Erblassers.

Hierfür wird der um den Wert des steuerbefreiten Vermögens geminderte Steuerwert des Endvermögens des Erblassers ins Verhältnis zum ungeminderten

---

[1)] **Amtl. Anm.:** BStBl. 2021 I S. 6.

Steuerwert des Endvermögens gesetzt und mit der sich nach § 1371 Abs. 2 BGB ergebenden fiktiven Ausgleichsforderung multipliziert. Zu berücksichtigen sind dabei ausschließlich die auf den überlebenden Ehegatten oder Lebenspartner entfallenden Steuerbefreiungen. Soweit daneben von anderen Erwerbern Steuerbefreiungen in Anspruch genommen werden, bleiben diese bei der Berechnung nach § 5 Abs. 1 Satz 6 ErbStG unberücksichtigt. Die Begrenzung der fiktiven Ausgleichsforderung nach § 5 Abs. 1 Satz 5 ErbStG ist bei der Berechnung nach § 5 Abs. 1 Satz 6 ErbStG zu berücksichtigen.

Wird dem überlebenden Ehegatten oder Lebenspartner die auf begünstigtes Vermögen i.S.d. § 13b Abs. 2 ErbStG entfallende Steuer nach § 28a Abs. 1 ErbStG erlassen, so wird die Ausgleichsforderung nicht nach § 5 Abs. 1 Satz 6 ErbStG gemindert.

Beispiel 1:

Die Eheleute lebten im Güterstand der Zugewinngemeinschaft. Der Ehemann (Erblasser) starb am 10. Januar 2021, seine Ehefrau ist Alleinerbin. Der Nachlass besteht aus Kapitalvermögen mit einem Wert von 900 000 EUR sowie dem gemeinsam mit der Ehefrau bewohnten Einfamilienhaus (Steuerwert = Verkehrswert 600 000 EUR). Der Grundbesitz befand sich im Alleineigentum des Erblassers. Ein im Zusammenhang mit der Anschaffung des Grundstücks aufgenommener Kredit valutierte am Tag des Todes des Erblassers noch mit 200 000 EUR. Aufgrund des Todes des Erblassers erhält die Ehefrau eine Witwenrente aus der gesetzlichen Rentenversicherung (Kapitalwert 300 000 EUR).

Die Ehefrau erzielte während der Ehe einen Zugewinn von 200 000 EUR. Der Zugewinn des Erblassers beträgt 1 200 000 EUR.

Lösung:

Für den Erwerb durch die Ehefrau ergibt sich nach Steuerwerten folgender Vermögensanfall:

Kapitalvermögen	900 000 EUR
Grundstück	+600 000 EUR
Steuerbefreiung für das Einfamilienhaus (Familienheim nach § 13 Abs. 1 Nr. 4b ErbStG)	./.600 000 EUR
Vermögensanfall vor Schuldenabzug	900 000 EUR

Kürzung des Schuldenabzugs (Schulden nach § 10 Abs. 6 Satz 1 ErbStG nicht abzugsfähig, soweit sie in wirtschaftlichem Zusammenhang mit steuerbefreiten Gegenständen stehen):

Schuld im Zusammenhang mit dem Familienheim	200 000 EUR	
Davon abziehbar: (Schuld × Wert des Gegenstands nach Abzug der Steuerbefreiung: Wert des Gegenstands vor Abzug der Steuerbefreiung)		
200 000 EUR × 0 EUR : 600 000 EUR =		./. 0 EUR

Bereicherung der Ehefrau:

Vermögensanfall nach Schuldenabzug	900 000 EUR
Pauschbetrag für Erbfallkosten (§ 10 Abs. 5 Nr. 3 Satz 2 ErbStG)	./. 10 300 EUR
Bereicherung der Ehefrau	889 700 EUR

Ermittlung der fiktiven Ausgleichsforderung (§ 5 Abs. 1 Satz 1 ErbStG):

Zugewinn des Erblassers	1 200 000 EUR
Zugewinn der Ehefrau	./. 200 000 EUR
Positiver Unterschiedsbetrag	1 000 000 EUR

Fiktive Ausgleichsforderung der Ehefrau:

1/2 × 1 000 000 EUR =	500 000 EUR

Neue Regelung – Minderung der fiktiven Ausgleichsforderung (§ 5 Abs. 1 Satz 6 ErbStG):
Die fiktive Ausgleichsforderung ist unter Berücksichtigung der der Ehefrau zu gewährenden Steuerbefreiungen zu mindern.
Der Wert des Endvermögens des Erblassers beträgt:

Kapitalvermögen	900 000 EUR
Grundstück	+ 600 000 EUR
Schuld im Zusammenhang mit dem Familienheim	./. 200 000 EUR
Endvermögen	1 300 000 EUR

Der um den Wert des steuerbefreiten Vermögens geminderte Wert des Endvermögens beträgt:

Endvermögen	1 300 000 EUR
Steuerbefreiung Familienheim	./. 600 000 EUR
Nicht abziehbare Schuld im Zusammenhang mit dem Familienheim	+ 200 000 EUR
Geminderter Wert des Endvermögens	900 000 EUR

Die geminderte fiktive Ausgleichsforderung der Ehefrau beträgt:

500 000 EUR × 900 000 EUR : 1 300 000 EUR =	346 154 EUR

Berechnung des steuerpflichtigen Erwerbs durch die Ehefrau:

Bereicherung		889 700 EUR
Geminderte fiktive Ausgleichforderung (§ 5 Abs. 1 Satz 6 ErbStG)		./.346 154 EUR
Persönlicher Freibetrag der Ehefrau (§ 16 Abs. 1 Nr. 1 ErbStG)		./.500 000 EUR
Versorgungsfreibetrag der Ehefrau (§ 17 Abs. 1 Satz 1 ErbStG)	256 000 EUR	
Kürzung um Witwenrente (§ 17 Abs. 1 Satz 2 ErbStG)	./.256 000 EUR	
	0 EUR	./. 0 EUR
Steuerpflichtiger Erwerb durch die Ehefrau (abgerundet nach § 10 Abs. 1 Satz 6 ErbStG)		43 500 EUR

Die Witwenrente aus der gesetzlichen Rentenversicherung unterliegt nicht der Besteuerung (siehe R E 3.5 Abs. 1 ErbStR). Sie mindert den Versorgungsfreibetrag (§ 17 Abs. 1 ErbStG) der Ehefrau.

Beispiel 2:

Die Eheleute lebten im Güterstand der Zugewinngemeinschaft. Der Ehemann (Erblasser) ist verstorben, sein Sohn ist Alleinerbe. Die Ehefrau des Erblassers erhält als Vermächtnis Kapitalvermögen (500 000 EUR) und ein mit einem Einfamilienhaus bebautes Grundstück des Ehemanns (600 000 EUR). Das Einfamilienhaus wurde von den Eheleuten zu eigenen Wohnzwecken genutzt und wird nach dem Tod des Ehemanns weiterhin von der Ehefrau bewohnt. Den Pflichtteil macht die Ehefrau nicht geltend. Darüber hinaus hatte der Erblasser Betriebsvermögen (900 000 EUR). Der Pauschbetrag für Erbfallkosten wird in voller Höhe beim Alleinerben berücksichtigt.
Das Anfangsvermögen beider Eheleute betrug 0 EUR. Die Steuerwerte der Vermögensgegenstände des Nachlasses des Erblassers entsprechen den Verkehrswerten.

	Erblasser	Ehefrau
Endvermögen		
Kapitalvermögen	500 000 EUR	840 000 EUR
Grundstück	+ 600 000 EUR	
Betriebsvermögen	+ 900 000 EUR	
Summe	2 000 000 EUR	840 000 EUR

Die Ehefrau erzielte während der Ehe einen Zugewinn von 840 000 EUR. Der Zugewinn des Erblassers beträgt 2 000 000 EUR.

Lösung:

Für den Erwerb durch die Ehefrau ergibt sich folgender Vermögensanfall:

Kapitalvermögen	500 000 EUR
Grundstück	+600 000 EUR
Steuerbefreiung für das Einfamilienhaus (Familienheim nach § 13 Abs. 1 Nr. 4b ErbStG)	./.600 000 EUR
Vermögensanfall	500 000 EUR

Der Vermögensanfall entspricht der Bereicherung der Ehefrau.

Ermittlung der fiktiven Ausgleichsforderung (§ 5 Abs. 1 Satz 1 ErbStG):

Zugewinn des Erblassers	2 000 000 EUR
Zugewinn der Ehefrau	./. 840 000 EUR
Positiver Unterschiedsbetrag	1 160 000 EUR
Fiktive Ausgleichsforderung der Ehefrau 1/2 × 1 160 000 EUR =	580 000 EUR

Neue Regelung – Minderung der fiktiven Ausgleichsforderung (§ 5 Abs. 1 Satz 6 ErbStG):

Für die Minderung der fiktiven Ausgleichsforderung sind allein die beim überlebenden Ehegatten anzuwendenden Steuerbefreiungen maßgebend. Auch bei der Verhältnisrechnung ist das Endvermögen des verstorbenen Ehegatten nur um die dem überlebenden Ehegatten zu gewährenden Steuerbefreiungen zu kürzen. Ob im vorliegenden Beispielfall dem Sohn als Alleinerben ebenfalls Steuerbefreiungen – etwa hier für das Betriebsvermögen – zustehen, ist unbeachtlich.

Der Wert des Endvermögens des Erblassers beträgt:

Kapitalvermögen	500 000 EUR
Grundstück	+ 600 000 EUR
Betriebsvermögen	+ 900 000 EUR
Endvermögen	2 000 000 EUR

Der um den Wert des steuerbefreiten Vermögens geminderte Wert des Endvermögens beträgt:

Endvermögen	2 000 000 EUR
Steuerbefreiung Familienheim	./. 600 000 EUR
Geminderter Wert des Endvermögens	1 400 000 EUR

Die geminderte fiktive Ausgleichsforderung der Ehefrau beträgt:

580 000 EUR × 1 400 000 EUR : 2 000 000 EUR = 406 000 EUR

Bereicherung der Ehefrau	500 000 EUR
Geminderte fiktive Ausgleichsforderung (§ 5 Abs. 1 Satz 6 ErbStG)	./.406 000 EUR
Bereicherung nach Anwendung des § 5 Abs. 1 ErbStG	94 000 EUR

Wird eine Steuerbefreiung rückwirkend gemindert oder entfällt sie, z.B. für denkmalgeschützte Erwerbsgegenstände, für Familienheime oder für begünstigtes Unternehmensvermögen (§§ 13a bis 13c ErbStG), so ist die Steuerfestsetzung zu ändern und dabei auch die von der Bereicherung abzuziehende fiktive Ausgleichsforderung neu zu berechnen. Dasselbe gilt für den Fall, dass eine Steuerbefreiung rückwirkend erhöht oder erstmals gewährt wird.

Beispiel 3:

Wie Beispiel 1, jedoch veräußert die Ehefrau am 1. Mai 2025 das Einfamilienhaus und zieht in eine Mietwohnung um. Die Veräußerung und die damit einhergehende Aufgabe der Selbstnutzung innerhalb von zehn Jahren nach dem Erwerb von Todes wegen vom 10. Januar 2021 führen dazu, dass die Steuerbefreiung gemäß § 13 Abs. 1 Nr. 4b Satz 5 ErbStG rückwirkend wegfällt. Für den

Erwerb durch die Ehefrau vom 10. Januar 2021 ist die Berechnung des steuerpflichtigen Erwerbs wie folgt zu ändern.

Lösung *(Änderungen zur Lösung des Beispiels 1 sind kursiv dargestellt):*

Für den Erwerb durch die Ehefrau ergibt sich nach Steuerwerten der folgende Vermögensanfall:

Kapitalvermögen	900 000 EUR
Grundstück	+ 600 000 EUR
Steuerbefreiung für das Einfamilienhaus (Familienheim nach § 13 Abs. 1 Nr. 4b ErbStG)	./. *0 EUR*
Vermögensanfall vor Schuldenabzug	*1 500 000 EUR*

Kürzung des Schuldenabzugs (Schulden nach § 10 Abs. 6 ErbStG nicht abzugsfähig, soweit sie in wirtschaftlichem Zusammenhang mit steuerbefreiten Gegenständen stehen):

Schuld im Zusammenhang mit dem Familienheim	200 000 EUR	
Davon abziehbar:		
(Schuld × Wert des Gegenstands nach Abzug der Steuerbefreiung: Wert des Gegenstands vor Abzug der Steuerbefreiung)		
200 000 EUR × *600 000 EUR* : 600 000 EUR =	*200 000 EUR*	./. *200 000 EUR*

Bereicherung der Ehefrau:

Vermögensanfall nach Schuldenabzug	*1 300 000 EUR*
Pauschbetrag für Erbfallkosten (§ 10 Abs. 5 Nr. 3 Satz 2 ErbStG)	./. 10 300 EUR
Bereicherung der Ehefrau	*1 289 700 EUR*

Ermittlung der fiktiven Ausgleichsforderung der Ehefrau (§ 5 Abs. 1 Satz 1 ErbStG):

Zugewinn des Erblassers	1 200 000 EUR
Zugewinn der Ehefrau	./. 200 000 EUR
Positiver Unterschiedsbetrag	1 000 000 EUR

Fiktive Ausgleichsforderung der Ehefrau 1/2 × 1 000 000 EUR =	500 000 EUR

Neue Regelung – *Geänderte* Minderung der fiktiven Ausgleichsforderung der Ehefrau (§ 5 Abs. 1 Satz 6 ErbStG):

Die fiktive Ausgleichsforderung wäre unter Berücksichtigung der der Ehefrau zu gewährenden Steuerbefreiungen zu mindern.

Der um den Wert des steuerbefreiten Vermögens geminderte Wert des Endvermögens beträgt:

Endvermögen	1 300 000 EUR
Steuerbefreiung Familienheim	./. *0 EUR*
Geänderter geminderter Wert des Endvermögens	*1 300 000 EUR*

Die *geänderte* fiktive Ausgleichsforderung der Ehefrau beträgt:

500 000 EUR × *1 300 000* EUR : 1 300 000 EUR =	*500 000 EUR*

Berechnung des steuerpflichtigen Erwerbs durch die Ehefrau:

Bereicherung	*1 289 700 EUR*

Geänderte fiktive Ausgleichforderung (§ 5 Abs. 1 Satz 6 ErbStG)		*./. 500 000 EUR*
Persönlicher Freibetrag der Ehefrau (§ 16 Abs. 1 Nr. 1 ErbStG)		./. 500 000 EUR
Versorgungsfreibetrag der Ehefrau (§ 17 Abs. 1 Satz 1 ErbStG)	256 000 EUR	
Kürzung um Witwenrente (§ 17 Abs. 1 Satz 2 ErbStG)	./.256 000 EUR	
	0 EUR	./. 0 EUR
Steuerpflichtiger Erwerb durch die Ehefrau		*289 700 EUR*

2. Zu § 10 Abs. 1 Satz 3 ErbStG

Private Steuererstattungsansprüche (Einkommensteuer, Solidaritätszuschlag, Kirchensteuer) aus dem Veranlagungszeitraum, in den der Todeszeitpunkt des Erblassers fällt, gehören nach § 10 Abs. 1 Satz 3 ErbStG zum steuerpflichtigen Erwerb, auch wenn sie rechtlich erst nach dem Tod des Erblassers entstanden sind. Die folgenden Richtlinien und Hinweise sind nicht mehr anzuwenden:

- R E 10.3 Abs. 3 Satz 2 ErbStR und
- H E 10.3 „Steuererstattungsansprüche für den Veranlagungszeitraum, in den der Todeszeitpunkt des Erblassers fällt" ErbStH.

3. Zu § 10 Abs. 6 Satz 3 und Satz 5 bis 10 ErbStG

Wenn auf einen Erwerb Steuerbefreiungen gewährt werden, sind diejenigen Schulden und Lasten nicht abzugsfähig, die mit den steuerbefreiten Vermögensgegenständen in wirtschaftlichem Zusammenhang stehen.

Durch das Jahressteuergesetz 2020 wurde in § 10 Abs. 6 Satz 5 bis 10 ErbStG eine Kürzung des Abzugs für solche Schulden und Lasten eingeführt, die nicht in wirtschaftlichem Zusammenhang mit erworbenen steuerbefreiten Vermögensgegenständen stehen (z.B. Pflichtteilsverbindlichkeiten, Konsumentendarlehen, Steuerschulden oder die Pflicht des Erben zur Zahlung des Zugewinnausgleichs). Für die Berechnung des Kürzungsbetrages sind diese Schulden und Lasten grundsätzlich anteilig allen Vermögensgegenständen des Erwerbs zuzurechnen. Ausgenommen von der anteiligen Schulden- und Lastenzurechnung sind nach § 10 Abs. 6 Satz 6 ErbStG Kosten i.S.d. § 10 Abs. 5 Nr. 3 ErbStG, z.B. nachgewiesene Bestattungskosten oder der Pauschbetrag für Erbfallkosten.

Erster Schritt

In einem ersten Schritt sind die Schulden und Lasten, die nicht in wirtschaftlichem Zusammenhang mit einzelnen Vermögensgegenständen stehen, auf alle Vermögensgegenstände des Erwerbs aufzuteilen. Der einem einzelnen Vermögensgegenstand zuzurechnende Anteil an diesen Schulden und Lasten bemisst sich nach dem Verhältnis des Werts des jeweiligen Vermögensgegenstands nach Abzug der Schulden und Lasten, die mit diesem Vermögensgegenstand in wirtschaftlichem Zusammenhang stehen, zum Gesamtwert der Vermögensgegenstände nach Abzug aller Schulden und Lasten, die mit diesen Vermögensgegenständen in wirtschaftlichem Zusammenhang stehen (§ 10 Abs. 6 Satz 7 ErbStG)

Der einem einzelnen Vermögensgegenstand zuzurechnende Anteil der Schulden und Lasten, die nicht in wirtschaftlichem Zusammenhang mit einem einzelnen Vermögensgegenstand stehen, wird nach der folgenden Formel berechnet:

$$SL_{Anteil} = SL_{gesamt} \times \frac{VG_{einzeln} - SSL_{VG\ einzeln}}{VG_{gesamt} - SSL_{VGgesamt}}$$

Dabei ist:

SL_{Anteil} = der einem einzelnen Vermögensgegenstand zuzurechnende Anteil der Schulden und Lasten, die nicht in wirtschaftlichem Zusammenhang mit einem Vermögensgegenstand stehen

SL_{gesamt} = die Summe der Schulden und Lasten, die nicht in wirtschaftlichem Zusammenhang mit einem Vermögensgegenstand stehen,

$VG_{einzeln}$ = der Wert des jeweiligen einzelnen Vermögensgegenstands,

$SSL_{VG\ einzeln}$ = die Summe der Schulden und Lasten, die in wirtschaftlichem Zusammenhang mit diesem einzelnen Vermögensgegenstand stehen,

VG_{gesamt} = der Gesamtwert aller Vermögensgegenstände

$SSL_{VG\ gesamt}$ = die Summe aller Schulden und Lasten, die mit einzelnen Vermögensgegenständen in wirtschaftlichem Zusammenhang stehen

Aus Vereinfachungsgründen können Vermögensgegenstände, die keiner Steuerbefreiung unterliegen, sowie die mit diesen Vermögensgegenständen in wirtschaftlichem Zusammenhang stehenden Schulden und Lasten bei der oben dargestellten Berechnung zusammengefasst werden.

Kommt eine Steuerbefreiung nach den §§ 13a und 13c ErbStG zur Anwendung, so ist bei der Aufteilung der wirtschaftlich nicht einzeln zurechenbaren Schulden und Lasten auf die Summe des begünstigten Vermögens (vgl. R E 13b.8 Abs. 1 Satz 1 ErbStR) abzustellen, da die Steuerbefreiung bei mehreren wirtschaftlichen Einheiten auf den Gesamtwert des begünstigten Vermögens gewährt wird (§ 10 Abs. 6 Satz 8 ErbStG). Ein Erlass nach § 28a Abs. 1 ErbStG führt nicht zu einer Beschränkung des Abzugs wirtschaftlich nicht einzeln zurechenbarer Schulden bei der Ermittlung des verfügbaren Vermögens (entsprechend R E 28a.2 Abs. 2 Satz 8 ErbStR).

Zweiter Schritt

Der im ersten Schritt berechnete, auf den einzelnen Vermögensgegenstand entfallende Anteil an Schulden und Lasten ist nicht abzugsfähig, soweit dieser Vermögensgegenstand steuerbefreit ist. Bei nur teilweise steuerbefreiten Vermögensgegenständen ist daher in einem zweiten Schritt der verbleibende abzugsfähige Betrag zu ermitteln (§ 10 Abs. 6 Satz 9 ErbStG). Dabei ist bei der Berechnung des abzugsfähigen Anteils der Schulden und Lasten auf das Verhältnis des Werts des Vermögensgegenstandes gemindert um die Steuerbefreiung zum Wert des Vermögensgegenstandes vor Anwendung der Steuerbefreiung abzustellen (§ 10 Abs. 6 Satz 9 ErbStG).

Der abzugsfähige Anteil an der Schuld oder Last, die einem teilweise steuerbefreiten Vermögensgegenstand zuzurechnen ist, wird nach der folgenden Formel berechnet:

$$SL_{abzAnteil} = SL_{Anteil} \times \frac{VG - VG_{steuerfrei}}{VG}$$

Dabei ist:

$SL_{abzAnteil}$ = der abzugsfähige Anteil an der Schuld oder Last, der einem teilweise steuerbefreiten Vermögensgegenstand zuzurechnen ist,

SL_{Anteil} = der Anteil der jeweiligen Schuld oder Last, der einem teilweise steuerbefreiten Vermögensgegenstand zugerechnet wird,

VG = Wert des Vermögensgegenstandes,

$VG_{steuerfrei}$ = für den Vermögensgegenstand gewährte Steuerbefreiung.

Für den Fall, dass eine Steuerbefreiung nach den §§ 13a und 13c ErbStG zur Anwendung kommt, ist für den nach Anwendung der §§ 13a und 13c ErbStG anzusetzenden Wert auf den Wert des begünstigten Vermögens abzüglich des nach den §§ 13a und 13c ErbStG steuerbefreiten Werts des begünstigten Vermögens abzustellen (§ 10 Abs. 6 Satz 10 ErbStG).

Bei gemischten Schenkungen sowie bei Schenkungen unter Auflage ist hinsichtlich der Gegenleistungen bzw. Auflagen entsprechend vorzugehen. Die Erwerbsnebenkosten im Zusammenhang mit einer Schenkung (R E 7.4 Abs. 4 ErbStR und H E 7.4 (4) ErbStH) sind gemäß § 10 Abs. 6 Satz 6 ErbStG nicht auf die einzelnen Vermögensgegenstände aufzuteilen.

Wird eine Steuerbefreiung rückwirkend gemindert oder entfällt sie, z.B. für denkmalgeschützte Erwerbsgegenstände, für Familienheime oder für begünstigtes Unternehmensvermögen (§§ 13a und 13c ErbStG), so ist die Steuerfestsetzung zu ändern und dabei auch der Betrag der teilweise nicht abziehbaren Schulden und Lasten neu zu berechnen. Dasselbe gilt für den Fall, dass eine Steuerbefreiung rückwirkend erhöht oder erstmals gewährt wird.

Beispiel 1:

Testamentarische Alleinerbin des Erblassers ist dessen Tochter. Sein Sohn macht den Pflichtteil i.H.v. 867 000 EUR geltend.

Der Nachlass besteht aus folgendem Vermögen:

Anteile an einer GmbH (insgesamt begünstigt i.S.d. § 13b Abs. 2 ErbStG)	1 500 000 EUR	
Beteiligung an einer KG (insgesamt begünstigt i.S.d. § 13b Abs. 2 ErbStG)	+ 500 000 EUR	
Grundstück	+1 500 000 EUR	
Bankguthaben	+1 000 000 EUR	
Gesamtwert der durch die Tochter erworbenen Vermögensgegenstände	4 500 000 EUR	4 500 000 EUR
Wert der Nachlassverbindlichkeiten:		
Schuld aus der Anschaffung der GmbH-Anteile	600 000 EUR	
Schuld aus der Anschaffung des Grundstücks	+ 400 000 EUR	
Konsumentendarlehen	+ 20 000 EUR	
Last durch den Pflichtteil des Sohnes	+ 867 000 EUR	
Bestattungskosten	+ 12 000 EUR	
Wert der Nachlassverbindlichkeiten	1 899 000 EUR	1 899 000 EUR

Lösung:

Die abzugsfähigen Nachlassverbindlichkeiten und die Bereicherung der Erwerberin sind wie folgt zu berechnen:

I. Zurechnung der Schulden und Lasten, die in wirtschaftlichem Zusammenhang zu bestimmten Vermögensgegenständen stehen

Die Schulden und Lasten, die in wirtschaftlichem Zusammenhang zu einzelnen Vermögensgegenständen stehen, sind diesen zuzurechnen.

Wert des nach § 13b Abs. 2 ErbStG begünstigten Vermögens abzüglich einzeln zurechenbarer Schuld:

Anteile an der GmbH	1 500 000 EUR
Beteiligung an der KG	+ 500 000 EUR
Summe begünstigtes Vermögen i.S.d. § 13b Abs. 2 ErbStG	2 000 000 EUR
Schuld, die in wirtschaftlichem Zusammenhang mit dem nach § 13b Abs. 2 ErbStG begünstigten Vermögen steht	./. 600 000 EUR
Wert des nach § 13b Abs. 2 ErbStG begünstigten Vermögens abzüglich einzeln zurechenbarer Schuld	1 400 000 EUR

Übriges Vermögen abzüglich einzeln zurechenbarer Schuld:

Grundstück	1 500 000 EUR
Bankguthaben	+1 000 000 EUR
Summe der Werte des übrigen Vermögens	2 500 000 EUR
Schuld, die in wirtschaftlichem Zusammenhang mit dem Grundstück steht	./. 400 000 EUR
Wert des übrigen Vermögens abzüglich einzeln zurechenbarer Schuld	2 100 000 EUR

Wert des Vermögens insgesamt nach Abzug einzeln zurechenbarer Schulden:

Nach § 13b Abs. 2 ErbStG begünstigtes Vermögen	1 400 000 EUR
Übriges Vermögen	+2 100 000 EUR
Wert des Vermögens insgesamt nach Abzug der einzeln zurechenbaren Schulden	3 500 000 EUR

II. Aufteilung der Schulden und Lasten, die nicht in wirtschaftlichem Zusammenhang mit bestimmten Vermögensgegenständen stehen

Die übrigen Nachlassverbindlichkeiten sind gemäß § 10 Abs. 6 Satz 5 ErbStG auf die erworbenen Vermögensgegenstände aufzuteilen. Dabei bleiben die Bestattungskosten außen vor (§ 10 Abs. 6 Satz 6 ErbStG).

Berechnung der Summe der Schulden und Lasten, die nicht in wirtschaftlichem Zusammenhang mit Vermögensgegenständen stehen:

Last durch den Pflichtteil des Sohnes	867 000 EUR
Konsumentendarlehen	+ 20 000 EUR
Summe der Schulden und Lasten	887 000 EUR

Von der Summe dieser Schulden und Lasten entfällt auf das nach § 13b Abs. 2 ErbStG begünstigte Vermögen:

(Summe der Schulden und Lasten, die nicht in wirtschaftlichem Zusammenhang mit einem Vermögensgegenstand stehen × Wert des nach § 13b Abs. 2 ErbStG begünstigten Vermögens nach Abzug der einzeln zurechenbaren Schulden : Wert des Vermögens insgesamt nach Abzug der insgesamt einzeln zurechenbaren Schulden)

887 000 EUR × 1 400 000 EUR : 3 500 000 EUR = 354 800 EUR

Von der Summe dieser Schulden und Lasten entfällt auf das übrige Vermögen:

(Summe der Schulden und Lasten, die nicht in wirtschaftlichem Zusammenhang mit einem Vermögensgegenstand stehen × Wert des übrigen Vermögens nach Abzug der einzeln zurechenbaren Schulden: Wert des Vermögens insgesamt nach Abzug der insgesamt einzeln zurechenbaren Schulden)

887 000 EUR × 2 100 000 EUR : 3 500 000 EUR =	532 200 EUR

III. Kürzung des Schuldenabzugs

Die Schulden und Lasten, die in wirtschaftlichem Zusammenhang mit dem nach § 13b Abs. 2 ErbStG begünstigten Vermögen stehen, und die anteilig auf das begünstigte Vermögen entfallenden Schulden und Lasten, die nicht in wirtschaftlichem Zusammenhang mit einzelnen Vermögensgegenständen stehen, sind jeweils entsprechend dem Verhältnis des nach Anwendung der §§ 13a und 13c ErbStG anzusetzenden Werts des Vermögens zu dem Wert vor Anwendung der §§ 13a und 13c ErbStG (§ 10 Abs. 6 Satz 4 und Satz 10 ErbStG) zu kürzen.

Begünstigtes Vermögen i.S.d. § 13b Abs. 2 ErbStG vor Anwendung des § 13a ErbStG			2 000 000 EUR
Verschonungsabschlag 85 % (§ 13a Abs. 1 i.V.m. § 13b Abs. 2 ErbStG)			./.1 700 000 EUR
Verbleibender Wert des begünstigten Vermögens nach Anwendung des § 13a Abs. 1 ErbStG			300 000 EUR
Ermittlung des Abzugsbetrags nach § 13a Abs. 2 ErbStG:			
Abzugsbetrag		150 000 EUR	
Verbleibender Wert	300 000 EUR		
Abzugsbetrag	./. 150 000 EUR		
Unterschiedsbetrag	150 000 EUR		
davon 50 %		./. 75 000 EUR	
Verbleibender Abzugsbetrag nach § 13a Abs. 2 ErbStG		75 000 EUR	./. 75 000 EUR
Verbleibender steuerpflichtiger Wert des begünstigten Vermögens nach Anwendung des § 13a ErbStG			225 000 EUR

Summe der nach § 10 Abs. 6 Satz 4 und Satz 10 ErbStG ins Verhältnis zu setzenden abzugsfähigen Schulden:

Einzeln zurechenbare Schuld	600 000 EUR
Auf begünstigtes Vermögen entfallender Anteil der Schulden	+354 800 EUR
Summe der ins Verhältnis zu setzenden abzugsfähigen Schulden	954 800 EUR

Berechnung des abzugsfähigen Betrags der Schulden und Lasten, die auf das begünstigte Vermögen entfallen: (Summe der ins Verhältnis zu setzenden abzugsfähigen Schulden × verbleibender steuerpflichtiger Wert des begünstigen Vermögens nach Anwendung des § 13a ErbStG: Summe begünstigtes Vermögen i.S.d. § 13b Abs. 2 ErbStG vor Anwendung des § 13a ErbStG)

954 800 EUR × 225 000 EUR : 2 000 000 EUR =	107 415 EUR

IV. Berechnung der insgesamt abzugsfähigen Nachlassverbindlichkeiten

Abzugsfähiger Betrag der Schulden und Lasten, die auf

das begünstigte Vermögen entfallen		107 415 EUR	
Abzugsfähiger Betrag der Schulden und Lasten, die auf			
das übrige Vermögen entfallen:			
Einzeln zurechenbare Schuld aus der			
Anschaffung des Grundstücks	400 000 EUR		
Auf das übrige Vermögen entfallender			
Anteil der Schulden	+532 200 EUR		
	932 000 EUR	+ 932 200 EUR	
Bestattungskosten (§ 10 Abs. 5 Nr. 3 ErbStG)		+ 12 000 EUR	
Insgesamt abzugsfähige Nachlassverbindlichkeiten		1 051 615 EUR	

V. Berechnung der Bereicherung der Erwerberin:

Gesamtwert der Vermögensgegenstände			4 500 000 EUR
Steuerbefreiung nach § 13a ErbStG:			
Verschonungsabschlag § 13a Abs. 1 ErbStG	1 700 000 EUR		
Abzugsbetrag § 13a Abs. 2 ErbStG	+ 75 000 EUR		
	1 775 000 EUR		./.1 775 000 EUR
Abzugsfähige Nachlassverbindlichkeiten			./.1 051 615 EUR
Bereicherung der Erwerberin			1 673 385 EUR

Beispiel 2:

A schenkt B ein Mietwohngrundstück mit einem Wert von 750 000 EUR und nach § 13b Abs. 1 Nr. 3 ErbStG begünstigungsfähige GmbH-Anteile mit einem Wert von 4 500 000 EUR. Das begünstigte Vermögen nach § 13b Abs. 2 ErbStG beträgt 4 000 000 EUR. Aus der Anschaffung des Grundstücks resultiert noch eine Verbindlichkeit i.H.v. 150 000 EUR, die B übernimmt. Aus der Anschaffung der GmbH-Anteile resultiert noch eine Verbindlichkeit i.H.v. 200 000 EUR, die B ebenfalls übernimmt. Zusätzlich hat sich A ausbedungen, dass B ihm eine lebenslange Rente zahlt, deren Kapitalwert 800 000 EUR beträgt. B hat Erwerbsnebenkosten i.H.v. 3000 EUR zu tragen. Ein Antrag auf Optionsverschonung (§ 13a Abs. 10 Satz 1 ErbStG) wird nicht gestellt.

Grundstück		
(begünstigt i.S.d. § 13d ErbStG)	750 000 EUR	
Anteile an der GmbH		
(teilweise begünstigt i.S.d. § 13b Abs. 2 ErbStG)	+4 500 000 EUR	
Gesamtwert der Vermögensgegenstände	5 250 000 EUR	5 250 000 EUR
Schuld aus der Anschaffung des Grundstücks	150 000 EUR	
Schuld aus der Anschaffung der GmbH-Anteile	+ 200 000 EUR	
Kapitalwert der Rente	+ 800 000 EUR	
Erwerbsnebenkosten	+ 3000 EUR	
Wert der Gegenleistungen, Auflage und Erwerbsnebenkosten	1 153 000 EUR	1 153 000 EUR

Lösung:

Die insgesamt abzugsfähigen Gegenleistungen, Auflage und Erwerbsnebenkosten sowie die Bereicherung des Erbwerbers sind wie folgt zu berechnen:

I. Zurechnung der Schulden und Lasten, die im wirtschaftlichen Zusammenhang zu bestimmten Vermögensgegenständen stehen

Die Schulden und Lasten, die in wirtschaftlichem Zusammenhang zu einzelnen Vermögensgegenständen stehen, sind diesen zuzurechnen. Da die GmbH-Anteile nur teilweise i.S.d. § 13b Abs. 2 ErbStG begünstigt sind, ist die einzeln zurechenbare Schuld aus der Anschaffung der GmbH-Anteile auf das nach § 13b Abs. 2 ErbStG begünstigte Vermögen und auf den nicht begünstigten Teil der GmbH-Anteile aufzuteilen.

Wert des nach § 13d ErbStG begünstigten Vermögens abzüglich einzeln zurechenbarer Schuld:

Grundstück	750 000 EUR	
Schuld im Zusammenhang mit dem Grundstück	./. 150 000 EUR	
Wert des nach § 13d ErbStG begünstigten Vermögens abzüglich einzeln zurechenbarer Schuld	600 000 EUR	600 000 EUR
Nach § 13b Abs. 1 Nr. 3 ErbStG begünstigungsfähiges Vermögen	4 500 000 EUR	
Nach § 13b Abs. 2 ErbStG begünstigtes Vermögen	./.4 000 000 EUR	
Nicht begünstigt nach § 13b Abs. 2 ErbStG	500 000 EUR	

Wert des nach § 13b Abs. 2 ErbStG begünstigten Vermögens abzüglich einzeln zurechenbarer Schuld:

Nach § 13b Abs. 2 ErbStG begünstigtes Vermögen	4 000 000 EUR	
Von der Schuld aus der Anschaffung der GmbH-Anteile entfallen auf das begünstigte Vermögen: 200 000 EUR × 4 000 000 EUR : 4 500 000 EUR =	./. 177 777 EUR	
Wert des nach § 13b Abs. 2 ErbStG begünstigten Vermögens abzüglich einzeln zurechenbarer Schuld	3 822 223 EUR	+3 822 223 EUR

Wert des nicht begünstigten Teils der GmbH-Anteile abzüglich einzeln zurechenbarer Schuld:

Nicht begünstigt nach § 13b Abs. 2 ErbStG	500 000 EUR	
Von der Schuld aus der Anschaffung der GmbH-Anteile entfallen auf das nicht begünstigte Vermögen: 200 000 EUR × 500 000 EUR : 4 500 000 EUR =	./. 22 223 EUR	
Wert des nicht begünstigten Teils der GmbH-Anteile abzüglich einzeln zurechenbarer Schuld	477 777 EUR	+477 777 EUR
Wert des Vermögens insgesamt nach Abzug der einzeln zurechenbaren Schulden:		4 900 000 EUR

II. Aufteilung der Schulden und Lasten, die nicht in wirtschaftlichem Zusammenhang mit bestimmten Vermögensgegenständen stehen

Der Kapitalwert der Rente ist gemäß § 10 Abs. 6 Satz 5 ErbStG auf die erworbenen Vermögensgegenstände aufzuteilen. Die Erwerbsnebenkosten bleiben außen vor (§ 10 Abs. 6 Satz 6 ErbStG).

Kapitalwert der Rente	800 000 EUR

Hiervon entfällt auf das nach § 13d ErbStG begünstigte Vermögen:

(Kapitalwert der Rente × Wert des nach § 13d ErbStG begünstigten Vermögens nach Abzug der einzeln zurechenbaren Schulden : Wert des Vermögens insgesamt nach Abzug der insgesamt einzeln zurechenbaren Schulden)

800 000 EUR × 600 000 EUR : 4 900 000 EUR =	97 960 EUR

Hiervon entfällt auf das nach § 13b Abs. 2 ErbStG begünstigte Vermögen:

(Kapitalwert der Rente × Wert des nach § 13b Abs. 2 ErbStG begünstigten Vermögens nach Abzug der einzeln zurechenbaren Schulden : Wert des Vermögens insgesamt nach Abzug der insgesamt einzeln zurechenbaren Schulden)

800 000 EUR × 3 822 223 EUR : 4 900 000 EUR =	624 036 EUR

Hiervon entfällt auf das nicht nach § 13b Abs. 2 ErbStG begünstigte Vermögen:

(Kapitalwert der Rente × Wert des nicht nach § 13b Abs. 2 ErbStG begünstigten Vermögens nach Abzug der einzeln zurechenbaren Schulden : Wert des Vermögens insgesamt nach Abzug der insgesamt einzeln zurechenbaren Schulden)

800 000 EUR × 477 777 EUR : 4 900 000 EUR =	78 004 EUR

III. Kürzung des Schuldenabzugs

Die Schulden, die in wirtschaftlichem Zusammenhang mit dem nach § 13d ErbStG begünstigten Vermögen stehen, sind nach § 10 Abs. 6 Satz 3 ErbStG und die anteilig auf dieses Vermögen entfallenden Schulden, die nicht in wirtschaftlichem Zusammenhang mit einzelnen Vermögensgegenständen stehen, nach § 10 Abs. 6 Satz 9 ErbStG insoweit zu kürzen, als der Vermögensgegenstand steuerbefreit ist.

Summe der teilweise abzugsfähigen Schulden:

Einzeln zurechenbare Schuld	150 000 EUR
Anteiliger Kapitalwert der Rente	+ 97 960 EUR
Summe der teilweise abzugsfähigen Schulden	247 960 EUR

Berechnung des nach Kürzung abzugsfähigen Betrags

10 % × 247 960 EUR =	./. 24 796 EUR
Nach Kürzung abzugsfähiger Betrag	223 164 EUR

Die Schulden, die in wirtschaftlichem Zusammenhang mit dem nach § 13b Abs. 2 ErbStG begünstigten Vermögen stehen, und die anteilig auf das begünstigte Vermögen entfallenden Schulden, die nicht in wirtschaftlichem Zusammenhang mit einzelnen Vermögensgegenständen stehen, sind jeweils entsprechend dem Verhältnis des nach Anwendung der §§ 13a und 13c ErbStG anzusetzenden Werts des Vermögens zu dem Wert vor Anwendung der §§ 13a und 13c ErbStG (§ 10 Abs. 6 Satz 4 und Satz 10 ErbStG) zu kürzen.

Begünstigtes Vermögen i.S.d. § 13b Abs. 2 ErbStG vor Anwendung des § 13a ErbStG	4 000 000 EUR
Verschonungsabschlag 85 % (§ 13a Abs. 1 i.V.m. § 13b Abs. 2 ErbStG)	./.3 400 000 EUR
Verbleibender steuerpflichtiger Wert des begünstigten Vermögens nach Anwendung des § 13a ErbStG	600 000 EUR

Summe der nach § 10 Abs. 6 Satz 4 und Satz 10 ErbStG ins Verhältnis zu setzenden abzugsfähigen Schulden:

Einzeln zurechenbare Schuld	177 777 EUR
Anteiliger Kapitalwert der Rente	+ 624 036 EUR
Summe der ins Verhältnis zu setzenden abzugsfähigen Schulden	801 813 EUR

Berechnung des nach Kürzung abzugsfähigen Betrags:

(Summe der ins Verhältnis zu setzenden abzugsfähigen Schulden × verbleibender steuerpflichtiger Wert des begünstigten Vermögens nach Anwendung des § 13a ErbStG : begünstigtes Vermögen i.S.d. § 13b Abs. 2 ErbStG vor Anwendung des § 13a ErbStG)

801 813 EUR × 600 000 EUR : 4 000 000 EUR =	120 272 EUR	

IV. Berechnung der insgesamt abziehbaren Gegenleistungen, Auflage und Erwerbsnebenkosten

Auf das nach § 13d ErbStG begünstigte Vermögen entfallender nach Kürzung abzugsfähiger Betrag		223 164 EUR
Auf das nach § 13b Abs. 2 ErbStG begünstigte Vermögen entfallender nach Kürzung abzugsfähiger Betrag		+120 272 EUR
Die auf das nicht nach § 13b Abs. 2 ErbStG begünstigte Vermögen entfallenden Schulden sind ungekürzt abziehbar:		
22 223 EUR + 78 004 EUR =	100 227 EUR	+100 227 EUR
Erwerbsnebenkosten (§ 10 Abs. 6 Satz 6 ErbStG, R E 7.4 Abs. 4 ErbStR)		+ 3000 EUR
Insgesamt abziehbare Gegenleistungen, Auflage und Erwerbsnebenkosten		446 663 EUR

V. Berechnung der Bereicherung des Erwerbers

Gesamtwert der Vermögensgegenstände	5 250 000 EUR
Steuerbefreiung nach § 13d ErbStG	
10 % von 750 000 EUR	./. 75 000 EUR
Steuerbefreiung nach § 13a ErbStG	./. 3 400 000 EUR
Insgesamt abziehbare Gegenleistungen, Auflage und Erwerbsnebenkosten	./. 446 663 EUR
Bereicherung des Erwerbers	1 328 337 EUR

Die folgenden Richtlinien und Hinweise sind nicht mehr anzuwenden:

- R E 7.4 Abs. 3 Satz 4 ErbStR,
- E 7.4 (3) „Bemessungsgrundlage bei der gemischten Schenkung und Schenkung unter Auflage in Mischfällen und Inanspruchnahme einer Steuerbefreiung" Beispiel 2 ErbStH,
- E 7.4 (3) „Bemessungsgrundlage bei der gemischten Schenkung und Schenkung unter Auflage in Mischfällen und Inanspruchnahme einer Steuerbefreiung" Beispiel 1 und 2 ErbStH sowie
- E 7.4 (3) „Wirtschaftlicher Zusammenhang von Gegenleistungen, übernommenen Schulden, Leistungsauflagen, Nutzungs- und Duldungsauflagen mit der Schenkerleistung" Nr. 1 ErbStH sowie an dem jeweils letzten Satz in den Nrn. 2, 3 und 4 ErbStH bezüglich der bisherigen Aufteilung ausschließlich nach dem Verhältnis der Steuerwerte.

Pauschale Freibeträge wie z.B. jene aus § 13 Abs. 1 Nr. 1 ErbStG fallen nicht unter die Neuregelung des § 10 Abs. 6 ErbStG (R E 10.10 Abs. 2 Satz 2 ErbStR).

R E 10.10 Abs. 2, 4 und 5 ErbStR sind mit der Maßgabe anzuwenden, dass die Regelungen zu den Schulden und Lasten, die in wirtschaftlichem Zusammenhang mit Vermögensgegenständen stehen, auch für die anteilig zuzurechnenden Schulden und Lasten gelten, die nicht in wirtschaftlichem Zusammenhang mit Vermögensgegenständen stehen. Die Urteile, die in H E 10.10 „Kürzung des Schuldenabzugs bei steuerbefreitem Vermögen" ErbStH genannt sind, sind aufgrund der gesetzlichen Änderung überholt und nicht mehr anzuwenden.

In den folgenden Richtlinien gelten bei der Steuerberechnung die Ausführungen zu den Schulden und Lasten, die in wirtschaftlichem Zusammenhang mit Vermögensgegenständen stehen, auch für die anteilig zuzurechnenden Schulden und Lasten, die nicht in wirtschaftlichem Zusammenhang mit Vermögensgegenständen stehen:

– R E 13.4 Abs. 4 ErbStR
– R E 13a.20 Abs. 6 ErbStR
– R E 13b.8 Abs. 2 ErbStR
– R E 13d Abs. 10 ErbStR
– R E 19a.2 Abs. 1 ErbStR
– R E 27 Abs. 2 ErbStR
– R E 28 Abs. 4 Nr. 2 ErbStR
– R E 28a.1 Abs. 5 Nr. 2 ErbStR.

4. Zu § 13a Abs. 9a und § 13b Abs. 10 ErbStG

An die Stelle der nachrichtlichen Mitteilungen des Betriebsfinanzamtes an das Erbschaftsteuerfinanzamt oder an das Betriebsfinanzamt auf einer vorgeordneten Beteiligungsstufe treten gesonderte Feststellungen:

– beim Vorwegabschlag für Familienunternehmen nach § 13a Abs. 9 ErbStG, dass die dort genannten Voraussetzungen für den Vorwegabschlag vorliegen, und wie hoch der Vorwegabschlag ist (§ 13a Abs. 9a ErbStG),
– beim Vermögen von Betriebstätten in Drittstaaten der Wert des zum übertragenen Betriebsvermögen gehörende Teils einer in einem Drittstaat belegenen Betriebsstätte bei Einzelunternehmen und bei Beteiligungen an Personengesellschaften (§ 13b Abs. 10 ErbStG) sowie
– beim Finanzmitteltest das Vorliegen der in § 13b Abs. 4 Nr. 5 Satz 4 und 5 ErbStG genannten Voraussetzungen für den Abzug des Sockelbetrages, also ob der Hauptzweck des Betriebs eine Tätigkeit i.S.d. § 13 Abs. 1, des § 15 Abs. 1 Satz 1 Nr. 1, des § 18 Abs. 1 Nr. 1 und 2 EStG ist (§ 13b Abs. 10 ErbStG).

Die folgenden Richtlinien und Hinweise sind nicht mehr anzuwenden:

– R E 13a.20 Abs. 1 Satz 9 und 10 ErbStR,
– R E 13b.30 Abs. 5 Satz 1 Nr. 1 bis 3 ErbStR sowie
– H B 151.9 „Nachrichtliche Angaben“ Nr. 1 Buchst. b und c, Nr. 2 Buchst. b bis d sowie Nr. 3 ErbStH.

Der Vorwegabschlag für Familienunternehmen kommt bei Beteiligungen an Personengesellschaften für das zusammen mit dem Betriebsvermögen übertragene Sonderbetriebsvermögen nicht zur Anwendung (R E 13a.20 Abs. 4 Satz 1 und 2 ErbStR). Deshalb sind bei Beteiligungen an einer Personengesellschaft bei Mitübertragung von Sonderbetriebsvermögen hinsichtlich des Anteils am Gesamthandsvermögen folgende Werte weiterhin nachrichtlich mitzuteilen (R E 13b.30 Abs. 5 Satz 2 ErbStR):

– Wert des erworbenen Anteils am Gesamthandsvermögen,
– Wert des Verwaltungsvermögens,
– Wert des jungen Verwaltungsvermögens,
– Wert der Finanzmittel,
– Wert der jungen Finanzmittel und
– Wert der Schulden.

5. Zu § 14 Abs. 2 ErbStG

Führt der Eintritt eines Ereignisses mit Wirkung für die Vergangenheit zu einer Veränderung des Werts eines früheren, in die Zusammenrechnung nach § 14 Abs. 1 ErbStG einzubeziehenden Erwerbs, so gilt das Ereignis auch für den späteren Erwerb als Ereignis mit Wirkung für die Vergangenheit und somit als rückwirkendes Ereignis i.S.d. § 175 Abs. 1 Satz 1 Nr. 2 der Abgabenordnung (AO). Auch der erstmalige Erlass, die Änderung und die Aufhebung einer Steuerfestsetzung für einen Vorerwerb gelten als rückwirkendes Ereignis für die Steuerfestsetzung des nachfolgenden Erwerbs. In solchen Fällen kann die Steuerfestsetzung für den Nacherwerb geändert werden.

Beispiel:

A schenkt B, der Tochter seiner Schwester (Steuerklasse II, § 15 Abs. 1 Steuerklasse II Nr. 3 ErbStG), im Januar 2021 ein unbebautes Grundstück, dessen Wert mit 30 000 EUR erklärt wurde. Im Mai 2021 schenkt A der B darüber hinaus einen Geldbetrag von 45 000 EUR. Die Schenkungsteuer berechnet sich wie folgt:

Erwerb durch B im Januar 2021 (Vorerwerb)	
Grundstück	30 000 EUR
Persönlicher Freibetrag der B (§ 16 Abs. 1 Nr. 5 ErbStG)	./.20 000 EUR
Steuerpflichtiger Erwerb durch B	10 000 EUR
Steuersatz (15 %)	
Steuer Januar 2021	1500 EUR
Erwerb durch B im Mai 2021 (Nacherwerb)	
Barvermögen	45 000 EUR
Grundstück Januar 2021	+30 000 EUR
Gesamterwerb	75 000 EUR
Persönlicher Freibetrag der B (§ 16 Abs. 1 Nr. 5 ErbStG)	./.20 000 EUR
Steuerpflichtiger Gesamterwerb	55 000 EUR
Steuersatz (15 %)	
Steuer auf Gesamterwerb	8250 EUR
Steuer auf den Vorerwerb durch B	./. 1500 EUR
Die fiktive Steuer entspricht der tatsächlichen Steuer.	
Steuer Mai 2021	6750 EUR

Mindeststeuer (§ 14 Abs. 1 Satz 4 ErbStG):	
Barvermögen	45 000 EUR
Persönlicher Freibetrag	./.20 000 EUR
Steuerpflichtiger Erwerb	25 000 EUR
Steuer (15 %)	3750 EUR

Festzusetzende Steuer Mai 2021	6750 EUR

Nach Ergehen der beiden Steuerbescheide wird der Wert des Grundstücks vom Lagefinanzamt auf 70 000 EUR festgestellt (§ 151 Abs. 1 Satz 1 Nr. 1 des Bewertungsgesetzes). Die Steuerfestsetzung für die Zuwendung des Grundstücks an B im Januar 2021 ist aufgrund des § 175 Abs. 1 Satz 1 Nr. 1 AO wie folgt zu ändern:

Erwerb durch B im Januar 2021 (Vorerwerb)	
Grundstück	70 000 EUR

Persönlicher Freibetrag der B (§ 16 Abs. 1 Nr. 5 ErbStG)		./.20 000 EUR
Steuerpflichtiger Erwerb durch B		50 000 EUR
Steuersatz (15 %)		
Steuer Januar 2021		7500 EUR

Die Steuerfestsetzung für die Schenkung an B im Mai 2021 ist aufgrund des § 14 Abs. 2 Satz 1 und 2 ErbStG i.V.m. § 175 Abs. 1 Satz 1 Nr. 2 AO zu ändern:

Erwerb durch B im Mai 2021 (Nacherwerb)

Barvermögen		45 000 EUR
Grundstück Januar 2021		+ 70 000 EUR
Gesamterwerb		115 000 EUR
Persönlicher Freibetrag der B (§ 16 Abs. 1 Nr. 5 ErbStG)		./. 20 000 EUR
Steuerpflichtiger Gesamterwerb		95 000 EUR
Steuersatz (20 %)		
Steuer auf Gesamterwerb		19 000 EUR
Steuer auf den Vorerwerb durch B		./. 7500 EUR
Die fiktive Steuer entspricht der tatsächlichen Steuer.		
Steuer Mai 2021		11 500 EUR
Mindeststeuer (§ 14 Abs. 1 Satz 4 ErbStG):		
Barvermögen	45 000 EUR	
Persönlicher Freibetrag	./.20 000 EUR	
Steuerpflichtiger Erwerb	25 000 EUR	
Steuer (15 %)	3750 EUR	
Festzusetzende Steuer Mai 2021		11 500 EUR

Die folgenden Richtlinien und Hinweise sind nicht mehr anzuwenden:

- R E 14.3 Abs. 2 Satz 1 ErbStR und
- H E 14.3 „Änderung der Schenkungsteuerfestsetzung für den Vorerwerb für sich kein rückwirkendes Ereignis" ErbStH.

6. Zu § 10 Abs. 8 sowie zu den §§ 30, 31 und 35 ErbStG

Bei den Änderungen dieser Vorschriften handelt es sich um klarstellende Regelungen. Inhaltliche Änderungen sind damit nicht verbunden.

250 § 5/1. Schreiben betr. Erbschaftsteuer; Wertsteigerungen infolge des Kaufkraftschwundes bei der Berechnung der Zugewinnausgleichsforderung nach § 5 Abs. 1 ErbStG

Vom 29. Januar 2021

BMF IV C 7 - S 3804/20/10001 :002; DOK 2021/0071460

(BStBl. I S. 247)

Hiermit übersende ich eine aktualisierte Zusammenstellung der Verbraucherpreisindizes für Deutschland, Stand 19. Januar 2021. Auf H E 5.1 (2) „Wertsteigerung infolge des Kaufkraftschwundes" ErbStH 2019 und auf das BMF-Schreiben vom 19. Februar 2020 (BStBl. I S. 214) nehme ich Bezug.

Verbraucherpreisindex für Deutschland

2015 = 100

Jahre 1958 bis 1990

1958	**1959**	**1960**	**1961**	**1962**	**1963**	**1964**	**1965**	**1966**	**1967**
23,3	23,4	23,7	24,4	24,6	25,4	26,0	26,8	27,7	28,3
1968	**1969**	**1970**	**1971**	**1972**	**1973**	**1974**	**1975**	**1976**	**1977**
28,6	29,2	30,2	31,8	33,6	35,9	38,4	40,7	42,4	44,0
1978	**1979**	**1980**	**1981**	**1982**	**1983**	**1984**	**1985**	**1986**	**1987**
45,2	47,1	49,6	52,7	55,5	57,2	58,7	59,9	59,9	59,9
1988	**1989**	**1990**							
60,8	62,4	64,1							

Jahre ab 1991

1991	**1992**	**1993**	**1994**	**1995**	**1996**	**1997**	**1998**	**1999**	**2000**
65,5	68,8	71,9	73,8	75,1	76,1	77,6	78,3	78,8	79,9
2001	**2002**	**2003**	**2004**	**2005**	**2006**	**2007**	**2008**	**2009**	**2010**
81,5	82,6	83,5	84,9	86,2	87,6	89,6	91,9	92,2	93,2
2011	**2012**	**2013**	**2014**	**2015**	**2016**	**2017**	**2018**	**2019**	**2020**
95,2	97,1	98,5	99,5	100,0	100,5	102,0	103,8	105,3	105,8

2021[1)]

Januar	**Februar**	**März**	**April**	**Mai**	**Juni**
106,3	107,0	107,5	108,2	108,7	109,1
Juli	**August**	**September**	**Oktober**	**November**	**Dezember**
110,1	110,1	110,1	110,7	110,5	

[1)] Redaktionell ergänzt; Quelle: Statistisches Bundesamt (www.destatis.de).

500 § 1/5. Schreiben betr. Umsatzsteuer; Billigkeitsmaßnahmen im Zusammenhang mit der Flutkatastrophe vom Juli 2021

Vom 23. Juli 2021

BMF III C 2 - S 7030/21/10008 :001; DOK 2021/0845812

(BStBl. I S. 1024)

Geänd. durch BMF v. 28.10.2021 (BStBl. I S. 2141)

Die Unwetterereignisse im Juli 2021 in Bayern, Nordrhein-Westfalen, Rheinland-Pfalz und Sachsen haben zu flächendeckenden Zerstörungen und zu einem Kollaps der Versorgung in den betroffenen Gebieten geführt.

Zur Unterstützung der Bewältigung des außergewöhnlichen und parallel zur Corona-Pandemie eingetretenen Unwetterereignisses gilt unter Bezugnahme auf das Ergebnis der Erörterung mit den obersten Finanzbehörden der Länder Folgendes:

I. Überlassung von Wohnraum

1. Für Nutzungsänderungen von Unternehmen der öffentlichen Hand im Zusammenhang mit der Bewältigung der Flutkatastrophe vom Juli 2021 wird gem. § 163 AO aus sachlichen Billigkeitsgründen bis zum 31. Dezember 2021 von der Besteuerung einer unentgeltlichen Wertabgabe nach § 3 Abs. 9a UStG und einer Vorsteuerkorrektur nach § 15a UStG abgesehen, wenn und soweit der Sachverhalt in einer Nutzung zur Bewältigung der Flutkatastrophe begründet ist.

Diese Billigkeitsregelung ist auch auf Vorsteuern aus laufenden Kosten anzuwenden.

Die Billigkeitsregelung ist auf in privater Rechtsform betriebene Unternehmen der öffentlichen Hand entsprechend anzuwenden, sofern die Nutzungsüberlassung unentgeltlich erfolgt.

2. Von der Besteuerung einer unentgeltlichen Wertabgabe und einer Vorsteuerkorrektur nach § 15a UStG wird im Billigkeitswege ebenfalls befristet bis zum 31. Dezember 2021 abgesehen, wenn private Unternehmen Unterkünfte, die für eine umsatzsteuerpflichtige Verwendung vorgesehen waren (Hotelzimmer, Ferienwohnungen o.Ä.), unentgeltlich Personen zur Verfügung stellen, die infolge der Flutkatastrophe vom Juli 2021 obdachlos geworden sind oder als Helfer in den Krisengebieten tätig sind.

Beabsichtigen diese Unternehmer bereits bei Bezug von Nebenleistungen (Strom, Wasser o.Ä.) eine unentgeltliche Beherbergung von Flutopfern oder Helfern, wird ausnahmsweise unter den oben genannten Bedingungen und den weiteren Voraussetzungen des § 15 des Umsatzsteuergesetzes ebenfalls befristet bis 31. Dezember 2021 zusätzlich im Billigkeitswege ein entsprechender Vorsteuerabzug für Vorsteuern aus laufenden Kosten gewährt. Die folgende unentgeltliche Wertabgabe wird nach dem vorangegangenen Absatz im Billigkeitswege nicht besteuert.

II. Unentgeltliche Verwendung von dem Unternehmen zugeordneten Gegenständen (Investitionsgütern) zur Suche und Rettung von Flutopfern, Beseitigung der Flutschäden

Bei der unentgeltlichen Verwendung von dem Unternehmen zugeordneten Gegenständen (Investitionsgütern), die zuvor zum vollen oder teilweisen Vorsteuerabzug berechtigt haben (z.B. die unentgeltliche Überlassung von Baufahrzeugen), zur Bewältigung der unwetterbedingten Schäden und Folgen der Flutkatastrophe vom Juli 2021, die außerhalb des Unternehmens liegen, oder für den privaten Bedarf des durch die Unwetter betroffenen Personals, wird im Billigkeitswege befristet bis zum *31. Oktober 2021*[1)] auf die Besteuerung einer unentgeltlichen Wertabgabe verzichtet.

III. Unentgeltliche Erbringung einer sonstigen Leistung (z.B. Personalgestellung)

Bei der unentgeltlichen Erbringung einer sonstigen Leistung durch den Unternehmer (z.B. Personalgestellung, Aufräumarbeiten mit eigenem Gerät und Personal) für Zwecke, die unmittelbar der Bewältigung der unwetterbedingten Schäden und Folgen der Flutkatastrophe vom Juli 2021 dienen, die außerhalb des Unternehmens liegen, oder für den privaten Bedarf des durch die Unwetter betroffenen Personals, wird im Billigkeitswege befristet bis zum *31. Oktober 2021*[1)] auf die Besteuerung einer unentgeltlichen Wertabgabe verzichtet.

IV. Herabsetzung der Umsatzsteuer-Sondervorauszahlung 2021

Bei Unternehmen, die von der Flutkatastrophe betroffen sind, kann auf entsprechenden Antrag die Umsatzsteuer-Sondervorauszahlung 2021 ggf. bis auf Null herabgesetzt werden, ohne dass die gewährte Dauerfristverlängerung durch die Erstattung bzw. Festsetzung auf Null berührt wird.

V. Sachspenden

Bei unentgeltlichen Zuwendungen aus einem Unternehmen nach § 3 Abs. 1b UStG, die im Zeitraum vom 15. Juli 2021 bis *31. Oktober 2021*[1)] erfolgen, wird aus Billigkeitsgründen auf eine Besteuerung verzichtet, wenn es sich bei den gespendeten Gegenständen um

- Lebensmittel, Tierfutter,
- für den täglichen Bedarf notwendige Güter (insbesondere Hygieneartikel, Reinigungsmittel, Kleidung, Geschirr oder medizinische Produkte) oder
- zur unmittelbaren Bewältigung des Unwetterereignisses sachdienliche Wirtschaftsgüter (z.B. Pumpen, Werkzeug, Maschinen)

handelt und die Gegenstände den unmittelbar von der Flutkatastrophe betroffenen Menschen zugutekommen.

Beabsichtigen Unternehmer bereits bei Bezug oder Herstellung der gespendeten Waren eine entsprechende unentgeltliche Weitergabe, wird unter den gleichen Bedingungen und den weiteren Voraussetzungen des § 15 UStG ein entsprechender Vorsteuerabzug im Billigkeitswege gewährt.

Es bestehen keine Bedenken, diese Regelungen auch in die aus Anlass der Flutkatastrophe im Juli 2021 herausgegebenen Erlasse der Länder aufzunehmen.

---

1) Verlängerung bis zum 31. Dezember 2021 durch BMF v. 28.10.2021, BStBl. I S. 2141.

500 § 1/6. Schreiben betr. Umsatzsteuer; Umsatzsteuerrechtliche Beurteilung des Verlegeranteils an den Einnahmen aus gesetzlichen Vergütungsansprüchen nach § 27 sowie §§ 54, 54a und 54c UrhG sowie aus urheberrechtlichen Nutzungsrechten

Vom 14. Oktober 2021

BMF III C 2 - S 7100/19/10001 :003; DOK 2021/1081533

(BStBl. I S. 2133)

Bezug: BGH-Urteil vom 21. April 2016 ZR 198/13; Urteil des Kammergerichts Berlin vom 14. November 2016 24 U 96/14; EuGH-Urteil vom 18. Januar 2017 Rs C-37/16, SAWP;

Mit Urteil vom 21. April 2016 I ZR 198/13 hat der BGH die bisherige Beteiligung der Verleger an den Einnahmen der Verwertungsgesellschaften aus den gesetzlichen Vergütungsansprüchen nach § 27 sowie §§ 54, 54a und 54c Urheberrechtsgesetz (UrhG) für rechtswidrig erklärt. Den Verlegern stünden nach dem UrhG keine eigenen Rechte oder Ansprüche zu, die von den Verwertungsgesellschaften wahrgenommen werden könnten.

Dieses Urteil hat der Gesetzgeber in § 27a Abs. 1 Verwertungsgesellschaftengesetz (VGG) umgesetzt. Danach kommt eine Beteiligung der Verleger an den gesetzlichen Vergütungsansprüchen nur in Betracht, wenn ihnen die Ansprüche im Nachhinein abgetreten worden sind (vgl. BT-Drs. 18/8268, 5; BT-Drs. 18/10637, 25) und vom Verleger in die Verwertungsgesellschaft eingebracht werden. § 27a Abs. 1 VGG stellt klar, dass der Urheber anstelle einer nachträglichen Abtretung dieses Ausgleichsanspruchs auch die Möglichkeit hat, der Beteiligung des Verlegers an Einnahmen aus bereits wirksam in die Verwertungsgesellschaft eingebrachten gesetzlichen Vergütungsansprüchen nachträglich zuzustimmen (amtl. Begr. BT-Drs. 18/10637, 25).

Unter Bezugnahme auf das o.g. Urteil des BGH hat das Kammergericht Berlin mit Urteil vom 14. November 2016 24 U 96/14 auch für die urheberrechtlichen Nutzungsrechte entschieden, dass die Verwertungsgesellschaft nicht berechtigt sei, die den Künstlern als Urheber zustehenden Vergütungsanteile an die Verleger auszuschütten. Der Verleger erbringe keine Leistung an die Verwertungsgesellschaft, für die die Zahlung als Entgelt angesehen werden könnte. Der Beitrag der Musikverleger zum Vergütungsaufkommen der Verwertungsgesellschaft sei noch weniger fassbar als bei der Wahrnehmung der gesetzlichen Vergütungsansprüche. Es bestehe daher kein Grund, zwischen den Erlösen aus der Verwertung urheberrechtlicher Nutzungsrechte und der Einziehung gesetzlicher Vergütungsansprüche zu unterscheiden.

Die Zahlung gesetzlicher Vergütungsansprüche nach § 27 sowie §§ 54, 54a und 54c UrhG durch Verpflichtete an Verwertungsgesellschaften sowie die Ausschüttung der Einnahmen an die Urheber unterliegt ab 1. Januar 2019 nicht mehr der Umsatzsteuer (vgl. EuGH-Urteil vom 18. Januar 2017 Rs. C-37/16, SAWP). Der deutsche Gesetzgeber hat die Regelung in § 3 Abs. 9 Satz 3 Umsatzsteuergesetz (UStG) mit Wirkung zum 1. Januar 2019 aufgehoben. Die Dienstleistung der Verwertungsgesellschaft an die Urheber ist hiervon nicht betroffen.

Mit dem Gesetz zur Anpassung des Urheberrechts an die Erfordernisse des digitalen Binnenmarktes hat der Gesetzgeber von seinem Wahlrecht nach Art. 16 der Richtlinie (EU) 2019/790 des Europäischen Parlaments und des Rates vom 17. April 2019 über das Urheberrecht und die verwandten Schutzrechte im digitalen Binnenmarkt und zur Änderung der Richtlinien 96/9/EG und 2001/29/EG, dem Verleger einen gesetzlichen Beteiligungsanspruch an den Vergütungsansprüchen des Urhebers zu normieren, Gebrauch gemacht und einen entsprechenden gesetzlichen Beteiligungsanspruch der Verleger an den gesetzlichen Vergütungsansprüchen des Urhebers in § 63a Abs. 2 UrhG geregelt.

Unter Bezugnahme auf das Ergebnis der Erörterungen mit den obersten Finanzbehörden der Länder gilt hinsichtlich der umsatzsteuerrechtlichen Beurteilung des Verlegeranteils an den Einnahmen aus gesetzlichen Vergütungsansprüchen nach § 27 sowie §§ 54, 54a, 54c und 63a UrhG sowie aus urheberrechtlichen Nutzungsrechten Folgendes:

1. Gesetzliche Vergütungsansprüche:

a) Keine Leistungen des Urhebers

Die von der Verwertungsgesellschaft ausgeschütteten Einnahmen an den Urheber sind aufgrund der o.g. EuGH-Rechtsprechung und deren Umsetzung in nationales Recht bei ihm nicht umsatzsteuerbar, da insoweit kein Leistungsaustausch vorliegt.

Die von den Geräteherstellern oder Geräteimporteuren auf nachgelagerten Handelsstufen mit dem Kaufpreis in Rechnung gestellten Urheberrechtsabgaben sind in die Bemessungsgrundlage für die Umsatzbesteuerung der Gerätebelieferung einzubeziehen.

b) Keine Leistungen des Verlegers

Die Zahlungen von der Verwertungsgesellschaft an den Verleger auf Grund von § 63a Abs. 2 und 3 UrhG stehen in keinem Zusammenhang mit einer umsatzsteuerbaren Leistung. Die Zahlungen nach § 63a Abs. 2 und 3 UrhG haben wie die Ansprüche des Urhebers nach § 27 sowie §§ 54, 54a und 54c UrhG Entschädigungscharakter. Da sich der Beteiligungsanspruch des Verlegers nach § 63a Abs. 2 und Abs. 3 UrhG auf die gesetzlichen Vergütungsansprüche nach § 27 Abs. 2 sowie §§ 54, 54a und 54c UrhG bezieht, sind die Ausschüttungen von der Verwertungsgesellschaft an den Verleger ebenso wie die Ausschüttungen der Verwertungsgesellschaft an den Urheber nicht umsatzsteuerbar.

c) Leistung der Verwertungsgesellschaft an den Urheber und an den Verleger

Die Verwertungsgesellschaft erbringt mit der Einziehung der gesetzlichen Vergütungsansprüche und der Ausschüttung an den Urheber und den Verleger eine steuerbare und mangels Steuerbefreiung auch steuerpflichtige Inkassoleistung an den Urheber und an den Verleger.

Dem Urheber sowie dem Verleger stehen hieraus unter den weiteren Voraussetzungen des § 15 UStG der Vorsteuerabzug zu.

Das Entgelt dafür ist jeweils das von der Verwertungsgesellschaft einbehaltene und nicht ausgeschüttete Bearbeitungsentgelt.

2. Urheberrechtliche Nutzungsrechte:

Die Grundsätze des EuGH-Urteils vom 18. Januar 2017 sind auf Ansprüche aus urheberrechtlichen Nutzungsrechten nicht übertragbar.

§ 27 VGG regelt die Verteilung von Ausschüttungen der Verwertungsgesellschaften aus urheberrechtlichen Nutzungsrechten. Dies setzt voraus, dass die Verwertungsgesellschaft in ihrem jeweiligen Verteilungsplan eine Ausschüttung des Verlegeranteils vorgibt. Die Regelung gilt unabhängig davon, ob die Rechte vom Urheber oder vom Verleger in die Verwertungsgesellschaft eingebracht wurden. Der Verlegeranteil im Rahmen der urheberrechtlichen Nutzungsrechte ist daher die Ausschüttung, die auf Grund des Verteilungsplans der Verwertungsgesellschaft für den Verleger vorgesehen ist.

a) Verlegeranteil als Entgelt für die Leistung des Verlegers an die Verwertungsgesellschaft

Die Auszahlung des Verlegeranteils durch die Verwertungsgesellschaft ist als Entgelt für eine Leistung des Verlegers an die Verwertungsgesellschaft zu behandeln, wenn der Verleger mindestens eine der folgenden Leistungen an die Verwertungsgesellschaft erbringt:

aa) Verlegerische Leistungen

Der Verleger verlegt und vermarktet die Werke des ihm vertraglich verbundenen Urhebers.

bb) Service- und Administrationsleistungen

Der Verleger erbringt Service- und Administrationsleistungen wie zum Beispiel die Anmeldung geschaffener Werke des Urhebers, die Übernahme von Reklamationsbearbeitungen, Meldung von Veranstaltungen etc.

cc) Vermittlungsleistungen

Der Verleger erbringt eine Vermittlungstätigkeit zugunsten der Verwertungsgesellschaft, wenn er aktiv darauf hinwirkt, dass weitere Urheber Mitglied in der Verwertungsgesellschaft werden.

b) Verlegeranteil als Entgelt für die Leistung des Urhebers an den Verleger und für die Leistung des Verlegers an den Urheber

Sollte keine Leistung des Verlegers an die Verwertungsgesellschaft nach den Voraussetzungen von Ziffer 2. Buchst. a) vorliegen, stellt die Ausschüttung des Verlegeranteils der Verwertungsgesellschaft ein Entgelt für die Leistung des Urhebers an den Verleger und die Leistung des Verlegers an den Urheber dar.

aa) Leistung des Urhebers an den Verleger

Die Urheber erbringen mit der Übertragung der Rechte zur Wahrnehmung durch die Verwertungsgesellschaft eine steuerbare und steuerpflichtige sonstige Leistung an den Verleger. Der Urheber räumt dem Verleger im Verlagsvertrag regelmäßig die urheberrechtlichen Nutzungsrechte bzw. Vergütungsansprüche an seinem Werk zur gemeinsamen Einbringung in die Verwertungsgesellschaft ein. Dafür zahlt der Verleger dem Urheber ein Entgelt, welches die Bemessungsgrundlage für die vom Urheber erbrachte steuerbare und steuerpflichtige Leistung ist. Ebenfalls Entgelt für diese Leistung ist der dem Urheber zustehende Ausschüttungsbetrag der Verwertungsgesellschaft, den die Verwertungsgesellschaft an den Verleger ausschüttet.

bb) Leistung des Verlegers an den Urheber

Der Verleger wird auf der Grundlage des Verlagsvertrags an den Einnahmen der Verwertungsgesellschaft aus urheberrechtlichen Nutzungsrechten beteiligt. Der Verlegeranteil ist insoweit als Entgelt für die verlegerische Tätigkeit der Leistungsbeziehung zwischen Urheber und Verleger zuzuordnen.

cc) Fallgestaltungen für die Ausschüttungen der Verwertungsgesellschaft

Eine entsprechende Beschränkung wie bei den gesetzlichen Vergütungsansprüchen sieht § 27 Abs. 2 VGG für die Verlegerbeteiligung an den urheberrechtlichen Nutzungsrechten nicht vor. In der Praxis der Verwertungsgesellschaften sind zwei Fallgestaltungen zu unterscheiden:

(1) Die Ausschüttung des Verlegeranteils setzt entsprechend dem Verteilungsplan der Verwertungsgesellschaft nur voraus, dass der Verleger mit der Verwertungsgesellschaft einen Wahrnehmungsvertrag abgeschlossen hat (sog. Wahrnehmungsberechtigter). Auf eine Vereinbarung im Verlagsvertrag zwischen Urheber und Verleger kommt es nicht an. Gemäß Verteilungsplan der Verwertungsgesellschaft steht dem Urheber stets nur sein „Urheberanteil" zu. Ist der Verleger nicht Wahrnehmungsberechtigter der Verwertungsgesellschaft, wird der Verlegeranteil nicht an den Urheber ausgeschüttet, sondern nach Ablauf einer Frist wieder der Verteilung in der jeweiligen Sparte zugeführt. Bei dieser Fallgestaltung kann der Verlegeranteil nicht in den Vermögensbereich des Urhebers gelangen.

Die Auszahlung des Betrags an den wahrnehmungsberechtigten Verleger ist beim Verleger Entgelt von dritter Seite seitens der Verwertungsgesellschaft für die verlegerische Leistung des Verlegers an den Urheber. Der Verwertungsgesellschaft steht hieraus kein Vorsteuerabzug zu, da die Verwertungsgesellschaft in dieses Leistungsverhältnis nicht involviert ist.

(2) Hat die Verwertungsgesellschaft im Verteilungsplan vorgesehen, die Einnahmen aus urheberrechtlichen Nutzungsrechten grundsätzlich in voller Höhe an den Urheber auszuschütten, sofern im Verlagsvertrag zwischen Urheber und Verleger keine Beteiligung des Verlegers vereinbart ist, ist der Verlegeranteil umsatzsteuerlich als Entgelt im abgekürzten Zahlungsweg des Urhebers an den Verleger für dessen verlegerische Leistung zu beurteilen.

Die Einnahmen unterliegen dann in voller Höhe der Umsatzbesteuerung beim Urheber (für die Einräumung des Nutzungsrechts) und sind außerdem in Höhe des Verlegeranteils als Entgelt im Rahmen des Verlagsvertrags beim Verleger für dessen verlegerische Leistung an den Urheber zu besteuern. Dem Urheber steht hieraus unter den weiteren Voraussetzungen des § 15 UStG ein Vorsteuerabzug zu.

c) Leistung der Verwertungsgesellschaft an Urheber bzw. an den Verleger

Analog der Beurteilung bei den gesetzlichen Vergütungsansprüchen erbringt die Verwertungsgesellschaft eine steuerbare und steuerpflichtige Inkassoleistung an den Verleger als Forderungsinhaber. Das Entgelt dafür besteht in der Höhe des einbehaltenen und nicht ausgeschütteten Betrags (Bearbeitungsentgelt), sofern darüber hinaus keine weiteren Zahlungen vereinbart sind. Dem Verleger steht unter den weiteren Voraussetzungen des § 15 UStG ein Vorsteuerabzug zu.

Die Inkassoleistung an den Urheber für dessen Anteil an den Ausschüttungen geht umsatzsteuerlich wie bisher in der Leistungskommission i.S.d. § 3 Abs. 11 UStG zwischen dem Urheber als Kommittent und der Verwertungsgesellschaft als Kommissionärin unter, da die Verwertungsgesellschaft im eigenen Namen und für Rechnung des Urhebers gegenüber den Zahlungsverpflichteten auftritt.

Die Grundsätze dieses Schreibens sind in allen offenen Fällen anzuwenden.

Hinsichtlich aller bis einschließlich 31. Dezember 2021 entstandener gesetzlicher Vergütungsansprüche nach § 27 sowie §§ 54, 54a und 54c UrhG – auch für Zwecke des Vorsteuerabzugs – wird nicht beanstandet, wenn die Beteiligten übereinstimmend von sonstigen steuerbaren und steuerpflichtigen Leistungen der Verleger an die Verwertungsgesellschaft ausgehen.

Hinsichtlich aller bis einschließlich 31. Dezember 2021 entstandener Vergütungsansprüche aus urheberrechtlichen Nutzungsrechten – auch für Zwecke des Vorsteuerabzugs – wird nicht beanstandet, wenn die Beteiligten übereinstimmend von sonstigen steuerbaren und steuerpflichtigen Leistungen der Verleger an die Verwertungsgesellschaft ausgehen.

500 § 14c/1. Schreiben betr. Abrechnung über nicht ausgeführte sonstige Leistung mittels Gutschrift; Folgen aus dem BFH-Urteil vom 27. November 2019 V R 23/19 (V R 62/17)

Vom 19. August 2021
BMF III C 2 - S 7283/19/10001 :002; DOK 2021/0904800
(BStBl. I S. 1087)

I.

Nach § 14 Abs. 2 Satz 2 UStG kann eine Rechnung auch durch den Leistungsempfänger ausgestellt werden, sofern dies vorher vereinbart worden ist (Gutschrift).

Mit dem Urteil vom 27. November 2019 V R 23/19 (V R 62/17), BStBl. 2021 II S. 542, hat der BFH u.a. entschieden, dass eine Gutschrift, die nicht über eine Leistung eines Unternehmers ausgestellt ist, einer Rechnung nicht gleichsteht und keine Steuerschuld nach § 14c Abs. 2 UStG begründen kann (zweiter Leitsatz).

Unter Bezugnahme auf das Ergebnis der Erörterungen mit den obersten Finanzbehörden der Länder gilt nach dieser Entscheidung Folgendes:

1. Abrechnung an Nichtunternehmer

Nach der Entscheidung BFH V R 23/19 (V R 62/17), Rn. 22 ff, steht ein als Gutschrift verwendetes Abrechnungsdokument an einen Nichtunternehmer einer Rechnung nicht gleich. Dieses Abrechnungsdokument begründet daher keine Steuerschuld nach § 14c Abs. 2 UStG.

Ein Vorsteuerabzug aus diesem Abrechnungsdokument ist nicht möglich. Die Voraussetzungen nach § 15 Abs. 1 Satz 1 Nr. 1 UStG liegen nicht vor, da die abgerechnete Leistung nicht von einem Unternehmer ausgeführt worden ist.

2. Abrechnung an Unternehmer über eine nicht erbrachte Leistung

Wird hingegen eine Gutschrift zwischen zwei Unternehmern über eine nicht erbrachte Leistung ausgestellt, steht dieses Abrechnungsdokument einer Rechnung gleich und kann eine Steuerschuld nach § 14c Abs. 2 UStG begründen. Die Entscheidung BFH V R 23/19 (V R 62/17) ist auf diese Fälle nicht anwendbar, da es nicht an der vom BFH als ausschlaggebend angesehenen Unternehmerstellung des Gutschriftempfängers (Rn. 23) mangelt.

Ein Vorsteuerabzug aus einem solchen Abrechnungsdokument ist nicht möglich (Abschn. 15.2 Abs. 1 Satz 2 UStAE).

3. Widerspruch gegen eine Gutschrift

Durch einen wirksamen Widerspruch des Gutschriftempfängers nach § 14 Abs. 2 Satz 3 UStG gegen eine ihm erteilte Gutschrift liegt ab dem Besteuerungszeitraum des wirksamen Widerspruchs kein Rechnungsdokument mehr vor, siehe auch Abschn. 14.3 Abs. 4 UStAE. Dem Gutschriftaussteller liegt somit ab diesem Zeitpunkt keine Rechnung i.S.v. § 15 Abs. 1 Satz 1 Nr. 1 Satz 2 UStG mehr vor, so dass kein Vorsteuerabzug mehr möglich ist.

Allerdings führt alleine ein wirksamer Widerspruch gegen eine Gutschrift aufgrund der unterschiedlichen Rechnungsbegriffe nach § 14 und § 14c UStG (vgl. BFH-Urteil vom 17. Februar 2011 V R 39/09, BStBl. II S. 734) nicht zur Beseitigung der Steuergefährdung nach § 14c Abs. 2 UStG. Auch in diesem Fall schuldet der Gutschriftempfänger die ausgewiesene Steuer weiterhin nach § 14c Abs. 2 UStG, bis die Steuergefährdung beseitigt worden ist.

4. Sonstiges

Eine Billigkeitsmaßnahme aus persönlichen Billigkeitsgründen i.S.d. §§ 163 und 227 AO, die dazu führt, dass dem Gutschriftaussteller die als Vorsteuer abgezogene Steuer nach § 14c Abs. 2 UStG weiter verbleibt, führt nicht zu einer Beseitigung der Gefährdung des Steueraufkommens gem. § 14c Abs. 2 Satz 4 UStG.

II.

Die Grundsätze dieses Schreibens sind in allen offenen Fällen anzuwenden.

500 § 16/7. Umsatzsteuer-Umrechnungskurse für 2021[1)]

Vom 1. Februar 1999
BMF IV D 2 - S 7329 - 5/99
(BStBl. I S. 201)

Bezug: BMF vom 1. Februar 1999 (BStBl. I S. 201)

(1) Ab 1. Januar 1999 ist der Euro die Währung der EU-Mitgliedstaaten Belgien, Deutschland, Spanien, Frankreich, Irland, Italien, Luxemburg, Niederlande, Österreich, Portugal und Finnland (*Art. 109 j EG-Vertrag*[2)] i. V. m. der Verordnung (EG) Nr. 974/98 des Rates vom 3. Mai 1998 zur Einführung des Euro – ABl. EG 1998 Nr. L 139 S. 1 –).

Ebenfalls mit Wirkung vom 1. Januar 1999 sind unwiderrufliche Umrechnungskurse zwischen dem Euro und den Währungen dieser EU-Mitgliedstaaten festgelegt worden (Art. 1 der Verordnung (EG) Nr. 2866/98 des Rates vom 31. Dezember 1998 über die Umrechnungskurse zwischen dem Euro und den Währungen der Mitgliedstaaten, die den Euro einführen – ABl. EG 1998 Nr. L 359 S. 1 –). Sie lauten:

Belgien	1 EUR	40,3399	BEF
Deutschland	1 EUR	1,95583	DEM
Estland	1 EUR	15,6466	EEK[3)]
Finnland	1 EUR	5,94573	FIM
Frankreich	1 EUR	6,55957	FRF
Griechenland	1 EUR	340,750	GRD[3)]
Irland	1 EUR	0,787564	IEP
Italien	1 EUR	1936,27	ITL
Lettland	1 EUR	0,702804	LVL[3)]
Litauen	1 EUR	3,4528	LTL[3)]
Luxemburg	1 EUR	40,3399	LUF
Malta	1 EUR	0,429300	MTL[3)]
Niederlande	1 EUR	2,20371	NLG
Österreich	1 EUR	13,7603	ATS
Portugal	1 EUR	200,482	PTE
Slowakei	1 EUR	30,1260	SKK[3)]
Slowenien	1 EUR	239,640	SIT[3)]
Spanien	1 EUR	166,386	ESP
Zypern	1 EUR	0,585274	CYP[3)]

[1)] **Red. Anm.:** Das Bundesfinanzministerium veröffentlicht monatlich die aktuellen Umrechnungskurse, die nachstehende Tabelle wird dementsprechend redaktionell ergänzt. Die jeweiligen Fundstellen für die monatlichen Umrechnungskurse befinden sich in der letzten Tabellenspalte.

[2)] **Red. Anm.:** Jetzt Art. 140 AEUV (Vertrag von Lissabon).

[3)] **Red. Anm.:** Ab 1. 1. 2001 auch **Griechenland**; ab 1. 1. 2007 auch **Slowenien**; ab 1. 1. 2008 auch **Malta** und **Zypern**; ab 1. 1. 2009 auch **Slowakei**; ab 1. 1. 2011 auch **Estland**; ab 1. 1. 2014 auch **Lettland**; ab 1. 1. 2015 auch **Litauen**.

(2) Ab 1. Januar 1999 entfällt die Berechnung von Durchschnittswerten für die nationalen Währungseinheiten der EU-Mitgliedstaaten, die den Euro eingeführt haben. Bei Umrechnungen von Euro-Beträgen in DM ist seit dem 1. Januar 1999 der Ausgangsbetrag mit dem sechsstelligen Umrechnungskurs (DM) zu multiplizieren. Bei Umrechnung von DM-Beträgen in Euro ist der Ausgangsbetrag durch den sechsstelligen Umrechnungskurs (DM) zu dividieren. Geldbeträge, die von einer nationalen Währungseinheit in eine andere umgerechnet werden, werden zunächst in einen auf die Euro-Einheit lautenden Geldbetrag umgerechnet, der auf nicht weniger als drei Dezimalstellen gerundet werden darf, und dann in die andere nationale Währungseinheit umgerechnet. Es dürfen keine anderen Berechnungsmethoden verwendet werden, es sei denn, sie führen zu denselben Ergebnissen (Art. 4 der Verordnung (EG) Nr. 1103/97 des Rates vom 17. Juni 1997 über bestimmte Vorschriften im Zusammenhang mit der Einführung des Euro, ABl. EG 1997 L 162 S. 1).

(3) Seit Januar 1999 veröffentlicht die Europäische Zentralbank täglich Euro-Referenzkurse für die nationalen Währungseinheiten der EU-Mitgliedstaaten, die nicht den Euro eingeführt haben, und für nationale Währungseinheiten wichtiger Drittstaaten. Für die Berechnung der Umsatzsteuer und der abziehbaren Vorsteuerbeträge werden die monatlichen Durchschnittswerte aus den von der Europäischen Zentralbank täglich veröffentlichten Euro-Referenzkursen gebildet.

Gemäß § 16 Abs. 6 UStG werden die Umsatzsteuer-Umrechnungskurse für den Monat **… 2021** wie folgt festgesetzt:

Euro-Referenzkurs …

…

Vgl. die nachstehenden nach Ländern rubrizierten Tabellen für September 2021:

Andere Währungen sind jeweils nach dem Tageskurs umzurechnen. Davon ausgenommen sind die nationalen Währungseinheiten der EU-Mitgliedstaaten, die den Euro eingeführt haben.

Monatlich fortgeschriebene Übersicht 2021

Umsatzsteuer-Umrechnungskurse

Land	Währung	Januar[1]	Februar[2]	März[3]	April[4]	Mai[5]	Juni[6]	Juli[7]	August[8]	September[9]	Oktober	November	Dezember
Australien	1 Euro	1,5764 AUD	1,5605 AUD	1,5444 AUD	1,5544 AUD	1,5653 AUD	1,5761 AUD	1,5926 AUD	1,6118 AUD	1,6087 AUD	AUD	AUD	AUD
Brasilien	1 Euro	6,5102 BRL	6,5434 BRL	6,7247 BRL	6,6565 BRL	6,4462 BRL	6,0693 BRL	6,0930 BRL	6,1884 BRL	6,1966 BRL	BRL	BRL	BRL
Bulgarien	1 Euro	1,9558 BGN	1,9558 BGN	1,9558 BGN	1,9558 BGN	1,9558 BGN	1,9558 BGN	1,9558 BGN	1,9558 BGN	1,9558 BGN	BGN	BGN	BGN
China (VR)	1 Euro	7,8730 CNY	7,8136 CNY	7,7465 CNY	7,8051 CNY	7,8109 CNY	7,7391 CNY	7,6536 CNY	7,6237 CNY	7,6007 CNY	CNY	CNY	CNY
Dänemark	1 Euro	7,4387 DKK	7,4367 DKK	7,4363 DKK	7,4367 DKK	7,4362 DKK	7,4364 DKK	7,4373 DKK	7,4369 DKK	7,4361 DKK	DKK	DKK	DKK
Großbritannien	1 Euro	0,89267 GBP	0,87268 GBP	0,85873 GBP	0,86527 GBP	0,86258 GBP	0,85872 GBP	0,85613 GBP	0,85287 GBP	0,85683 GBP	GBP	GBP	GBP
Hongkong	1 Euro	9,4362 HKD	9,3794 HKD	9,2400 HKD	9,3064 HKD	9,4317 HKD	9,3507 HKD	9,1862 HKD	9,1633 HKD	9,1583 HKD	HKD	HKD	HKD
Indien	1 Euro	88,9936 INR	88,0756 INR	86,6550 INR	89,4210 INR	88,9171 INR	88,6298 INR	88,1134 INR	87,2573 INR	86,6330 INR	INR	INR	INR
Indonesien	1 Euro	17 111,98 IDR	17 002,56 IDR	17 135,25 IDR	17 414,37 IDR	17 393,13 IDR	17 295,86 IDR	17 148,30 IDR	16926,94 IDR	16781,39 IDR	IDR	IDR	IDR
Island[10]	1 Euro	156,48 ISK	155,26 ISK	151,51 ISK	150,75 ISK	149,66 ISK	146,84 ISK	147,10 ISK	148,45 ISK	150,96 ISK	ISK	ISK	ISK
Israel	1 Euro	3,9249 ILS	3,9581 ILS	3,9402 ILS	3,9205 ILS	3,9623 ILS	3,9179 ILS	3,8668 ILS	3,7942 ILS	3,7744 ILS	ILS	ILS	ILS

[1] Entsprechend BMF-Schreiben v. 1. 2. 2021 (BStBl. I S. 122).
[2] Entsprechend BMF-Schreiben v. 1. 3. 2021 (BStBl. I S. 315).
[3] Entsprechend BMF-Schreiben v. 1. 4. 2021 (BStBl. I S. 387).
[4] Entsprechend BMF-Schreiben v. 3. 5. 2021 (BStBl. I S. 651).
[5] Entsprechend BMF-Schreiben v. 1. 6. 2021 (BStBl. I S. 715).
[6] Entsprechend BMF-Schreiben v. 1. 7. 2021 (BStBl. I S. 870).
[7] Entsprechend BMF-Schreiben v. 2. 8. 2021 (BStBl. I S. 921).
[8] Entsprechend BMF-Schreiben v. 1. 9. 2021 (BStBl. I S. 1089).
[9] Entsprechend BMF-Schreiben v. 1. 10. 2021 (BStBl. I S. 1595).
[10] Seit 1. 2. 2018 stellt die EZB wieder Kurse für isländische Kronen fest; siehe BMF v. 1. 3. 2018 (BStBl. I S. 318).

Land	Währung	Januar	Februar	März	April	Mai	Juni	Juli	August	September	Oktober	November	Dezember
Japan	1 Euro	126,31 JPY	127,49 JPY	129,38 JPY	130,49 JPY	132,57 JPY	132,63 JPY	130,35 JPY	129,28 JPY	129,66 JPY	JPY	JPY	JPY
Kanada	1 Euro	1,5494 CAD	1,5354 CAD	1,4970 CAD	1,4975 CAD	1,4732 CAD	1,4713 CAD	1,4806 CAD	1,4827 CAD	1,4910 CAD	CAD	CAD	CAD
Korea, Republik	1 Euro	1338,64 KRW	1345,06 KRW	1345,58 KRW	1337,96 KRW	1364,47 KRW	1352,47 KRW	1354,46 KRW	1366,74 KRW	1380,51 KRW	KRW	KRW	KRW
Kroatien	1 Euro	7,5653 HRK	7,5729 HRK	7,5783 HRK	7,5679 HRK	7,5226 HRK	7,4980 HRK	7,5027 HRK	7,4960 HRK	7,4924 HRK	HRK	HRK	HRK
Malaysia	1 Euro	4,9154 MYR	4,8944 MYR	4,8907 MYR	4,9358 MYR	5,0142 MYR	4,9808 MYR	4,9680 MYR	4,9660 MYR	4,9054 MYR	MYR	MYR	MYR
Mexiko	1 Euro	24,2483 MXN	24,5557 MXN	24,7451 MXN	24,0005 MXN	24,2682 MXN	24,1066 MXN	23,6101 MXN	23,6237 MXN	23,5675 MXN	MXN	MXN	MXN
Neuseeland	1 Euro	1,6924 NZD	1,6702 NZD	1,6686 NZD	1,6788 NZD	1,6817 NZD	1,6944 NZD	1,6933 NZD	1,6872 NZD	1,6676 NZD	NZD	NZD	NZD
Norwegen	1 Euro	10,3661 NOK	10,2791 NOK	10,1469 NOK	10,0376 NOK	10,0931 NOK	10,1444 NOK	10,3767 NOK	10,4195 NOK	10,1861 NOK	NOK	NOK	NOK
Philippinen	1 Euro	58,498 PHP	58,401 PHP	57,783 PHP	58,067 PHP	58,222 PHP	58,040 PHP	59,264 PHP	59,088 PHP	59,115 PHP	PHP	PHP	PHP
Polen	1 Euro	4,5333 PLN	4,4968 PLN	4,5991 PLN	4,5615 PLN	4,5281 PLN	4,5005 PLN	4,5616 PLN	4,5687 PLN	4,5681 PLN	PLN	PLN	PLN
Rumänien	1 Euro	4,8732 RON	4,8750 RON	4,8884 RON	4,9231 RON	4,9250 RON	4,9238 RON	4,9255 RON	4,9232 RON	4,9471 RON	RON	RON	RON
Russland	1 Euro	90,5697 RUB	89,9554 RUB	88,6326 RUB	91,1446 RUB	89,8737 RUB	87,4561 RUB	87,3970 RUB	86,6067 RUB	85,7740 RUB	RUB	RUB	RUB
Schweden	1 Euro	10,0952 SEK	10,0887 SEK	10,1692 SEK	10,1620 SEK	10,1471 SEK	10,1172 SEK	10,1979 SEK	10,2157 SEK	10,1710 SEK	SEK	SEK	SEK
Schweiz	1 Euro	1,0794 CHF	1,0858 CHF	1,1065 CHF	1,1031 CHF	1,0968 CHF	1,0940 CHF	1,0856 CHF	1,0762 CHF	1,0857 CHF	CHF	CHF	CHF
Singapur	1 Euro	1,6140 SGD	1,6060 SGD	1,5975 SGD	1,5975 SGD	1,6153 SGD	1,6062 SGD	1,6019 SGD	1,5947 SGD	1,5864 SGD	SGD	SGD	SGD
Südafrika	1 Euro	18,4295 ZAR	17,8629 ZAR	17,8284 ZAR	17,2486 ZAR	17,0766 ZAR	16,7540 ZAR	17,1648 ZAR	17,3827 ZAR	17,1373 ZAR	ZAR	ZAR	ZAR
Thailand	1 Euro	36,528 THB	36,307 THB	36,632 THB	37,551 THB	37,992 THB	37,873 THB	38,586 THB	38,956 THB	38,919 THB	THB	THB	THB
Tschechien	1 Euro	26,141 CZK	25,876 CZK	26,178 CZK	25,924 CZK	25,558 CZK	25,454 CZK	25,636 CZK	25,470 CZK	25,392 CZK	CZK	CZK	CZK

Land	Währung	Januar	Februar	März	April	Mai	Juni	Juli	August	Septem-ber	Oktober	November	Dezember
Türkei	1 Euro	9,0059 TRY	8,5785 TRY	9,1301 TRY	9,7936 TRY	10,1852 TRY	10,3823 TRY	10,1587 TRY	9,9788 TRY	10,0691 TRY	TRY	TRY	TRY
Ungarn	1 Euro	359,19 HUF	358,15 HUF	365,61 HUF	360,58 HUF	353,65 HUF	349,94 HUF	357,26 HUF	351,84 HUF	352,51 HUF	HUF	HUF	HUF
USA	1 Euro	1,2171 USD	1,2098 USD	1,1899 USD	1,1979 USD	1,2146 USD	1,2047 USD	1,1822 USD	1,1772 USD	1,1770 USD	USD	USD	USD

500 § 134/1. Schreiben betr. Umsatzsteuer; Konsequenzen des Austritts des Vereinigten Königreichs Großbritannien und Nordirland aus der Europäischen Union

Vom 10. Dezember 2020

BMF III C 1 - S 7050/19/10001 :002; DOK 2020/1285153

(BStBl. I S. 1370)

Am 31. Januar 2020 ist das Vereinigte Königreich Großbritannien und Nordirland (im Folgenden: „Vereinigtes Königreich") aus der Europäischen Union ausgetreten. Nach den Regelungen des Abkommens über den Austritt des Vereinigten Königreichs Großbritannien und Nordirland aus der Europäischen Union und der Europäischen Atomgemeinschaft (ABl. EU Nr. L 29 vom 31. Januar 2020 S. 7; im Folgenden: „Austrittsabkommen") schloss sich ein Übergangszeitraum an, in dem u. a. das Mehrwertsteuerrecht der Union für das Vereinigte Königreich weiterhin Anwendung findet. Dieser Übergangszeitraum wird mit Ablauf des 31. Dezember 2020, UTC+1 (24.00 Uhr Brüsseler Zeit) enden. **1**

Unter Bezugnahme auf das Ergebnis der Erörterungen mit den obersten Finanzbehörden der Länder gilt hierzu Folgendes:

1. Künftiger umsatzsteuerrechtlicher Status von Großbritannien und Nordirland

Grundsätzlich ist das Vereinigte Königreich, mithin Großbritannien und Nordirland, für umsatzsteuerrechtliche Zwecke nach dem 31. Dezember 2020 als Drittlandsgebiet i. S. d. § 1 Abs. 2 a Satz 3 UStG anzusehen. **2**

Eine Ausnahme gilt für Nordirland, für das im „Protokoll zu Irland/Nordirland" zum Austrittsabkommen ein besonderer Status vereinbart wurde. Nach Art. 8 Abs. 1 i. V. m. Anhang 3 dieses Protokolls gelten für Nordirland folgende Bestimmungen fort, soweit sie die Umsatzbesteuerung des Warenverkehrs betreffen: **3**

- Richtlinie 2006/112/EG des Rates vom 28. November 2006 über das gemeinsame Mehrwertsteuersystem,
- Richtlinie 2008/9/EG des Rates vom 12. Februar 2008 zur Regelung der Erstattung der Mehrwertsteuer gemäß der Richtlinie 2006/112/EG an nicht im Mitgliedstaat der Erstattung, sondern in einem anderen Mitgliedstaat ansässige Steuerpflichtige,
- *Verordnung (EU)* Nr. 904/2010 des Rates vom 7. Oktober 2010 über die Zusammenarbeit der Verwaltungsbehörden und die Betrugsbekämpfung auf dem Gebiet der Mehrwertsteuer,
- Richtlinie 2010/24/EU des Rates vom 16. März 2010 über die Amtshilfe bei der Beitreibung von Forderungen in Bezug auf bestimmte Steuern, Abgaben und sonstige Maßnahmen,
- Dreizehnte Richtlinie 86/560/EWG des Rates vom 17. November 1986 zur Harmonisierung der Rechtsvorschriften der Mitgliedstaaten über die Um-

satzsteuern – Verfahren der Erstattung der Mehrwertsteuer an nicht im Gebiet der Gemeinschaft ansässige Steuerpflichtige,

– Richtlinie 2007/74/EG des Rates vom 20. Dezember 2007 über die Befreiung der von aus Drittländern kommenden Reisenden eingeführten Waren von der Mehrwertsteuer und den Verbrauchsteuern,
– Richtlinie 2009/132/EG des Rates vom 19. Oktober 2009 zur Festlegung des Anwendungsbereichs von Art. 143 Buchst. b und c der Richtlinie 2006/112/EG hinsichtlich der Mehrwertsteuerbefreiung bestimmter endgültiger Einfuhren von Gegenständen,
– Richtlinie 2006/79/EG des Rates vom 5. Oktober 2006 über die Steuerbefreiungen bei der Einfuhr von Waren in Kleinsendungen nichtkommerzieller Art mit Herkunft aus Drittländern,
– Verpflichtungen aus der Übereinkunft zwischen der Europäischen Union und dem Königreich Norwegen über die Zusammenarbeit der Verwaltungsbehörden, die Betrugsbekämpfung und die Beitreibung von Forderungen auf dem Gebiet der Mehrwertsteuer und
– Verpflichtungen aus dem Abkommen über die Zusammenarbeit zwischen der Europäischen Gemeinschaft und ihren Mitgliedstaaten einerseits und der Schweizerischen Eidgenossenschaft andererseits zur Bekämpfung von Betrug und sonstigen rechtswidrigen Handlungen, die ihre finanziellen Interessen beeinträchtigen.

4 Im Ergebnis ist bei der Umsatzbesteuerung des Warenverkehrs mit dem Vereinigten Königreich zwischen Großbritannien und Nordirland zu unterscheiden. Während Großbritannien auch insoweit als Drittlandsgebiet zu behandeln ist, wird Nordirland für die Umsatzbesteuerung des Warenverkehrs auch nach dem 31. Dezember 2020 als zum Gemeinschaftsgebiet gehörig behandelt. Innerhalb des Vereinigten Königreichs sind dessen Behörden für die Anwendung und Durchführung der für Nordirland weiter geltenden Vorschriften des Mehrwertsteuerrechts der Union zuständig. Für nordirische Umsatzsteuer-Identifikationsnummern findet das Präfix „XI" Anwendung. Entsprechende Umsatzsteuer-Identifikationsnummern gelten als von einem anderen Mitgliedstaat erteilt.

5 Zusammengefasst unterliegen nach dem 31. Dezember 2020 ausgeführte Umsätze vorbehaltlich etwaiger Übergangsregelungen

– im Waren- und Dienstleistungsverkehr mit Großbritannien sowie im Dienstleistungsverkehr mit Nordirland den für das Drittlandsgebiet bzw.
– im Warenverkehr mit Nordirland den für den innergemeinschaftlichen Handel

geltenden Vorschriften zur Umsatzsteuer.

2. Behandlung von Lieferungen vor dem 1. Januar 2021, bei denen der gelieferte Gegenstand nach dem 31. Dezember 2020 nach Großbritannien oder von dort in das Inland gelangt

6 Nach dem 31. Dezember 2020 unterliegt der Warenverkehr mit Großbritannien zollrechtlichen Förmlichkeiten. Dies hat zur Folge, dass die Waren sowohl bei der Einfuhr als auch bei der Ausfuhr zu gestellen und zum betreffenden *Zollverfahren anzumelden sind* sowie der Erhebung von Einfuhrabgaben (u. a. Zoll und Einfuhrumsatzsteuer) unterliegen. Der Warenverkehr zwischen der Europäischen Union und Nordirland ist hiervon nicht betroffen.

Art. 51 Abs. 1 des Austrittsabkommens enthält eine Übergangsregelung für Warenbewegungen zwischen einem Mitgliedstaat und Großbritannien, die vor dem 1. Januar 2021 beginnen und nach dem 31. Dezember 2020 enden. Auf entsprechende Umsätze sind die Regelungen für die Besteuerung des innergemeinschaftlichen Warenverkehrs anzuwenden. Dementsprechend ist für Lieferungen, die vor dem 1. Januar 2021 beginnen, eine Umsatzsteuer-Identifikationsnummer für im Vereinigten Königreich ansässige Unternehmer (Länderpräfix „GB") zu verwenden. 7

Die Lieferung eines Gegenstands, bei der die Beförderung oder Versendung an den Abnehmer vor dem 1. Januar 2021 im Inland beginnt, ist bei Vorliegen der weiteren Voraussetzungen als steuerfreie innergemeinschaftliche Lieferung zu behandeln. Dies schließt das Führen des Buch- und Belegnachweises nach § 6 a Abs. 3 Satz 1 UStG i. V. m. §§ 17 a ff. UStDV sowie die Angabe der Lieferung in der Zusammenfassenden Meldung nach § 18 a UStG ein. Weist der Unternehmer nach, dass der Gegenstand nach dem 31. Dezember 2020 das Gebiet der Europäischen Union verlassen hat, ist die Lieferung bei Vorliegen der weiteren Voraussetzungen als steuerfreie Ausfuhr zu behandeln, sofern der Unternehmer die entsprechenden Nachweise vorlegt (§ 6 Abs. 4 Satz 1 UStG i. V. m. § 8 ff. UStDV). 8

Endet eine vor dem 1. Januar 2021 in Großbritannien begonnene Beförderung oder Versendung eines Gegenstands nach dem 31. Dezember 2020 im Inland, handelt es sich bei Vorliegen der weiteren Voraussetzungen um einen innergemeinschaftlichen Erwerb (§ 1 a UStG). Aus Vereinfachungsgründen wird auf eine Umsatzbesteuerung des Erwerbs verzichtet, wenn der Unternehmer nachweist, dass der Vorgang nach dem 31. Dezember 2020 der Einfuhrumsatzbesteuerung unterlegen hat. 9

Die Übergangsregelung ist bei der Bestimmung des Orts der Lieferung in besonderen Fällen (§ 3 c UStG) entsprechend anzuwenden. 10

3. Behandlung von sonstigen Leistungen (Dauerleistungen), deren Erbringung vor dem 1. Januar 2021 beginnt und nach dem 31. Dezember 2020 endet

Der Austritt des Vereinigten Königreichs aus der Europäischen Union hat Auswirkungen auf sonstige Leistungen, deren Erbringung sich über den Austrittszeitpunkt hinweg erstreckt (Dauerleistungen). Hinsichtlich der umsatzsteuerrechtlichen Konsequenzen ist jedoch nicht zwischen Großbritannien und Nordirland zu unterscheiden. 11

Für die umsatzsteuerrechtliche Behandlung ist der Zeitpunkt der Ausführung der Leistung maßgeblich. Bei zeitlich begrenzten Dauerleistungen ist die Leistung mit Beendigung des entsprechenden Rechtsverhältnisses ausgeführt (Abschn. 13.1 Abs. 3 UStAE). Beginnt die Erbringung einer sonstigen Leistung vor dem 1. Januar 2021 und endet nach dem 31. Dezember 2020, sind die Verhältnisse im Zeitpunkt der Beendigung für die Beurteilung der gesamten Leistung maßgeblich. 12

Dies gilt für Teilleistungen i. S. d. § 13 Abs. 1 Nr. 1 Buchst. a Satz 2 und 3 UStG entsprechend. 13

4. Kleine einzige Anlaufstelle (Mini-One-Stop-Shop/VAT on e-Services) für bestimmte Dienstleistungen

14 Umsätze nach § 3 a Abs. 5 UStG, die von einem im Inland ansässigen bzw. registrierten Unternehmer vor dem 1. Januar 2021 an private Kunden im Vereinigten Königreich erbracht werden, können in der Steuererklärung für das entsprechende Quartal im Rahmen der besonderen Besteuerungsverfahren nach § 16 Abs. 1 a i. V. m. § 18 Abs. 4 c sowie § 18 h UStG gegenüber dem Bundeszentralamt für Steuern (BZSt) erklärt werden. Die Steuererklärungen für Besteuerungszeiträume bis einschließlich 4. Quartal 2020 müssen jedoch bis zum Ablauf des 20. Januar 2021 beim BZSt eingehen, um eine Erklärung der Umsätze im Rahmen des Mini-One-Stop-Shop-Verfahrens zu bewirken. Für Erklärungen, die nicht rechtzeitig an das BZSt übermittelt wurden, sowie für nach dem 31. Dezember 2020 an private Kunden im Vereinigten Königreich erbrachte Leistungen nach § 3 a Abs. 5 UStG kann das Mini-One-Stop-Shop-Verfahren nicht mehr genutzt werden. Die betroffenen Umsätze müssen in Einklang mit den Steuergesetzen des Vereinigten Königreichs behandelt werden.

15 Umsätze nach § 3 a Abs. 5 UStG, die von einem im Vereinigten Königreich ansässigen bzw. registrierten Unternehmer vor dem 1. Januar 2021 an private Kunden im Inland erbracht werden, können in der Steuererklärung für das entsprechende Quartal im Rahmen der besonderen Besteuerungsverfahren nach § 16 Abs. 1 a i. V. m. § 18 Abs. 4 c und 4 d sowie § 16 Abs. 1 b i. V. m. § 18 Abs. 4 e UStG erklärt werden. Die Steuererklärungen für Besteuerungszeiträume bis einschließlich 4. Quartal 2020 müssen jedoch bis zum Ablauf des 20. Januar 2021 bei der zuständigen Behörde des Vereinigten Königreichs eingegangen sein, um eine Erklärung der Umsätze im Rahmen des Mini-One-Stop-Shop-Verfahrens zu bewirken. Für Erklärungen, die nicht rechtzeitig an die zuständige Behörde des Vereinigten Königreichs übermittelt wurden kann das Mini-One-Stop-Shop-Verfahren nicht mehr genutzt werden. Die betroffenen Umsätze müssen unmittelbar im allgemeinen Besteuerungsverfahren (§ 18 Abs. 1 bis 4 b und 6 bis 7 UStG sowie §§ 46 bis 48 UStDV) bei dem für im Vereinigten Königreich ansässige Unternehmer zuständigen Finanzamt Hannover-Nord erklärt werden. Dies gilt auch für nach dem 31. Dezember 2020 an private Kunden im Inland erbrachte Leistungen nach § 3 a Abs. 5 UStG, es sei denn, der Unternehmer nimmt das besondere Besteuerungsverfahren nach § 18 Abs. 4 c UStG im Inland oder in einem anderen EU-Mitgliedstaat in Anspruch. Für Registrierungen im Inland für das besondere Besteuerungsverfahren nach § 18 Abs. 4 c UStG ist das BZSt zuständig.

16 Berichtigungen von Steuererklärungen für Besteuerungszeiträume bis einschließlich 4. Quartal 2020 können bis spätestens 31. Dezember 2021 übermittelt werden, vorausgesetzt, dass sich die Berichtigung auf eine Steuererklärung bezieht, die ihrerseits bis spätestens 20. Januar 2021 übermittelt wurde.

17 Hinsichtlich der praktischen Behandlung von Steuererklärungen vor dem Austritt des Vereinigten Königreichs aus der Europäischen Union und Berichtigungen der Steuererklärungen nach dem Austritt wird auf die auf den Internetseiten des BZSt (https://www.bzst.de) unter der Rubrik Unternehmen – Umsatzsteuer – Mini One Stop Shop bereitgestellten Informationen hingewiesen. Informationen zum besonderen Besteuerungsverfahren nach § 18 Abs. 4 c UStG stehen ebenfalls auf den Internetseiten des BZSt (https://www.bzst.de)

unter der Rubrik Unternehmen – Umsatzsteuer – VAT on e-Services zur Verfügung.

5. Vorsteuer-Vergütungsverfahren

Vorsteuerbeträge, die vor dem 1. Januar 2021 entstehen

Nach den Vorschriften der Richtlinie 2008/9/EG des Rates vom 12. Februar 2008 zur Regelung der Erstattung der Mehrwertsteuer gemäß der Richtlinie 2006/112/EG an nicht im Mitgliedstaat der Erstattung, sondern in einem anderen Mitgliedstaat ansässige Steuerpflichtige (ABl. EU 2008 Nr. L 44 S. 23) sind die Mitgliedstaaten unter den dort genannten Voraussetzungen verpflichtet, den in anderen Mitgliedstaaten ansässigen Unternehmern die Vorsteuern zu erstatten. Abweichend von Art. 15 der Richtlinie 2008/9/EG sind Anträge auf Erstattung von Mehrwertsteuer, die vor dem 1. Januar 2021 von einem im Vereinigten Königreich ansässigen Unternehmer im Inland oder von einem im Inland ansässigen Unternehmer im Vereinigten Königreich gezahlt wurde, bis zum 31. März 2021 zu stellen (Art. 51 Abs. 3 des Austrittsabkommens). 18

Vorsteuerbeträge, die nach dem 31. Dezember 2020 entstehen

Die Entlastung von Vorsteuern erfolgt – vorbehaltlich der Feststellung der Gegenseitigkeit (§ 18 Abs. 9 Satz 5 UStG) im Verhältnis zum Vereinigten Königreich durch ein separates BMF-Schreiben – grundsätzlich nach den Vorschriften der Richtlinie 86/560/EWG des Rates vom 17. November 1986 zur Harmonisierung der Rechtsvorschriften der Mitgliedstaaten über die Umsatzsteuern – Verfahren der Erstattung der Mehrwertsteuer an nicht im Gebiet der Gemeinschaft ansässige Steuerpflichtige (ABl. EG 1986 Nr. L 326 S. 40). Dies gilt für Vorsteuerbeträge, die im Waren- und Dienstleistungsverkehr mit Großbritannien oder im Dienstleistungsverkehr mit Nordirland entstanden sind. Ein im Inland ansässiger Unternehmer, dem entsprechende Vorsteuerbeträge entstanden sind, hat deren Vergütung unmittelbar bei der Erstattungsbehörde des Vereinigten Königreichs nach den dort geltenden Regelungen für Unternehmer, die außerhalb des Vereinigten Königreichs ansässig sind, zu beantragen. 19

Dies gilt nicht hinsichtlich der Erstattung von Vorsteuern, die auf Warenbezüge durch inländische Unternehmer in Nordirland oder durch nordirische Unternehmer im Inland entfallen. Insoweit finden die Vorschriften der Richtlinie 2008/9/EG weiterhin Anwendung. Entsprechende Anträge im Inland ansässiger Unternehmer sind nach Maßgabe des § 18 g UStG an das BZSt zu übermitteln. 20

Hinsichtlich der praktischen Behandlung von Anträgen auf Vorsteuervergütung vor und nach dem Austritt des Vereinigten Königreichs aus der Europäischen Union wird auf die auf den Internet-Seiten des BZSt (https://www.bzst.de) unter der Rubrik Unternehmen – Umsatzsteuer – Vorsteuervergütung bereitgestellten Informationen hingewiesen. 21

6. Bestätigungsverfahren nach § 18 e UStG

Nach dem 31. Dezember 2020 wird eine Prüfung von Umsatzsteuer-Identifikationsnummern für im Vereinigten Königreich ansässige Unternehmer (Länderpräfix „GB") durch inländische Unternehmer im Bestätigungsverfahren nach § 18 e UStG nicht mehr möglich sein. Bestätigungsanfragen für die betreffenden Unternehmer sollten daher noch vor dem 1. Januar 2021 durchgeführt werden. Ab dem 1. Januar 2021 können Umsatzsteuer-Identifikations- 22 nummern mit dem Länderpräfix „XI“ (vgl. Rz. 4) im Bestätigungsverfahren nach § 18 e UStG geprüft werden.

7. Haftung für die Umsatzsteuer beim Handel mit Waren im Internet (§§ 22 f, 25 e und 27 Abs. 25 UStG)

23 Unternehmer, die im Inland keine steuerbaren Umsätze ausführen und somit keiner steuerlichen Erfassung bedürfen, benötigen keine Bescheinigung über die Erfassung als Steuerpflichtiger (Unternehmer) i. S. d. § 22 f Abs. 1 Satz 2 UStG als Nachweis gegenüber dem Betreiber eines elektronischen Marktplatzes. Dies betrifft insbesondere Fälle, in denen Unternehmer im Gemeinschaftsgebiet ausschließlich Lieferungen ausführen, die unter § 3 c UStG fallen, die aber auf Grund der Anwendung der Lieferschwelle in § 3 c Abs. 3 UStG im Inland nicht steuerbar sind (vgl. Tz. 6 des BMF-Schreibens vom 28. Januar 2019, BStBl. I S. 106). Nach dem 31. Dezember 2020 findet die Vorschrift des § 3 c UStG für Unternehmer aus Großbritannien keine Anwendung mehr, so dass auch diese Unternehmer eine Bescheinigung über ihre steuerliche Erfassung in Deutschland i. S. d. § 22 f Abs. 1 Satz 2 UStG zur Vorlage beim Betreiber eines elektronischen Marktplatzes benötigen. Übergangsweise wird es bis zum 31. Januar 2021 nicht beanstandet, wenn dem Betreiber eines elektronischen Marktplatzes von einem in Großbritannien ansässigen Unternehmer keine Bescheinigung nach § 22 f Abs. 1 Satz 2 UStG vorliegt.

24 Bis zum 31. Dezember 2020 an im Vereinigten Königreich ansässige Unternehmer erteilte Bescheinigungen über die Erfassung als Steuerpflichtiger (Unternehmer) i. S. d. § 22 f Abs. 1 Satz 2 UStG sind auch nach dem 31. Dezember 2020 gültig.

25 Unternehmer mit Sitz in Großbritannien müssen gemäß § 22 f Abs. 1 Satz 4 UStG spätestens mit Stellen des Antrags auf Erteilung einer Bescheinigung über die umsatzsteuerliche Erfassung einen Empfangsbevollmächtigten im Inland benennen. Soweit eine Bescheinigung nach § 22 f Abs. 1 Satz 2 UStG bis zum 31. Dezember 2020 vom zuständigen Finanzamt bereits erteilt wurde, sind die betroffenen Unternehmer verpflichtet, ab dem 1. Januar 2021 einen Empfangsbevollmächtigten im Inland zu benennen. Hierfür gilt eine Übergangsfrist von einem Monat.

8. Bearbeitung von Amtshilfeersuchen

26 *In Bezug auf vor dem 1. Januar 2021 ausgeführte sowie auf von der Übergangsregelung in Art. 51 Abs. 1 des Austrittsabkommens erfasste Umsätze finden die Regelungen der Verordnung (EU) Nr. 904/2010 des Rates vom 7. Oktober 2010 über die Zusammenarbeit der Verwaltungsbehörden und die Betrugsbekämpfung auf dem Gebiet der Mehrwertsteuer bis zum 31. Dezember 2024 weiterhin Anwendung (Art. 99 Abs. 1 des Austrittsabkommens).*

27 *In Bezug auf nach dem 31. Dezember 2020 im Warenverkehr zwischen der Europäischen Union und Nordirland ausgeführte Umsätze sind die Regelungen der Verordnung (EU) Nr. 904/2010 weiterhin anwendbar.*

28 *Darüber hinaus sind die Regelungen der Verordnung (EU) Nr. 904/2010 des Rates vom 7. Oktober 2010 über die Zusammenarbeit der Verwaltungsbehörden und die Betrugsbekämpfung auf dem Gebiet der Mehrwertsteuer nicht mehr anzuwenden. Entsprechende Amtshilfemaßnahmen erfolgen nach dem 31. Dezember 2020 auf Grundlage des Übereinkommens über die gegenseitige Amtshilfe in Steuersachen (Gesetz zu dem Übereinkommen vom 25. Januar 1988 über die gegenseitige Amtshilfe in Steuersachen*

und zu dem Protokoll vom 27. Mai 2010 zur Änderung des Übereinkommens über die gegenseitige Amtshilfe in Steuersachen, BGBl. 2015 II S. 966) und/oder des Doppelbesteuerungsabkommens zwischen Deutschland und dem Vereinigten Königreich (Gesetz zu dem Abkommen vom 30. März 2010 zwischen der Bundesrepublik Deutschland und dem Vereinigten Königreich Großbritannien und Nordirland zur Vermeidung der Doppelbesteuerung und zur Verhinderung der Steuerverkürzung auf dem Gebiet der Steuern vom Einkommen und vom Vermögen, BGBl. 2010 II S. 1333). Laufende Maßnahmen der Verwaltungszusammenarbeit sind ggf. auf Grundlage dieser Vorschriften möglichst umzudeuten.[1)]

9. Änderung des Umsatzsteuer-Anwendungserlasses

Notwendige Änderungen des Umsatzsteuer-Anwendungserlasses bleiben einem gesonderten Schreiben vorbehalten. Soweit einzelne Regelungen des Umsatzsteuer-Anwendungserlasses diesem Schreiben entgegenstehen, sind sie auf nach dem 31. Dezember 2020 ausgeführte Umsätze nicht mehr anzuwenden. **29**

[1)] Rn. 26-28 ersetzt durch BMF v. 21.10.2021, BStBl. I S. 2136 (Nr. **500** § 134/2).

500 § 134/2. Schreiben betr. Umsatzsteuer; Konsequenzen des Austritts des Vereinigten Königreichs Großbritannien und Nordirland aus der Europäischen Union in Bezug auf die Verwaltungszusammenarbeit

Vom 21. Oktober 2021

BMF III C 5 - S 7420/20/10019 :001; DOK 2021/1073889

(BStBl. I S. 2136)

Bezug: BMF-Schreiben vom 10. Dezember 2020 (BStBl. I S. 1370)

Am 24. Dezember 2020 wurde ein Handels- und Kooperationsabkommen zwischen der EU und EURATOM einerseits und dem Vereinigten Königreich Großbritannien und Nordirland andererseits (im Folgenden „Abkommen EU/VK") abgeschlossen. Das Abkommen EU/VK wurde am 31. Dezember 2020 im Amtsblatt der EU veröffentlicht (ABl EU L 444 S. 1463 vom 31. Dezember 2020) und trat am 1. Januar 2021 vorläufig in Kraft. Nachdem das Europäische Parlament dem Abkommen EU/VK am 27. April 2021 zugestimmt hat, hat der Rat das Abkommen EU/VK abschließend am 29. April 2021 genehmigt (ABl EU L 149 vom 30. April 2021). Zentraler Inhalt des Abkommens EU/VK im Bereich der Umsatzsteuer ist das „Protokoll über die Zusammenarbeit der Verwaltungsbehörden und die Betrugsbekämpfung auf dem Gebiet der Mehrwertsteuer und über die Amtshilfe bei der Beitreibung von Forderungen in Bezug auf Steuern und Abgaben" (im Folgenden „Protokoll über die Zusammenarbeit der Verwaltungsbehörden und die Betrugsbekämpfung auf dem Gebiet der Mehrwertsteuer EU/VK", ABl EU L 444 vom 31. Dezember 2020, S. 1166–1187). **1**

Das BMF-Schreiben vom 10. Dezember 2020, BStBl. I S. 1370[1], enthält Ausführungen zu den Konsequenzen des Austritts des Vereinigten Königreichs. Die dort in den Randziffern 26 bis 28 getroffenen Regelungen zur Bearbeitung von Amtshilfeersuchen werden im Lichte des Abkommens EU/VK hiermit aufgehoben. Stattdessen gilt seit dem 1. Januar 2021 für die Bearbeitung von Amtshilfeersuchen im Verhältnis zum Vereinigten Königreich Großbritannien und Nordirland unter Bezugnahme auf das Ergebnis der Erörterungen mit den obersten Finanzbehörden der Länder Folgendes: **2**

In Bezug auf vor dem 1. Januar 2021 ausgeführte sowie auf von der Übergangsregelung in Art. 51 Abs. 1 des Austrittsabkommens erfasste Umsätze finden bis zum 31. Dezember 2024 die Regelungen der Verordnung (EU) Nr. 904/2010 des Rates vom 7. Oktober 2010 über die Zusammenarbeit der Verwaltungsbehörden und die Betrugsbekämpfung auf dem Gebiet der Mehrwertsteuer (im Folgenden „Verordnung (EU) Nr. 904/2010") weiterhin Anwendung (Art. 99 Abs. 1 des Abkommens über den Austritt des Vereinigten Königreichs Großbritannien und Nordirland aus der Europäischen Union und der Europäischen Atomgemeinschaft (ABl EU Nr. L 29 vom 31. Januar 2020 S. 7; im Folgenden: „Austrittsabkommen")). **3**

Ab dem 1. Januar 2025 gelten für die vorgenannten Umsätze die Regelungen des Abkommens EU/VK. Nach Art. 40 Abs. 1 des dortigen Protokolls über die **4**

---

[1] Nr. **500** § 134/1.

Zusammenarbeit der Verwaltungsbehörden und die Betrugsbekämpfung auf dem Gebiet der Mehrwertsteuer EU/VK sind die laufenden Ersuchen in diesem Zusammenhang, die bis zum 31. Dezember 2024 noch nicht abgeschlossen sind, entsprechend der Vorschriften des Protokolls über die Zusammenarbeit der Verwaltungsbehörden und die Betrugsbekämpfung auf dem Gebiet der Mehrwertsteuer EU/VK durch den ersuchten Staat zu erledigen.

5 In Bezug auf nach dem 31. Dezember 2020 im Warenverkehr zwischen der Europäischen Union und Nordirland ausgeführte Umsätze gelten nach Art. 8 Abs. 1 i.V.m. Anhang 3 und Art. 18 des Protokolls zu Irland und Nordirland zum Austrittsabkommen (im Folgenden „Protokoll zu Irland/Nordirland") die Regelungen der Verordnung (EU) Nr. 904/2010 zunächst bis zum 31. Dezember 2024 fort. Über eine darüberhinausgehende Fortgeltung erfolgt gemäß Art. 18 des Protokolls zu Irland/Nordirland eine demokratische Einigung in Nordirland.

6 Im Übrigen gelten ab dem 1. Januar 2021 ausschließlich die Regelungen des Protokolls über die Zusammenarbeit der Verwaltungsbehörden und die Betrugsbekämpfung auf dem Gebiet der Mehrwertsteuer EU/VK.

725 § 1/1. Schreiben betr. Verwaltungsgrundsätze Verrechnungspreise; Grundsätze für die Korrektur von Einkünften gemäß § 1 AStG

Vom 14. Juli 2021

BMF IV B 5 – S 1341/19/10017 :001; DOK 2021/0770780

(BStBl. I S. 1098)

Nach der Erörterung mit den obersten Finanzbehörden der Länder gelten folgende Grundsätze für die internationale Einkunftsabgrenzung nach dem Maßstab des Fremdvergleichs in den Regelungen des innerstaatlichen Rechts und der Doppelbesteuerungsabkommen:

[Inhaltsübersicht]

Kapitel I. Grundsätze der Einkünftekorrektur

A. Regelungen zur Einkünftekorrektur und Konkurrenzverhältnis

1.1 Bei Geschäftsbeziehungen zum Ausland eines Steuerpflichtigen zu ihm nahestehenden Personen ist zu prüfen, ob die darauf beruhenden Einkünfte unter Berücksichtigung des Fremdvergleichsgrundsatzes ermittelt worden sind. Bei Einzelunternehmen und Personengesellschaften sind dabei die Regelungen zur

– Einlage (§ 4 Abs. 1 Satz 8 Einkommensteuergesetz – EStG) und

– Entnahme (§ 4 Abs. 1 Satz 2 ff. EStG)

zu berücksichtigen. Bei Körperschaften können die Regelungen zur

– verdeckten Gewinnausschüttung (§ 8 Abs. 3 Satz 2 Körperschaftsteuergesetz – KStG) und

– verdeckten Einlage (§ 8 Abs. 3 Satz 3 ff. KStG)

Anwendung finden.

Unabhängig von der Rechtsform des Steuerpflichtigen ist zusätzlich § 1 Außensteuergesetz (AStG) zu beachten, um die zutreffenden inländischen Einkünfte zu ermitteln.

1.2 In Betriebsstättensachverhalten sind § 1 Abs. 5 AStG sowie die Betriebsstättengewinnaufteilungsverordnung (BsGaV) zu beachten. Danach werden Betriebsstätten für Zwecke des Fremdvergleichsgrundsatzes weitgehend wie eigenständige und unabhängige Unternehmen behandelt. Auf die Verwaltungsgrundsätze Betriebsstättengewinnaufteilung (VWG BsGa) vom 22. Dezember 2016, BStBl. I 2017 S. 182[1], sowie auf das BMF-Schreiben vom 17. Dezember 2019 IV B 5 – S 1341/19/10010 :003, BStBl. I 2020 S. 84 zu Betriebsstätten ohne Personalfunktion wird in diesem Zusammenhang verwiesen.

1.3 Die Einkünftekorrekturvorschriften sind grundsätzlich voneinander unabhängig und nebeneinander anwendbar. Aus der Formulierung „unbeschadet anderer Vorschriften" in § 1 Abs. 1 Satz 1 AStG ergibt sich kein Wahlrecht für die Anwendung des § 1 AStG oder einer daneben anwendbaren anderen Einkünftekorrekturnorm. § 1 AStG ist ergänzend (vergleiche insbesondere Rn. 1.4) oder in besonderen Fällen anstelle der anderen Korrekturnormen anzuwenden, soweit durch diese Korrekturnormen die Erfassung des zutreffenden Inlandsgewinns nicht sichergestellt wird. Die Höhe des zutreffenden Inlandsgewinns ist in einer Gesamtschau unter Berücksichtigung von Korrekturen und Gegenkorrekturen zu ermitteln, wobei die Auswirkungen auf die Einkünfte i.S.d. § 20 Abs. 1 Nr. 1 Satz 2 EStG außer Betracht zu lassen sind. Ist danach die Erfassung des zutreffenden Inlandsgewinns bereits durch die Regelungen zur verdeckten Gewinnausschüttung oder verdeckten Einlage sichergestellt, er-

[1] Nr. **725** § 1/11.

übrigt sich die Anwendung des § 1 AStG. Sofern sich Korrektur und Gegenkorrektur (Vorteilsverbrauch) im Inland kompensieren, ist ausschließlich § 1 AStG anzuwenden und die Anwendung der anderen Korrekturnormen – auch auf Gesellschafterebene – wird suspendiert. Ein solcher Fall ist gegeben, wenn ein aus einer Korrektur nach § 8 Abs. 3 Satz 2 KStG resultierender Vorteilsverbrauch wiederum im Inland zu berücksichtigen wäre, da sich die verdeckte Gewinnausschüttung und der sich daraus ergebende Vorteilsverbrauch insoweit neutralisieren (vgl. BFH vom 27. November 2019 I R 40/19 [ehem. I R 14/16], BFH/NV 2020 S. 1307).

Sollten sich im Einzelfall nur der Höhe nach weitergehende Rechtsfolgen aus 1.4
der Anwendung des § 1 AStG ergeben, sind die weitergehenden Berichtigungen neben den Rechtsfolgen der anderen Vorschriften durchzuführen (§ 1 Abs. 1 Satz 4 AStG).

Beispiel (verdeckte Gewinnausschüttung):

Die M-AG (Sitz im Ausland) liefert an ihre Tochtergesellschaft, die T-AG (Sitz im Inland), Waren zu einem Preis von zehn Millionen Euro. Festgestellt wird eine Bandbreite fremdüblicher Preise für diese Waren von fünf Millionen Euro bis sieben Millionen Euro. Der gemeine Wert soll sieben Millionen Euro betragen. Sämtliche Waren wurden sofort weiterveräußert, weitergehende innerbilanzielle Anpassungen sind daher nicht veranlasst. Im Rahmen der Regelungen zur verdeckten Gewinnausschüttung erfolgt nun eine Einkünftekorrektur auf den gemeinen Wert (hier sieben Millionen Euro), sodass eine Einkünftekorrektur in Höhe von drei Millionen Euro bei der T-AG nach § 8 Abs. 3 Satz 2 KStG vorzunehmen ist. Da der von der Steuerpflichtigen angesetzte Wert außerhalb der fremdüblichen Bandbreite liegt und die Steuerpflichtige keinen anderen dem Fremdvergleichsgrundsatz entsprechenden Wert glaubhaft gemacht hat, erfolgt eine weitergehende Berichtigung nach § 1 AStG auf den Median (§ 1 Abs. 3a Satz 4 AStG); hier annahmegemäß sechs Millionen Euro. Die weitergehende Berichtigung nach § 1 AStG beträgt damit eine Million Euro.

Beispiel (verdeckte Entnahme):

Die M-AG (Sitz im Ausland) liefert an ihre Tochterpersonengesellschaft, die T-GmbH & Co KG (Verwaltungssitz im Inland), Waren zu einem Preis von zehn Millionen Euro. Festgestellt wird eine Bandbreite fremdüblicher Preise für diese Waren von fünf Millionen Euro bis sieben Millionen Euro. Der Teilwert soll sieben Millionen Euro betragen. Sämtliche Waren wurden sofort weiterveräußert, weitergehende innerbilanzielle Anpassungen sind daher nicht veranlasst. Im Rahmen der Regelungen zur verdeckten Entnahme erfolgt nun eine Einkünftekorrektur auf den Teilwert (hier sieben Millionen Euro), sodass eine Einkünftekorrektur in Höhe von drei Millionen Euro bei der T-GmbH & Co KG nach § 4 Abs. 1 Satz 2 EStG vorzunehmen ist. Da der von der Steuerpflichtigen angesetzte Wert außerhalb der fremdüblichen Bandbreite liegt und die Steuerpflichtige keinen anderen dem Fremdvergleichsgrundsatz entsprechenden Wert glaubhaft gemacht hat, erfolgt eine weitergehende Berichtigung nach § 1 AStG auf den Median (§ 1 Abs. 3a Satz 4 AStG); hier annahmegemäß sechs Millionen Euro. Die weitergehende Berichtigung nach § 1 AStG beträgt damit eine Million Euro.

Weitere Beispiele zur Anwendungskonkurrenz dem Grunde nach:

Beispiel (Nutzungsvorteil):

Die M-AG (Sitz im Inland) ist Alleingesellschafterin sowohl der T1 GmbH (Sitz im Inland) als auch der T2 s.r.o. mit Sitz und Ort der Geschäftsleitung in Tschechien. Die T1 GmbH gewährt der T2 s.r.o. ein zinsloses Darlehen. Der angemessene Zins beträgt zehn Millionen Euro p. a.

Ungeachtet von Art. 9 DBA-Tschechien ist das Einkommen der T1 GmbH nach § 8 Abs. 3 Satz 2 KStG außerbilanziell um zehn Millionen Euro zu erhöhen. Als Folge dieser verdeckten Gewinnausschüttung erzielt die M-AG sonstige Bezüge i.S.d. § 20 Abs. 1 Nr. 1 Satz 2 EStG, § 8 Abs. 1 KStG in Höhe von zehn Millionen Euro, die innerhalb der Bilanz grundsätzlich als Ertrag zu erfassen sind. Da dem aber in gleicher Höhe auf der Aufwandsseite ein Vorteilsverbrauch gegenübersteht, ändert sich die Steuerbilanz nicht. Mangels Einlagefähigkeit des Vermögensvorteils erhöhen sich die Anschaffungskosten der Beteiligung an der T2 s.r.o. nicht. Außerhalb der Bilanz ist das Einkommen der M-AG um die steuerfreien Bezüge nach § 8b Abs. 1 Satz 1 KStG und unter Berücksichtigung der nichtabziehbaren Betriebsausgaben nach § 8b Abs. 5 KStG um insgesamt -9,5 Millionen Euro zu korrigieren.

Aufgrund von Art. 9 DBA-Tschechien hat die Gegenberichtigung bei der T2 s.r.o. als Vorteilsempfängerin und nicht bei der M-AG zu erfolgen. Insofern hat nun § 1 AStG gegenüber § 8 Abs. 3

Satz 2 KStG Vorrang, so dass es insgesamt nur noch zu einer außerbilanziellen Einkünfteberichtigung nach § 1 AStG in Höhe von zehn Millionen Euro bei der T1 GmbH kommt.

Beispiel (einlagefähiges Wirtschaftsgut):

Die M-AG (Sitz im Inland) ist Alleingesellschafterin sowohl der T1 GmbH (Sitz im Inland) als auch der T2 s.r.o. mit Sitz und Ort der Geschäftsleitung in Tschechien. Die T1 GmbH überträgt der T2 s.r.o. unentgeltlich ein Wirtschaftsgut. Der gemeine Wert entspricht dem Fremdvergleichspreis und beträgt zehn Millionen Euro.

Ungeachtet von Art. 9 DBA-Tschechienist das Einkommen der T1 GmbH nach § 8 Abs. 3 Satz 2 KStG außerbilanziell um zehn Millionen Euro zu erhöhen. Als Folge dieser verdeckten Gewinnausschüttung erzielt die M-AG sonstige Bezüge i.S.d. § 20 Abs. 1 Satz 2 Nr. 1 EStG, § 8 Abs. 1 KStG in Höhe von zehn Millionen Euro, die innerhalb der Bilanz grundsätzlich als Ertrag zu erfassen sind. Außerhalb der Bilanz ist das Einkommen der M-AG um die steuerfreien Bezüge nach § 8b Abs. 1 Satz 1 KStG und unter Berücksichtigung der nichtabziehbaren Betriebsausgaben gemäß § 8b Abs. 5 KStG um insgesamt -9,5 Millionen Euro zu korrigieren. Da es sich um einen einlagefähigen Vermögensvorteil handelt, liegt eine verdeckte Einlage vor und es erhöhen sich die Anschaffungskosten der Beteiligung an der T2 s.r.o. entsprechend. Ein Vorteilsverbrauch ist somit nicht als Aufwand bei der M-AG zu erfassen. Bei der T2 s.r.o. liegt eine verdeckte Einlage in Höhe von zehn Millionen Euro vor, die – wäre sie mit ihrem Einkommen im Inland steuerpflichtig – bei der Einkommensermittlung nach § 8 Abs. 3 Satz 3 KStG abzuziehen und dem steuerlichen Einlagekonto nach § 27 KStG zuzuführen wäre.

Aufgrund von Art. 9 DBA-Tschechien hat die Gegenberichtigung bei der T2 s.r.o. als Vorteilsempfängerin zu erfolgen. Da bei ihr eine verdeckte Einlage vorliegt, findet nur § 8 Abs. 3 Satz 2 KStG Anwendung. Zu einer weitergehenden außerbilanziellen Einkünfteberichtigung nach § 1 AStG kommt es somit nicht.

1.5 Der Fremdvergleichsgrundsatz ist in jedem von Deutschland abgeschlossenen Abkommen zur Vermeidung der Doppelbesteuerung (DBA) enthalten (entsprechend Art. 9 Abs. 1 OECD-/UN-Musterabkommen [MA]). Die Art. 9 Abs. 1 OECD-/UN-MA nachgebildeten Artikel im jeweiligen DBA erlauben damit eine Berichtigung der Einkünfte auf Basis des Fremdvergleichsgrundsatzes. Rechtsgrundlage für die Berichtigung der Einkünfte sind die Regelungen zur Einkünftekorrektur des nationalen deutschen Steuerrechts. § 1 AStG setzt den internationalen Fremdvergleichsgrundsatz um (vgl. BT-Drs. VI/2883, 23 ff.). Dabei bezieht sich die Anwendung des Fremdvergleichsgrundsatzes auch auf den Grund und die weiteren Bedingungen einer Geschäftsbeziehung und nicht allein auf die Korrektur eines Verrechnungspreises.

1.6 Die Regelungen zur Einkünftekorrektur des nationalen deutschen Steuerrechts bleiben dabei auch in den Fällen der Interessenverflechtung anwendbar, die in den DBA nicht genannt sind. Die Anwendung wird auch diesbezüglich nicht durch ein DBA gesperrt.

B. Konkurrenz zur Hinzurechnungsbesteuerung

1.7 Die Regelungen zur Einkünftekorrektur, mit grundsätzlicher Ausnahme des § 1 AStG (vgl. BFH vom 20. April 1988 I R 41/82, BStBl. II S. 868), gelten auch für Geschäftsbeziehungen zu zwischengeschalteten Gesellschaften i.S.d. § 5 AStG oder zu Zwischengesellschaften i.S.d. §§ 7 ff. AStG.

Beispiel:

Die M-AG (Sitz im Inland) ist zu 100 Prozent an der T-AG im niedrig besteuernden Ausland beteiligt. Diese ist Zwischengesellschaft i.S.d. §§ 7 ff. AStG; ihre gesamten Einkünfte sind als passiv zu qualifizieren. Die T-AG steht mit der E-AG (ansässig in einem anderen ausländischen Staat) in einer Geschäftsbeziehung. Die T-AG begibt an die E-AG ein Darlehen in Höhe von einer Million Euro zu einem unangemessen niedrigen Zinssatz (ein Prozent, fremdüblich wären zehn Prozent). Eine Korrektur seitens der ausländischen Finanzverwaltung wurde nicht vorgenommen. Im Rahmen der Anwendung der Regelungen über die Hinzurechnungsbesteuerung wird eine Einkommenserhöhung in Höhe von 90 000 Euro bei der T-AG nicht vorgenommen, da § 1 AStG bei der Ermittlung der dem Hinzurechnungsbetrag zugrundeliegenden Einkünfte keine Anwendung findet. Die Voraussetzungen für eine Einkommenskorrektur nach den Grundsätzen der verdeckten

Einlage oder der verdeckten Gewinnausschüttung liegen ebenfalls nicht vor. Damit werden bei der M-AG nur 10 000 Euro aus dem Darlehensverhältnis hinzugerechnet.

Eine etwaige hieraus resultierende doppelte Besteuerung derselben Einkünfte ist sachgerecht aufzulösen. So ist bei der Ermittlung der hinzurechnungspflichtigen Einkünfte der Zwischengesellschaft (§ 10 Abs. 3 AStG) ggf. eine Gegenberichtigung vorzunehmen (vgl. BFH vom 19. März 2002, I R 4/01, BStBl. II S. 644). 1.8

Beispiel:

Die M-AG (Sitz im Inland) steht in Geschäftsbeziehung zu ihrer Tochtergesellschaft (T-AG) im Ausland. Diese ist Zwischengesellschaft i.S.d. §§ 7 ff. AStG; ihre gesamten Einkünfte sind als passiv zu qualifizieren. Sollten die Einkünfte der M-AG aufgrund dieser Geschäftsbeziehung gemindert sein, sind diese zunächst nach dem Fremdvergleichsgrundsatz zu korrigieren.

Variante 1 (Nutzungsüberlassung):

Die M-AG vergibt ein Darlehen in Höhe von einer Million Euro an die T-AG zu einem fremdunüblich niedrigen Zinssatz (ein Prozent, fremdüblich wären zehn Prozent). Die Berichtigung nach § 1 AStG führt zu einer Einkommenserhöhung in Höhe von 90 000 Euro bei der M-AG. Im Ausland wurde bei der T-AG keine Gegenberichtigung nachvollzogen. Für Zwecke der Anwendung der Hinzurechnungsbesteuerung ist eine fiktiv korrespondierende Gegenberichtigung in Form eines Zinsabzugs bei der T-AG vorzunehmen, um eine Doppelbesteuerung der Einkünfte der Zwischengesellschaft im Rahmen der Anwendung der Regelungen über die Hinzurechnungsbesteuerung zu vermeiden. Die nach § 10 AStG a.F. abziehbaren oder nach § 12 AStG anzurechnenden Steuern sind entsprechend zu kürzen, auch wenn im Ausland keine Gegenberichtigung stattfindet.

Sollte die Erstberichtigung in einem anschließenden Verständigungs- oder Schiedsverfahren rückgängig gemacht werden, kann die fiktiv korrespondierende Gegenberichtigung insoweit rückgängig zu machen und bei der Hinzurechnungsbesteuerung entsprechend zu berücksichtigen sein; auf §§ 174, 175a Abgabenordnung (AO) wird hingewiesen. Sofern der ausländische Staat eine Gegenberichtigung vornimmt, sind auch die anrechenbaren Steuern zu berichtigen.

Variante 2:

Die M-AG überträgt unentgeltlich ein Wirtschaftsgut mit einem Teilwert in Höhe von 900 000 Euro an die T-AG. Der Fremdvergleichspreis beträgt eine Million Euro. Die Berichtigung nach § 1 AStG führt zu einer Einkommenserhöhung in Höhe von 100 000 Euro bei der M-AG (900 000 Euro haben schon innerbilanziell die Anschaffungskosten der Beteiligung an der T-AG erhöht, da es sich um eine verdeckte Einlage des Wirtschaftsguts gehandelt hat). Im Ausland wurde bei der T-AG das Wirtschaftsgut mit 900 000 Euro ergebnisneutral erfasst, und es wird linear über zehn Jahre abgeschrieben. Für Zwecke der Anwendung der Hinzurechnungsbesteuerung ist eine fiktiv korrespondierende Gegenberichtigung in Form eines zusätzlichen jährlichen AfA-Betrags in Höhe von einem Zehntel von 100 000 Euro = 10 000 Euro bei der T-AG vorzunehmen, um eine Doppelbesteuerung der Einkünfte der Zwischengesellschaft im Rahmen der Anwendung der Regelungen über die Hinzurechnungsbesteuerung zu vermeiden. Die nach § 10 AStG a.F. abziehbaren beziehungsweise nach § 12 AStG anzurechnenden Steuern sind entsprechend zu kürzen, auch wenn im Ausland keine Gegenberichtigung stattfindet.

C. Nahestehende Personen (§ 1 Abs. 2 AStG)

Eine Einkünfteberichtigung gemäß § 1 AStG setzt voraus, dass dieser eine Geschäftsbeziehung des Steuerpflichtigen mit einer ihm nahestehenden Person zugrunde liegt (§ 1 Abs. 2 AStG). Dem Steuerpflichtigen nahestehende Personen in diesem Sinne können natürliche und juristische Personen sein sowie gemäß § 1 Abs. 1 Satz 2 Halbsatz 2 AStG auch Personengesellschaften oder Mitunternehmerschaften. 1.9

Die Verflechtung durch beherrschenden Einfluss (vgl. § 1 Abs. 2 Nr. 2 und Abs. 3 Buchst. c AStG) kann auf rechtlicher oder tatsächlicher Grundlage oder dem Zusammenwirken beider beruhen. Unter beherrschendem Einfluss anderer können auch natürliche Personen stehen. Die Verflechtung wird bereits durch die Möglichkeit begründet, einen beherrschenden Einfluss auszuüben. 1.10

1.11 Unmittelbare und mittelbare Beteiligungen eines Steuerpflichtigen sind für die Beurteilung, ob ein Nahestehen i.S.d. § 1 Abs. 2 AStG vorliegt, zusammenzurechnen (vgl. BFH vom 28. Juni 1978 I R 90/76, BStBl. II S. 590).

Beispiel:

A ist zu 15 Prozent an der ausländischen Gesellschaft T1 unmittelbar beteiligt. Ferner erwirbt A eine weitere unmittelbare Beteiligung in Höhe von 20 Prozent an der ausländischen Gesellschaft T2, die ihrerseits mit zehn Prozent an der Gesellschaft T1 beteiligt ist. Somit ist A sowohl unmittelbar als auch mittelbar an T1 beteiligt. Die Ermittlung der Beteiligungsquote folgt einer wirtschaftlichen Betrachtungsweise. Das bedeutet, dass die Beteiligungsquoten der mittelbaren Beteiligungen anteilsmäßig berechnet werden. 10 Prozent × 20 Prozent/100 Prozent = zwei Prozent. Die unmittelbare und mittelbare Beteiligung des A an der T1 beträgt somit bei einer wirtschaftlichen Betrachtungsweise insgesamt 17 Prozent.

1.12 Für das Vorliegen eines Einflusses außerhalb der Geschäftsbeziehung (vgl. § 1 Abs. 2 Nr. 4 erste Alternative AStG) ist kein beherrschender Einfluss erforderlich. Die nahestehende Person oder der Steuerpflichtige müssen aber tatsächlich dazu imstande sein, einen allgemeinen außerhalb der Geschäftsbeziehung begründeten Einfluss auf den jeweils anderen auszuüben. Es muss also eine Möglichkeit bestehen, dass bei der Gestaltung der jeweiligen Geschäftsbeziehungen aufgrund des Einflusses kein für die fremdübliche Aushandlung von deren Bedingungen genügender Interessengegensatz besteht.

1.13 Ein eigenes Interesse an der Erzielung der Einkünfte eines anderen (vgl. § 1 Abs. 2 Nr. 4 zweite Alternative AStG) kann sowohl wirtschaftlicher als auch persönlicher Natur sein (vgl. BFH vom 19. Januar 1994 I R 93/93, BStBl. II S. 725). Das Interesse muss sich auf die zu überprüfenden Einkünfte selbst beziehen.

1.14 Von einem eigenen Interesse an der Erzielung der Einkünfte des anderen kann auch bei allen Beteiligten an Netzwerken und deren Organisationseinheiten auszugehen sein. Ein Netzwerk liegt vor, wenn Personen bei ihrer Berufsausübung zur Verfolgung gemeinsamer wirtschaftlicher Interessen für eine gewisse Dauer zusammenwirken (vgl. § 319b Handelsgesetzbuch). Mithin können auch rechtlich selbständige Unternehmen in einem globalen Netzwerk, die sich insbesondere durch eine engestrategische und fachliche Vernetzung dieses Netzwerks ausweisen, einander nahestehende Personen sein.

1.15 Ebenso kann im Einzelfall von dem Vorliegen eines eigenen Interesses an den Einkünften eines anderen bei pyramidalen Organisationsstrukturen ausgegangen werden. Pyramidale Organisationen zeichnen sich beispielsweise dadurch aus, dass die Mitglieder sich einem einheitlichen Regelwerk beziehungsweise Statuten unterwerfen und ein gemeinsames Ziel verfolgen (zum Beispiel die Durchführung eines Wettbewerbs). Dabei ist es grundsätzlich für alle Mitglieder von Interesse, dass das in der Hierarchie beziehungsweise im pyramidalen Aufbau höchste Mitglied insbesondere finanziell gut gestellt ist, da dies wiederum positive Auswirkungen auf alle anderen Mitglieder haben kann.

D. Geschäftsbeziehung (§ 1 Abs. 4 AStG)

1.16 Geschäftsbeziehungen sind einzelne oder mehrere zusammenhängende wirtschaftliche Vorgänge (Geschäftsvorfälle) zwischen einem Steuerpflichtigen und einer ihm nahestehenden Person (vgl. § 1 Abs. 4 AStG). Hierunter fallen beispielsweise Warenlieferungen, Dienstleistungen, Finanzierungsbeziehungen, die Überlassung oder Übertragung von immateriellen Werten, Arbeitnehmerüberlassungen und Umlagen. Maßgebend ist eine wirtschaftliche Betrachtung. Es kommt dabei nicht darauf an, ob ein angemessenes, ein unangemessenes oder kein Entgelt vereinbart worden ist.

Geschäftsbeziehungen zum Ausland zwischen einander nahestehenden Personen können auch mittels inländischer oder ausländischer Betriebsstätten bestehen. 1.17

Beispiel 1:
Eine inländische Gesellschaft unterhält zu einer ihr nahestehenden inländischen Gesellschaft Geschäftsbeziehungen, die steuerlich einer ausländischen Betriebsstätte der nahestehenden Gesellschaft zuzuordnen sind.

Beispiel 2:
Eine ausländische Gesellschaft unterhält zu einer ihr nahestehenden ausländischen Gesellschaft Geschäftsbeziehungen, die steuerlich einer inländischen Betriebsstätte der nahestehenden Gesellschaft zuzuordnen sind.

Beispiel 3:
Eine ausländische Gesellschaft unterhält zu einer ihr nahestehenden ausländischen Gesellschaft eine Geschäftsbeziehung, die steuerlich einer inländischen Betriebsstätte der ausländischen Gesellschaft zuzuordnen ist.

Beispiel 4:
Eine inländische Gesellschaft unterhält zu einer ihr nahestehenden inländischen Gesellschaft eine Geschäftsbeziehung, die steuerlich einer ausländischen Betriebsstätte der inländischen Gesellschaft zuzuordnen ist.

Geschäftsbeziehungen zum Ausland können auch bestehen, wenn ein Geschäftsvorfall zwischen ausländischen einander nahestehenden Personen vorliegt, der sich auf die Höhe der inländischen Einkünfte einer der Personen auswirkt (zum Beispiel im Fall der Vermietung inländischen Grundbesitzes). 1.18

Gesellschaftsvertragliche Vereinbarungen sind keine Geschäftsbeziehungen. Unter einer gesellschaftsvertraglichen Vereinbarung i.S.d. § 1 Abs. 4 AStG ist eine Vereinbarung zu verstehen, die unmittelbar zu einer rechtlichen Änderung der Gesellschafterstellung führt (zum Beispiel der Beteiligungshöhe oder der Beteiligungsrechte); mithin eine Vereinbarung, die das Verhältnis zwischen Gesellschaft und Gesellschafter regelt. 1.19

Die formale Aufnahme eines Geschäftsvorfalls oder einer Geschäftsbeziehung in den Gesellschaftsvertrag führt als solche nicht zu einer gesellschaftsvertraglichen Vereinbarung, die den Anwendungsbereich des § 1 AStG ausschließt, es sei denn, der Geschäftsvorfall oder die Geschäftsbeziehung führt zu einer tatsächlichen Änderung der materiellen Gesellschafterstellung. Die bloße Aufnahme in den Gesellschaftsvertrag kann bereits deshalb nicht genügen, weil sie das Merkmal der Geschäftsbeziehungen und damit den Tatbestand des § 1 Abs. 4 AStG in das Belieben der Beteiligten stellen würde. Entscheidend ist vielmehr, ob der Geschäftsvorfall unter Heranziehung des für die nahestehende Person geltenden Gesellschaftsrechts auf einer gesellschaftsvertraglichen Abrede beruht, die mit einer Änderung der materiellen Gesellschafterstellung verbunden ist (vgl. BFH vom 27. April 2000 I R 58/99, BStBl. II 2001 S. 168, zur „Kapitalrücklage“ im ausländischen Handels- und Gesellschaftsrecht). 1.20

Die Übertragung von Stimmrechten kann eine Geschäftsbeziehung darstellen, wenn mit ihr ein wirtschaftlicher Vorteil einhergeht, der unter fremden Dritten vergütet werden würde. 1.21

Beispiel:
Die A GmbH ist an der im Ausland ansässigen B Corp. zu sechs Prozent und an der im Ausland ansässigen C Corp. zu 30 Prozent beteiligt. Die C Corp. wiederum ist zu 24 Prozent an der B Corp. beteiligt. Die C Corp. benötigt zur Erzielung bestimmter steuerlicher und wirtschaftlicher Vorteile eine Sperrminorität der Stimmrechte an der B Corp. Die C Corp. könnte sich daher mit der A GmbH zu einem Aktionärspool zusammenschließen und einen Stimmbindungsvertrag abschließen.

1.22 Im Rahmen der Geschäftsbeziehungen werden Bedingungen vereinbart oder auferlegt, die dem Fremdvergleich zugänglich sind. Zu diesen Bedingungen gehören insbesondere Vereinbarungen über Preise, Vertragslaufzeiten, (Rück-) Zahlungsmodalitäten, Durchführungsbedingungen, Rabatte oder Boni, Preisanpassungsklauseln, Sicherheiten sowie Vertragsänderungs- und -kündigungsmöglichkeiten. Die aufgrund der fehlenden Fremdüblichkeit einzelner Bedingungen veranlassten Einkunftsminderungen unterfallen dem Berichtigungsbefehl von § 1 AStG. Allein die Fremdunüblichkeit einzelner Bedingungen führt aber nicht dazu, dass die Geschäftsbeziehung als solche als fremdunüblich zu qualifizieren ist. Es bedarf der Würdigung aller Gesamtumstände im Einzelfall.

1.23 Nicht zu diesen Bedingungen gehören Umstände, die nicht von den einander nahestehenden Personen vereinbart werden können. Sie sind als gegeben hinzunehmen. Ihre Auswirkungen auf den Preis sind zu beachten. Hierzu gehören zum Beispiel gesetzliche Rahmenbedingungen oder die Gegebenheiten des jeweiligen Marktes.

Kapitel II. Bedeutung der OECD-Verrechnungspreisleitlinien für die Prüfung der grenzüberschreitenden Geschäftsbeziehungen

2.1 Für die Prüfung der Einkunftsabgrenzung wird auf die Anlage 1 verwiesen, um eine internationale Ausrichtung und eine Orientierung an den OECD-Verrechnungspreisleitlinien (OECD Transfer Pricing Guidelines for Multinational Enterprises and Tax Administration) zu gewährleisten. Nur auf diese Weise kann sichergestellt werden, dass eine international einheitliche Umsetzung des Fremdvergleichsgrundsatzes erfolgt und hierdurch eine Doppelbesteuerung sowie (doppelte) Nichtbesteuerung vermieden werden.

2.2 Die OECD-Verrechnungspreisleitlinien unterstützen sowohl die Steuerpflichtigen als auch Finanzverwaltungen, um den jeweiligen Einzelfall einer im internationalen Kontext sachgerechten Lösung zuzuführen. Entsprechend orientiert sich die deutsche Finanzverwaltung im Rahmen des geltenden innerstaatlichen Rechts grundsätzlich an den OECD-Verrechnungspreisleitlinien, und zwar unabhängig davon, ob es sich um einen Sachverhalt handelt, bei dem ein DBA anwendbar ist, das mit einem OECD-Mitgliedstaat oder Nicht-OECD-Mitgliedstaat vereinbart wurde, oder ob kein DBA anwendbar ist.

2.3 Ob eine statische oder dynamische Auslegung Art. 9 Abs. 1 OECD-MA oder UN-MA nachgebildeter Artikel im jeweiligen DBA zu erfolgen hat (allgemein für eine statische Auslegung von Abkommensvorschriften etwa BFH vom 11. Juli 2018 I R 44/16, BFH/NV 2019 S. 149 m.w.N.), ist in Bezug auf den Fremdvergleichsgrundsatz nicht entscheidungserheblich (diese Annahme zugrunde legend BFH vom 17. Oktober 2001 I R 103/00, BStBl. 2004 II S. 171). Der Fremdvergleichsgrundsatz basiert vor allem auf der Anwendung von ökonomischen Prinzipien, die zeit- und kontextabhängig sind. Der Fremdvergleichsgrundsatz enthält daher genügend Flexibilität, um auf aktuelle Entwicklungen, wie die fortschreitende Digitalisierung der Wirtschaft, zu reagieren und diese, ohne weitere gesetzliche Maßnahmen, berücksichtigen zu können. Entsprechend ist auch die fortwährende Entwicklung der OECD-Verrechnungspreisleitlinien zu verstehen. Die fortlaufende Überarbeitung der OECD-Verrechnungspreisleitlinien erfolgt im Rahmen der Auslegungsmöglichkeiten des Artikels 9 Abs. 1 OECD-MA und stellt damit nicht jeweils eine neue Interpretation dieses Artikels dar.

Die nachfolgenden Randnummern enthalten gegenüber den OECD-Verrechnungspreisleitlinien weitergehende Konkretisierungen, die zur Sicherstellung einer gleichmäßigen Besteuerung notwendig sind. 2.4

Darüber hinaus können für die Prüfung von grenzüberschreitenden Geschäftsbeziehungen auch die Verlautbarungen des Gemeinsamen EU-Verrechnungspreisforums (EU Joint Transfer Pricing Forum – JTPF) hilfreich sein, insbesondere wenn ein Sachverhalt in Bezug zu einem EU-Mitgliedstaat zu würdigen ist. 2.5

Insbesondere in Bezug zu Entwicklungs- und Schwellenländern enthält auch das Verrechnungspreishandbuch der Vereinten Nationen für Entwicklungsländer (United Nations Practical Manual on Transfer Pricing for Developing Countries) unterstützende, praktische und hilfreiche, aber nicht bindende Leitlinien. 2.6

Kapitel III. Leitlinien

A. Fremdvergleichsgrundsatz

Geschäftsbeziehungen zwischen einem Steuerpflichtigen und einer ihm nahestehenden Person sind steuerlich danach zu beurteilen, ob sich die Beteiligten wie voneinander unabhängige Dritte verhalten haben oder verhalten (Fremdvergleich). Zugrunde zu legen ist die verkehrsübliche Sorgfalt eines ordentlichen und gewissenhaften Geschäftsleiters gegenüber Fremden (vgl. BFH vom 16. März 1967 I 261/63, BStBl. III S. 626; BFH vom 10. Mai 1967 I 187/64, BStBl. III S. 498). Ein ordentlicher und gewissenhafter Geschäftsleiter wird mit der gebotenen Sorgfalt den Fremdvergleichspreis aus den verfügbaren oder ihm zugänglichen Daten ableiten. Ob eine Vergütung zu entrichten und ggf. in welcher Höhe ein Fremdvergleichspreis anzusetzen ist, richtet sich dabei stets nach der Denkfigur des doppelten ordentlichen und gewissenhaften Geschäftsleiters. 3.1

Maßgebend für die Betrachtung der Geschäftsbeziehungen zwischen einem Steuerpflichtigen und einer ihm nahestehenden Person sind gemäß § 1 Abs. 3 Satz 1 AStG die dem jeweiligen Geschäftsvorfall zugrundeliegenden tatsächlichen Verhältnisse nach ihrem wirtschaftlichen Gehalt (vgl. BFH vom 30. Juli 1965 VI 288/63 U, BStBl. III S. 613; vom 26. Februar 1970 I R 42/68, BStBl. II S. 419, und vom 15. Januar 1974 VIII R 63/68, BStBl. II S. 606), also die tatsächlich durchgeführte Geschäftsbeziehung. Die Anwendung des Fremdvergleichsgrundsatzes erfordert daher die umfassende Sachverhaltsaufklärung und -würdigung im Einzelfall. 3.2

Der Fremdvergleichsgrundsatz als solcher ist im In- und Outboundfall einheitlich anzuwenden. 3.3

Die Zugehörigkeit des Steuerpflichtigen zu einer multinationalen Unternehmensgruppe ist bei der Prüfung der Verrechnungspreise in dem nachfolgend dargestellten Rahmen zu berücksichtigen. Es sind nicht die Gewinne zu ermitteln, die der Steuerpflichtige erzielt hätte, wenn er gänzlich unabhängig gewesen wäre, sondern diejenigen, die er als ein einer Unternehmensgruppe zugehöriges Unternehmen bei Vereinbarung von Bedingungen wie zwischen voneinander unabhängigen Dritten erzielt hätte. Umstände, die auf die Tatsache der Konzernzugehörigkeit oder der Zugehörigkeit zu einer multinationalen Unternehmensgruppe zurückzuführen sind, berechtigen allein nicht zu einer Einkünfteberichtigung; siehe beispielsweise Rn. 3.71 und 3.94 zum Konzernrückhalt. In diesem Zusammenhang sind auch die rechtlichen Gege- 3.4

benheiten als Umstand hinzunehmen, die den Preis zwischen einander nahestehenden Personen beeinflussen können, aber nicht auf Bedingungen beruhen, die zwischen den nahestehenden Personen vereinbart worden sind. Sieht zum Beispiel das Insolvenzrecht eines Staates es vor, dass nahestehende Personen stets nachrangig zu befriedigen sind, ist dieser Umstand bei der Bepreisung des Geschäftsvorfalls sachgerecht zu berücksichtigen.

3.5 Bei der Durchführung des Fremdvergleichs ist in einem ersten Schritt eine Funktions- und Risikoanalyse der an dem Geschäftsvorfall Beteiligten vorzunehmen, § 1 Abs. 3 Satz 2 AStG. Den Kern bildet hierbei der Risikokontrollansatz, wonach eine Zuordnung von Risiken auf Grundlage von (Personal-)Funktionen zur Kontrolle der Risiken erfolgt sowie von den finanziellen Mitteln zur Übernahme von Risiken abhängt. Kontrolle wird dabei definiert als die Fähigkeit, darüber zu entscheiden, Risiken einzugehen und Risiken zu managen, und diese Entscheidungsfunktionen auch auszuüben (Tz. 1.65 der Anlage 1).

3.6 Es gilt daher zu analysieren, welche an dem Geschäftsvorfall Beteiligten (insbesondere Unternehmen) die personellen Ressourcen sowie die tatsächliche Möglichkeit zur Kontrolle von Risiken und die finanziellen Mittel zur Tragung von Risiken haben (Tz. 1.61 der Anlage 1). Voraussetzung hierfür ist grundsätzlich, dass die Entscheidungsträger die notwendigen Erfahrungen und Kompetenzen haben und über eine ausreichende Informationsbasis verfügen (Tz. 1.66 der Anlage 1).

3.7 Die nach dieser Analyse einem Unternehmen zugeordneten Funktionen, Risiken und eingesetzten Vermögenswerte sind ein Maßstab für die Wertigkeit der Tätigkeit im Rahmen der Gesamttätigkeit der multinationalen Unternehmensgruppe. Auf der Basis der Beschreibung des Wertschöpfungsprozesses der multinationalen Unternehmensgruppe kann eine Wertschöpfungsanalyse durchgeführt werden. Diese ist Grundlage für die funktions- und risikoadäquate Zuordnung des anteiligen Gewinns am Gesamtgewinn der multinationalen Unternehmensgruppe.

3.8 Bei der Durchführung des Fremdvergleichs sind die realistischerweise zur Verfügung stehenden Handlungsalternativen einzubeziehen. Die Anerkennung und Beachtung der Zugehörigkeit zu einer Unternehmensgruppe sowie geschäftspolitische Strategien der multinationalen Unternehmensgruppe stehen dem Fremdvergleichsgrundsatz nicht entgegen.

B. Verrechnungspreismethoden und Bewertungstechniken

3.9 Für die Ermittlung und Prüfung von Verrechnungspreisen sind die Grundsätze des Kapitels II der Anlage 1 anzuwenden. Verrechnungspreismethoden sind insbesondere die

a) Preisvergleichsmethode,

b) Wiederverkaufspreismethode,

c) Kostenaufschlagsmethode,

d) geschäftsvorfallbezogene Nettomargenmethode und

e) geschäftsvorfallbezogene Gewinnaufteilungsmethode (vgl. hierzu insbesondere als praktische Prüfungshilfe auch das Arbeitspapier zur Anwendung des *Profit Split in der EU* „The application of the profit split method within the EU, DOC: JTPF/002/2019/EN des JTPF)".

Die angeführten Methoden stellen keine abschließende Aufzählung dar. Zwar führt auch die OECD nur diese fünf Methoden als Verrechnungspreismethoden an, jedoch kann auch eine Kombination der Methoden im Einzelfall angebracht sein. **3.10**

Bei der Verwendung von Nettogewinnindikatoren zur Bestimmung von Fremdvergleichspreisen mittels der geschäftsvorfallbezogenen Nettomargenmethode ist zu beachten, dass nicht betriebliche Elemente wie Zinserträge und Zinsaufwendungen, Erträge und Aufwendungen aus Beteiligungen, Wertpapieren und anderen Finanzanlagen sowie Ertragsteuern grundsätzlich bei der Bestimmung des Nettogewinns ausgeschlossen werden (Tz. 2.86 der Anlage 1). Im Einzelfall können bestimmte Finanzierungserträge oder -aufwendungen sachgerecht zu berücksichtigen sein (vgl. Tz. 2.87 der Anlage 1). Auch rechnerische Finanzierungsanteile betrieblicher Einnahmen und Aufwendungen (zum Beispiel Zinsanteil der Zuführungen zu Pensionsrückstellungen) können bei der Ermittlung des Nettogewinns einzubeziehen sein. Dies erfordert eine genaue Sachverhaltsermittlung hinsichtlich der Gründe für den Finanzierungsbedarf und der Auswirkung auf die Preisgestaltung. Hinsichtlich der Kriterien zur Ermittlung der geeigneten Bezugsgröße für den Nettogewinn vgl. Tz. 2.92 ff. der Anlage 1. **3.11**

Können für die Bestimmung eines Fremdvergleichspreises keine Vergleichswerte festgestellt werden, ist der Fremdvergleichspreis nach dem hypothetischen Fremdvergleich i.S.d. § 1 Abs. 3 Satz 7 AStG unter Beachtung des § 1 Abs. 1 Satz 3 AStG zu bestimmen. Hiervon ist grundsätzlich auszugehen, **3.12**

a) wenn immaterielle Werte oder Rechte Gegenstand eines Geschäftsvorfalls sind,

b) wenn eine Funktionsverlagerung stattfindet oder

c) soweit bei Anwendung der in Rn. 3.9 Buchst. e genannten Methode keine Vergleichswerte für die Ermittlung von Werten festgestellt werden können.

Beim hypothetischen Fremdvergleich wird auf ökonomisch anerkannte Bewertungsmethoden abgestellt. Solche anerkannten Methoden sind insbesondere die Ertragswertmethoden und Discounted-Cashflow-Methoden, die auf dem abgezinsten Wert prognostizierter zukünftiger Einnahmeströme oder Cashflows des Bewertungsobjekts basieren. Grundsätzlich erfordern alle anerkannten Bewertungsmethoden u.a. realistische und verlässliche Werte in Bezug auf finanzielle Prognosen, Wachstumsraten, Abzinsungssätze, Lebens- oder Nutzungsdauern und steuerliche Effekte. **3.13**

Bei der Prüfung einer Bewertungsmethode sollen der Bewertungszweck sowie ggf. die Annahmen und Bewertungsparameter in vom Steuerpflichtigen für nichtsteuerliche Zwecke durchgeführten anderen Bewertungen berücksichtigt werden. Bei Inkonsistenzen zwischen den Annahmen in einer für Verrechnungspreiszwecke durchgeführten Bewertung und den Annahmen in einer für andere Zwecke durchgeführten Bewertung, die in einem zeitlich zusammenhängenden Kontext steht, soll vom Steuerpflichtigen eine Erklärung verlangt werden. **3.14**

Ein nach §§ 9, 11 Abs. 2 Satz 2 Bewertungsgesetz (BewG) ermittelter gemeiner Wert für Anteile an Kapitalgesellschaften, Beteiligungen an Personengesellschaften oder Vermögensmassen kann als Anhaltspunkt für den Fremdvergleichspreis dienen. Der Substanzwert nach § 11 Abs. 2 Satz 3 BewG ist regelmäßig kein Fremdvergleichspreis. Das vereinfachte Ertragswertverfahren **3.15** nach §§ 199 ff. BewG ist ein stark vereinfachtes Bewertungsmodell, bei dem die Ergebnisse der Vergangenheit als Anhaltspunkt für die voraussichtlichen künftigen Ergebnisse dienen. Es kann zum Beispiel bei Schätzungen wegen mangelnder Mitwirkung des Steuerpflichtigen, bei erheblichen Schwierigkeiten bei der Ermittlung von künftigen Ergebnissen auf den Zeitpunkt des Geschäftsvorfalls oder nicht plausiblen Prognoserechnungen im Rahmen des Fremdvergleichsgrundsatzes angewandt werden.

3.16 Auf den Bericht des JTPF über den Einsatz von Methoden zur wirtschaftlichen Bewertung von Verrechnungspreisen „Report on the use of economic valuation techniques in transfer pricing (DOC: JTPF/003/2017/FINAL/EN)“ und Kapitel VI der Anlage 1, insbesondere D.2.6.3 – D.2.6.4.5 wird verwiesen.

3.17 Ist der bei der Anwendung des hypothetischen Fremdvergleichs bestimmte Mindestpreis des Leistenden höher als der Höchstpreis des Leistungsempfängers, ist zu prüfen, ob die Ursache hierfür in einer weiteren Geschäftsbeziehung begründet liegt. Ist dies nicht der Fall, ist die Differenz zwischen den am Geschäftsvorfall beteiligten Unternehmen aufzuteilen (Tz. 28 des Berichts des JTPF über den Einsatz von Methoden zur wirtschaftlichen Bewertung von Verrechnungspreisen, a.a.O.).

C. Vergleichbarkeitsanalyse

C.1. Grundsatz

3.18 Für die Prüfung der Vergleichbarkeit nach § 1 Abs. 3 Satz 3 AStG sind die Grundsätze des Kapitels III der Anlage 1 anzuwenden. Auf den Bericht des JTPF zur Nutzung von Vergleichswerten in der EU „Report on the use of comparables in the EU (DOC: JTPF/007/2016/FINAL/EN)“ wird besonders hingewiesen.

3.19 Ein Vergleich der Geschäftsbeziehungen, wie sie einerseits zwischen fremden Dritten und andererseits zwischen einander nahestehenden Personen zustande kommen, und ein Vergleich der Ergebnisse unabhängiger Unternehmen mit denen des geprüften Unternehmens sind nur dann aussagefähig, wenn die Verhältnisse, die den Geschäftsbeziehungen jeweils zugrunde liegen identifiziert wurden und vergleichbar sind. Für die Vergleichbarkeitsprüfung sind alle Faktoren heranzuziehen, die sich auf die Preisgestaltung auswirken könnten. Dazu gehören

a) die vertraglichen Bedingungen, die dem Geschäftsvorfall zugrunde liegen (vgl. Tz. 1.42 bis 1.50 der Anlage 1),

b) die von den einzelnen am Geschäftsvorfall beteiligten Unternehmen ausgeübten Funktionen unter Berücksichtigung der genutzten Vermögenswerte und übernommenen Risiken, einschließlich der Zusammenhänge zwischen diesen Funktionen und der allgemeinen Wertschöpfung der multinationalen Unternehmensgruppe, der die Beteiligten angehören, der Begleitumstände des Geschäftsvorfalls und der branchenüblichen Gepflogenheiten (Funktions- und Risikoanalyse, (vgl. Tz. 1.51 ff. der Anlage 1),

c) die Eigenschaften des übertragenen Wirtschaftsguts oder der geleisteten Dienste (vgl. Tz. 1.107 bis 1.109 der Anlage 1),

d) die wirtschaftlichen Verhältnisse der Beteiligten und des Markts, auf dem sie tätig sind (vgl. Tz. 1.110 bis 1.113 der Anlage 1) sowie

e) die von den Beteiligten verfolgten Geschäftsstrategien (vgl. Tz. 1.114 bis 1.118 der Anlage 1).

Insbesondere diese Faktoren sind im Rahmen der Aufzeichnungspflicht nach § 90 Abs. 3 AO zu erfassen (vgl. Verwaltungsgrundsätze 2020 des BMF vom 3. Dezember 2020, BStBl. I S. 1325).

Die sachgerechte Durchführung der Vergleichbarkeitsanalyse erfordert **3.20**

a) eine Bestimmung der Jahre, die erfasst werden;

b) eine sorgfältige Analyse der Umstände des Steuerpflichtigen;

c) eine Funktions- und Risikoanalyse;

d) eine Bewertung von existierenden internen Vergleichswerten;

e) eine Feststellung von zugänglichen Informationsquellen zu externen Vergleichswerten;

f) eine Auswahl der am besten geeigneten Verrechnungspreismethode;

g) eine Identifizierung von potenziellen Vergleichswerten;

h) Feststellungen und Durchführung von Vergleichbarkeitsanpassungen;

i) eine Interpretation und Nutzung der erfassten Daten.

Bei der Analyse greift grundsätzlich das Prinzip der Abschnittsbesteuerung. Um **3.21** die wirtschaftlichen Auswirkungen von Geschäfts-, Produkt- und Konjunkturzyklen sowie Sondereffekte zu berücksichtigen, kann es jedoch zweckmäßig sein, Mehrjahresanalysen durchzuführen. Durchschnittswerte von Vergleichswerten mehrerer Vorjahre dürfen daher verwendet werden, wenn dies zu einer besseren Qualität der Vergleichswerte führt als die Betrachtung von Vergleichswerten nur eines Wirtschaftsjahrs (vgl. Buchst. e) bis i) der Empfehlung 6 des Berichts des JTPF zur Nutzung von Vergleichswerten in der EU, a.a.O.).

Eine Vergleichbarkeit ist nicht gegeben, wenn Geschäftsbedingungen oder **3.22** Umstände eines zum Vergleich herangezogenen Geschäftsvorfalls, die eine nicht unwesentliche Auswirkung auf den Preis oder den Gewinn haben, sich so erheblich voneinander unterscheiden, dass die Unterschiede durch Anpassungsrechnungen nicht beseitigt werden können. Dies gilt insbesondere, wenn spezielle, besonders wertvolle immaterielle Werte oder Rechte daran Gegenstand der Geschäftsbeziehung sind oder sich die maßgeblichen Funktionen oder Risiken im Rahmen von Geschäftsbeziehungen erheblich unterscheiden. Gleiches gilt, wenn für einen zum Vergleich herangezogenen Geschäftsvorfall die für die Beurteilung seiner Vergleichbarkeit relevanten Daten so lückenhaft, unüberprüfbar oder im Hinblick auf ihre Qualität so unzuverlässig sind, dass ihnen keine Aussagekraft beigemessen werden kann. In diesen Fällen sind verwendbare Vergleichswerte nicht feststellbar.

C.2. Zusammenfassung von Geschäftsvorfällen

Die Vergleichbarkeitsanalyse ist grundsätzlich für den einzelnen Geschäftsvorfall **3.23** vorzunehmen. Sind einzelne Geschäftsvorfälle eines Steuerpflichtigen so eng *miteinander verbunden* oder folgen so eng aufeinander, dass eine sachgerechte Beurteilung jedes einzelnen Geschäftsvorfalls nicht möglich ist, sollten diese unter Anwendung der am besten geeigneten Verrechnungspreismethode zusammen beurteilt werden (Tz. 3.9 der Anlage 1). Dies gilt insbesondere in Fällen

a) langfristiger Verträge über Warenlieferungen und Dienstleistungen,

b) einheitlicher Preisgestaltung für im Hinblick auf Art, Produktion oder Vertrieb eng miteinander verbundener Produkte (Palettenbetrachtung).

Entspricht es der Geschäftsstrategie des Steuerpflichtigen, bestimmte Geschäftsvorfälle zu bündeln, um über die Gesamtheit der Geschäftsvorfälle und nicht unbedingt durch ein bestimmtes Produkt innerhalb dieses Portfolios einen angemessenen Gewinn zu erzielen (Portfolioansatz), sind diese Geschäftsvorfälle ebenfalls zusammen zu analysieren (Tz. 2.96 und 3.10 der Anlage 1). Dies bedeutet aber nicht, dass für diese bei einem Steuerpflichtigen zusammengefassten Geschäftsvorfälle immer eine einheitliche Verrechnungspreismethode anzuwenden ist. Zudem ist es nicht fremdvergleichskonform, wenn bei Anwendung des Portfolioansatzes auf Ebene der Unternehmensgruppe ein Steuerpflichtiger eine unter dem fremdvergleichsüblichen Niveau liegende Vergütung erhält, um einem anderen Unternehmen dieser Unternehmensgruppe Vorteile zu verschaffen (Tz. 3.10, Tz. 1.130 der Anlage 1).

3.24 Werden mehrere unterschiedliche Leistungen im Rahmen eines Vertrags als Gesamtpaket zur Verfügung gestellt (Paketbetrachtung, Tz. 3.11 der Anlage 1) und wird hierfür ein Gesamtpreis vereinbart, kann von der Bestimmung von Einzelpreisen für die einzelnen Leistungen nur dann abgesehen werden, wenn für das Gesamtpaket verlässliche Fremddaten vorgelegt werden oder ein Wert auf Basis des hypothetischen Fremdvergleichs verlässlich bestimmt werden kann.

C.3. Vorteilsausgleich

3.25 Ein Ausgleich von Vorteilen mit Nachteilen aus Geschäftsvorfällen ist grundsätzlich nur dann fremdüblich, wenn der Steuerpflichtige bei Geschäftsvorfällen mit der ihm nahestehenden Person nachteilige Bedingungen im Hinblick darauf vereinbart hat, dass er von dieser nahestehenden Person im Rahmen der in Betracht stehenden Geschäftsbeziehung im Gegenzug Vorteile erhält (Tz. 3.13 bis 3.16 der Anlage 1).

3.26 Der Vorteilsausgleich setzt voraus, dass

a) die Geschäfte in einem inneren Zusammenhang zueinander stehen,

b) die Vor- und Nachteile bei den einzelnen Geschäftsvorfällen quantifiziert werden können und

c) die Vorteilsverrechnung bewusst vereinbart war oder zur Geschäftsgrundlage des nachteiligen Geschäfts gehörte.

3.27 Ergibt sich für einen Geschäftsvorfall bereits im Rahmen der Preisbestimmung ein Verlust oder ein unangemessen niedriger Gewinn, ist dieser Nachteil nur anzuerkennen, wenn er durch einen anderen Geschäftsvorfall mit demselben Vertragspartner ausgeglichen wird.

3.28 Sind die nachteiligen Bedingungen nicht während des Wirtschaftsjahres, in dem sie sich ausgewirkt haben, ausgeglichen worden, so verhindert ein Ausgleich nur dann die eigentlich vorzunehmende Einkünfteberichtigung, wenn spätestens zum Ende dieses Wirtschaftsjahres bestimmt ist, wann und durch welche Vorteile die Nachteile ausgeglichen werden. Die Nachteile müssen innerhalb eines überschaubaren Zeitraums ausgeglichen werden (Tz. 3.14 der Anlage 1; siehe auch Grundsätze im Zusammenhang mit Verlusten Kapitel III; C.5). Ein Ausgleich ist auch dann gegeben, wenn die den Vorteil begründende Leistung aktiviert wird.

C.4. Bandbreitenbetrachtung

3.29 Die Anwendung des Fremdvergleichsgrundsatzes führt regelmäßig zu einer Bandbreite von Vergleichswerten, von denen alle mehr oder minder gleich zuverlässig sind (Tz. 3.55 bis 3.62 der Anlage 1). Sofern feststellbar ist, dass manche dieser Werte auf Geschäftsvorfällen beruhen, die einen geringeren Grad an Vergleichbarkeit aufweisen als andere, sollten diese ausgeschlossen werden, § 1 Abs. 3a Satz 2 AStG. Hierdurch soll erreicht werden, dass nur Werte in der Bandbreite verbleiben, die für einen Vergleich am besten geeignet sind.

Geben die danach verbleibenden Werte selbst keinen Anhaltspunkt für eine bestimmte Einengung und verbleibt eine Anzahl von Werten, die es zulassen, statistische Methoden zur Einengung von Bandbreiten sinnvoll anzuwenden, ist gemäß § 1 Abs. 3a Satz 3 AStG zur Einengung der Bandbreite die sog. Interquartilsmethode zu verwenden. **3.30**

C.5. Verluste

Unabhängige Unternehmen würden verlustbringende Geschäftsaktivitäten einstellen, wenn keine vernünftige, betriebswirtschaftlich fundierte Erwartung besteht, innerhalb eines überschaubaren Zeitraums einen angemessenen Totalgewinn erzielen zu können (vgl. BFH vom 17. Februar 1993 I R 3/92, BStBl. II S. 457; BFH vom 17. Oktober 2001 I R 103/00, BStBl. 2004 II S. 171; BFH vom 6. April 2005 I R 22/04, BStBl. 2007 II S. 658; Tz. 3.64 der Anlage 1). Im Gegensatz dazu kann es für eine multinationale Unternehmensgruppe ökonomisch sinnvoll sein, wenn ein zur Unternehmensgruppe zugehöriges Unternehmen seinen unwirtschaftlichen Geschäftsbetrieb fortführt (Tz. 1.129 der Anlage 1). In solchen Fällen ist dieses Unternehmen von den davon profitierenden Unternehmen zu vergüten. Maßgebend ist das Jahresergebnis vor Steuern und ggf. vor Ergebnisabführung. **3.31**

Die Organisation der betrieblichen Abläufe liegt in der unternehmerischen Dispositionsfreiheit. Im Falle von Verlusten ist es erforderlich, neben den tatsächlich ausgeübten Funktionen, übernommenen Risiken und eingesetzten Vermögenswerten auch die Verlustursachen (beispielsweise lokales Missmanagement oder Markteroberung im Unternehmensgruppeninteresse) festzustellen. Verfügt ein Unternehmen weder über die maßgeblichen Entscheidungskompetenzen, Risiken einzugehen oder zu vermindern, noch über die finanzielle Kapazität, solche Risiken übernehmen zu können, ist eine steuerliche Zuweisung von Risiken mit den daraus resultierenden Aufwendungen zu diesem Unternehmen fremdunüblich. **3.32**

Nicht als Strategieträger zu qualifizierende unabhängige Unternehmen dürften daher im Regelfall keine länger andauernde Verlustperiode hinnehmen (Tz. 3.64 der Anlage 1), ohne einen angemessenen Totalgewinn innerhalb eines bestimmten überschaubaren Kalkulationszeitraums zu erwarten. Erzielt ein solches vergleichbares abhängiges Unternehmen aus einer Geschäftsbeziehung innerhalb von fünf Wirtschaftsjahren keinen angemessenen Gesamtgewinn, ist grundsätzlich davon auszugehen, dass **3.33**

a) die Verrechnungspreise unangemessen sind,

b) Geschäftsvorfälle nicht identifiziert und bepreist wurden, oder

c) Aufwendungen durch Interessen anderer Gruppenmitglieder mitverursacht sind (zum Beispiel Markenwerbung, Statthalterfunktion in einem bestimmten Markt). In solchen Fällen bemisst sich die Höhe einer Berichtigung nach einem Aufwendungsersatz zuzüglich Gewinnaufschlag und nicht etwa nach den an andere Gruppenmitglieder ggf. entrichteten Leistungsentgelten (zum Beispiel Lizenzen, Zinsen, Wareneinkauf).

Beispiel (Anfangsverluste):

Die T-GmbH erzielt nach Beginn ihrer Geschäftstätigkeit Verluste in den Jahren 01 bis 03. Um einen angemessenen Totalgewinn über den Zeitraum der Jahre 01 bis 05 vorzuweisen, ist ein ausreichend kompensierender Gewinn in den Jahren 04 und 05 erforderlich.

Abwandlung:

Die T-GmbH erzielt aus ihrer Geschäftstätigkeit Gewinne in den Jahren 01 bis 10 und Verluste in den Jahren 11 bis 13 (zum Beispiel infolge der Einführung eines neuen Produkts). Um einen angemessenen Totalgewinn über den Zeitraum der Jahre 11 bis 15 vorzuweisen, ist ein ausreichend kompensierender Gewinn in den Jahren 14 und 15 erforderlich.

3.34 Der Zeitraum kann aufgrund besonderer Umstände länger (zum Beispiel bei Geschäftsmodellen, die zu Beginn hohe Anfangsinvestitionen erfordern oder in Zeiten schwieriger, von der Unternehmensgruppe nicht beeinflussbarer Marktbedingungen) oder kürzer (zum Beispiel bei Produkten mit kurzem Lebenszyklus) als fünf Jahre sein. Ist im Zeitpunkt der Prüfung noch ungewiss, ob ein angemessener Totalgewinn erzielt werden kann, sollten die Steuerfestsetzungen vorläufig durchgeführt werden (§ 165 Abs. 1 Satz 1 AO).

3.35 Die Prüfung, ob ein Unternehmen aus der Ausübung von Routinefunktionen innerhalb eines überschaubaren Zeitraums einen angemessenen (Total-)Gewinn erzielt, umfasst auch die Frage, ob der erzielte Gewinn gemessen am Funktions- und Risikoprofil des Unternehmens angemessen hoch ist. Grundsätzlich ist das angemessene handelsrechtliche Jahresergebnis vor Steuern und ggf. Ergebnisabführung maßgebend, wobei bei Vorliegen mehrerer Geschäftsbeziehungen das Ergebnis jeder einzelnen Geschäftsbeziehung zu betrachten ist; es sei denn, es liegen die Voraussetzungen von Rn. 3.23 vor.

3.36 Eine Berichtigung der vom Steuerpflichtigen angesetzten Verrechnungspreise kann auch dann erfolgen, wenn eine Vertriebsgesellschaft zu gleichen Preisen beliefert wird wie fremde Dritte, sich die sonstigen Geschäftsbedingungen aber unterscheiden (zum Beispiel Marktverhältnisse, Umsatz- oder Kostensituation oder vertragliche Verhältnisse, wie zum Beispiel Verpflichtung zur Abnahme des gesamten Sortiments).

3.37 Werden Verluste eines Unternehmens durch Kapitalzuführungen oder kapitalersetzende Maßnahmen (zum Beispiel Forderungsverzicht, Patronatserklärung) anderer gruppenzugehöriger Unternehmen ausgeglichen, ist dies ein Indiz dafür, dass die Fortführung der unrentablen Geschäftstätigkeit im (Mit-)Interesse der multinationalen Unternehmensgruppe liegt.

C.6. Zeitpunkt des Fremdvergleichs

3.38 Maßgebender Zeitpunkt für den Fremdvergleich ist grundsätzlich der Abschluss des Vertrags, nicht der Erfüllungszeitpunkt (vgl. BFH vom 9. März 1983 I R 182/78, BStBl. II S. 744; § 1 Abs. 3 Satz 4 AStG). Hierfür hat der Steuerpflichtige alle zu diesem Zeitpunkt verfügbaren, zur Preisbestimmung notwendigen Informationen zu ermitteln und nur diese zu berücksichtigen. Der Steuerpflichtige kann sich auf nachträglich bekannt gewordene externe Vergleichswerte stützen, soweit sich diese auf den Zeitpunkt der Vereinbarung des Geschäftsvorfalls beziehen.

3.39 Ein ordentlicher und gewissenhafter Geschäftsleiter würde bei der Verhandlung von Verträgen auch die Vereinbarung etwaiger Kündigungs- und Änderungsoptionen eruieren und entsprechend auch insbesondere Vereinbarungen mit längerer Laufzeit daraufhin überprüfen, ob eine Änderung der Vereinbarung rechtlich möglich und für sein Unternehmen wirtschaftlich vorteilhaft ist oder andere realistisch zur Verfügung stehende Handlungsalternativen bestehen. In derartigen Fällen ist für den Fremdvergleich grundsätzlich auf den Zeitpunkt abzustellen, an dem ein ordentlicher und gewissenhafter Geschäftsleiter eine bestehende Geschäftsbeziehung neu ausgestaltet hätte oder auf Basis einer anderen realistisch zur Verfügung stehenden Handlungsalternative eine neue Geschäftsbeziehung eingegangen wäre.

Steuerpflichtige können Verrechnungspreise unter Berücksichtigung inner- **3.40** betrieblicher Plandaten (zum Beispiel Absatzzahlen und Umsatzerlöse, Stückzahlen und Produktionskosten, Vertriebskosten und sonstige betriebliche Kosten) und vorsichtiger Gewinnprognosen festlegen (Planrechnungen). Die Verwendung von Planrechnungen kommt insbesondere in Betracht, wenn mit der jeweiligen Verrechnungspreismethode nicht unmittelbar Fremdvergleichspreise ermittelt werden, sondern lediglich angemessene Werte für bestimmte Renditekennziffern (zum Beispiel Rohgewinnmarge, Kostenaufschlagsatz, operative Marge, Kapital- oder Anlagenrendite).

Planrechnungen sind anhand der Erfahrungen bereits abgelaufener Zeiträume **3.41** und kaufmännischer, betriebswirtschaftlich fundierter, vorsichtiger Prognosen zu begründen (vgl. BFH vom 17. Februar 1993 I R 3/92, BStBl. II S. 457). Die tatsächliche Entwicklung der zugrundeliegenden Plandaten und Renditekennziffern sollte unterjährig abgeglichen werden (Soll-Ist-Vergleich), um rechtzeitig auf einen geänderten Geschäftsverlauf reagieren zu können. Wird unterjährig kein Soll-Ist-Vergleich durchgeführt, ist zumindest zum Abschluss des Wirtschaftsjahres ein Vergleich der Planrechnung mit dem tatsächlichen Ergebnis durchzuführen.

Liegt das tatsächliche Ergebnis außerhalb der Bandbreite angemessener Ergeb- **3.42** nisse für die jeweilige Renditekennziffer, ist insoweit eine nachträgliche Anpassung des Ergebnisses vorzunehmen.

Planrechnungen sollen fremdübliches Verhalten widerspiegeln. Die Planrech- **3.43** nungen sollen als Element der Vergleichbarkeitsanalyse dazu beitragen, die Bedingungen zu identifizieren, die bei Preisvereinbarungen unter voneinander unabhängigen Unternehmen zustande kommen würden. Bei Geschäftsvorfällen zwischen voneinander unabhängigen Unternehmen hat jedes Unternehmen, auch wenn es nur Routinefunktionen ausübt, die Chance und das Risiko, aufgrund der eigenen Geschäftstätigkeit in einem bestimmten Rahmen bessere oder schlechtere Ergebnisse zu erzielen. Mit den festgesetzten Verrechnungspreisen und den prognostizierten Plandaten sollte daher bei einer vorsichtigen Gewinnprognose ein mittlerer Wert innerhalb einer Bandbreite für die jeweilige Renditekennziffer erreicht werden.

Führen nachträgliche Anpassungen nach Vornahme des Soll-Ist-Vergleichs da- **3.44** zu, dass ein Unternehmen bevorzugt oder benachteiligt wird (zum Beispiel durch das stetige Abstellen auf den obersten oder untersten Wert einer Bandbreite angemessener Ergebnisse), deuten solche Anpassungen grundsätzlich auf fremdunübliche (Vertrags-)Bedingungen hin.

D. Verwaltungsansätze zur Vermeidung und Beilegung von Verrechnungspreiskonflikten

Es wird auf das Merkblatt zum internationalen Verständigungs- und Schieds- **3.45** verfahren auf dem Gebiet der Steuern vom Einkommen und vom Vermögen des BMf vom 9. Oktober 2018 (BStBl. I S. 1122), das Merkblatt für bilaterale oder multilaterale Vorabverständigungsverfahren auf der Grundlage der Doppelbesteuerungsabkommen zur Erteilung verbindlicher Vorabzusagen über Verrechnungspreise zwischen international verbundenen Unternehmen (sog. „Advance Pricing Agreements" – APAs) des BMF vom 5. Oktober 2006 (BStBl. I S. 594) sowie das Merkblatt über koordinierte steuerliche Außenprüfungen mit Steuerverwaltungen anderer Staaten und Gebiete des BMF vom 9. Januar 2017 (BStBl. I S. 89) hingewiesen.

E. Dokumentation

3.46 Auf die Verwaltungsgrundsätze 2020 vom 3. Dezember 2020 (a.a.O.) und den Anwendungserlass zur Abgabenordnung insbesondere zu §§ 90, 138a und 162 wird hingewiesen.

F. Immaterielle Werte

F.1. Grundsatz

3.47 Für die Prüfung der Einkunftsabgrenzung bezüglich der Übertragung oder Überlassung von immateriellen Werten zwischen nahestehenden Personen sind die Grundsätze des Kapitels VI der Anlage 1 anzuwenden. Immaterielle Werte sind im Einklang mit Kapitel VI der Anlage 1 Vermögenswerte,

a) die weder materielle Wirtschaftsgüter oder Beteiligungen noch Finanzanlagen sind,
b) die Gegenstand eines Geschäftsvorfalls sein können, ohne einzeln übertragbar sein zu müssen, und
c) die einer Person eine tatsächliche oder rechtliche Position über diesen Vermögenswert vermitteln können.

3.48 Die Übertragung oder Überlassung zur Nutzung eines immateriellen Werts ist zu vergüten, wenn diese auf der Grundlage einer Geschäftsbeziehung erfolgt und hiermit eine finanzielle Auswirkung für den Übernehmer, den Nutzenden, den Übertragenden oder den Überlassenden verbunden ist.

3.49 Eine Entgeltfähigkeit der Höhe nach ist daher nur dann anzunehmen, wenn der Nutzende aus einer tatsächlichen oder rechtlichen Einräumung der Nutzung, zum Beispiel der Nutzung eines Unternehmenskennzeichens, einer Firma oder einer Marke, einen wirtschaftlichen Vorteil erwarten kann (vgl. BFH vom 21. Januar 2016 I R 22/14, BStBl. II 2017 S. 336 konkret auf die unternehmerische Tätigkeit bezogene Analyse der Vorteilhaftigkeit), unabhängig davon, ob dieser Vorteil tatsächlich eintritt (Ex-ante-Betrachtung). Die Bewertung richtet sich dann nach dem voraussichtlich eintretenden Nutzen. Tritt der erwartete wirtschaftliche Vorteil nicht ein, so würden voneinander unabhängige Dritte ihre Vereinbarungen überprüfen (Rn. 3.39).

3.50 Die Verrechnung von Nutzungsentgelten entspricht nicht dem Fremdvergleichsgrundsatz, wenn die Nutzungsüberlassung im Zusammenhang mit Lieferungen oder Leistungen steht, bei denen unter Fremden die Überlassung des immateriellen Werts im Preis der Lieferung oder Leistung mit abgegolten sein würde. Dies kann insbesondere bei immateriellen Werten angenommen werden, die lediglich in Zusammenhang mit Vertriebsaktivitäten eines Unternehmens einer multinationalen Unternehmensgruppe genutzt werden, welches ausschließlich und erkennbar Produkte der multinationalen Unternehmensgruppe vertreibt. Ein Ausgleich von Vor- und Nachteilen bei gesonderter Inrechnungstellung von Lieferungen und Leistungen einerseits und für derartige Nutzungsüberlassungen andererseits ist anzuerkennen.

3.51 *Ein Entgelt wird von einem* ordentlichen Geschäftsleiter nur bis zu der Höhe gezahlt, bei der für ihn ein angemessener Betriebsgewinn aus der Nutzung des immateriellen Werts verbleibt.

Die in Tz. 6.186 bis 6.195 der Anlage 1 vorgenommene Differenzierung von immateriellen Werten in schwer zu bewertende immaterielle Werte und andere immaterielle Werte ist unbeachtlich, da § 1a AStG eine eigenstände Preisanpassungsklausel normiert. 3.52

F.2. DEMPE-Funktionen

Grundsätzlich erfolgt die Zuordnung von Erträgen aus immateriellen Werten nach den übernommenen Funktionen und Risiken und deren Kontrolle und folgt damit nicht alleine dem Eigentum oder der Inhaberschaft. Es ist daher auf die Wertschöpfungsbeiträge, die aus der Ausübung von sog. DEMPE-Funktionen resultieren, abzustellen. Für diese beschreibende Betrachtung ist eine eigene Funktions- und Risikoanalyse erforderlich. Maßgebend ist, welche Gesellschaften in Bezug auf die Entwicklung (**d**evelopment), Verbesserung (**e**nhancement), Erhaltung (**m**aintenance), den Schutz (**p**rotection) und die Verwertung (**e**xploitation) immaterieller Werte die maßgeblichen (Personal-) Funktionen ausüben, die personellen und finanziellen Kapazitäten zur Übernahme und Kontrolle der damit verbundenen Risiken haben und in welchem Umfang sie wertvolle immaterielle Werte einsetzen (Tz. 6.32 der Anlage 1). Dies führt dazu, dass der Inhaber oder Eigentümer eines immateriellen Werts nicht zwingend berechtigt ist, die Erträge aus einem immateriellen Wert abschließend zu vereinnahmen. Übernehmen andere Unternehmen DEMPE-Funktionen im Hinblick auf den immateriellen Wert, steht diesen ein fremdüblicher Anteil an den aus dem immateriellen Wert erzielten Erträgen zu (vgl. zur funktionsorientierten Vergütung auch BFH vom 9. August 2000 I R 12/99, BStBl. 2001 II S. 140). Eine bestimmte Verrechnungspreismethode ist damit nicht verbunden. Es ist stets die am besten geeignete Verrechnungspreismethode anzuwenden. 3.53

Die allgemeinen Bestimmungen über die Zurechnung von Vermögenswerten und Einkünften sowie über die Ermittlung der Steuerbemessungsgrundlage (zum Beispiel §§ 39 bis 42 AO) bleiben hiervon unberührt. 3.54

F.3. Nutzung von Unternehmenskennzeichen und Marken

Die bloße Nutzung eines Unternehmenskennzeichens innerhalb einer multinationalen Unternehmensgruppe ohne die Überlassung von Markenrechten oder anderen immateriellen Werten ist grundsätzlich nicht entgeltfähig. Dies gilt nicht, wenn sich allein aus der Nutzung von Unternehmenskennzeichen wirtschaftliche Vorteile ergeben und Dritte von dieser Nutzung ausgeschlossen werden können. 3.55

Die Nutzung eines Markenrechts innerhalb einer multinationalen Unternehmensgruppe ist zu entgelten, wenn sich aus der Nutzung des Markenrechts wirtschaftliche Vorteile ergeben und Dritte von dieser Nutzung nach einer für ein geographisches Gebiet, in dem die Nutzung erfolgt, geltenden Rechtsordnung ausgeschlossen werden könnten. 3.56

Auch in den Fällen, in denen die Marke mit dem Unternehmenskennzeichen identisch oder nach wirtschaftlichen Aspekten untrennbar verbunden ist, kann die Nutzung des Markenrechts unter den genannten Voraussetzungen dem Grunde nach entgeltfähig sein. 3.57

Beispiel:
Die A-GmbH (ansässig im Inland) räumt der Konzerngesellschaft B-SARL (ansässig in Frankreich) ein Nutzungsrecht an der Marke A ein, sodass die B-SARL dieses auf dem französischen Markt nutzen darf.

Variante 1:
Der Markenrechtsschutz für die Marke A gilt nur in Deutschland. Dem Grunde nach ist die Einräumung des Nutzungsrechts schon nicht entgeltfähig, da die B-SARL die Marke auf dem französischen Markt auch frei nutzen könnte.

Variante 2:
Der Markenrechtsschutz für die Marke A gilt auch in Frankreich. Dem Grunde nach ist die Einräumung des Nutzungsrechts entgeltfähig, da die B-SARL die Marke auf dem französischen Markt nicht frei nutzen dürfte. Die A-GmbH könnte die B-SARL von der Nutzung ausschließen.

Variante 3:
Wie Variante 2, allerdings folgt aus der Nutzung der Marke A auf dem französischen Markt kein wirtschaftlicher Vorteil für die B-SARL, da die Marke in Frankreich gänzlich unbekannt ist. Die B-SARL muss die Marke erst noch mittels Marketingmaßnahmen bekannt machen. Damit vermag die Nutzungsüberlassung dem Grunde nach entgeltfähig sein, sie ist aber nicht werthaltig.

3.58 Beim Vertrieb von Markenerzeugnissen ist die Benutzung von Marken und Unternehmenskennzeichen regelmäßig nicht separat zu vergüten, da der wirtschaftliche Vorteil hieraus bereits im Abgabepreis für diese Erzeugnisse berücksichtigt wurde.

3.59 Die Höhe einer etwaigen Lizenzgebühr bemisst sich im Regelfall nach dem hypothetischen Fremdvergleich.

3.60 Der Ansatz eines Schadensersatzanspruchs für eine ggf. vorliegende Rechtsverletzung genügt dem Fremdvergleichsgrundsatz im Regelfall nicht, da

a) sonst ignoriert würde, dass die Nutzungsmöglichkeit im Regelfall vom Berechtigten ermöglicht wird, und

b) sonst lediglich eine einseitige Betrachtung vorgenommen und ein Preisbildungsprozess nicht abgebildet würde.

3.61 Als Ausgangspunkt der vorzunehmenden Einzelfallprüfung können die vom Bundesgerichtshof (vgl. BGH vom 29. Juli 2009 I ZR 169/07, GRUR 2010, S. 239) anerkannten Grundsätze der Lizenzanalogie dienen. Etwaige Verletzerzuschläge sind herauszurechnen.

G. Warenlieferungen und Dienstleistungen

G.1. Warenlieferungen

3.62 Werden im Zusammenhang mit der Lieferung von Gütern oder Waren Finanzierungsleistungen (zum Beispiel nicht handelsübliche Zahlungsziele, Kundenfinanzierung), Beistellungen oder Nebenleistungen vereinbart, hat der Fremdvergleichspreis dies zu berücksichtigen. Soweit über diese Leistungen gesonderte Verträge abgeschlossen werden, kann ein Vorteilsausgleich zulässig sein.

3.63 Sind Güter oder Waren unter Nutzung eines immateriellen Werts (zum Beispiel eines gewerblichen Schutzrechts, eines Geschmacksmusterrechts, eines Urheberrechts, einer nicht geschützten Erfindung oder einer sonstigen die Technik bereichernden Leistung, eines Sortenschutzrechts, eines Geschäfts- oder Betriebsgeheimnisses oder eines ähnlichen Rechts oder Wertes) hergestellt worden, liegt in deren Erwerb und dem anschließenden Gebrauch oder Verbrauch durch den Erwerber regelmäßig keine entgeltfähige und entgeltpflichtige Nutzung des immateriellen Werts.

G.2. Dienstleistungen

G.2.1. Grundsatz

3.64 *Für die Prüfung der Einkunfts*abgrenzung bei Dienstleistungen zwischen einander nahestehenden Personen sind die Grundsätze des Kapitels VII der Anlage 1 anzuwenden.

Eine Dienstleistung ist nur dann entgeltfähig (Tz. 7.6 bis 7.8 der Anlage 1), wenn 3.65

a) ein unabhängiger Dritter als Leistender dazu bereit wäre, diese Dienstleistung gegen Entgelt zu erbringen, und ein unabhängiger Dritter bereit wäre, eine Vergütung für diese Dienstleistung zu entrichten, oder

b) ein unabhängiger Dritter im eigenen Unternehmen die Dienstleistung als Eigenleistung erbringen würde.

Die Vermittlung einer Dienstleistung stellt eine eigenständige Dienstleistung dar. Es sind nur die Kosten der Vermittlungstätigkeit zu berücksichtigen. Die Kosten der vermittelten Dienstleistung bleiben unberücksichtigt. 3.66

Die Leistungen müssen tatsächlich erbracht und benötigt worden sein. Das bloße Angebot in einer multinationalen Unternehmensgruppe genügt nicht. Es ist nicht zu beanstanden, wenn bei schwankendem Leistungsfluss Durchschnittsentgelte verrechnet werden, die der tatsächlichen Abnahme innerhalb eines mehrjährigen Zeitraumes entsprechen. 3.67

Die Vergütungsfähigkeit von Dienstleistungen auf Abruf ist nur dann gegeben, wenn auch ein unabhängiger Dritter für die Möglichkeit einer Verfügbarkeit im Bedarfsfall ein Entgelt zu entrichten bereit gewesen wäre (Optionswert). Ein unabhängiger Dritter würde eine Vergütung für auf Abruf zur Verfügung stehende Dienstleistungen grundsätzlich nicht entrichten, wenn 3.68

a) die Wahrscheinlichkeit, dass die Dienstleistung benötigt wird, gering ist,

b) der Vorteil von auf Abruf zur Verfügung stehenden Dienstleistungen unerheblich ist oder

c) die fraglichen Dienstleistungen zeitnah aus anderen Quellen bezogen werden könnten und die Vergütungen hierfür in der Summe geringer wären als die für den Abruf.

Gesellschafteraufwand ist nicht entgeltfähig. Gesellschafteraufwand ist der durch die Tätigkeit oder Leistung eines Unternehmens der multinationalen Unternehmensgruppe veranlasste Aufwand, der aufgrund der Stellung oder der Pflichten einer kapital- oder vermögensmäßigen Beteiligung verursacht ist, Tz. 7.9 der Anlage 1. Insbesondere sind dies Tätigkeiten oder Leistungen 3.69

a) des Vorstands oder des Aufsichtsrats oder vergleichbarer ausländischer Leitungs- oder Kontrollgremien;

b) im Zusammenhang mit Gesellschafterversammlungen, der Ausgabe von Anteilen am Kapital und der Börsennotierung des Gesellschafters;

c) im Zusammenhang mit der rechtlichen Organisation der multinationalen Unternehmensgruppe als solcher;

d) im Zusammenhang mit dem Schutz und der Verwaltung der Beteiligungen einschließlich Führungs- und Kontrolltätigkeiten;

e) im Zusammenhang mit der Unternehmensgruppenführung.

Eine Dienstleistung, die ein Unternehmen im Interesse des Gesellschafters erbringt, ist vom Gesellschafter gegenüber dem Leistungserbringer fremdüblich zu vergüten. 3.70

Vorteile, die sich aus der Zugehörigkeit zur multinationalen Unternehmensgruppe und ohne aktives Zutun ergeben, wie etwa ein Rückhalt in der multinationalen Unternehmensgruppe, sind nicht vergütungsfähig. 3.71

3.72 Für die Bestimmung von Fremdvergleichspreisen von Dienstleistungen ist grundsätzlich die Kostenaufschlagsmethode unter Einbezug aller hierfür notwendigen direkten und indirekten Kosten anzuwenden, wenn die Anwendung der Preisvergleichsmethode nicht die geeignetste Methode ist. Dies gilt grundsätzlich auch für Finanzierungsdienstleistungen und Versicherungs- und Rückversicherungsdienstleistungen.

3.73 Stehen Dienstleistungen im Zusammenhang mit Warenlieferungen, können sie nicht gesondert verrechnet werden, wenn sie üblicherweise zwischen Dritten durch den Warenpreis abgegolten sind (zum Beispiel Garantie-, Wartungs- oder branchenübliche Kulanzleistungen).

G.2.2. Routinedienstleistungen mit geringer Wertschöpfung

3.74 Für eine entgeltfähige Routinedienstleistung mit geringer Wertschöpfung innerhalb einer multinationalen Unternehmensgruppe ist der Fremdvergleichspreis grundsätzlich nach der Kostenaufschlagsmethode zu bestimmen. Ein Kostenaufschlag in Höhe von fünf Prozent kann im Regelfall als fremdüblich angesehen werden, wenn dies in der multinationalen Unternehmensgruppe nachweislich einheitlich tatsächlich umgesetzt wird (Tz. 7.61 der Anlage 1).

3.75 Eine Routinedienstleistung mit geringer Wertschöpfung (Tz. 7.45 der Anlage 1) ist eine Dienstleistung, die von einem oder mehreren Mitgliedern einer multinationalen Unternehmensgruppe im Auftrag eines oder mehrerer anderer Gruppenmitglieder ausgeübt wird, und

a) die einen unterstützenden Charakter aufweist,

b) die nicht Gegenstand der Haupttätigkeit der multinationalen Unternehmensgruppe im Außenverhältnis zu Dritten ist,

c) zu deren Erbringung weder einzigartige noch wertvolle immaterielle Werte verwendet oder geschaffen werden,

d) die für den Leistenden weder mit der Übernahme oder der Kontrolle wesentlicher Risiken verbunden ist noch die Entstehung wesentlicher Risiken zur Folge hat.

3.76 Routinedienstleistungen mit geringer Wertschöpfung können demzufolge beispielsweise Dienstleistungen im Bereich des Rechnungswesens (u.a. Buchhaltung) oder der Erfüllung öffentlich-rechtlicher Verpflichtungen (zum Beispiel der Erstellung von Steuererklärungen) sowie Aufgaben des Personalwesens (u.a. Personaleinstellung) sein (Tz. 7.49 der Anlage 1).

3.77 Keine Routinedienstleistung mit geringer Wertschöpfung sind insbesondere folgende Tätigkeiten (Tz. 7.47 der Anlage 1):

a) Forschung und Entwicklung,

b) Herstellung und Produktion,

c) Verkauf, Marketing und Vertrieb.

G.2.3. Konzernumlagen

3.78 Bei Konzernumlagen gelten die bisher in diesem Kapitel dargelegten allgemeinen Grundsätze zu Dienstleistungen. Werden durch ein Unternehmen einer multinationalen Unternehmensgruppe zentral wahrgenommene Lenkungs- und Verwaltungsaufgaben für andere gruppeninterne Unternehmen erbracht, kann die Zuordnung der in diesem Zusammenhang entstandenen Einzel- und Gemeinkosten (zum Beispiel allgemeine Konzernverwaltung, zentrales Finanzmanagement) gegenüber den die Leistungen empfangenden Unternehmen anhand eines sachgerechten Verteilungsschlüssels (indirekte Abrechnung, Konzernumlage) anerkannt werden, wenn eine direkte Zuordnung den beteiligten Unternehmen nur mit unverhältnismäßigem Aufwand möglich gewesen wäre (Tz. 7.24 der Anlage 1). Ein sachgerechter Verteilungsschlüssel kann in Abhängigkeit von der jeweiligen Aufgabe beispielsweise der Umsatz, die Anzahl der Mitarbeiter oder die Anzahl der Computerarbeitsplätze sein (Tz. 7.25 der Anlage 1). Um der Finanzbehörde eine Beurteilung der Sachgerechtigkeit der Konzernumlage und des Umlageschlüssels zu ermöglichen, sind insbesondere der Umfang der tatsächlich im Interesse des jeweiligen Empfängers erbrachten Dienstleistungen sowie die Angemessenheit der hierfür dem Steuerpflichtigen oder von dem Steuerpflichtigen in Rechnung gestellten Verrechnungspreise vom Steuerpflichtigen im Rahmen seiner Mitwirkungspflichten darzulegen.

Die Berechnung hat auf Istkostenbasis zu erfolgen. Sollte zunächst eine Berechnung auf Plankostenbasis vorgenommen worden sein, ist spätestens zum Jahresende ein Abgleich mit den Istkosten und eine entsprechende Aufteilung vorzunehmen. **3.79**

G.3. Arbeitnehmerentsendungen

Auf das BMF-Schreiben betreffend „Grundsätze für die Prüfung der Einkunftsabgrenzung zwischen international verbundenen Unternehmen in Fällen der Arbeitnehmerentsendung" vom 9. November 2001 (BStBl. I S. 796)[1] wird verwiesen. **3.80**

H. Kostenumlagen

Für die Prüfung der Einkunftsabgrenzung durch Umlageverträge zwischen nahestehenden Personen sind die Grundsätze des Kapitels VIII der Anlage 1 anzuwenden. **3.81**

Wirken mehrere Unternehmen einer multinationalen Unternehmensgruppe im gemeinsamen Interesse zusammen, übernehmen gemeinsam Risiken und leisten Beiträge, **3.82**

a) um Vermögenswerte gemeinsam zu entwickeln (Entwicklungskostenumlage) oder

b) um Dienstleistungen in Anspruch zu nehmen (Dienstleistungskostenumlage),

sind die Beiträge zu Fremdvergleichspreisen zu bewerten und von den Unternehmen anhand der jeweils zu erwartenden Vorteile zu vergüten (Tz. 8.12 und 8.13 der Anlage 1). Kapitel I der Anlage 1 ist daher auch für die Bewertung der jeweiligen Beiträge anzuwenden (Tz. 8.4 der Anlage 1). Rein kostenbasierte Bewertungen der Beiträge sind grundsätzlich nicht fremdüblich.

Auf die möglichen Ausnahmen hiervon, die in Tz. 8.27 und 8.28 der Anlage 1 beschrieben werden, wird besonders hingewiesen. Die Voraussetzungen hierfür können insbesondere dann vorliegen, wenn **3.83**

a) die Kosten-Wert-Differenz marginal ist (etwa bei der Erbringung von Dienstleistungen mit geringer Wertschöpfung),

b) der administrative Aufwand erheblich wäre, oder

c) die Werte der Beiträge betragsmäßig korrespondieren und damit ausgewogen sind.

---

[1] Nr. **725** § 1/4.

3.84 Als Teilnehmer einer Entwicklungskostenumlage kann nur anerkannt werden, wer

a) über eine berechtigte Erwartung verfügt, einen Vorteil aus der Entwicklungskostenumlage zu erzielen (Tz. 8.14 der Anlage 1), und

b) die Möglichkeit besitzt, die Risiken, die mit einer solchen Entwicklungskostenumlage für ihn verbunden sind, zu kontrollieren (Tz. 8.15 der Anlage 1).

3.85 Beenden Unternehmen die Entwicklungskostenumlage, steht diesen jeweils ein fremdüblicher Anteil an den Ergebnissen der Tätigkeit zu (Tz. 8.49 der Anlage 1). Dies gilt entsprechend, wenn ein Unternehmen aus der Entwicklungskostenumlage austritt (Tz. 8.46 der Anlage 1). Beteiligt sich ein Unternehmen an einer schon bestehenden Entwicklungskostenumlage, hat dieses ein fremdübliches Entgelt für die Beteiligung an den bisher entwickelten Vermögenswerten an die übrigen Teilnehmer der Entwicklungskostenumlage zu entrichten (Tz. 8.44 der Anlage 1). Es kann auch dem Fremdvergleich entsprechen, signifikante Veränderungen bei der Zuordnung der Vorteile nach dem gleichen Prinzip auszugleichen.

3.86 Die Umlageverträge sollten regelmäßig auf mögliche notwendige Anpassungen der Umlageschlüssel hin überprüft werden (Tz. 8.22 der Anlage 1).

I. Funktionsverlagerung

3.87 Auf § 1 Abs. 3b AStG und die Verwaltungsgrundsätze Funktionsverlagerung vom 13. Oktober 2010 (BStBl. I S. 774)[1] wird hingewiesen.

J. Finanzierungsbeziehungen

J.1. Allgemein

3.88 Für die Prüfung der Einkunftsabgrenzung bei Finanzierungsbeziehungen zwischen nahestehenden Personen sind die Grundsätze des Kapitels X der Anlage 1 anzuwenden.

3.89 Wie auch bei anderen unternehmensgruppeninternen Geschäftsbeziehungen hat die sachgerechte Abgrenzung der Geschäftsvorfälle im Zusammenhang mit Finanzierungsaktivitäten auf Basis einer Funktions- und Risikoanalyse zu erfolgen.

3.90 Bei Finanzierungsleistungen ist in einem ersten Schritt zu prüfen, ob es sich steuerrechtlich um Fremdkapital handelt.

3.91 Damit ein Darlehensverhältnis und damit auch die diesbezüglichen Zinszahlungen als fremdüblich anerkannt werden können, muss die Finanzierung auch wirtschaftlich benötigt worden sein. Ein ordentlicher und gewissenhafter Geschäftsleiter wird kein Fremdkapital am Markt aufnehmen, wenn damit nicht wenigstens eine begründete Aussicht auf eine Rendite besteht, die die Finanzierungskosten deckt. Die Verwendung des Fremdkapitals soll im Einklang mit dem Unternehmenszweck stehen. Ein ordentlicher und gewissenhafter Geschäftsleiter wird bemüht sein, das Kapital für den Zweck des Unternehmens einzusetzen und beispielsweise nicht als Anlage auf dem Tagesgeldkonto oder als Einlage in einen unternehmensgruppeninternen Cash Pool.

3.92 Stellt eine gruppenzugehörige Finanzierungsgesellschaft einem Steuerpflichtigen Kapital zur Verfügung und verfügt diese Finanzierungsgesellschaft nicht

---

[1] Nr. **725** § 1/7.

über die Fähigkeit und die Befugnis, das Risiko von Investitionen in einen finanziellen Vermögenswert zu kontrollieren oder es zu tragen, steht ihr als Vergütung für die Hingabe des Kapitals nur ein Entgelt bis zur Höhe einer risikolosen Rendite zu (Tz. 1.100, 1.103, 1.108 bis 1.116 der Anlage 1). Das Entgelt ist grundsätzlich anhand der Kostenaufschlagsmethode auf der Grundlage der nachgewiesenen und direkt zurechenbaren Betriebskosten anzusetzen; Refinanzierungskosten sind grundsätzlich nicht in die Kostenbasis einzubeziehen. Daneben sind Refinanzierungskosten mit einer risikolosen Rendite zu berücksichtigen.

Beispiel:

Die M-AG (ansässig im Inland) stattet die FinCo. (ansässig im Ausland) zu 100 Prozent mit Eigenkapital aus. Die FinCo. leitet dieses Geld, ohne die Kontrolle oder Übernahme von Risiken, an die T-AG (ansässig im Inland) weiter. Das Entgelt für diese Tätigkeit beschränkt sich grundsätzlich auf die direkt zurechenbaren Betriebskosten, wie etwa den Personaleinsatz. Die Refinanzierungskosten sind begrenzt auf die risikofreie Rendite. Mithin ist es fremdunüblich, wenn die FinCo. der T-AG einen Zinssatz in Rechnung stellt, der über den risikofreien Zins hinausgeht.

Bei der Prüfung kann von an sich gebotenen Beanstandungen abgesehen **3.93** werden, wenn wegen zwingender Rechtsvorschriften im Ansässigkeitsstaat der nahestehenden Person oder aus ähnlichen Gründen, die außerhalb des Kreditverhältnisses liegen, statt einer an sich gebotenen Zuführung von Eigenkapital ein zinsloses oder zinsgünstiges Darlehen gewährt wird. Wird von dieser Regelung Gebrauch gemacht, kann die Zinslosigkeit oder niedrige Verzinslichkeit als solche keine Teilwertabschreibung des Darlehens begründen.

Der Konzernrückhalt beschreibt lediglich den rechtlichen und wirtschaftlichen **3.94** Rahmen der Unternehmensverflechtung. Der Konzernrückhalt stellt damit keine rechtlich durchsetzbare Sicherheit dar und ist auch nicht stellvertretend hierfür heranzuziehen. Dem Konzernrückhalt kommt jedoch bei der Bemessung der subjektiven Ausfallwahrscheinlichkeit des Darlehensnehmers Bedeutung zu und er wirkt sich damit de facto auf dessen Bonität aus. Je nach der wirtschaftlichen Stellung und Bedeutung des jeweiligen Darlehensnehmers innerhalb der Unternehmensgruppe – auch unter Berücksichtigung des Zwecks der Darlehensgewährung – würde dieser für den Fall, dass er eine wirtschaftliche Schieflage erleidet, gestützt werden. Je bedeutender also der Darlehensnehmer für die Unternehmensgruppe ist, desto eher würde dieser eine Stützung seitens der Unternehmensgruppe erfahren. Im gleichen Maße tritt die isolierte Betrachtung des Darlehensnehmers bei der Beurteilung der Bonität in den Hintergrund. Das Ausmaß und die Auswirkungen des Konzernrückhalts sind im jeweiligen Einzelfall sachgerecht zu prüfen.

Eine Besicherung ist grundsätzlich fremdüblich. Inwieweit eine Nichtbesiche- **3.95** rung zwischen Nahestehenden fremdüblich sein kann, hängt von den Umständen des jeweiligen Einzelfalls ab. Bei der Beurteilung sind folgende Aspekte im Rahmen einer Gesamtschau von besonderer Bedeutung:

- Verhalten der Unternehmensgruppe gegenüber fremden Dritten: Werden Verbindlichkeiten im Außenverhältnis grundsätzlich besichert, so erscheint eine Nichtbesicherung innerhalb der Unternehmensgruppe fremdunüblich.
- Wirtschaftliche Vorteilhaftigkeit: Sollte die Vereinbarung einer Sicherheit aus wirtschaftlicher Sicht vorteilhaft sein, um beispielsweise einen niedrigeren Zinssatz zu erreichen, so würde ein fremder Dritter, um seinen Gewinn zu maximieren, auf eine Sicherheit nicht verzichten.
- Realistisch zur Verfügung stehende Handlungsalternativen: Würde beispielsweise der Darlehensnehmer zeitgleich noch ein Darlehen eines fremden

Dritten benötigen und die Begebung der Sicherheit an den fremden Dritten zu einer gegenüber der nahestehenden Person erhöhten Kostenreduktion führen, so wäre es wirtschaftlich vorteilhafter, dieses Darlehen zu besichern. Eine Sicherheit stünde damit für das Darlehen zwischen den nahestehenden Personen nicht mehr realistisch zur Verfügung (vorausgesetzt, der Darlehensnehmer hätte sonst keine weiteren Vermögenswerte, die sich zur Besicherung eignen würden).

- Erwartete Befriedigung von Ansprüchen: Es ist von Bedeutung, ob ausreichend Vermögenswerte vorhanden sind bzw. im Rahmen einer etwaigen Insolvenz genügend Masse zur Verfügung stünde, um die entsprechenden Ansprüche zu befriedigen (vgl. u.a. § 39 InsO).
- Darlehenssumme: Nicht jede Kapitalüberlassung wird zwischen fremden Dritten besichert. Entscheidende Kriterien sind dabei auch die Höhe des Darlehensbetrags, der seitens des Darlehensgebers gewährt wird, und die Risikotragfähigkeit des Darlehensgebers.
- Geschäftsstrategie des Darlehensgebers: Verfolgt der Darlehensgeber im Rahmen seiner gewöhnlichen Geschäftstätigkeit typischerweise nicht (riskante) Finanzinvestitionen, so wird dieser regelmäßig versuchen, sein Risiko aufgrund dieser Tätigkeit zu minimieren. Hierzu kann es entsprechend gehören, dass Kapitalüberlassungen besichert vorzunehmen sind.

J.2. Vergütung für eine erhöhte Kreditwürdigkeit

3.96 Für die Vorteile einer nachgewiesenen erhöhten Kreditwürdigkeit eines Unternehmens ist ein dem Fremdvergleichsgrundsatz entsprechender Verrechnungspreis anzusetzen. Die Vorteile können sich daraus ergeben, dass mindestens ein Mitglied der multinationalen Unternehmensgruppe die Verpflichtung gegenüber einem fremden Dritten übernimmt, die Zahlungsverpflichtungen des Unternehmens sicherzustellen. Dies kann insbesondere durch eine Garantie, eine Bürgschaft, einen Kreditauftrag, eine harte Patronatserklärung oder durch Realsicherheiten erfolgen. Ein Verrechnungspreis ist nur anzusetzen, wenn der Verpflichtete eine tatsächliche Risikoposition übernimmt. Bei der Bestimmung des anzusetzenden Fremdvergleichspreises ist grundsätzlich davon auszugehen, dass sich die Vorteile einer erhöhten Kreditwürdigkeit auf die Differenz zwischen den Bedingungen für die multinationale Unternehmensgruppe als solche und den Bedingungen für das die Verpflichtung übernehmende Unternehmen beschränken.

3.97 Wird ein Unternehmen erst durch die Verpflichtung der multinationalen Unternehmensgruppe oder eines Mitglieds dieser multinationalen Unternehmensgruppe gegenüber einem fremden Dritten in die Lage versetzt, Kapital aufnehmen zu können, handelt es sich in EU/EWR-Fällen bei der Verpflichtungsübernahme um einen Gesellschafterbeitrag (Rn. 3.69), wenn ein wirtschaftlicher Grund im Sinne des EuGH-Urteils vom 31. Mai 2018 in der Rechtssache C-382/16 (Hornbach) vorliegt.

J.3. Cash Pool als Finanzierungsbeziehung innerhalb einer multinationalen Unternehmensgruppe

3.98 Cash Pooling stellt eine Liquiditätsbündelung in multinationalen Unternehmensgruppen dar. Der Cash Pool-Leiter erbringt dabei grundsätzlich lediglich eine *funktions-* und *risikoarme* Dienstleistung (Tz. 10.130 der Anlage 1), wobei im jeweiligen Einzelfall das Funktions- und Risikoprofil entscheidend ist. Die Vergütung des Cash Pool-Leiters bestimmt sich entsprechend im

Regelfall auf Basis einer kostenorientierten Methode. Es ist nicht zu beanstanden, wenn der Kostenaufschlag auf die direkt zuzurechnenden Kosten zwischen fünf Prozent und zehn Prozent beträgt. Finanzierungskosten gehen nicht in die Bemessungsgrundlage ein.

Die am Cash Pool beteiligten Unternehmen haben im Verhältnis zur Gesamtanzahl der Teilnehmer den Verrechnungspreis anteilig zu übernehmen. Cash Pooling-Strukturen sind ein Beispiel für die Generierung von Synergieeffekten in multinationalen Unternehmensgruppen (Tz. 1.157 ff. der Anlage 1). Gerade aber die Aufteilung dieser Synergieeffekte auf die einzelnen Unternehmenseinheiten ist nicht verursachungsgerecht möglich. Entsprechend ist hier eine besondere Würdigung im Einzelfall unter Berücksichtigung der Akzeptanz der Struktur im Ausland vorzunehmen. **3.99**

Beispiel:
Die M-AG (ansässig im Inland) stattet die FinCo. (ansässig im Ausland) zu 100 Prozent mit Eigenkapital aus. Die FinCo. agiert als Cash Pool Leiter und organisiert den Cash Pool innerhalb der multinationalen Unternehmensgruppe ohne die Kontrolle oder Übernahme von Risiken. Die Vergütung hängt von dem Ergebnis der Funktions- und Risikoanalyse ab. Das Entgelt für die Tätigkeit eines Cash Pool Leiters beschränkt sich dabei grundsätzlich auf die direkt zurechenbaren Betriebskosten, wie etwa den Personaleinsatz, samt einem fremdüblichen Gewinnaufschlag. Die Umlage der Kosten inklusive des Gewinnaufschlages könnte insbesondere im Wege einer Konzernumlage quotal auf Basis der Anzahl der Teilnehmer erfolgen.

Handelt es sich bei den jeweiligen Geldeinlagen und -aufnahmen der Cash Pool Teilnehmer nicht um kurzfristige Geldeinlagen und -aufnahmen, handelt es sich wirtschaftlich betrachtet nicht um einen Cash Pool, sondern um einzelne langfristige Darlehensbeziehungen, die entsprechend zu behandeln sind (Tz. 10.122 der Anlage 1). **3.100**

J.4. Sonstige Finanzierungsinstrumente und Eigenversicherer

Der Einsatz von Finanzinstrumenten i.S.d. § 1 Abs. 11 des Kreditwesengesetzes innerhalb von multinationalen Unternehmensgruppen ist entsprechend den am Markt zum Zeitpunkt des Geschäftsabschlusses bestehenden Gegebenheiten und entsprechend dem Fremdvergleichsgrundsatz unter Beachtung der Risikoverteilung zwischen den Vertragsparteien zu vergüten. **3.101**

Ein Eigenversicherer ist für die Übernahme seiner Tätigkeit entsprechend den am Markt zum Zeitpunkt des Geschäftsabschlusses bestehenden Gegebenheiten und entsprechend dem Fremdvergleichsgrundsatz unter Beachtung der Risikoübernahme, der Kapitalausstattungsanforderungen und der Synergieeffekte aufgrund der Gruppenzugehörigkeit zu vergüten. **3.102**

Kapitel IV. Weitere allgemeine Grundsätze

A. Erstkorrektur

Auf die Verwaltungsgrundsätze 2020 vom 3. Dezember 2020 (a.a.O.) wird verwiesen. **4.1**

Eine Korrektur ist für den Veranlagungszeitraum vorzunehmen, in dem die jeweilige Einkünfteminderung eingetreten ist. Der Korrekturbetrag ist derselben Einkunftsart zuzurechnen wie die korrigierten Einkünfte. **4.2**

B. Behandlung von Ausgleichszahlungen

Gleichen die Beteiligten in Verrechnungspreisfällen eine von der deutschen Finanzbehörde vorgenommene Korrektur dadurch aus, dass sie durch Ausgleichszahlungen den Zustand herbeiführen, der bei Beachtung des Grundsatzes des Fremdvergleichs eingetreten wäre, ist dieser Ausgleich **4.3**

a) bei einer Korrektur wegen der Annahme einer verdeckten Gewinnausschüttung einer inländischen Körperschaft grundsätzlich als Einlage zu behandeln (vgl. BFH vom 29. Mai 1996 I R 118/93, BStBl. 1997 II S. 92),

b) bei einer Korrektur wegen der Annahme einer verdeckten Einlage in eine ausländische Körperschaft grundsätzlich als Leistung zu behandeln, die beim Gesellschafter zu Bezügen i.S.d. § 20 Abs. 1 Nummer 1 EStG führt,

c) bei einer Korrektur wegen der Annahme einer Entnahme als Einlage und bei der Berichtigung wegen einer Einlage als Entnahme zu behandeln,

d) bei Vorgängen, die zu einer auf § 1 AStG zu stützenden Berichtigung geführt haben, aus Billigkeitsgründen außerhalb der Bilanz mit dem zu Zwecken der Berichtigung vorgenommenen Zuschlag zu verrechnen (vgl. BFH vom 30. Mai 1990 I R 97/88, BStBl. II S. 875). Dies gilt nur, wenn die Ausgleichszahlungen innerhalb eines Jahres nach Bekanntgabe des berichtigten Steuerbescheids tatsächlich geleistet worden sind.

4.4 Wird eine Beteiligung an einer nahestehenden ausländischen Gesellschaft veräußert oder wird eine solche Gesellschaft liquidiert und haben Vorgänge früherer Veranlagungszeiträume beim Gesellschafter zu einer Berichtigung nach § 1 AStG geführt, die noch nicht verrechnet worden ist (Rn. 4.3 Buchst. d), ist das Vermögen der ausländischen Gesellschaft höher als es wäre, wenn die Gesellschaft einen dem Fremdvergleich entsprechenden Preis an den Gesellschafter gezahlt hätte. Zur Vermeidung einer Doppelbesteuerung kann in diesen Fällen der außerhalb der Bilanz angesetzte Berichtigungsbetrag aus Billigkeitsgründen (§ 163 AO) abgezogen werden. Die Kürzung kann auch zu einem Negativbetrag führen. Unterliegt ein nach dieser Billigkeitsregelung um den Berichtigungsbetrag nach § 1 AStG verminderter Veräußerungs- oder Liquidationsgewinn der Vorschrift des § 8b KStG, so sind die pauschalen nichtabziehbaren Betriebsausgaben i.S.d. § 8b Abs. 3 Satz 1 und Abs. 5 Satz 1 KStG nur vom verminderten Gewinn zu ermitteln. Ein sich durch die Anwendung dieser Billigkeitsregelung ergebender oder erhöhender Veräußerungs- oder Liquidationsverlust ist insgesamt nach § 8b Abs. 3 Satz 3 KStG außerbilanziell hinzuzurechnen, sodass sich im Verlustfall trotz Anwendung der Billigkeitsregelung keine Auswirkung auf das Einkommen der Anteilseigner-Kapitalgesellschaft ergibt. Ist auf Ebene des Anteilseigners das Teileinkünfteverfahren (§§ 3 Nr. 40c, 3c Abs. 2 EStG) anzuwenden, so kann der Berichtigungsbetrag nach § 1 AStG unter analoger Anwendung des § 3c Abs. 2 EStG nur zu 60 Prozent bei der Ermittlung des Gewinns oder Verlusts berücksichtigt werden. Entsprechendes gilt auch beim Gesellschafter, sofern die Berichtigung nach § 1 AStG nicht beim Gesellschafter selber, sondern bei dessen Tochtergesellschaft erfolgte und sofern § 1 AStG Vorrang gegenüber § 8 Abs. 3 Satz 2 KStG hat.

4.5 Im Fall der Liquidation ist die Kürzung in dem Veranlagungszeitraum vorzunehmen, in dem nach den Grundsätzen ordnungsmäßiger Buchführung ein etwaiger Liquidationserlös erfolgswirksam zu vereinnahmen ist. Eine Kürzung im Zeitpunkt des Liquidationsbeschlusses kommt deshalb nur in Betracht, wenn eine Abwicklung mangels Masse nicht stattfindet und ein Liquidationserlös nicht anfällt.

C. Gegenberichtigung

4.6 Eine Berichtigung der Einkünfte durch eine ausländische Steuerverwaltung kann zu einer Doppelbesteuerung im Hinblick auf die Einkünfte des inländischen nahestehenden Steuerpflichtigen führen. Passt der Steuerpflichtige daraufhin seine künftigen Verrechnungspreise an, unterliegt der Vorgang der Aufzeichnungspflicht gemäß § 90 Abs. 3 AO. Eine nachträgliche Gegenberichtigung ist nur anzuerkennen, soweit sie nach deutschem Steuerrecht materiell- und verfahrensrechtlich zulässig ist. Die Gegenberechtigung ist nach deutschem Steuerrecht materiell-rechtlich in der Weise durchzuführen, in der der Fremdvergleichsgrundsatz von Beginn an zutreffend berücksichtigt worden wäre; dementsprechend sind nationale Abzugsbeschränkungen wie beispielsweise die Zinsschranke (§ 4h EStG, § 8a KStG) bei der Gegenberichtigung zu beachten. Der Grundsatz der Abschnittbesteuerung ist zu beachten. Abkommensrechtlich eröffnen die Art. 9 OECD-MA (insbesondere Art. 9 Abs. 2 OECD-MA) nachgebildeten Artikel im jeweiligen DBA einen Anspruch auf Gegenberichtigung im anderen Vertragsstaat, soweit die Erstkorrektur nach Auffassung der Steuerverwaltung dieses anderen Vertragsstaats berechtigt ist. Als Änderungsvorschrift können innerhalb dieses Rahmens auf deutscher Seite neben den innerstaatlichen Abgrenzungsregelungen auch §§ 164 Abs. 2, 173 Abs. 1 Nr. 2 AO zur Anwendung kommen, ohne dass zuvor ein Verständigungs- oder Schiedsverfahren durchgeführt worden ist (einseitige Abhilfe). Zwecks Umsetzung einer Verständigungsvereinbarung oder eines Schiedsspruchs, die ggf. auch zu einer weitergehenden Gegenberichtigung führen können, ist insoweit § 175a AO anzuwenden.

D. Zoll

Der für die Einkunftsabgrenzung maßgebliche Fremdvergleichspreis kann von **4.7** dem der Verzollung zu Grunde liegenden Zollwert i.S.d. Artikels 70 Unionszollkodex (UZK; VO (EU) 952/2013 des Europäischen Parlaments vom 9. Oktober 2013, ABl. L 269, S. 1) oder von dem zur Erhebung der Einfuhrumsatzsteuer zu Grunde liegenden Einfuhrumsatzsteuerwert abweichen. Ungeachtet dessen kann die Zollwertermittlung eine ergänzende Hilfestellung bei der Bestimmung von Fremdvergleichs preisen leisten.

Nachträgliche Verrechnungspreisanpassungen in Form von Nachbelastungen **4.8** durch den Verkäufer sind vom Anmelder dem zuständigen Hauptzollamt unverzüglich anzuzeigen (§ 153 AO). Bei nachträglichen Verrechnungspreisanpassungen in Form von Gutschriften des Verkäufers besteht mitunter ein Erstattungsanspruch. Voraussetzung ist jedoch, dass die Anpassung zwischen den Kaufvertragsparteien vor den Einfuhren dem Grunde und der Höhe nach vertraglich vereinbart wurde und produktbezogen erfolgt.

Kapitel V. Glossar

Auf das Glossar in der Anlage 2 sowie das Glossar der OECD über steuerliche **5.1** Begriffe (Glossary of Tax Terms) wird hingewiesen.

Kapitel VI. Aufhebung von BMF-Schreiben und Anwendungsvorschrift

Die folgenden BMF-Schreiben werden mit Veröffentlichung dieses Schreibens **6.1** im BStBl. aufgehoben:

- BMF-Schreiben betr. „Grundsätze für die Prüfung der Einkunftsabgrenzung bei international verbundenen Unternehmen“ vom 23. Februar 1983 IV C 5 – S 1341 – 4/83, BStBl. I S. 218;
- BMF-Schreiben betr. „Grundsätze für die Prüfung der Einkunftsabgrenzung zwischen nahestehenden Personen mit grenzüberschreitenden Geschäfts-

beziehungen in Bezug auf Ermittlungs- und Mitwirkungspflichten, Berichtigungen sowie auf Verständigungs- und EU-Schiedsverfahren (Verwaltungsgrundsätze-Verfahren)" vom 12. April 2005 IV B 4 – S 1341 – 1/05, BStBl. I S. 570;

- BMF-Schreiben betr. „Anwendung des § 1 AStG auf Fälle von Teilwertabschreibungen und anderen Wertminderungen auf Darlehen an verbundene ausländische Unternehmen" vom 29. März 2011 IV B 5 – S 1341/09/10004, BStBl I S. 277;
- BMF-Schreiben betr. „Glossar ‚Verrechnungspreise'" vom 19. Mai 2014 IV B 5 – S 1341/07/10006-01, BStBl. I S. 838;
- BMF-Schreiben betr. „Namensnutzung im Konzern" vom 7. April 2017 IV B 5 – S 1341/16/10003, BStBl. I S. 701;
- BMF-Schreiben betr. „Grundsätze für die Prüfung der Einkunftsabgrenzung durch Umlageverträge zwischen international verbundenen Unternehmen" vom 5. Juli 2018 IV B 5 – S 1341/0 :003, BStBl. I S. 743;
- BMF-Schreiben betr. „Wirtschaftliche Gründe, die den Abschluss eines Geschäfts unter nicht „fremdüblichen Bedingungen" rechtfertigen – EuGH-Urteil vom 31. Mai 2018 in der Rechtssache C-382/16" vom 6. Dezember 2018 IV B 5 – S 1341/11/10004-09, BStBl. I S. 1305.

6.2 Darüber hinaus wird die Textziffer 1 der Grundsätze zur Anwendung des Außensteuergesetzes (IV B 4 – S 1340 – 11/04, BStBl. I Sondernummer 1/2004 S. 3)[1] aufgehoben.

6.3 Dieses Schreiben ist auf alle offenen Fälle anzuwenden; siehe insbesondere Rn. 2.3.

[1] Nr. **725**.

800 § 39/1. Schreiben betr. wirtschaftliche Zurechnung bei Wertpapiergeschäften; BMF-Schreiben vom 11. November 2016 (BStBl. I S. 1324)

Vom 9. Juli 2021
BMF IV C 6 - S 2134/19/10003 :007; DOK 2021/0737864
(BStBl. I S. 1002)

Mit BFH-Urteil vom 18. August 2015 I R 88/13 (BStBl. 2016 II S. 961) hat der BFH für Recht erkannt, dass das wirtschaftliche Eigentum an Aktien, die im Rahmen einer sog. „Wertpapierleihe" an den „Entleiher" zivilrechtlich übereignet wurden, ausnahmsweise beim „Verleiher" verbleiben könne, wenn die zivilrechtliche Position des „Entleihers" lediglich eine formale sei. Dies ergebe sich in dem der Entscheidung zu Grunde liegenden Fall aus den Bestimmungen der abgeschlossenen Leihverträge und der Art ihres Vollzugs. Nach dem Ergebnis der Erörterungen mit den obersten Finanzbehörden der Länder gelten bezugnehmend auf das BFH-Urteil vom 18. August 2015 I R 88/13 (BStBl. 2016 II S. 961) für die wirtschaftliche Zurechnung bei Wertpapierleihen, Kassa-Geschäften und anderen Wertpapiergeschäften die folgenden Grundsätze:

I. Einordnung eines Wertpapierdarlehens („Wertpapierleihe")

Bei der „Wertpapierleihe" handelt es sich um ein Sachdarlehen (vgl. BT-Drs. 14/6040, S. 258). Durch den Sachdarlehensvertrag wird der Darlehensgeber verpflichtet, dem Darlehensnehmer eine vereinbarte vertretbare Sache zu überlassen. Der Darlehensnehmer ist zur Zahlung eines Darlehensentgelts und bei Fälligkeit zur Rückerstattung von Sachen gleicher Art, Güte und Menge verpflichtet. Die Wertpapiere werden gegen Leistung eines Entgelts zu vollem Eigentum und zu freier Verfügung (Übergang aller Rechte aus dem Papier, auch diejenigen Rechte zum Weiterverkauf oder zur Verpfändung) überlassen. 1

II. Wirtschaftliche Zurechnung

Im Grundsatz sind dem Darlehensnehmer als zivilrechtlichem Eigentümer die im Rahmen des Darlehens übereigneten Wertpapiere auch wirtschaftlich zuzurechnen (§ 39 Abs. 1 AO; Grundfall). Maßgeblich ist hierfür die Ausübung der tatsächlichen Herrschaft in der Weise, dass er den Darlehensgeber im Regelfall und nach dem Gesamtbild der Verhältnisse im Einzelfall für die gewöhnliche Nutzungsdauer von der Einwirkung auf das Wirtschaftsgut wirtschaftlich ausschließen kann. Bei Aktien erlangt der Darlehensnehmer wirtschaftliches Eigentum ab dem Zeitpunkt, von dem ab er nach dem Willen der Vertragspartner über die Wertpapiere verfügen kann, i.d.R. sobald Besitz, Gefahr, Nutzungen und Lasten, insbesondere die mit Wertpapieren gemeinhin verbundenen Kursrisiken und -chancen, auf den Erwerber übergegangen sind. 2

Ob im Ausnahmefall eine wirtschaftliche Zurechnung beim Darlehensnehmer ausbleibt, ist im Rahmen einer Gesamtschau zu überprüfen. 3

a) Kein Übergang wirtschaftlichen Eigentums (Ausnahmefall)

Trotz des Übergangs zivilrechtlichen Eigentums auf den Darlehensnehmer spricht für eine wirtschaftliche Zuordnung der Wertpapiere beim Darlehens- 4 geber, wenn die Wertpapiere über einen kurzen Zeitraum über den Dividendenstichtag hinaus übertragen werden oder die Eigentümerposition des Darlehensnehmers im Rahmen einer Gesamtschau aus den nachfolgend aufgeführten Kriterien als eine rein formale erscheint; als ein kurzer Zeitraum über den Dividendenstichtag gilt in jedem Fall eine Haltedauer von weniger als 45 Tagen. Der Darlehensnehmer trägt in diesen Fällen die Beweislast dafür, dass ihm die Wertpapiere gleichwohl wirtschaftlich zuzurechnen sind. Nachfolgend aufgeführte Kriterien sind im Sinne einer Gesamtschau heranzuziehen.

b) Bemessung des Gesamtentgelts

5 Gegen eine wirtschaftliche Zurechnung beim Darlehensnehmer spricht, wenn aus dem Wertpapiergeschäft ein Steuervorteil für die Parteien oder Dritte entsteht und das Gesamtentgelt für das Wertpapiergeschäft – unter Berücksichtigung auch solcher Geschäfte, die im sachlichen Zusammenhang mit dem Wertpapierleihgeschäft stehen – auch hieran bemessen ist.

c) Keine Liquiditätsvorteile beim Darlehensnehmer aus der Dividendenzahlung

6 Gegen eine wirtschaftliche Zurechnung beim Darlehensnehmer spricht, dass ihm durch das Geschäft auch kein Liquiditätsvorteil aus einer Vereinnahmung und Verausgabung der mit dem Wertpapiergeschäft getätigten Zahlungen entsteht, etwa weil diese zeit- und betragsgleich erfolgen.

d) Keine Ausübung von Stimmrechten

7 Gegen eine wirtschaftliche Zurechnung beim Darlehensnehmer spricht, wenn die Ausübung des Stimmrechts vertraglich ausgeschlossen oder eingeschränkt wurde, sodass der Darlehensnehmer aus dem „Leihgeschäft" keinen gesellschaftsrechtlichen Vorteil erlangt. Dies gilt auch, wenn es dem Darlehensnehmer auf die Ausübung der Stimmrechte nicht ankommt.

e) Schwache Rechtsposition des Darlehensnehmers

8 Gegen den Übergang wirtschaftlichen Eigentums spricht, wenn dem Darlehensnehmer jederzeit oder mit nur kurzer Frist (z.B. innerhalb von drei Bankarbeitstagen) die Rechtsposition aus dem Wertpapiervertrag entzogen werden kann (z.B. durch Kündigung).

9 Von einer schwachen Rechtsposition ist ferner auszugehen, wenn dem Darlehensnehmer aufgrund sonstiger vertraglicher Rechte des Darlehensgebers keine wirtschaftlich sinnvolle Nutzung der Wertpapiere möglich ist.

III. Rechtsfolgen

1. Bilanzielle Betrachtung

10 In Ermangelung besonderer Regelungen gelten die handelsrechtlichen Grundsätze ordnungsmäßiger Buchführung. Danach hat der Kaufmann seine Vermögensgegenstände und seine Schulden in der Bilanz auszuweisen.

a) Wirtschaftliche Zurechnung beim Darlehensnehmer gemäß § 39 Abs. 1 AO

11 Mit der zivilrechtlichen Übertragung des Eigentums ist dem Darlehensnehmer im Grundfall die Darlehensvaluta steuerlich zuzurechnen; eine Zurechnung beim Darlehensgeber ist ausgeschlossen. Dadurch wird vermieden, dass die Wertpapiere bei einer anschließenden Übereignung durch den Darlehensnehmer an einen Dritten mehrfach – nämlich sowohl beim Darlehensgeber als

auch bei einem Dritten – erfasst werden. Beim Darlehensgeber tritt an die Stelle der Wertpapiere eine Forderung auf Lieferung von Wertpapieren gleicher Art, Güte und Menge. Diese Sachforderung ist mit dem Buchwert der hingegebenen Wertpapiere anzusetzen. Eine Gewinnrealisierung aufgrund der ggf. in den Wertpapieren enthaltenen stillen Reserven (z.B. durch Kurssteigerungen) tritt durch diesen Aktivtausch nicht ein. Beim Entleiher steht dem Zugang der Wertpapiere eine Passivierung der Lieferverpflichtung gegenüber.

b) Wirtschaftliche Zurechnung beim Darlehensgeber gemäß § 39 Abs. 2 Nr. 1 Satz 1 AO

Führt die Gesamtbetrachtung zum Ergebnis, die Wertpapiere trotz der zivil- **12**
rechtlichen Übertragung wirtschaftlich dem Darlehensgeber zuzuordnen, sind die Wertpapiere ununterbrochen in der Bilanz des Darlehensgebers auszuweisen. Die Dividende ist wirtschaftlich dem Darlehensgeber zuzurechnen und bei diesem zu besteuern.

2. Anrechnung der Kapitalertragsteuer

Im Hinblick auf den Einbehalt und die Anrechnung der Kapitalertragsteuer **13**
gelten die allgemeinen Grundsätze. Die Kapitalertragsteuer wird bei einem unbeschränkt steuerpflichtigen Darlehensnehmer auf die Einkommensteuer oder die Körperschaftsteuer angerechnet, wenn dem Darlehensnehmer die Aktien zuzurechnen sind (§ 20 Abs. 5 EStG i.V.m. § 39 AO), die Kapitalertragsteuer erhoben wurde (§ 36 Abs. 2 Nr. 2 Satz 1 EStG) und der Steuerpflichtige seinem Veranlagungsfinanzamt die Steuerbescheinigung im Original vorlegt (§ 36 Abs. 2 Nr. 2 Satz 2 EStG). Bei beschränkt steuerpflichtigen Darlehensnehmern sind insbesondere die §§ 43b, 50 Abs. 2 und 50d EStG sowie § 32 KStG zu beachten.

3. Gestaltungsmissbrauch nach § 42 AO

Die Wertpapiere sind dem Darlehensnehmer auch dann nicht wirtschaftlich **14**
zuzurechnen, wenn die gewählte Gestaltung als missbräuchlich einzuordnen ist. Vom Fehlen eines wirtschaftlich vernünftigen Grundes für das Rechtsgeschäft und damit von Gestaltungsmissbrauch ist bei Wertpapiergeschäften auszugehen, deren Wirtschaftlichkeit im Wesentlichen in einem Steuervorteil besteht.

Liegt ein Gestaltungsmissbrauch vor, entsteht der Steueranspruch so, wie er bei **15**
einer den wirtschaftlichen Vorgängen angemessenen rechtlichen Gestaltung entstanden wäre. Es wird daher ein den wirtschaftlichen Vorgängen angemessener Sachverhalt fingiert und der Besteuerung zugrunde gelegt (BFH-Urteil vom 2. März 2016 I R 73/14, BStBl. II S. 887).

Bei einem aufgelegten Gestaltungskonzept, das auf einer einheitlichen Planung **16**
der Beteiligten beruht, sind die einzelnen Verträge für die steuerliche Beurteilung zusammenfassend zu betrachten und unter den jeweiligen Steuertatbestand zu subsumieren (BFH-Urteil vom 27. Oktober 2005 IX R 76/03, BStBl. 2006 II S. 359). Alle unmittelbar mit dem Abschluss der Verträge zusammenhängenden Vereinbarungen, die sich gegenseitig bedingen, sind im Rahmen einer fingierten wirtschaftlich angemessenen Gestaltung als nicht abgeschlossen und durchgeführt anzusehen und außerbilanziell zu korrigieren.

Grundfall 1 (Wertpapierleihe mit ausländischen Aktien): **17**

Der Darlehensgeber verleiht ausländische Aktien über den Dividendenstichtag an den Darlehensnehmer. Dem Darlehensnehmer als zivilrechtlichem Eigentümer wird eine Dividende in Höhe von 100 gutgeschrieben. Er leistet dem Darlehensgeber eine Kompensationszahlung von 105 und hat im aufgelegten Gestaltungskonzept eingepreiste Beratungskosten in Höhe von 5 getragen.

Lösung:

Ziel der Gestaltung war es, beim Darlehensnehmer einen künstlichen Betriebsausgabenüberhang zu generieren, indem die Dividende nach § 8b Abs. 1 KStG steuerfrei gestellt (5 % nicht abziehbare Betriebsausgaben) und die Kompensationszahlung als Betriebsausgabe (vor Geltung des § 8b Abs. 10 KStG) in voller Höhe steuerwirksam wird.

– 1. Schritt (§ 39 Abs. 2 AO):

Nach den o.g. Grundsätzen ist der Darlehensnehmer nicht wirtschaftlicher Eigentümer geworden. § 8b Abs. 1 KStG kommt nicht zur Anwendung. Ein künstlicher Betriebsausgabenüberhang entsteht nicht. Der Darlehensnehmer hat eine sonstige Einnahme von 100 und Ausgaben von 105 (Kompensationszahlung) und 5 (Beratungskosten).

– 2. Schritt (§ 42 AO):

Weil die Gestaltung insgesamt missbräuchlich i.S.d. § 42 AO ist, soll der Steueranspruch so entstehen, wie er ohne die Gestaltung entstanden wäre. Im Rahmen der fingiert angenommenen angemessenen Gestaltung wären weder die sonstigen Einnahmen von 100 (vermeintliche Dividende) erzielt worden noch die Ausgaben von 105 (Kompensationszahlung) und 5 (Beratungskosten) entstanden. Das Einkommen ist nach § 42 AO um 10 zu erhöhen.

18 **Grundfall 2 (Wertpapierleihe mit inländischen Aktien):**

Der Darlehensgeber verleiht inländische Aktien über den Dividendenstichtag an den Darlehensnehmer. Dem Darlehensnehmer als zivilrechtlichem Eigentümer wird eine Nettodividende in Höhe von 75 gutgeschrieben. Zusätzlich hat er einen (vermeintlichen) Anspruch auf Anrechnung der Kapitalertragsteuer von 25. Er leistet dem Darlehensgeber eine Kompensationszahlung von 105 und hat im aufgelegten Gestaltungskonzept eingepreiste Beratungskosten in Höhe von 5 getragen.

Lösung:

Ziel der Gestaltung war es, beim Darlehensnehmer einen künstlichen Betriebsausgabenüberhang zu generieren, indem die Dividende nach § 8b Abs. 1 KStG steuerfrei gestellt (5 % nicht abziehbare Betriebsausgaben) und die Kompensationszahlung als Betriebsausgabe (vor Geltung des § 8b Abs. 10 KStG) in voller Höhe steuerwirksam wird.

– 1. Schritt (§ 39 Abs. 2 AO):

Nach den o.g. Grundsätzen ist der Darlehensnehmer nicht wirtschaftlicher Eigentümer geworden. § 8b Abs. 1 KStG kommt nicht zur Anwendung. Ein künstlicher Betriebsausgabenüberhang entsteht nicht. Zusätzlich ist dem Darlehensnehmer die Anrechnung der Kapitalertragsteuer zu versagen bzw. eine bereits angerechnete Kapitalertragsteuer im Rahmen der verfahrensrechtlichen Möglichkeiten zurückzufordern. Der Darlehensnehmer hat daher im Ergebnis eine sonstige Einnahme von 75[1] und Ausgaben von 105 (Kompensationszahlung) und 5 (Beratungskosten).

– 2. Schritt (§ 42 AO):

Weil die Gestaltung insgesamt missbräuchlich i.S.d. § 42 AO ist, soll der Steueranspruch so entstehen, wie er ohne die Gestaltung entstanden wäre. Im Rahmen der fingiert angenommenen angemessenen Gestaltung wären weder die sonstigen Einnahmen von 75 (vermeintliche Nettodividende) erzielt worden noch die Ausgaben von 105 (Kompensationszahlung) und 5 (Beratungskosten) entstanden. Das Einkommen ist nach § 42 AO um 35 zu erhöhen.

IV. Übertragung der Grundsätze auf andere Wertpapiergeschäfte

19 Die vorgenannten Grundsätze gelten entsprechend für andere Wertpapiergeschäfte, soweit das Wertminderungsrisiko nach einer Gesamtwürdigung der Umstände nicht übergegangen ist. Hierzu gehören insbesondere Repo-Geschäfte, Wertpapierpensionsgeschäfte i.S.d. § 340b HGB und Kassa-Geschäfte.

V. Anwendbarkeit

20 Dieses Schreiben ersetzt das BMF-Schreiben vom 11. November 2016 (BStBl. I S. 1324) und ist in allen offenen Fällen anzuwenden.

---

[1] **Amtl. Anm.:** Vereinfacht VZ-übergreifend dargestellt (ggf. wäre eine zunächst angerechnete Kapitalertragsteuer als Einnahme und die spätere Rückforderung als Ausgabe zu berücksichtigen).

800 § 93a/3. Schreiben betr. Anwendung der Verordnung über Mitteilungen an die Finanzbehörden durch andere Behörden und öffentlich-rechtliche Rundfunkanstalten (Mitteilungsverordnung – MV)

Vom 21. Januar 2021

BMF IV A 3 - S 0229/20/10003 :011; DOK 2021/0072844

(BStBl. I S. 136)

Geändert durch BMF v. 18.6.2021 (BStBl. I S. 810) und BMF v. 29.9.2021 (BStBl. I S. 1765)

1 Anlage

Unter Bezugnahme auf das Ergebnis der Erörterungen mit den obersten Finanzbehörden der Länder gilt für die Anwendung der Mitteilungsverordnung (MV) vom 7. September 1993 (BGBl. I S. 1554, BStBl. I S. 799), zuletzt geändert durch die Verordnung zur Änderung der Mitteilungsverordnung vom 18. November 2020 (BGBl. I S. 2449, BStBl. I S. 1207) und die Vierte Verordnung zur Änderung der Mitteilungsverordnung vom 12. Januar 2021 (BGBl. I S. 67, BStBl. I S. 126) **ab dem 21. Januar 2021 bis zum 31. Dezember 2024** Folgendes:

Inhaltsverzeichnis

1. Zweck der Verordnung

1 Die MV, die ihre Ermächtigungsgrundlage in § 93 a AO hat, regelt die Übermittlung von Mitteilungen von Behörden und anderen öffentlichen Stellen einschließlich den öffentlich-rechtlichen Rundfunk an die Finanzbehörden ohne Ersuchen. Sie enthält genaue Anweisungen für die mitteilungspflichtigen Stellen, was zu welchem Zeitpunkt und in welchem Umfang welchem Finanzamt bzw. der Finanzverwaltung mitzuteilen ist. Damit geht sie über § 93 AO hinaus, wonach – abgesehen von Sammelauskunftsersuchen nach § 93 Abs. 1 a AO – Mitteilungen im konkreten Einzelfall nur auf Anfrage (Auskunftsersuchen) zu erteilen sind.

2. Mitteilungsverpflichtete (§ 1 MV)

2 § 1 MV bestimmt, dass Behörden und öffentlich-rechtliche Rundfunkanstalten den Finanzbehörden nach Maßgabe der MV ohne gesonderte Aufforderung Mitteilungen zu übermitteln haben.

2.1. Behörden

3 Zu den Behörden im Sinne der MV gehören alle öffentlichen Stellen, die Aufgaben der öffentlichen Verwaltung wahrnehmen (§ 6 Abs. 1 AO). Demnach sind auch die sogenannten beliehenen Unternehmen mit eingeschlossen.

4 Kirchen sind nur in Ausnahmefällen als Behörden im Sinne des Verwaltungsrechts tätig (z. B. bei Ausübung ihres vom Staat verliehenen Besteuerungsrechts) und daher von der MV regelmäßig nicht betroffen.

2.2. Öffentlich-rechtliche Rundfunkanstalten

5 Auch öffentlich-rechtliche Rundfunkanstalten unterliegen der Verpflichtung, unter den sie betreffenden Voraussetzungen der MV Mitteilungen an die Finanzbehörden zu übersenden (§ 1 Abs. 1 Satz 1 MV).

3. Ausnahmen von der Mitteilungspflicht

3.1. Ausnahmen von der Mitteilungspflicht nach § 93 a Abs. 2 AO

6 Nach § 93 a Abs. 2 Satz 1 AO sind folgende öffentliche Stellen grundsätzlich von der Mitteilungspflicht ausgenommen:
- Schuldenverwaltungen,
- Kreditinstitute (auch Sparkassen- und Giroverbände), und zwar auch, soweit sie als beliehene Unternehmen bankfremde Aufgaben wahrnehmen,
- Betriebe gewerblicher Art von juristischen Personen des öffentlichen Rechts i. S. d. KStG,

– öffentliche Beteiligungsunternehmen ohne Hoheitsbefugnisse,
– Berufskammern (auch Industrie- und Handelskammern) und
– Versicherungsunternehmen.

Unter die Befreiung fallen nicht nur typische, sondern sämtliche Zahlungen (z. B. auch Zuschüsse eines Kreditinstitutes zum Wohnungsbau). **7**

Die Befreiung von der Mitteilungspflicht gilt allerdings nicht, soweit die vorgenannten Stellen Aufgaben der öffentlichen Verwaltung, z. B. die Verwaltung öffentlicher Subventionen und vergleichbarer Fördermaßnahmen, wahrnehmen (§ 93 a Abs. 2 Satz 2 AO). Im Falle der Mitteilungspflicht nach § 13 MV gilt dies bereits für die im Jahr 2020 begründeten Mitteilungspflichten; *für Mitteilungspflichten nach anderen Vorschriften der MV gilt dies für nach dem 31. Dezember 2020 verwirklichte Sachverhalte (Art. 97 § 1 Abs. 14 EGAO).* Die Mitteilungspflicht nach § 2 Abs. 1 MV gilt für die in § 93a Abs. 2 AO bezeichneten öffentlichen Stellen (vgl. Rz. 6) erstmals für nach dem 31. Dezember 2023 geleistete Zahlungen (§ 2 Abs. 3 MV; vgl. auch Rz. 36.1). **8**[1]

3.2. Ausnahmen von der Mitteilungspflicht nach §§ 1 und 7 Abs. 1 und Abs. 2 MV

Zu den besonderen Ausnahmen von den allgemeinen Zahlungsmitteilungspflichten der Behörden (§ 2 MV) s. Tz. 4.1.1.2, zu den besonderen Ausnahmen von den Mitteilungspflichten der öffentlich-rechtlichen Rundfunkanstalten (§ 3 MV) s. Tz. 4.2.2. **9**

3.3. Mitteilungen aufgrund anderer Vorschriften (§ 1 Abs. 1 Satz 2 MV)

Zur Vermeidung von Doppelmitteilungen entfällt die Mitteilungspflicht, wenn personenbezogene Daten Dritter bereits aufgrund anderer steuerlicher Vorschriften den Finanzbehörden (ggf. nach Maßgabe des § 93 c AO) mitzuteilen sind. **10**

3.4. Nachteile für das Wohl des Bundes oder eines deutschen Landes (§ 1 Abs. 1 Sätze 3 und 4 MV)

Eine Mitteilungspflicht besteht auch dann nicht, wenn die Gefahr besteht, dass das Bekanntwerden des Inhalts der Mitteilung dem Wohl des Bundes oder eines deutschen Landes (z. B. Verbrechensbekämpfung) Nachteile bereiten würde (§ 1 Abs. 1 Satz 3 MV). **11**

Um hierbei eine einheitliche Rechtsanwendung sicherzustellen und Missbräuchen vorzubeugen, ist bei nachgeordneten Behörden die Zustimmung der obersten Dienstbehörde erforderlich (§ 1 Abs. 1 Satz 4 MV). **12**

3.5. Sozialgeheimnis; nach Landesrecht zu erbringende Sozialleistungen (§ 1 Abs. 2 MV)

Soweit die dem Grunde nach mitteilungspflichtigen Angaben zu den durch § 35 Abs. 1 SGB I geschützten personenbezogenen Daten gehören, sind sie ebenfalls nicht mitzuteilen (Sozialgeheimnis; Ausnahme: § 6 Abs. 2 MV, s. Tz. 4.1.5.2). Dies gilt auch für nach Landesrecht zu erbringende Sozialleistungen. **13**

Nicht mitteilungspflichtige Sozialdaten sind personenbezogene Daten (Art. 4 Nr. 1 DSGVO), die von einer in § 35 SGB I genannten Stelle im Hinblick auf **14**

---

[1] Rn. 8 Satz 2 zweiter Halbsatz gestrichen durch BMF v. 18.6.2021, BStBl. I S. 810, Satz 3 angef. durch BMF v. 29. 9. 2021, BStBl. I S. 1765.

ihre Aufgaben nach dem SGB verarbeitet werden (§ 67 Abs. 1 Satz 1 SGB X). Nicht unter den Sozialdatenschutz fallen andere personenbezogene Daten, die die in § 35 SGB I genannte Stelle bspw. als Arbeitgeber oder für fiskalische Handlungen (z. B. Honorarzahlungen, die von Sozialbehörden an Leistungserbringer erbracht werden, und Zahlungen an ehrenamtlich Tätige) verarbeitet.

3.6. Besondere Zahlungsempfänger (§ 7 Abs. 1 MV)

15 Nach § 7 Abs. 1 Satz 1 MV sind Zahlungen an Behörden, juristische Personen des öffentlichen Rechts, Betriebe gewerblicher Art von Körperschaften des öffentlichen Rechts oder Körperschaften, die steuerbegünstigte Zwecke (§§ 51 bis 68 AO) verfolgen, nicht mitzuteilen. Dies gilt auch für Mitteilungen über Leistungen, die von Körperschaften des öffentlichen Rechts im Rahmen ihrer Beteiligungen an Unternehmen oder Einrichtungen des privaten Rechts erbracht werden (§ 7 Abs. 1 Satz 2 MV), da die infolge der Beteiligung von der Körperschaft des öffentlichen Rechts ausgeübte Aufsichts- und Kontrollfunktion hinreichend Gewähr für eine ordnungsgemäße Erfassung der Leistung bei dem Empfänger bietet.

16 Bestehen Zweifel, ob der Zahlungsempfänger zum Zeitpunkt der Zahlung eine steuerbegünstigte Zwecke verfolgende Körperschaft ist, ist die Vorlage des vom zuständigen Finanzamt erteilten Freistellungsbescheids bzw. bei neugegründeten Vereinen die Vorlage der vom zuständigen Finanzamt erteilten vorläufigen Bescheinigung über die Gemeinnützigkeit zu verlangen. Dabei ist darauf zu achten, dass das Datum des vorgelegten Freistellungsbescheids nicht länger als fünf Jahre bzw. das Datum der vorläufigen Bescheinigung nicht länger als drei Jahre seit dem Tag der Zahlung zurückliegt.

3.7. Bagatellgrenze (§ 7 Abs. 2 Satz 1 MV)

17 Nach § 7 Abs. 2 Satz 1 MV sind Zahlungen von weniger als 1500 Euro pro Empfänger und Kalenderjahr (Bagatellgrenze) nicht mitteilungspflichtig, es sei denn, es handelt sich um wiederkehrende Bezüge (s. Tz. 5.2.1.3).

18 Bei der Anwendung der Bagatellgrenze sind sämtliche Zahlungen in einer Summe zu betrachten, d. h. unter Berücksichtigung von wiederkehrenden Bezügen (s. Tz. 5.2.1.3) und steuerfreien Bezügen.

19 Bei der Berechnung des maßgebenden Betrages sind geleistete Vorauszahlungen (s. Tz. 5.2.1.2) zu berücksichtigen.

4. Mitteilungen nach §§ 2 bis 6 MV

20 §§ 2 bis 6 MV regeln, über welche Vorgänge Behörden und öffentlich-rechtliche Rundfunkanstalten Mitteilungen an die Finanzverwaltung übermitteln müssen, sofern keine Ausnahme von der Mitteilungspflicht (s. Tzn. 3, 4.1.1.2 und 4.2.2) greift.

4.1. Mitteilungen von Behörden

4.1.1. Allgemeine Zahlungsmitteilungen (§ 2 MV)

4.1.1.1. Mitteilungen nach § 2 Abs. 1 Sätze 1 und 2 MV

21 Die Mitteilungspflicht erstreckt sich grundsätzlich auf alle Zahlungen von Behörden an Dritte, bei denen die Gefahr der unvollständigen Erfassung zu steuerlichen Zwecken als hoch einzuschätzen ist. Dies betrifft folgende Zahlungen:

a) Zahlungen an Zahlungsempfänger, die nicht im Rahmen einer land- und forstwirtschaftlichen, gewerblichen oder freiberuflichen Haupttätigkeit gehandelt haben (§ 2 Abs. 1 Satz 1 1. Alt. MV) **22**

Dadurch werden vor allem Zahlungen erfasst, die an Nichtunternehmer bzw. an Unternehmer, die nicht im Rahmen ihres Unternehmens handeln, geleistet werden. Betroffen sind insbesondere Zahlungen an Arbeitnehmer i. S. d. § 1 der Lohnsteuer-Durchführungsverordnung, die diesen nicht für eine Leistung im Rahmen ihrer Arbeitnehmertätigkeit (für die mitteilungspflichtige Behörde) zufließen, Mietzahlungen für Gebäude und Grundstücke an Privatpersonen, Zahlungen für ehrenamtliche und nebenberufliche Tätigkeiten. Damit wird dem Umstand Rechnung getragen, dass die steuerliche Erfassung von Zahlungen im nichtunternehmerischen Bereich nicht in dem Maße abgesichert ist, wie dies im unternehmerischen Bereich – insbesondere aufgrund der Kontrollmöglichkeiten im Rahmen von Außenprüfungen – möglich ist. **23**

Unerheblich ist, in welcher Weise die Zahlungen geleistet werden. Daher sind auch Zahlungen mitzuteilen, die durch Überweisung auf das Konto des Zahlungsempfängers geleistet werden. **24**

b) Zahlungen, die nicht auf das Geschäftskonto des Zahlungsempfängers erfolgen (§ 2 Abs. 1 Satz 1 2. Alt. MV)[1] **25**

Die Regelung betrifft nur Zahlungen an Zahlungsempfänger, die im Rahmen einer land- und forstwirtschaftlichen, gewerblichen oder freiberuflichen Haupttätigkeit gehandelt haben, da Zahlungen an andere Zahlungsempfänger bereits von der Alternative 1 (siehe Buchst. a)) erfasst werden. Die Mitteilungspflicht besteht bei allen Zahlungen, die nicht unmittelbar auf das Geschäftskonto geleistet werden; also insbesondere bei Bar- oder Scheckzahlungen. Als Geschäftskonto kann in der Regel das auf den Geschäftsbriefen angegebene Konto angesehen werden. **26**

Bestehen bei der Behörde Zweifel, ob der Zahlungsempfänger im Rahmen einer land- und forstwirtschaftlichen, gewerblichen oder freiberuflichen Haupttätigkeit gehandelt hat oder ob die Zahlung auf das Geschäftskonto erfolgt ist, ist eine Mitteilung vorzunehmen (§ 2 Abs. 1 Satz 2 MV). **27**

Die Mitteilungspflicht erfasst auch Zahlungen, die keiner konkreten Gegenleistung an die Behörde zugeordnet werden können (z. B. Subventionen und ähnliche Fördermaßnahmen (wie z.B. für private Bau- und Sanierungsmaßnahmen); Zahlungen an Abgeordnete und Ratsmitglieder, siehe aber Anlage), da die Mitteilungspflicht keinen Leistungsaustausch zwischen der Behörde und dem Zahlungsempfänger voraussetzt. So werden z. B. auch die Zahlungen nach dem Gesetz über die Entschädigungen für Strafverfolgungsmaßnahmen von der Mitteilungspflicht erfasst. **28**[2]

Zahlungen sind immer in vollem Umfang mitteilungspflichtig, und zwar unabhängig von etwaigen Steuerbefreiungen. Die Steuerfreiheit von Zahlungen entbindet die zahlende Behörde nur dann von ihrer Mitteilungspflicht, wenn die Finanzbehörde eine Ausnahme von der Mitteilungspflicht nach § 2 Abs. 2 MV zugelassen hat (Tz. 4.1.1.2.2) und in den Fällen der Tz. 4.1.1.2.1 letzter Absatz. Die steuerrechtliche Qualifikation von Zahlungen ist nicht Aufgabe der mitteilungspflichtigen Behörde, sondern der zuständigen Finanzbehörde, und erfolgt grundsätzlich erst im Besteuerungsverfahren. **29**

---

[1] Rn. 25 Zitat geänd. durch BMF v. 18.6.2021, BStBl. I S. 810.
[2] Rn. 28 ergänzt durch BMF v. 18.6.2021, BStBl. I S. 810.

4.1.1.2. Besondere Ausnahmen nach § 2 Abs. 1 Satz 3, Abs. 2 und 3 MV[1]

30 Von den allgemeinen Zahlungsmitteilungspflichten der Behörden bestehen – über die in Tz. 3 genannten Ausnahmen hinaus – folgende besondere Ausnahmen:

4.1.1.2.1. Steuerabzug (§ 2 Abs. 1 Satz 3 MV)

31 Eine Mitteilungspflicht besteht nicht, wenn ein Steuerabzug durchgeführt wird.

32 Somit entfällt eine Mitteilung z. B. in den Fällen des Lohnsteuerabzugs durch den Arbeitgeber im Rahmen eines Dienstverhältnisses einschließlich der Lohnsteuer-Pauschalierung für Teilzeitbeschäftigte nach § 40 a EStG sowie in den Fällen des Steuerabzugs bei beschränkt Steuerpflichtigen nach § 50 a EStG.

33 Von der Ausnahme sind auch Zahlungen erfasst, bei denen der Steuerabzug allein wegen der Steuerfreiheit nicht durchzuführen ist.

4.1.1.2.2. Geringe oder keine steuerliche Bedeutung (§ 2 Abs. 2 MV)

34 Nach § 2 Abs. 2 MV können die Finanzbehörden Ausnahmen von der Mitteilungspflicht zulassen, wenn die Zahlungen geringe oder keine steuerliche Bedeutung haben. Ob Zahlungen geringe oder keine steuerliche Bedeutung haben, ist bei an denselben Empfänger im Kalenderjahr geleisteten Zahlungen ab 1500 Euro von der jeweils zuständigen obersten Landesfinanzbehörde nach Abstimmung mit den obersten Finanzbehörden des Bundes und der Länder zu entscheiden.

35 Entsprechende Anträge sind an die oberste Finanzbehörde des Landes zu richten, in dessen Bezirk die mitteilungspflichtige Behörde ihren Sitz hat.

36 Die bundeseinheitlich zugelassenen Ausnahmen von der Mitteilungspflicht ergeben sich aus der Anlage.

4.1.1.2.3.[2] Befristete Befreiung der in § 93a Abs. 2 AO genannten Stellen von der Mitteilungspflicht über Zahlungen (§ 2 Abs. 3 MV)

36.1 Die in § 93a Abs. 2 AO bezeichneten öffentlichen Stellen (vgl. Rz. 6) müssen vor dem 1. Januar 2024 geleistete Zahlungen i.S.d. § 2 Abs. 1 MV den Finanzbehörden nicht nach § 2 Abs. 1 MV mitteilen. Die Mitteilungspflicht nach § 13 MV bleibt hiervon unberührt.

4.1.2. Wegfall oder Einschränkung einer steuerlichen Vergünstigung (§ 4 MV)

37 Nach § 4 MV haben Behörden Verwaltungsakte mitzuteilen, die den Wegfall oder die Einschränkung einer steuerlichen Vergünstigung zur Folge haben können.

38 Sinn dieser Regelung ist es, den Finanzbehörden durch frühzeitige Kenntnis von Verwaltungsakten, die in der Regel Steuernachforderungen zur Folge haben, die Möglichkeit zu geben, Maßnahmen ergreifen zu können, um zum Teil erhebliche und für den Betroffenen zumeist nicht im Voraus erkennbare Steuernachzahlungen, z. B. durch Anpassung der Vorauszahlungen, zu vermeiden.

---

[1] Überschrift der Nr. 4.1.1.2 neu gef. durch BMF v. 29. 9. 2021, BStBl. I S. 1765.
[2] Nr. 4.1.1.2.3 angef. durch BMF v. 29. 9. 2021, BStBl. I S. 1765.

Die Behörde ist bereits dann zur Mitteilung verpflichtet, wenn nur die Möglichkeit einer steuerlichen Auswirkung besteht. 39

Anwendungsbeispiele können sich in den Fällen ergeben, in denen die Gewährung einer steuerlichen Vergünstigung die Vorlage einer Bescheinigung, Genehmigung oder Anerkennung einer anderen Behörde voraussetzt (z. B. § 4 Nr. 20 a UStG, § 4 Nr. 21 UStG, § 3 Nr. 23 GewStG, §§ 7 h, 7 i, 10 f, 10 g, 11 b EStG und § 82 i EStDV). 40

Bei den entsprechenden Bescheinigungen handelt es sich um Verwaltungsakte, die als Grundlagenbescheide i. S. d. § 171 Abs. 10 AO Bindungswirkung für die entsprechenden steuerlichen Folgebescheide entfalten. Wird die Bescheinigung von der zuständigen Behörde zurückgenommen oder widerrufen, entfällt die Steuerbefreiung oder sonstige steuerliche Vergünstigung, und die Folgebescheide sind gemäß § 175 Abs. 1 Satz 1 Nr. 1 AO zu erlassen, aufzuheben oder zu ändern. 41

Im Hinblick auf § 35 EStG sind Verwaltungsakte über Billigkeitsmaßnahmen nach §§ 163 oder 227 AO hinsichtlich der Gewerbesteuer den Finanzbehörden mitzuteilen. Bei einer gewerbesteuerlichen Billigkeitsmaßnahme im Festsetzungsverfahren (§ 163 AO) sind die Einkommensteuerbescheide nach § 175 Abs. 1 Satz 1 Nr. 1 AO, im Erhebungsverfahren (§ 227 AO) nach § 175 Abs. 1 Satz 1 Nr. 2 AO zu ändern. 42

4.1.3. Ordnungsgelder nach § 335 HGB (§ 4 a MV n. F.)

Das Bundesamt für Justiz (BfJ) hat den Finanzbehörden als mitteilungspflichtige Stelle (§ 93 c Abs. 1 AO) die Adressaten und die Höhe von im Verfahren nach § 335 HGB festgesetzten Ordnungsgeldern mitzuteilen, sofern das festgesetzte Ordnungsgeld mindestens 5000 Euro beträgt (§ 4 a Abs. 1 MV n. F.). Die Mitteilungspflicht gilt erstmals für nach dem 31. Dezember 2021 festgesetzte Ordnungsgelder. 43

Die Mitteilungen sind sowohl im Veranlagungsverfahren als auch bei Außenprüfungen eine Grundlage zur Feststellung, ob die Betroffenen diese Beträge zu Unrecht als Betriebsausgabe berücksichtigt haben. 44

Zu Besonderheiten des Mitteilungsverfahrens s. Tz. 6. 45

4.1.4. Ausgleichs- und Abfindungszahlungen nach dem Flurbereinigungsgesetz (§ 5 MV)

Die Flurbereinigungsbehörden haben Ausgleichs- und Abfindungszahlungen nach dem Flurbereinigungsgesetz mitzuteilen. Unerheblich ist dabei, ob der Zahlungsempfänger im Rahmen einer land- und forstwirtschaftlichen, gewerblichen oder freiberuflichen Haupttätigkeit gehandelt hat und die Zahlung auf das Geschäftskonto erfolgt ist. 46

Bei diesen Leistungen handelt es sich regelmäßig um steuerpflichtige Einkünfte. Den Empfängern der Leistungen ist jedoch oftmals nicht bekannt, welche steuerlichen Folgerungen zu ziehen sind. Es besteht deshalb Gefahr, dass die Einkünfte aus Unwissenheit nicht ordnungsgemäß erklärt werden. 47

4.1.5. Gewerberechtliche Erlaubnisse und Gestattungen (§ 6 MV)

4.1.5.1. Mitteilungen nach § 6 Abs. 1 MV

Die Mitteilungspflicht nach § 6 Abs. 1 MV stellt eine Ergänzung zu § 138 AO dar. 48

Nach § 6 Abs. 1 MV haben die Behörden mitzuteilen: 49

– die Erteilung von Reisegewerbekarten,
– zeitlich befristete Erlaubnisse sowie Gestattungen nach dem Gaststättengesetz,
– Bescheinigungen über die Geeignetheit der Aufstellungsorte für Spielgeräte,
– Erlaubnisse zur Veranstaltung anderer Spiele mit Gewinnmöglichkeit,
– Festsetzungen von Messen, Ausstellungen und Märkten sowie Volksfesten,
– Genehmigungen nach dem Personenbeförderungsgesetz zur Beförderung von Personen mit Kraftfahrzeugen im Linienverkehr, die Unternehmern mit Wohnsitz oder Sitz außerhalb des Geltungsbereichs des Personenbeförderungsgesetzes erteilt werden,
– Erlaubnisse zur gewerbsmäßigen Arbeitnehmerüberlassung und
– die gemäß der Verordnung (EWG) Nr. 2408/92 des Rates vom 23. Juli 1992 über den Zugang von Luftfahrtunternehmen der Gemeinschaft zu Strecken des innergemeinschaftlichen Flugverkehrs erteilten Genehmigungen, Verkehrsrechte auszuüben.

4.1.5.2. Mitteilungen der Bundesagentur für Arbeit nach § 6 Abs. 2 MV

50 Nach § 6 Abs. 2 MV hat die Bundesagentur für Arbeit – abweichend von § 1 Abs. 2 MV (s. Tz. 3.5) – nach Erteilung der erforderlichen Zusicherung folgende Daten der ausländischen Unternehmen mitzuteilen, die aufgrund bilateraler Regierungsvereinbarungen über die Beschäftigung von Arbeitnehmern zur Ausführung von Werkverträgen tätig werden:
– die Namen und Anschriften der ausländischen Vertragspartner des Werkvertrages,
– den Beginn und die Ausführungsdauer des Werkvertrages und
– den Ort der Durchführung des Werkvertrages.

51 Die Mitteilungen erfolgen unter Durchbrechung des Sozialgeheimnisses nach § 35 SGB I (s. Tz. 3.5). Die Zulässigkeit dieser Durchbrechung ergibt sich aus § 71 Abs. 1 Satz 1 Nr. 3 SGB X.

4.2. Mitteilungen von öffentlich-rechtlichen Rundfunkanstalten (§ 3 MV)

4.2.1. Mitteilungen nach § 3 Abs. 1 Satz 1 i. V. m. Abs. 2 MV

52 Die öffentlich-rechtlichen Rundfunkanstalten haben Honorare für Leistungen freier Mitarbeiter (z. B. freiberuflich tätige Mitarbeiter, Sportler und Künstler) mitzuteilen, die in unmittelbarem Zusammenhang mit der Vorbereitung, Herstellung oder Verbreitung von Hörfunk- oder Fernsehsendungen erbracht werden (§ 3 Abs. 1 Satz 1 MV). Honorare in diesem Sinne sind alle Güter, die in Geld oder Geldeswert (Sachleistungen) bestehen und dem Steuerpflichtigen für eine persönliche Leistung oder eine Verwertung i. S. d. Urheberrechtsgesetzes zufließen (§ 3 Abs. 2 MV).

4.2.2. Besondere Ausnahmen nach § 3 Abs. 1 Satz 2 MV

53 Von den Mitteilungspflichten der öffentlich-rechtlichen Rundfunkanstalten bestehen – über die in Tz. 3 genannten Ausnahmen hinaus – folgende besondere Ausnahmen:

54 Die Pflicht zur Mitteilung besteht nicht, wenn
– die Besteuerung den Regeln eines Abzugsverfahrens (s. Tz. 4.1.1.2.1) unterliegt

oder

– die Finanzbehörde aufgrund anderweitiger Regelungen Mitteilungen über die Honorare erhält (s. a. Tz. 3.3).

4.3. Mitteilungen über Billigkeitsleistungen des Bundes und der Länder anlässlich der Corona-Krise (§ 13 MV)

Behörden und andere öffentliche Stellen des Bundes und der Länder (vgl. § 6 Abs. 1 bis 1 c AO) haben den Finanzbehörden nach § 13 Abs. 1 Satz 1 MV folgende als Subvention oder ähnliche Förderungsmaßnahme bewilligte Leistungen mitzuteilen: 55

– Soforthilfen des Bundes für kleine Unternehmen, Soloselbstständige und Angehörige der Freien Berufe zur Milderung der finanziellen Notlagen dieser Unternehmen aufgrund der Corona-Krise,
– Überbrückungshilfen des Bundes für kleine und mittelständische Unternehmen, Soloselbständige und Angehörige der Freien Berufe, die ihren Geschäftsbetrieb im Zuge der Corona-Krise ganz oder zu wesentlichen Teilen einstellen müssen oder mussten, oder
– andere Soforthilfen, Überbrückungshilfen oder vergleichbare Billigkeitsleistungen des Bundes oder des jeweiligen Landes für Unternehmen, Soloselbstständige und Angehörige der Freien Berufe anlässlich der Corona-Krise.

Folgende aufgrund der Corona-Krise gewährte Leistungen sind nach § 13 Abs. 1 Satz 2 MV aber nicht mitzuteilen: 56

– Subventionen oder ähnliche Förderungsmaßnahmen der Gemeinden oder Gemeindeverbände,
– Hilfsleistungen nach dem SGB V und dem SGB XI,
– Hilfsleistungen nach der COVID-19-Versorgungsstrukturen-Schutzverordnung vom 30. April 2020, Bundesanzeiger AT vom 4. Mai 2020 V1,
– Leistungen nach dem Krankenhausfinanzierungsgesetz sowie
– Leistungen nach dem Sozialdienstleister-Einsatzgesetz.

Zu Besonderheiten des Mitteilungsverfahrens s. Tz. 7. 57

Von § 13 Abs. 1 MV abweichende Bestimmungen der MV (ausgenommen § 1 Abs. 2 und § 2 Abs. 2 MV) sind nicht anzuwenden (§ 13 Abs. 4 MV). 58

5. Verfahren bei Mitteilungen nach §§ 2, 3, 4, 5 und 6 MV

5.1. Form der Mitteilungen (§ 8 Abs. 1 MV)

Die Mitteilungen sollen schriftlich ergehen und sind getrennt nach den jeweiligen Empfängern zu erteilen (§ 8 Abs. 1 Sätze 1 und 2 MV). 59

Sie sind Belege i. S. d. § 379 AO. Werden Mitteilungen an die Finanzbehörden versandt, die in tatsächlicher Hinsicht unrichtig sind, kann objektiv der Tatbestand der Steuergefährdung erfüllt sein. 60

Die Übermittlung von Mitteilungen auf maschinell verwertbaren Datenträgern oder durch Datenfernübertragung bedarf der Zustimmung der obersten Finanzbehörde des Landes, in dem die mitteilungspflichtige Behörde oder Rundfunkanstalt ihren Sitz hat (§ 8 Abs. 1 Satz 3 MV). Hiermit wird sichergestellt, dass die Finanzbehörde die Mitteilungen in einer für sie auswertbaren Form erhält. 61

Die elektronischen Dokumente brauchen nicht mit einer elektronischen Signatur versehen zu werden. 62

63 Eine Übermittlung im automatisierten Abrufverfahren findet nicht statt (§ 8 Abs. 1 Satz 4 MV).

5.2. Inhalt der Mitteilungen (§ 8 Abs. 2 und 3 MV)

5.2.1. Mitteilungen über Zahlungen (§ 8 Abs. 2 MV)

5.2.1.1. Allgemeines

64 Mitzuteilen sind nach § 8 Abs. 2 Satz 1 MV:

– die die Zahlung anordnende Stelle (Behörde bzw. öffentlich-rechtliche Rundfunkanstalt) und deren Aktenzeichen,

– die Bezeichnung (Name, Vorname, Firma) des Zahlungsempfängers und dessen genaue Anschrift,

– der Rechtsgrund der Zahlung (Art des Anspruchs),

– die Höhe und der Tag der Zahlung oder der Zahlungsanordnung.

65 Zur Zuordnung der Mitteilung innerhalb der Finanzbehörden sind auch die Steuernummer und das Geburtsdatum des Zahlungsempfängers mitzuteilen, sofern diese der mitteilenden Behörde/Rundfunkanstalt bekannt sind.

66 Zwecks Sicherung der Besteuerung ist es notwendig, dass die Finanzbehörden den ursprünglichen Gläubiger einer Forderung kennen; deshalb ist dieser stets als Zahlungsempfänger zu benennen, auch wenn die Forderung abgetreten, verpfändet oder gepfändet ist (§ 8 Abs. 2 Satz 2 MV).

5.2.1.2. Vorauszahlungen (§ 7 Abs. 2 Sätze 2 und 3 MV)

67 Vorauszahlungen sind nicht gesondert mitzuteilen (§ 7 Abs. 2 Satz 2 MV). In der Mitteilung über die abschließende Zahlung ist anzugeben, ob eine oder mehrere Vorauszahlungen geleistet wurden (§ 7 Abs. 2 Satz 3 MV).

5.2.1.3. Wiederkehrende Bezüge (§ 7 Abs. 3 MV)

68 Wiederkehrende Bezüge liegen vor, wenn Zahlungen aufgrund eines gemeinsamen Rechtsgrundes regelmäßig, d. h. zu bestimmten festgelegten Zeitpunkten und in gleichbleibender Höhe geleistet werden (z. B. Miete, Pacht).

69 In diesen Fällen brauchen – neben den allgemeinen Angaben (s. Tz. 5.2.1.1) – nur mitgeteilt zu werden:

– die erste Zahlung,

– die Zahlungsweise,

– die voraussichtliche Dauer der Zahlungen und

– dass es sich um wiederkehrende Bezüge handelt.

70 Wiederkehrende Bezüge sind auch dann mitzuteilen, wenn sie weniger als 1500 Euro pro Empfänger und Kalenderjahr betragen, da die Bagatellgrenze des § 7 Abs. 2 MV (s. Tz. 3.7) nicht zur Anwendung kommt.

5.2.2. Mitteilungen über Verwaltungsakte (§ 8 Abs. 3 MV)

71 In den Fällen der Mitteilungspflicht nach §§ 4 und 6 Abs. 1 MV hat die Behörde nach § 8 Abs. 3 Satz 1 MV folgende Einzelheiten mitzuteilen:

– die den Verwaltungsakt erlassende Behörde,

– Aktenzeichen und Datum des Verwaltungsakts,

– Gegenstand und Umfang der Erlaubnis, Genehmigung oder gewährten Leistung,

– die Bezeichnung (Name, Vorname, Firma) des Beteiligten und dessen genaue Anschrift und

– wenn bekannt, die Steuernummer und das Geburtsdatum des Beteiligten.

Die Mitteilung kann in der Übersendung einer Mehrausfertigung oder eines Abdrucks des Bescheids bestehen, wenn dadurch nicht mehr personenbezogene Daten, als nach § 8 Abs. 3 Satz 1 MV vorgesehen, übermittelt werden (§ 8 Abs. 3 Sätze 2 und 3 MV). **72**

5.2.3. Mitteilungen der Bundesagentur für Arbeit

Zum Inhalt der Mitteilungen der Bundesagentur für Arbeit nach § 6 Abs. 2 MV s. Tz. 4.1.5.2. **73**

5.3. Empfänger der Mitteilung (§ 9 MV)

Die Mitteilung ist grundsätzlich an das Finanzamt zu richten, in dessen Bezirk der Betroffene seinen Wohnsitz hat bzw. bei Körperschaften, Personenvereinigungen und Vermögensmassen sich die Geschäftsleitung befindet (§ 9 Abs. 1 Sätze 1 und 2 MV). **74**

Die von der Bundesanstalt für Arbeit nach § 6 Abs. 2 MV zu erstellenden Mitteilungen sind an das für die Umsatzbesteuerung zuständige Finanzamt, welches sich aus der Verordnung über die örtliche Zuständigkeit für die Umsatzsteuer im Ausland ansässiger Unternehmer (Umsatzsteuerzuständigkeitsverordnung) ergibt, zu richten (§ 9 Abs. 1 Satz 3 MV). Eine gegebenenfalls erforderliche weitere Verteilung für ertragsteuerliche Zwecke ist durch diese Finanzämter sicherzustellen. **75**

Um für die Mitteilungspflichtigen unzumutbare Nachforschungen auszuschließen, ist die Mitteilung in Zweifelsfällen an die Oberfinanzdirektion zu senden, in deren Bezirk die mitteilungspflichtige Behörde oder Rundfunkanstalt ihren Sitz hat (§ 9 Abs. 1 Satz 4 MV). **76**

Aus Vereinfachungsgründen kann die Oberfinanzdirektion, in deren Bezirk die mitteilungspflichtige Behörde oder Rundfunkanstalt ihren Sitz hat, ein Finanzamt bestimmen, an das die Mitteilungen zu übermitteln sind (§ 9 Abs. 1 Satz 5 MV). **77**

Um in den Fällen maschineller Datenübermittlung die ordnungsgemäße Weiterverarbeitung und einen einfachen Ablauf der Übermittlung sicherzustellen, kann die oberste Finanzbehörde des Landes, in dem die mitteilungspflichtige Behörde oder Rundfunkanstalt ihren Sitz hat, eine andere Landesfinanzbehörde oder mit Zustimmung des Bundesministeriums der Finanzen eine Finanzbehörde des Bundes als Empfänger der Mitteilungen bestimmen (§ 9 Abs. 2 MV). Die mitteilungspflichtige Behörde oder Rundfunkanstalt dürfte regelmäßig ein Interesse an der Übermittlung an nur eine Stelle haben. Entsprechende Anträge sind an die oberste Finanzbehörde des Landes zu richten, in dessen Bezirk die mitteilungspflichtige Behörde oder Rundfunkanstalt ihren Sitz hat. **78**

5.4. Zeitpunkt der Mitteilung (§ 10 MV)

Die Mitteilungen nach § 6 Abs. 2 MV sind unverzüglich zu übersenden, da es zur Sicherstellung der Besteuerung zweckmäßig ist, mit der Ermittlung der Besteuerungsgrundlagen umgehend zu beginnen. **79**

Die Mitteilungen über Verwaltungsakte, die den Wegfall oder die Einschränkung einer steuerlichen Vergünstigung zur Folge haben können (§ 4 MV) **80** sowie die Mitteilungen über gewerberechtliche Erlaubnisse und Gestattungen nach § 5 Abs. 1 MV sind mindestens vierteljährlich zu übersenden.

81 Die übrigen Mitteilungen sind, um die sich durch die Fertigung der Mitteilungen ergebende Belastung der Behörden und öffentlich-rechtlichen Rundfunkanstalten so gering wie möglich zu halten, mindestens einmal jährlich, spätestens bis zum 30. April des Folgejahres, zu übermitteln.

5.5. Unterrichtung der Betroffenen (§§ 11 und 12 MV)

82 Nach § 11 MV hat die mitteilende Stelle den Betroffenen spätestens bei Übersendung der ersten Mitteilung an die Finanzbehörde über ihre Verpflichtung zur Erstellung von Mitteilungen zu unterrichten.

83 Der Betroffene ist nach § 12 Abs. 1 MV über den genauen Inhalt der übermittelten Daten zu informieren, soweit sich diese Unterrichtung nicht aus dem Verwaltungsakt, dem Vertrag, der Genehmigung oder Erlaubnis ergibt. Er ist hierbei in allgemeiner Form auf seine steuerlichen Aufzeichnungs- und Erklärungspflichten hinzuweisen. Eine steuerliche Beurteilung der Zahlungen ist jedoch nicht vorzunehmen; diese obliegt den Finanzämtern.

84 Die Regelung des § 12 Abs. 2 MV, wonach dem Betroffenen in den Fällen des § 2 Abs. 1 Satz 2 und des § 3 MV eine Aufstellung der im Kalenderjahr geleisteten Zahlungen und ihrer Summe zu übersenden ist, soweit nicht bereits eine Unterrichtung über einzelne Zahlungen erfolgt ist, soll die Erfüllung seiner Aufzeichnungs- und Erklärungspflichten erleichtern.

6. Elektronische Mitteilungen des Bundesamts für Justiz nach § 4 a MV

6.1. Form und Empfänger der Mitteilung

85 Das BfJ hat die in § 4 a Abs. 1 MV bezeichneten Daten (Adressaten und Höhe von nach dem 31. 12. 2021 im Verfahren nach § 335 HGB festgesetzten Ordnungsgeldern) den Finanzbehörden elektronisch nach Maßgabe des § 93 c AO nach amtlich vorgeschriebenem Datensatz über die amtlich bestimmte Schnittstelle zu übermitteln (§ 4 a Abs. 2 Satz 1 MV). Die §§ 8 bis 12 MV sind hierbei nicht anzuwenden (§ 4 a Abs. 2 Satz 3 MV). Zur Bestimmung des amtlich vorgeschriebenen Datensatzes vgl. § 87 b Abs. 1 AO. Zur Bestimmung der Schnittstelle vgl. § 87 b Abs. 2 AO.

6.2. Inhalt der Mitteilung

86 Die Mitteilung an die Finanzverwaltung hat grundsätzlich die in § 93 c Abs. 1 Nr. 2 AO genannten Daten zu enthalten (insbes. Angaben zur mitteilungspflichtigen Stelle sowie Angaben zur Identifizierung des Betroffenen).

87 Die in § 93 c Abs. 1 Nr. 2 Buchst. c und d AO bezeichneten Daten (insbesondere Identifikationsnummer natürlicher Personen sowie Wirtschafts-Identifikationsnummer nicht natürlicher Personen) sind den Finanzbehörden nach § 4 a Abs. 3 Satz 1 MV allerdings nur mitzuteilen, soweit sie dem BfJ bei Festsetzung des Ordnungsgelds bekannt sind. Sind ihm nicht alle diese Daten bekannt, soll es den Finanzbehörden aber andere ihm bekannte und zur automationsgestützten Identifizierung des Adressaten der Ordnungsgeldfestsetzung durch die Finanzbehörden geeignete Daten übermitteln. Insoweit kommt insbesondere die Mitteilung der Handelsregisternummer in Betracht.

88 Darüber hinaus sind die in § 4 a MV genannten Daten aufzunehmen. Hierzu wird auf die Ausführungen unter Tz. 4.1.3 verwiesen.

6.3. Zeitpunkt der Mitteilung

Die Mitteilung hat abweichend von § 93 c Abs. 1 Nr. 1 AO spätestens bis zum 31. März des auf die Festsetzung des Ordnungsgelds folgenden Kalenderjahres zu erfolgen (§ 4 a Abs. 2 Satz 2 MV). 89

Das BMF kann im Einvernehmen mit den obersten Finanzbehörden der Länder die Mitteilungsfrist nach § 93 c Abs. 1 Nr. 1 AO (Ende März des Folgejahres) durch ein im BStBl. Teil I zu veröffentlichendes Schreiben verlängern, sofern die technischen Voraussetzungen für die Annahme der Mitteilungen nicht rechtzeitig vorliegen (§ 4 a Abs. 2 Satz 2 MV). 90

6.4. Unterrichtung des Betroffenen

Das BfJ hat den betroffenen Steuerpflichtigen darüber zu informieren, welche für seine Besteuerung relevanten Daten es an die Finanzbehörden übermittelt hat oder übermitteln wird (§ 93 c Abs. 1 Nr. 3 Satz 1 AO). Diese Information hat in geeigneter Weise, mit Zustimmung des Steuerpflichtigen elektronisch, und binnen angemessener Frist zu erfolgen (§ 93 c Abs. 1 Nr. 3 Satz 2 AO). Die Information kann danach auch mit der Festsetzung des Ordnungsgeldes verbunden werden. 91

6.5. Sonstiges

Das BfJ muss die den Finanzbehörden übermittelten Daten abweichend von § 93 c Abs. 1 Nr. 4 AO mindestens bis zum Ablauf des fünften auf das Kalenderjahr der Festsetzung des Ordnungsgelds folgenden Kalenderjahrs aufbewahren; weitergehende Aufbewahrungsbestimmungen aufgrund anderer Rechtsvorschriften bleiben unberührt (§ 4 a Abs. 3 Satz 2 MV). 92

Wird die Festsetzung eines Ordnungsgelds in einem späteren Kalenderjahr ganz oder teilweise widerrufen, zurückgenommen oder aufgehoben, ist § 93 c Abs. 3 AO nicht anzuwenden (§ 4 a Abs. 3 Satz 3 MV) 93

7. Elektronische Mitteilungen über Billigkeitsleistungen des Bundes und der Länder anlässlich der Corona-Krise (§ 13 MV)

7.1. Form und Empfänger der Mitteilung

Anlässlich der Corona-Krise bewilligte Subventionen oder ähnliche Leistungen des Bundes und der Länder (§ 13 Abs. 1 MV) sind nach amtlich vorgeschriebenem Datensatz (§ 87 b Abs. 1 AO) über die amtlich bestimmte Schnittstelle (§ 87 b Abs. 2 AO) nach Maßgabe des § 93 c AO den Finanzbehörden mitzuteilen. Zur Bestimmung des amtlich vorgeschriebenen Datensatzes vgl. § 87 b Abs. 1 AO. Zur Bestimmung der Schnittstelle vgl. § 87 b Abs. 2 AO. 94

7.2. Inhalt der Mitteilung

Die Mitteilung an die Finanzverwaltung hat die in § 93 c Abs. 1 Nr. 2 AO genannten Daten zu enthalten (insbes. Angaben zur mitteilungspflichtigen Stelle sowie Angaben zur Identifizierung des Betroffenen). 95

Neben den in § 93 c Abs. 1 Nr. 2 AO genannten Angaben sind nach § 13 Abs. 2 Satz 1 MV auch folgende Angaben mitzuteilen: 96

- die Art und Höhe der jeweils gewährten Zahlung,
- das Datum, an dem die Zahlung bewilligt wurde,
- das Datum der Zahlung oder der Zahlungsanordnung und
- bei unbarer Zahlung die Bankverbindung für das Konto, auf das die Leistung erbracht wurde.

97 Werden nach § 13 Abs. 2 Satz 1 MV mitzuteilende Zahlungen im Kalenderjahr ihrer Auszahlung ganz oder teilweise (freiwillig oder aufgrund einer geltend gemachten Rückforderung) zurückerstattet, ist diese Minderung der mitzuteilenden Leistung bereits bei Erstellung des Datensatzes zu berücksichtigen. Wurde der Datensatz aber bereits übermittelt, ist er nach § 93 c Abs. 3 AO zu korrigieren.

98 Werden nach § 13 Abs. 2 Satz 1 MV mitzuteilende Zahlungen dagegen erst in einem späteren Kalenderjahr ganz oder teilweise zurückerstattet, ist die Rückzahlung abweichend von § 93 c Abs. 3 AO eigenständig und unter Angabe des Datums, an dem die Zahlung bei der mitteilungspflichtigen Stelle eingegangen ist, mitzuteilen (§ 13 Abs. 2 Satz 2 MV).

7.3. Zeitpunkt der Mitteilung

99 Mitteilungen über im Kalenderjahr 2020 ausgezahlte Leistungen sind abweichend von § 93 c Abs. 1 Nr. 1 AO erst nach Veröffentlichung des amtlich vorgeschriebenen Datensatzes und der Freigabe der amtlich bestimmten Schnittstelle bis zum 30. April 2021 zu übermitteln (§ 13 Abs. 3 Satz 1 MV).

100 Das BMF kann im Einvernehmen mit den obersten Finanzbehörden der Länder diese Frist durch ein im BStBl. Teil I zu veröffentlichendes Schreiben verlängern, sofern die technischen Voraussetzungen für die Annahme der Mitteilungen nicht rechtzeitig vorliegen (§ 13 Abs. 3 Satz 2 MV).

101 Die oberste Finanzbehörde des Landes, in dem die mitteilungspflichtige Stelle ihren Sitz hat, kann auf begründeten Antrag einer nach § 13 Abs. 1 MV mitteilungspflichtigen Stelle die nach § 13 Abs. 3 Satz 1 oder Satz 2 MV geltende Frist zur Übersendung der Mitteilungen um bis zu 10 Monate verlängern, wenn die technischen Voraussetzungen für die Übersendung der Mitteilungen an die Finanzbehörden nicht rechtzeitig vorliegen.

7.4. Unterrichtung des Betroffenen

102 Die mitteilungspflichtige Stelle hat den betroffenen Steuerpflichtigen darüber zu informieren, welche für seine Besteuerung relevanten Daten sie an die Finanzbehörden übermittelt hat oder übermitteln wird (§ 93 c Abs. 1 Nr. 3 Satz 1 AO). Diese Information hat in geeigneter Weise, mit Zustimmung des Steuerpflichtigen elektronisch, und binnen angemessener Frist zu erfolgen (§ 93 c Abs. 1 Nr. 3 Satz 2 AO). Die Information kann danach auch mit dem Antrag auf Gewährung einer Billigkeitsleistung oder der Festsetzung der Billigkeitsleistung verbunden werden.

8. Elektronische Mitteilungen über Zahlungen der Kassenärztlichen Vereinigungen an die Anbieter von Leistungen nach der Coronavirus-Testverordnung (§ 14 MV)[1]

8.1. Form und Empfänger der Mitteilung

103 Die von einer Kassenärztlichen Vereinigung (KV) nach dem 31. Dezember 2020 an Leistungserbringer nach der Coronavirus-Testverordnung geleisteten Zahlungen sind nach amtlich vorgeschriebenem Datensatz (§ 87b Abs. 1 AO) über die amtlich bestimmte Schnittstelle (§ 87b Abs. 2 AO) nach Maßgabe des § 93c AO den Finanzbehörden mitzuteilen. Zur Bestimmung des amtlich

[1] Nr. 8 (Rz. 103 bis 111) hinzugef. durch BMF v. 29. 9. 2021, BStBl. I S. 1765.

vorgeschriebenen Datensatzes vgl. § 87b Abs. 1 AO. Zur Bestimmung der Schnittstelle vgl. § 87b Abs. 2 AO.

8.2. Inhalt der Mitteilung

Die Mitteilung an die Finanzverwaltung hat die in § 93c Abs. 1 Nr. 2 AO **104** genannten Daten zu enthalten (insbes. Angaben zur mitteilenden Stelle sowie Angaben zur Identifizierung des betroffenen Steuerpflichtigen).

Neben den in § 93c Abs. 1 Nr. 2 AO genannten Angaben sind nach § 14 Abs. 2 **105** Satz 1 MV auch folgende Angaben mitzuteilen:

1. die im jeweils vorangegangenen Kalenderjahr von der KV geleisteten Zahlungen i.S.v. § 14 Abs. 1 MV unter Angabe des jeweiligen Rechtsgrunds der Zahlung,
2. das Datum dieser Zahlungen und
3. bei unbarer Zahlung die Bankverbindung für das Konto, auf das die Zahlungen geleistet wurden.

Werden nach § 14 Abs. 2 Satz 1 MV mitzuteilende Zahlungen im Kalenderjahr **106** ihrer Auszahlung ganz oder teilweise (freiwillig oder aufgrund einer geltend gemachten Rückforderung) an die KV zurückerstattet, ist diese Minderung der mitzuteilenden Zahlungen bereits bei Erstellung des Datensatzes zu berücksichtigen. Wurde der Datensatz aber bereits übermittelt, ist er nach § 93c Abs. 3 AO zu korrigieren.

Werden nach § 14 Abs. 2 Satz 1 MV mitzuteilende Zahlungen dagegen erst in **107** einem späteren Kalenderjahr ganz oder teilweise zurückerstattet, ist die Rückzahlung abweichend von § 93c Abs. 3 AO eigenständig und unter Angabe des Datums, an dem die Zahlung bei der KV eingegangen ist, mitzuteilen (§ 14 Abs. 2 Satz 2 MV).

8.3. Zeitpunkt der Mitteilung

Mitteilungen über im Kalenderjahr 2021 ausgezahlte Leistungen i.S.d. § 14 **108** MV sind abweichend von § 93c Abs. 1 Nr. 1 AO erst nach Veröffentlichung des amtlich vorgeschriebenen Datensatzes und der Freigabe der amtlich bestimmten Schnittstelle bis zum 30. April 2022 zu übermitteln (§ 14 Abs. 3 Satz 1 MV).

Das BMF kann im Einvernehmen mit den obersten Finanzbehörden der **109** Länder diese Frist durch ein im BStBl. Teil I zu veröffentlichendes Schreiben verlängern, sofern die technischen Voraussetzungen für die Annahme der Mitteilungen nicht rechtzeitig vorliegen (§ 14 Abs. 3 Satz 2 MV).

Auf begründeten Antrag einer KV kann ihr die oberste Finanzbehörde des **110** Landes, in dem die KV ihren Sitz hat, die nach § 14 Abs. 3 Satz 1 oder Satz 2 MV geltende Frist zur Übersendung der Mitteilungen um bis zu 10 Monate verlängern, wenn die technischen Voraussetzungen für die Übersendung der Mitteilungen an die Finanzbehörden nicht rechtzeitig vorliegen.

8.4. Unterrichtung des Betroffenen

Die KV hat den betroffenen Steuerpflichtigen darüber zu informieren, welche **111** für seine Besteuerung relevanten Daten sie an die Finanzbehörden übermittelt hat oder noch übermitteln wird (§ 93c Abs. 1 Nr. 3 Satz 1 AO). Diese Information hat in geeigneter Weise, mit Zustimmung des Steuerpflichtigen elektronisch, und binnen angemessener Frist zu erfolgen (§ 93c Abs. 1 Nr. 3 Satz 2 AO).

Dieses Schreiben ersetzt das BMF-Schreiben vom 25. März 2002 IV D 2 – S 0229 – 26/02 (BStBl. I S. 477).

Anlage

Bundeseinheitlich zugelassene Ausnahmen von der Mitteilungspflicht nach § 2 Abs. 2 MV

Abgeordnete

- Steuerfreie Aufwandsentschädigungen nach § 3 Nr. 12 Satz 1 EStG,
- steuerfreier Reisekostenersatz nach § 3 Nr. 13 EStG,
- steuerfreie Beihilfe nach § 3 Nr. 11 EStG.

Entschädigungsgesetze

- Gesetz über die Entschädigung nach dem Gesetz zur Regelung offener Vermögensfragen (Entschädigungsgesetz)
- Gesetz über staatliche Ausgleichsleistungen für Enteignungen auf besatzungsrechtlicher oder besatzungshoheitlicher Grundlage, die nicht mehr rückgängig gemacht werden können (Ausgleichsleistungsgesetz)
- NS-Verfolgtenentschädigungsgesetz

Zahlungen nach diesen Gesetzen; dies gilt nicht, soweit die Zahlungen Kapitalerträge i. S. d. § 20 Abs. 1 Nr. 7 oder Abs. 2 EStG sind und an eine unbeschränkt steuerpflichtige Person geleistet werden.

Fremdsprachenassistenten

Zuwendungen aufgrund des Fulbright-Abkommens (§ 3 Nr. 42 EStG) sowie Stipendien i. S. d. § 3 Nr. 44 EStG an ausländische Fremdsprachenassistenten.

Gesetz über die Rehabilitierung und Entschädigung von Opfern rechtsstaatswidriger Strafverfolgungsmaßnahmen im Beitrittsgebiet (Strafrechtliches Rehabilitierungsgesetz)

Besondere Zuwendung für Haftopfer nach § 17 a dieses Gesetzes.

Unterhaltssicherungsgesetz (USG)

Zahlungen nach § 7 USG, die für einen Zeitraum von nicht mehr als einem Kalenderjahr geleistet werden und weniger als 1500 EUR betragen.

800 § 109/2. Schreiben betr. Anwendungsfragen zur Verlängerung der Steuererklärungsfristen und der zinsfreien Karenzzeiten durch das Gesetz vom 25. Juni 2021 (BGBl. I S. 2035)

Vom 20. Juli 2021

BMF IV A 3 - S 0261/20/10001 :014; DOK 2021/0813579

(BStBl. I S. 984)

Angesichts der weiterhin andauernden, durch die Corona-Pandemie verursachten Ausnahmesituation hat der Gesetzgeber mit dem ATAD-Umsetzungsgesetz vom 25. Juni 2021 (BGBl. I S. 2035)[1] die Erklärungsfristen in beratenen wie in nicht beratenen Fällen (§ 149 Abs. 2 und 3 AO) sowie die zinsfreien Karenzzeiten (§ 233a Abs. 2 Satz 1 und 2 AO) für den Besteuerungszeitraum 2020 um drei Monate verlängert (Art. 97 § 36 Abs. 3 EGAO).

Die Erklärungsfristen in beratenen Fällen und die zinsfreien Karenzzeiten waren für den Besteuerungszeitraum 2019 bereits mit Gesetz vom 15. Februar 2021 (BGBl. I S. 237)[2] um sechs bzw. fünf Monate verlängert worden (siehe hierzu das BMF-Schreiben vom 15. April 2021, BStBl. I S. 615)[3].

Nach Erörterung mit den obersten Finanzbehörden der Länder gilt Folgendes:

I. Verlängerung der Erklärungsfristen für den Besteuerungszeitraum 2020

1. Nicht beratene Fälle (§ 149 Abs. 2 AO)

Steuer- und Feststellungserklärungen, die sich auf ein Kalenderjahr oder auf einen gesetzlich bestimmten Zeitpunkt beziehen und nicht von einer Person, einer Gesellschaft, einem Verband, einer Vereinigung, einer Behörde oder einer Körperschaft i.S.d. §§ 3 und 4 StBerG erstellt werden (nicht beratene Fälle), sind – vorbehaltlich anderweitiger abweichender gesetzlicher Bestimmungen – grundsätzlich spätestens sieben Monate nach Ablauf des Kalenderjahres oder sieben Monate nach dem gesetzlich bestimmten Zeitpunkt abzugeben (§ 149 Abs. 2 Satz 1 AO). **1**

Bei nicht beratenen Steuerpflichtigen, die den Gewinn aus Land- und Forstwirtschaft nach einem abweichenden Wirtschaftsjahr ermitteln, endet die Erklärungsfrist für Steuer- und Feststellungserklärungen, in denen der Gewinn aus Land- und Forstwirtschaft selbst ermittelt wird, grundsätzlich nicht vor Ablauf des siebten Monats, der auf den Schluss des in dem Kalenderjahr begonnenen Wirtschaftsjahres folgt (§ 149 Abs. 2 Satz 2 AO). **2**

Nach Art. 97 § 36 Abs. 3 Nr. 3 und 4 EGAO tritt in den vorgenannten Fällen für den Besteuerungszeitraum 2020 **3**

– in den Fällen des § 149 Abs. 2 Satz 1 AO (vgl. Rn. 1) an die Stelle des 31. Juli 2021 unter Berücksichtigung des § 108 Abs. 3 AO der 1. November 2021

[1] **Amtl. Anm.:** BStBl. I S. 874.
[2] **Amtl. Anm.:** BStBl. I S. 263.
[3] Nr. **800** § 109/1.

(soweit dies in dem Land, zu dem das Finanzamt gehört, ein gesetzlicher Feiertag ist: der 2. November 2021) und

– in den Fällen des § 149 Abs. 2 Satz 2 AO (vgl. Rn. 2) z.B. an die Stelle des 31. Januar 2022 (vgl. § 4a Abs. 1 Nr. 1 Satz 2 EStG) unter Berücksichtigung des § 108 Abs. 3 AO der 2. Mai 2022.

4 Diese gesetzlichen Fristverlängerungen sind von Amts wegen zu beachten, ein Antrag des Steuerpflichtigen ist dazu nicht erforderlich.

5 Die Möglichkeit, Fristverlängerung zu beantragen bzw. zu gewähren (vgl. § 109 Abs. 1 AO) bleibt hiervon unberührt.

2. Beratene Fälle (§ 149 Abs. 3 AO)

6 Sofern Personen, Gesellschaften, Verbände, Vereinigungen, Behörden oder Körperschaften i.S.d. §§ 3 und 4 StBerG mit der Erstellung der in § 149 Abs. 3 AO genannten Erklärungen beauftragt sind (beratene Fälle), sind diese Steuer- und Feststellungserklärungen – vorbehaltlich einer Vorabanforderung nach § 149 Abs. 4 AO; vgl. Rn. 9 – grundsätzlich spätestens bis zum letzten Tag des Monats Februar, in den Fällen des § 149 Abs. 2 Satz 2 AO (vgl. Rn. 2) grundsätzlich bis zum 31. Juli des zweiten auf den Besteuerungszeitraum folgenden Kalenderjahres abzugeben.

7 Nach Art. 97 § 36 Abs. 3 Nr. 5 EGAO tritt in den vorgenannten Fällen für den Besteuerungszeitraum 2020

– an die Stelle des letzten Tages des Monats Februar 2022 der 31. Mai 2022 und

– an die Stelle des 31. Juli 2022 der 31. Oktober 2022 (soweit dies in dem Land, zu dem das Finanzamt gehört, ein gesetzlicher Feiertag ist: der 1. November 2022).

8 Diese gesetzlichen Fristverlängerungen sind von Amts wegen zu beachten, ein Antrag des Steuerpflichtigen oder des mit der Erstellung der Erklärung Beauftragten i.S.d. §§ 3 und 4 StBerG ist dazu nicht erforderlich.

9 Vorzeitige Anforderungen von Steuer- und Feststellungserklärungen nach § 149 Abs. 4 AO bleiben von dieser Fristverlängerung unberührt (vgl. hierzu auch Abschnitt II).

10 Eine Verlängerung der (gesetzlich verlängerten) Erklärungsfristen für den Besteuerungszeitraum 2020 durch das Finanzamt über den 31. Mai 2022 bzw. 31. Oktober 2022[1)] hinaus ist nur unter den Voraussetzungen des § 109 Abs. 2 AO i.V.m. Art. 97 § 36 Abs. 3 Nr. 1 und 2 EGAO möglich.

11 Die Fristen zur Einreichung von Steuer- und Feststellungserklärungen in beratenen Fällen können daher nur dann über den 31. Mai 2022 bzw. 31. Oktober 2022[1)] hinaus verlängert werden, wenn der Steuerpflichtige und sein Vertreter oder Erfüllungsgehilfe nachweislich ohne Verschulden verhindert sind oder waren, die Erklärungsfrist einzuhalten. Bei der Entscheidung über einen diesbezüglichen Antrag auf Fristverlängerung sind die von der Rechtsprechung zum Vorliegen einer „unverschuldeten Verhinderung“ entwickelten Grundsätze zu beachten. Die Arbeitsüberlastung eines Angehörigen der steuerberatenden Berufe kann daher für sich allein nur in besonders gelagerten Ausnahmefällen eine Fristverlängerung durch das Finanzamt über den 31. Mai 2022 bzw. 31. Oktober 2022[1)] hinaus rechtfertigen.

[1)] **Amtl. Anm.:** Soweit dies in dem Land, zu dem das Finanzamt gehört, ein gesetzlicher Feiertag ist: 1. November 2022.

II. Vorzeitige Anforderung von Erklärungen (§ 149 Abs. 4 AO)

Das Finanzamt kann in Fällen, in denen Steuer- und Feststellungserklärungen i.S.d. § 149 Abs. 3 AO durch Angehörige der steuerberatenden Berufe erstellt werden, unter den Voraussetzungen des § 149 Abs. 4 AO eine vorzeitige Abgabe der Steuer- und Feststellungserklärung vor dem letzten Tag des Monats Februar, in den Fällen des § 149 Abs. 2 Satz 2 AO (Land- und Forstwirte mit abweichendem Wirtschaftsjahr) vor dem zum 31. Juli des zweiten auf den Besteuerungszeitraum folgenden Kalenderjahres anordnen (sog. Vorabanforderung). **12**

Steuer- und Feststellungserklärungen i.S.d. § 149 Abs. 3 AO für den Besteuerungszeitraum 2020 können nach Art. 97 § 36 Abs. 3 Nr. 6 und 7 EGAO abweichend hiervon auch für nach dem 28. Februar 2022 und vor dem 31. Mai 2022 bzw. in den Fällen des § 149 Abs. 2 Satz 2 AO für nach dem 31. Juli 2022 und vor dem 31. Oktober 2022[1)] liegende Zeitpunkte vorzeitig angefordert werden. **13**

III. Festsetzung von Verspätungszuschlägen (§ 152 AO)

Gegen denjenigen, der seiner Verpflichtung zur Abgabe einer Steuer- oder Feststellungserklärung nicht oder nicht fristgemäß nachkommt, kann ein Verspätungszuschlag festgesetzt werden (§ 152 Abs. 1 AO). Unter den Voraussetzungen des § 152 Abs. 2 AO steht die Festsetzung des Verspätungszuschlags nicht mehr im Ermessen des Finanzamts, sondern ist gesetzlich vorgeschrieben. Dies gilt gleichermaßen für beratene wie für nicht beratene Fälle. **14**

Wurde die Steuer- oder Feststellungserklärung für den Besteuerungszeitraum 2020 zwar nach Ablauf der (gesetzlich und ggf. auch durch das Finanzamt nach § 109 AO verlängerten) Erklärungsfrist und damit verspätet, aber vor Ablauf von 17 Monaten nach Ablauf des Kalenderjahres oder vor Ablauf von 17 Monaten nach dem Besteuerungszeitpunkt (bzw. in den Fällen des § 149 Abs. 2 Satz 2 AO vor Ablauf von 22 Monaten nach Ablauf des Kalenderjahres oder vor Ablauf von 22 Monaten nach dem Besteuerungszeitpunkt) abgegeben, kann das Finanzamt nach § 152 Abs. 1 AO einen Verspätungszuschlag festsetzen (Ermessensentscheidung). **15**

Das Finanzamt ist hingegen zur Festsetzung eines Verspätungszuschlags gesetzlich verpflichtet, wenn die Steuer- oder Feststellungserklärung für den Besteuerungszeitraum 2020 nicht binnen 17 Monaten nach Ablauf des Kalenderjahres bzw. nicht binnen 17 Monaten nach dem Besteuerungszeitpunkt (bzw. in den Fällen des § 149 Abs. 2 Satz 2 AO nicht binnen 22 Monaten nach Ablauf des Kalenderjahres oder nicht binnen 22 Monaten nach dem Besteuerungszeitpunkt) abgegeben wurde. Nach § 152 Abs. 2 Nr. 1 oder 2 AO i.V.m. Art. 97 § 36 Abs. 3 Nr. 8 und 9 EGAO ist in diesem Fall ein Verspätungszuschlag festzusetzen (gebundene Entscheidung). **16**

Die Entscheidung über die Festsetzung eines Verspätungszuschlags steht in den in Rn. 16 genannten Fällen gemäß § 152 Abs. 3 AO nur in folgenden Fällen im Ermessen des Finanzamts: **17**

[1)] **Amtl. Anm.:** Soweit dies in dem Land, zu dem das Finanzamt gehört, ein gesetzlicher Feiertag ist: 1. November 2022.

- die Finanzbehörde hat die Frist für die Abgabe der Steuererklärung nach § 109 AO (ggf. rückwirkend) verlängert, die Erklärung wurde aber nach Ablauf der hiernach verlängerten Frist abgegeben,
- die Steuer wurde auf null Euro oder auf einen negativen Betrag festgesetzt oder
- die festgesetzte Steuer übersteigt nicht die Summe der festgesetzten Vorauszahlungen und der anzurechnenden Steuerabzugsbeträge.

IV. Verlängerung der zinsfreien Karenzzeiten für den Besteuerungszeitraum 2020 (§ 233a Abs. 2 Satz 1 und 2 AO)

18 Der Zinslauf der Verzinsung von Steuernachforderungen und Steuererstattungen nach § 233a AO („Vollverzinsung") beginnt nach § 233a Abs. 2 Satz 1 AO allgemein 15 Monate nach Ablauf des Kalenderjahres, in dem die Steuer entstanden ist (allgemeiner Zinslauf).

19 Für die Einkommen- und Körperschaftsteuer beginnt der Zinslauf nach § 233a Abs. 2 Satz 2 AO regulär erst 23 Monate nach Ablauf des Kalenderjahres, in dem die Steuer entstanden ist, wenn die Einkünfte aus Land- und Forstwirtschaft bei der erstmaligen Steuerfestsetzung die anderen Einkünfte überwiegen (besonderer Zinslauf).

20 Für den Besteuerungszeitraum 2020 beginnt nach Art. 97 § 36 Abs. 3 Nr. 10 und 11 EGAO

- der allgemeine Zinslauf (vgl. Rn. 18) erst am 1. Juli 2022 und
- der besondere Zinslauf (vgl. Rn. 19) erst am 1. März 2023.

21 Die gesetzliche Verlängerung der Karenzzeiten (vgl. Rn. 20) gilt gleichermaßen für Nachzahlungs- wie für Erstattungszinsen. Sie gilt auch unabhängig davon, ob eine Steuererklärungspflicht besteht und ob es sich um einen beratenen oder nicht beratenen Fall handelt.

des Vorläufigkeitsvermerks bzw. durch entsprechende Aussetzung der Steuerfestsetzung abzuhelfen. Ist Gegenstand des Einspruchsverfahrens ein Änderungsbescheid, sind die Regelungen in Abschnitt I Nr. 2 und Abschnitt II Nr. 3 zu beachten. Mit der Erweiterung des Vorläufigkeitsvermerks bzw. der Aussetzung der Steuerfestsetzung ist das Einspruchsverfahren erledigt, falls nicht auch andere Einwendungen gegen die Steuerfestsetzung erhoben werden. Dies gilt entsprechend bei einem rechtzeitig gestellten Antrag auf schlichte Änderung (§ 172 Abs. 1 Satz 1 Nr. 2 Buchst. a AO).

Wird der Einspruch auch wegen anderer, vom Vorläufigkeitsvermerk bzw. von der Aussetzung der Steuerfestsetzung nicht erfasster Fragen erhoben, wird ein den Vorläufigkeitsvermerk bzw. die Aussetzung der Steuerfestsetzung erweiternder Bescheid Gegenstand des anhängig bleibenden Einspruchsverfahrens (§ 365 Abs. 3 AO).

2. Wird gegen eine nach Abschnitt I vorläufig durchgeführte Steuerfestsetzung oder eine nach Abschnitt II ausgesetzte Steuerfestsetzung Einspruch eingelegt und betrifft die vom Einspruchsführer vorgetragene Begründung Fragen, die vom Vorläufigkeitsvermerk bzw. der Aussetzung der Steuerfestsetzung erfasst sind, ist der Einspruch insoweit zurückzuweisen. Ein Ruhenlassen des Einspruchsverfahrens kommt insoweit nicht in Betracht, es sei denn, dass nach Abschnitt V dieses BMF-Schreibens die Vollziehung auszusetzen ist.
3. Spätestens in der (Teil-)Einspruchsentscheidung ist die Steuerfestsetzung im Umfang der aktuellen Anlage zu diesem BMF-Schreiben für vorläufig zu erklären oder auszusetzen. Ist Gegenstand des Einspruchsverfahrens ein Änderungsbescheid, sind die Regelungen in Abschnitt I Nr. 2 und Abschnitt II Nr. 3 zu beachten.

IV. Rechtshängige Fälle

In Fällen, in denen Verfahren bei einem Finanzgericht oder beim Bundesfinanzhof anhängig sind, sind rechtzeitig vor der Entscheidung des Gerichts die Steuerfestsetzungen hinsichtlich der in der aktuellen Anlage zu diesem BMF-Schreiben aufgeführten Punkte vorläufig vorzunehmen oder auszusetzen (§ 172 Abs. 1 Satz 1 Nr. 2 Buchst. a i. V. m. § 132 AO). Dies gilt nicht, wenn die Klage oder das Rechtsmittel (Revision, Nichtzulassungsbeschwerde) unzulässig ist oder die Klage sich gegen eine Einspruchsentscheidung richtet, die den Einspruch als unzulässig verworfen hat.

Ist Gegenstand des gerichtlichen Verfahrens ein Änderungsbescheid, sind die Regelungen in Abschnitt I Nr. 2 und Abschnitt II Nr. 3 zu beachten. Die hinsichtlich des Vorläufigkeitsvermerks nach § 165 Abs. 1 Satz 2 AO bzw. der Aussetzung nach § 165 Abs. 1 Satz 4 AO geänderte Steuerfestsetzung wird nach § 68 FGO Gegenstand des gerichtlichen Verfahrens.

V. Aussetzung der Vollziehung

In den Fällen von Abschnitt A der Anlage zu diesem BMF-Schreiben kommt eine Aussetzung der Vollziehung nur in Betracht, soweit die Finanzbehörden hierzu durch BMF-Schreiben oder gleich lautende Erlasse der obersten Finanzbehörden der Länder angewiesen worden sind.

In den Fällen von Abschnitt B der Anlage zu diesem BMF-Schreiben kommt eine Aussetzung der Vollziehung mangels entsprechender Steuerfestsetzung nicht in Betracht.

VI. Anwendung

Dieses Schreiben tritt an die Stelle des BMF-Schreibens vom 16. Mai 2011 (BStBl. I S. 464) und der zuletzt durch das BMF-Schreiben vom 20. Januar 2017 (BStBl. I S. 66) neugefassten Anlage zum vorgenannten BMF-Schreiben.

Anlage[1)]

Abschnitt A. (Vorläufige Steuerfestsetzung)

I.

Steuerfestsetzungen sind hinsichtlich folgender Punkte gemäß § 165 Abs. 1 Satz 2 Nr. 3 AO im Hinblick auf die Verfassungsmäßigkeit und verfassungskonforme Auslegung der Norm vorläufig vorzunehmen, soweit dies verfahrensrechtlich möglich ist:[2)]

1. Höhe der kindbezogenen Freibeträge nach § 32 Abs. 6 Satz 1 und 2 EStG
2. Abzug einer zumutbaren Belastung (§ 33 Abs. 3 EStG) bei der Berücksichtigung von Aufwendungen für Krankheit oder Pflege als außergewöhnliche Belastung
3. Besteuerung von Leibrenten und anderen Leistungen aus der Basisversorgung nach § 22 Nr. 1 Satz 3 Buchst. a Doppelbuchst. aa EStG

Der **Vorläufigkeitsvermerk gemäß Nr. 1** ist sämtlichen Einkommensteuerfestsetzungen für Veranlagungszeiträume ab 2001 mit einer Prüfung der Steuerfreistellung nach § 31 EStG sowie den mit derartigen Einkommensteuerfestsetzungen verbundenen Festsetzungen des Solidaritätszuschlags und der Kirchensteuer beizufügen. Wird im Rechtsbehelfsverfahren gegen die Festsetzung der Einkommensteuer, des Solidaritätszuschlags und der Kirchensteuer für den Veranlagungszeitraum 2014 Aussetzung der Vollziehung (§ 361 AO, § 69 Abs. 2 FGO) beantragt, ist dem zu entsprechen, soweit unter Berücksichtigung eines um 72 Euro erhöhten Kinderfreibetrags je Kind die Steuer herabzusetzen wäre und im Übrigen die Voraussetzungen des § 361 AO oder des § 69 FGO erfüllt sind. Ein Einkommensteuerbescheid ist hinsichtlich des Kinderfreibetrags kein Grundlagenbescheid für die Festsetzung des Solidaritätszuschlags und der Kirchensteuer (BFH-Urteile vom 27. Januar 2011 III R 90/07, BStBl. II S. 543, und vom 15. November 2011 I R 29/11, BFH/NV 2012 S. 921); § 361 Abs. 3 Satz 1 AO und § 69 Abs. 2 Satz 4 FGO sind daher insoweit nicht anwendbar.

Der **Vorläufigkeitsvermerk gemäß Nr. 2** ist in Fällen unbeschränkter Steuerpflicht im Rahmen der verfahrensrechtlichen Möglichkeiten sämtlichen Einkommensteuerfestsetzungen beizufügen.

Der **Vorläufigkeitsvermerk gemäß Nr. 3** ist sämtlichen Einkommensteuerfestsetzungen für Veranlagungszeiträume ab 2005 beizufügen, in denen eine

---

1) Anlage zuletzt neu gef. durch BMF v. 30.8.2021, BStBl. I S. 1042.

2) Nach GLE v. 18. 5. 2015, BStBl. I S. 439, sind Feststellungen der **Einheitswerte** für Grundstücke sowie Festsetzungen des **Grundsteuermessbetrags** vorläufig nach § 165 Abs. 1 Satz 2 Nr. 3 AO idF der Bek. v. 1.10.2002 (BGBl. I S. 3866, ber. 2003 S. 61), zuletzt geänd. durch G v. 5.10.2021 (BGBl. I S. 4607) durchzuführen.

Nach GLE v. 28. 10. 2016, BStBl. I S. 1114, sind Festsetzungen des **Gewerbesteuermessbetrags** für Erhebungszeiträume ab 2008 mit Hinzurechnungen zum Gewerbeertrag nach § 8 Nr. 1 Buchst. a, d, e oder f GewStG idF der Bek. v. 15.10.2002 (BGBl. I S. 4167), zuletzt geänd. durch G v. 25.6.2021 (BGBl. I S. 2050) vorläufig nach § 165 Abs. 1 Satz 2 Nr. 3 AO idF der Bek. v. 1.10.2002 (BGBl. I S. 3866, ber. 2003 S. 61), zuletzt geänd. durch G v. 5.10.2021 (BGBl. I S. 4607) durchzuführen.

Leibrente oder eine andere Leistung aus der Basisversorgung nach § 22 Nr. 1 Satz 3 Buchst. a Doppelbuchst. aa EStG erfasst wird. Eine mögliche Zuvielbelastung von Alterseinkünften muss nach der Rechtsprechung des BFH vom Steuerpflichtigen belegt werden (ständige Rechtsprechung des BFH, s. BFH-Urteil vom 21. Juni 2016 X R 44/14, BFH/NV S. 1791 und vom 19. Mai 2021 X R 20/19). Eine Überprüfung von Amts wegen durch die Finanzämter ohne Mitwirkung der betroffenen Steuerpflichtigen ist nicht möglich. Daher ist in Steuerbescheiden, die den Vorläufigkeitsvermerk gemäß Nr. 3 enthalten, zusätzlich folgender Hinweis aufzunehmen:

„Wichtiger Hinweis:
Sollte nach einer künftigen Entscheidung des Bundesverfassungsgerichts oder des Bundesfinanzhofs dieser Steuerbescheid Ihrer Auffassung nach hinsichtlich der Besteuerung von Leibrenten und anderen Leistungen aus der Basisversorgung nach § 22 Nr. 1 Satz 3 Buchst. a Doppelbuchst. aa EStG zu Ihren Gunsten zu ändern sein, benötige ich weitere Unterlagen von Ihnen. Von Amts wegen kann ich Ihren Steuerbescheid nicht ändern, weil mir nicht alle erforderlichen Informationen vorliegen."

II.

Ferner sind im Rahmen der verfahrensrechtlichen Möglichkeiten sämtliche Festsetzungen des Solidaritätszuschlags für die Veranlagungszeiträume ab 2005 hinsichtlich der Verfassungsmäßigkeit des Solidaritätszuschlaggesetzes 1995 vorläufig gemäß § 165 Abs. 1 Satz 2 Nr. 3 AO vorzunehmen.[1)]

Für die Veranlagungszeiträume ab 2020 erfasst dieser Vorläufigkeitsvermerk auch die Frage, ob die fortgeltende Erhebung eines Solidaritätszuschlages nach Auslaufen des Solidarpakts II zum 31. Dezember 2019 verfassunggemäß ist.

Abschnitt B. (Aussetzung der Steuerfestsetzung)

(aufgehoben)

[1)] Zur evtl. Erstattung des Solidaritätzuschlags auf Kapitalertragsteuer siehe BMF v. 23. 4. 2010, BStBl. I S. 494.

800 § 233a/1. Schreiben betr. Festsetzung von Zinsen nach §§ 233a bis 237 i.V.m. § 238 Abs. 1 Satz 1 AO; Vorläufige Festsetzung (§ 165 Abs. 1 Satz 2 Nr. 2 AO) und Aussetzung der Festsetzung von Nachzahlungs- und Erstattungszinsen nach § 233a AO für Verzinsungszeiträume ab dem 1. Januar 2019 (§ 165 Abs. 1 Satz 4 i.V.m. Satz 2 Nr. 2 AO); Aussetzung der Vollziehung und Ruhen von Rechtsbehelfsverfahren

Vom 17. September 2021
BMF IV A 3 - S 0338/19/10004 :005; DOK 2021/0957238
(BStBl. I S. 1759)

Das Bundesverfassungsgericht hat in den Verfahren 1 BvR 2237/14 und 1 BvR 2422/17 mit am 18. August 2021 veröffentlichtem Beschluss vom 8. Juli 2021 im Ergebnis entschieden:

- § 233a i.V.m. § 238 Abs. 1 Satz 1 AO ist mit Art. 3 Abs. 1 GG unvereinbar, soweit der Zinsberechnung für Verzinsungszeiträume ab dem 1. Januar 2014 ein Zinssatz von 0,5 % pro Monat zugrunde gelegt wird.
- Für Verzinsungszeiträume bis 31. Dezember 2018 ist das bisherige Recht aber weiter anwendbar (Fortgeltungsanordnung).
- Für Verzinsungszeiträume ab 1. Januar 2019 gilt Folgendes:
  - § 233a i.V.m. § 238 Abs. 1 Satz 1 AO ist als Folge des Verstoßes gegen Art. 3 Abs. 1 GG unanwendbar (Anwendungssperre).
  - Gerichte und Verwaltungsbehörden dürfen diese Normen insoweit nicht mehr anwenden, laufende Verfahren sind auszusetzen. D.h., betragsmäßig „neue“ Nachzahlungs- und Erstattungszinsen dürfen auf der Grundlage des § 233a i.V.m. § 238 Abs. 1 Satz 1 AO nicht mehr festgesetzt werden.
  - Unanfechtbare Zinsfestsetzungen, die auf der Anwendung von § 233a i.V.m. § 238 Abs. 1 Satz 1 AO beruhen, sind wegen der Entscheidung des Bundesverfassungsgerichts weder aufzuheben noch zu ändern (§ 79 Abs. 2 Satz 1 BVerfGG entsprechend). Sie genießen Bestandskraft. Die Vollstreckung aus einer solchen Entscheidung ist – soweit sie noch nicht vollzogen ist – allerdings unzulässig (§ 79 Abs. 2 Satz 2 BVerfGG entsprechend).
  - Ansprüche des Zinsschuldners gegen die Finanzbehörde aus ungerechtfertigter Bereicherung hinsichtlich bereits entrichteter Zinsen sind ausgeschlossen (§ 79 Abs. 2 Satz 4 BVerfGG).
  - Der Gesetzgeber ist verpflichtet, bis zum 31. Juli 2022 eine verfassungsgemäße Neuregelung für Verzinsungszeiträume ab 1. Januar 2019 zu treffen.
- Die Unvereinbarkeitserklärung erstreckt sich ausdrücklich nicht auf die anderen Verzinsungstatbestände nach der AO zulasten der Steuerpflichtigen, namentlich auf Stundungs-, Hinterziehungs- und Aussetzungszinsen nach den §§ 234, 235 und 237 AO. Die Entscheidung des Bundesverfassungsgerichts betrifft aber auch nicht die Verzinsung zugunsten der Steuerpflichtigen nach § 236 AO.

Im Einvernehmen mit den obersten Finanzbehörden der Länder gilt Folgendes:

I. Erstmalige Zinsfestsetzungen nach § 233a AO

Sämtliche erstmalige Festsetzungen von Nachzahlungs- und Erstattungszinsen nach § 233a AO für Verzinsungszeiträume ab dem 1. Januar 2019 sind gemäß § 165 Abs. 1 Satz 4 i.V.m. Satz 2 Nr. 2 und § 239 Abs. 1 Satz 1 AO auszusetzen.

Aussetzung der Zinsfestsetzung bedeutet, dass die bei Anwendung des nach der Entscheidung des Bundesverfassungsgerichts nicht mehr anwendbaren § 233a i.V.m. § 238 Abs. 1 Satz 1 AO für Verzinsungszeiträume ab dem 1. Januar 2019 anfallenden Nachzahlungs- oder Erstattungszinsen nicht festgesetzt werden. Die ausgesetzte Zinsfestsetzung ist nachzuholen, soweit und sobald die Ungewissheit durch eine rückwirkende Gesetzesänderung beseitigt ist (§ 165 Abs. 2 Satz 2 Halbsatz 2 AO).

Für Verzinsungszeiträume bis 31. Dezember 2018 anfallende Nachzahlungs- oder Erstattungszinsen nach § 233a AO sind hingegen – endgültig – festzusetzen. Unter Verzinsungszeiträumen bis zum 31. Dezember 2018 sind hierbei nur volle Zinsmonate zu verstehen, die spätestens mit Ablauf des 31. Dezember 2018 enden.

In betroffene Zinsbescheide ist folgender Erläuterungstext aufzunehmen:

„Die Festsetzung von Nachzahlungs- und Erstattungszinsen nach § 233a AO für Verzinsungszeiträume ab dem 1. Januar 2019 ist gemäß § 165 Abs. 1 Satz 4 i.V.m. Satz 2 Nr. 2 und § 239 Abs. 1 Satz 1 AO ausgesetzt.

Die Aussetzung der Zinsfestsetzung erfolgt aufgrund der Entscheidung des Bundesverfassungsgerichts vom 8. Juli 2021 1 BvR 2237/14, 1 BvR 2422/17, nach der § 233a i.V.m. § 238 Abs. 1 Satz 1 AO für Verzinsungszeiträume ab dem 1. Januar 2019 bis zu einer rückwirkenden Gesetzesänderung nicht mehr angewendet werden darf. Nach Verkündung der vom Bundesverfassungsgericht geforderten rückwirkenden Gesetzesänderung wird die Festsetzung von Nachzahlungs- und Erstattungszinsen gegebenenfalls nachgeholt.

Für Verzinsungszeiträume bis zum 31. Dezember 2018 ergeht die Festsetzung von Nachzahlungs- und Erstattungszinsen endgültig.“

II. Geänderte oder berichtigte Zinsfestsetzungen nach § 233a AO

Bei Änderungen oder Berichtigungen von Festsetzungen von Nachzahlungs- und Erstattungszinsen nach § 233a AO für Verzinsungszeiträume ab dem 1. Januar 2019 ist wie folgt zu verfahren:

1. Wird eine Zinsfestsetzung nach § 164 Abs. 2 i.V.m. § 239 Abs. 1 Satz 1 AO geändert oder wird der Vorbehalt der Nachprüfung der Zinsfestsetzung nach § 164 Abs. 3 i.V.m. § 239 Abs. 1 Satz 1 AO aufgehoben, ist die geänderte oder berichtigte Zinsfestsetzung für Verzinsungszeiträume ab dem 1. Januar 2019 im Umfang der betragsmäßig neu festzusetzenden Zinsen nach § 165 Abs. 1 Satz 4 i.V.m. Satz 2 Nr. 2 i.V.m. § 239 Abs. 1 Satz 1 AO auszusetzen. Für Verzinsungszeiträume ab dem 1. Januar 2019 ist sie im Übrigen nach § 165 Abs. 1 Satz 2 Nr. 2 i.V.m. § 239 Abs. 1 Satz 1 AO vorläufig vorzunehmen. Dies gilt auch, wenn die unter dem Vorbehalt der Nachprüfung ergangene Zinsfestsetzung nach § 233a AO für Verzinsungszeiträume ab dem 1. Januar 2019 zugleich nach § 165 Abs. 1 Satz 2 Nr. 3 i.V.m. § 239 Abs. 1 Satz 1 AO (ganz oder teilweise) vorläufig ergangen war. Für Verzinsungs-

zeiträume bis zum 31. Dezember 2018 ist die Zinsfestsetzung nach § 165 Abs. 2 Satz 2 AO für endgültig zu erklären.

In die geänderte Zinsfestsetzung ist folgender Erläuterungstext aufzunehmen:

„Die Festsetzung von Nachzahlungs- und Erstattungszinsen nach § 233a AO für Verzinsungszeiträume ab dem 1. Januar 2019 ist gemäß § 165 Abs. 1 Satz 4 i.V.m. Satz 2 Nr. 2 und § 239 Abs. 1 Satz 1 AO ausgesetzt. Hiervon ausgenommen sind bereits vor Veröffentlichung der nachfolgend genannten Entscheidung des Bundesverfassungsgerichts festgesetzte Nachzahlungs- und Erstattungszinsen.

Die Aussetzung der Zinsfestsetzung erfolgt aufgrund der Entscheidung des Bundesverfassungsgerichts vom 8. Juli 2021 1 BvR 2237/14, 1 BvR 2422/17, nach der § 233a i.V.m. § 238 Abs. 1 Satz 1 AO für Verzinsungszeiträume ab dem 1. Januar 2019 bis zu einer rückwirkenden Gesetzesänderung nicht mehr angewendet werden darf. In Abhängigkeit von der Entscheidung des Gesetzgebers über eine rückwirkende Neuregelung wird die Festsetzung von Nachzahlungs- und Erstattungszinsen nachgeholt.

Vor Veröffentlichung der vorgenannten Entscheidung des Bundesverfassungsgerichts unter dem Vorbehalt der Nachprüfung und/oder (teilweise) vorläufig festgesetzte Nachzahlungs- und Erstattungszinsen nach § 233a AO für Verzinsungszeiträume ab dem 1. Januar 2019 werden im Hinblick auf die vom Bundesverfassungsgericht geforderte gesetzliche Neuregelung gemäß § 165 Abs. 1 Satz 2 Nr. 2 und § 239 Abs. 1 Satz 1 AO im Übrigen vorläufig festgesetzt. Nach Verkündung einer rückwirkenden Gesetzesänderung wird die Festsetzung der Nachzahlungs- und Erstattungszinsen entsprechend geändert.

Für Verzinsungszeiträume bis zum 31. Dezember 2018 ergeht die Festsetzung von Nachzahlungs- und Erstattungszinsen nach § 165 Abs. 2 Satz 2 AO endgültig."

2. Werden Zinsfestsetzungen nach anderen Vorschriften (einschließlich des § 165 Abs. 2 Satz 2 i.V.m. § 239 Abs. 1 Satz 1 AO) – sei es zugunsten oder zuungunsten der Steuerpflichtigen – geändert oder berichtigt, gilt Folgendes:

   a) Ist die vorangegangene Zinsfestsetzung in vollem Umfang nach § 165 Abs. 1 Satz 2 Nr. 3 i.V.m. § 239 Abs. 1 Satz 1 AO vorläufig ergangen (vgl. BMF-Schreiben vom 2. Mai 2019, BStBl. I S. 448), ist die geänderte oder berichtigte Zinsfestsetzung für Verzinsungszeiträume ab dem 1. Januar 2019 im Umfang der betragsmäßig neu festzusetzenden Zinsen nach § 165 Abs. 1 Satz 4 i.V.m. Satz 2 Nr. 2 i.V.m. § 239 Abs. 1 Satz 1 AO auszusetzen. Für Verzinsungszeiträume ab dem 1. Januar 2019 ist sie im Übrigen nach § 165 Abs. 1 Satz 2 Nr. 2 i.V.m. § 239 Abs. 1 Satz 1 AO vorläufig vorzunehmen. Für Verzinsungszeiträume bis zum 31. Dezember 2018 ist die Zinsfestsetzung nach § 165 Abs. 2 Satz 2 AO für endgültig zu erklären.

      In die geänderte Zinsfestsetzung ist derselbe Erläuterungstext wie unter II.1 aufzunehmen.

   b) Ist die vorangegangene Zinsfestsetzung nur teilweise vorläufig ergangen, ist die geänderte oder berichtigte Zinsfestsetzung für Verzinsungszeiträume ab dem 1. Januar 2019 im Umfang der betragsmäßig neu festzusetzenden Zinsen nach § 165 Abs. 1 Satz 4 i.V.m. Satz 2 Nr. 2 i.V.m. § 239 Abs. 1 Satz 1 AO auszusetzen. Für Verzinsungszeiträume ab dem 1. Januar 2019 ist sie bis zum Umfang der bisher vorläufigen Festsetzung nach § 165 Abs. 1 Satz 2 Nr. 2 i.V.m. § 239 Abs. 1 Satz 1 AO vorläufig vorzunehmen. Für Verzinsungszeiträume bis zum 31. Dezember 2018 ist die Zinsfestsetzung nach § 165 Abs. 2 Satz 2 AO für endgültig zu erklären.

In die geänderte Zinsfestsetzung ist derselbe Erläuterungstext wie unter II.1 aufzunehmen.

c) Ist die vorangegangene Zinsfestsetzung weder unter dem Vorbehalt der Nachprüfung noch vorläufig ergangen, ist die geänderte oder berichtigte Zinsfestsetzung für Verzinsungszeiträume ab dem 1. Januar 2019 im Umfang der betragsmäßig neu festzusetzenden Zinsen nach § 165 Abs. 1 Satz 4 i.V.m. Satz 2 Nr. 2 i.V.m. § 239 Abs. 1 Satz 1 AO auszusetzen. Hinsichtlich der für Verzinsungszeiträume bis 31. Dezember 2018 berechneten Zinsen sowie hinsichtlich der für Verzinsungszeiträume ab dem 1. Januar 2019 unanfechtbar festgesetzten Zinsen ist die Zinsfestsetzung endgültig vorzunehmen.

In die geänderte Zinsfestsetzung ist folgender Erläuterungstext aufzunehmen:

„Die Festsetzung von Nachzahlungs- und Erstattungszinsen nach § 233a AO für Verzinsungszeiträume ab dem 1. Januar 2019 ist gemäß § 165 Abs. 1 Satz 4 i.V.m. Satz 2 Nr. 2 und § 239 Abs. 1 Satz 1 AO ausgesetzt. Hiervon ausgenommen sind bereits vor Veröffentlichung der nachfolgend genannten Entscheidung des Bundesverfassungsgerichts festgesetzte Nachzahlungs- und Erstattungszinsen.

Die Aussetzung der Zinsfestsetzung erfolgt aufgrund der Entscheidung des Bundesverfassungsgerichts vom 8. Juli 2021 1 BvR 2237/14, 1 BvR 2422/17, nach der § 233a i.V.m. § 238 Abs. 1 Satz 1 AO für Verzinsungszeiträume ab dem 1. Januar 2019 bis zu einer rückwirkenden Gesetzesänderung nicht mehr angewendet werden darf. In Abhängigkeit von der Entscheidung des Gesetzgebers über eine rückwirkende Neuregelung wird die Festsetzung von Nachzahlungs- und Erstattungszinsen nachgeholt.

Für Verzinsungszeiträume bis zum 31. Dezember 2018 sowie hinsichtlich der für Verzinsungszeiträume ab dem 1. Januar 2019 bereits unanfechtbar festgesetzten Zinsen erfolgt die Zinsfestsetzung endgültig."

3. Unter Verzinsungszeiträumen bis zum 31. Dezember 2018 sind in den vorstehenden Fällen nur volle Zinsmonate zu verstehen, die spätestens mit Ablauf des 31. Dezember 2018 enden.

III. Mit vorläufigen Steuerfestsetzungen verbundene Zinsfestsetzungen nach § 233a AO

Werden (ganz oder teilweise) ausgesetzte Zinsfestsetzungen in den in den Abschnitten I und II genannten Fällen mit vorläufigen Steuerfestsetzungen verbunden, in denen ein Erläuterungstext gemäß BMF-Schreiben vom 15. Januar 2018, BStBl. I S. 2[1], ausgegeben wird, sind jeweils die in Abschn. I und II genannten Erläuterungstexte dem Bescheid ebenfalls beizufügen.

[1] Nr. 800 § 165/1.

IV. Einspruchsfälle

In Fällen eines zulässigen Einspruchs gegen eine Zinsfestsetzung nach § 233a AO, in dem die Verfassungsmäßigkeit des Zinssatzes nach § 238 Abs. 1 AO bestritten wurde, ist wie folgt zu verfahren:

1. Hinsichtlich der Verzinsungszeiträume bis 31. Dezember 2018 ist der Einspruch – gegebenenfalls durch eine Teileinspruchsentscheidung – als unbegründet zurückzuweisen, wenn er nicht zurückgenommen wird. Wurde im Einspruchsverfahren insoweit nach § 361 AO Aussetzung der Vollziehung gewährt, ist insoweit Nr. 8.2 des AEAO zu § 361 zu beachten.
2. Soweit die Festsetzung von Nachzahlungs- und Erstattungszinsen für Verzinsungszeiträume ab 1. Januar 2019 nicht entsprechend den Ausführungen zu den Abschnitten I bis III ausgesetzt bzw. vorläufig festgesetzt worden ist, ist das Einspruchsverfahren nach der Entscheidung des Bundesverfassungsgerichts auszusetzen (vgl. Rz. 253 des eingangs genannten Beschlusses des Bundesverfassungsgerichts). Die Vollziehung der Zinsfestsetzung ist insoweit ebenfalls auszusetzen. Nach Verkündung der vom Bundesverfassungsgericht geforderten rückwirkenden Gesetzesänderung wird das Einspruchsverfahren fortgesetzt.
3. Wird gegen eine Aussetzung der Festsetzung von Erstattungszinsen für Verzinsungszeiträume ab 1. Januar 2019 Einspruch eingelegt, ist der Einspruch unter Hinweis auf die eingangs genannte Entscheidung des Bundesverfassungsgerichts als unbegründet zurückzuweisen. Nach Verkündung der vom Bundesverfassungsgericht geforderten rückwirkenden Gesetzesänderung wird die ausgesetzte Zinsfestsetzung gegebenenfalls nachgeholt.

V. Rechtshängige Fälle

In Fällen, in denen im Zeitpunkt der Veröffentlichung dieses BMF-Schreibens bereits Verfahren zur Frage der Verfassungsmäßigkeit der Höhe des Zinssatzes von 0,5 Prozent pro Monat (§ 238 Abs. 1 Satz 1 AO) bei einem Finanzgericht oder beim Bundesfinanzhof anhängig sind, ist es Sache der Gerichte, das Verfahren und die Vollziehung der Zinsfestsetzung für Verzinsungszeiträume ab 1. Januar 2019 auszusetzen.

VI. Aussetzung der Vollziehung

Soweit die Vollziehung von Zinsfestsetzungen nach § 233a AO für Verzinsungszeiträume bis einschließlich 31. Dezember 2018 nach dem BMF-Schreiben vom 14. Dezember 2018, BStBl. I S. 1393, geändert durch das BMF-Schreiben vom 27. November 2019, BStBl. I S. 1266, ausgesetzt wurde, ist die Aussetzung der Vollziehung entsprechend Nr. 8.2 des AEAO zu § 361 zu beenden.

Soweit die Vollziehung von Zinsfestsetzungen nach § 233a AO für Verzinsungszeiträume ab 1. Januar 2019 nach dem BMF-Schreiben vom 14. Dezember 2018, BStBl. I S. 1393, geändert durch das BMF-Schreiben vom 27. November 2019, BStBl. I S. 1266, ausgesetzt wurde, bleibt die Aussetzung der Vollziehung bis auf Weiteres bestehen.

VII. Zinsen nach den §§ 234 bis 237 AO

Soweit Zinsen nach den §§ 234 bis 237 AO sowie andere Zinsen, auf die § 238 Abs. 1 AO anzuwenden ist, nach dem BMF-Schreiben vom 2. Mai 2019, BStBl. I S. 448, ganz oder teilweise nach § 165 Abs. 1 Satz 2 Nr. 3 i.V.m. § 239

Abs. 1 Satz 1 AO vorläufig festgesetzt worden sind, sind diese nach § 165 Abs. 2 Satz 4 AO nur für endgültig zu erklären, wenn der Zinsschuldner dies beantragt oder der Zinsbescheid aus anderem Grund aufzuheben oder zu ändern ist. Wurde gegen eine solche Zinsfestsetzung Einspruch eingelegt, ist der Einspruch als unbegründet zurückzuweisen. Wurde im Einspruchsverfahren Aussetzung der Vollziehung gewährt, ist Nr. 8.2 des AEAO zu § 361 zu beachten.

Die Anrechnung von Zinsen nach § 233a AO auf Stundungszinsen (§ 234 Abs. 3 AO), Hinterziehungszinsen (§ 235 Abs. 4 AO), Prozesszinsen (§ 236 Abs. 4 AO) und Aussetzungszinsen (§ 237 Abs. 4 AO) ist ggf. anzupassen.

VIII. Schlussbestimmungen

Das BMF-Schreiben vom 14. Dezember 2018, BStBl. I S. 1393, geändert durch das BMF-Schreiben vom 27. November 2019, BStBl. I S. 1266, wird mit sofortiger Wirkung aufgehoben.

Dieses BMF-Schreiben tritt mit sofortiger Wirkung an die Stelle des BMF-Schreibens vom 2. Mai 2019, BStBl. I S. 448.

Für handschriftliche Notizen

Für handschriftliche Notizen

Für handschriftliche Notizen

Für handschriftliche Notizen

Für handschriftliche Notizen

Für handschriftliche Notizen

Für handschriftliche Notizen

Für handschriftliche Notizen

Für handschriftliche Notizen

Für handschriftliche Notizen

Für handschriftliche Notizen

Für handschriftliche Notizen

Für handschriftliche Notizen

Für handschriftliche Notizen

Für handschriftliche Notizen

Für handschriftliche Notizen

Für handschriftliche Notizen

Für handschriftliche Notizen

Für handschriftliche Notizen

Für handschriftliche Notizen

Für handschriftliche Notizen

Für handschriftliche Notizen

Für handschriftliche Notizen

Für handschriftliche Notizen

Für handschriftliche Notizen

Für handschriftliche Notizen

Für handschriftliche Notizen

Für handschriftliche Notizen